环球网校

全国一级建造师执业资格考试

应试教材

建设工程经济

建造师考试研究院　编

哈爾濱工業大學出版社
HARBIN INSTITUTE OF TECHNOLOGY PRESS

内容简介

本书根据一级建造师执业资格考试大纲编写，分为3章，即工程经济、工程财务和工程计价。本书的主要特点为：有本章导学、知识点精讲、重点提示、实战演练，有课程兑换、题库兑换等板块，讲练并重。

本书主要面向从事工程类相关专业职务工作，有一定的专业基础和实践经验，对一级建造师执业资格考试缺少知识梳理和系统学习的考生，可作为一级建造师执业资格考试复习备考用书。

图书在版编目（CIP）数据

建设工程经济 / 建造师考试研究院编. --哈尔滨 ：哈尔滨工业大学出版社，2025. 4. --（全国一级建造师执业资格考试应试教材）. -- ISBN 978-7-5767-1984-0

Ⅰ. F407.9

中国国家版本馆 CIP 数据核字第 2025SX6481 号

建设工程经济
JIANSHE GONGCHENG JINGJI

策划编辑　王桂芝
责任编辑　宗　敏　陈　洁
出版发行　哈尔滨工业大学出版社
社　　址　哈尔滨市南岗区复华四道街10号　邮编150006
传　　真　0451－86414749
网　　址　http://hitpress.hit.edu.cn
印　　刷　三河市中晟雅豪印务有限公司
开　　本　787 mm×1 092 mm　1/16　印张23.5　字数572千字
版　　次　2025年4月第1版　2025年4月第1次印刷
书　　号　ISBN 978-7-5767-1984-0
定　　价　78.00元

编者寄语

亲爱的考生：

“建设工程经济”作为一级建造师考试的核心科目之一，是考生掌握工程经济管理知识、提升专业能力的重要学习内容。随着我国建筑行业的快速发展，工程项目的规模日益扩大，复杂性不断提高，对建造师的经济管理能力提出了更高要求。工程经济不仅是项目决策的重要依据，更是实现资源优化配置、提升工程效益的关键工具。因此，掌握工程经济的基本理论和方法，对于一级建造师来说至关重要。

一级建造师考试“建设工程经济”科目具有知识点覆盖面广、综合性强、计算题占比大的特点。考生在备考过程中，不仅要理解基本概念和原理，还需熟练掌握各种计算公式及其应用场景。为此，我们建议考生在备考时注意以下几点：

注重理论与实践结合 工程经济的学习不能仅停留在理论层面，考生应结合工程实际，理解知识点在项目管理中的应用价值。通过案例分析，培养解决实际问题的能力。

强化计算能力 考试中计算题占比大，且涉及公式较多。考生需熟练掌握资金时间价值、财务分析指标等核心内容的计算公式，并通过大量练习提高计算速度和准确性。

把握重点难点 根据考试大纲和历年真题，明确高频考点和难点，有针对性地进行复习。例如，资金时间价值的计算、投资方案的比选、财务分析等内容是考试的重点，需重点掌握。

模拟练习与真题训练结合 通过模拟试题和历年真题的训练，熟悉考试题型和命题规律，提升应试技巧。同时，通过错题分析，查漏补缺，巩固薄弱环节。

合理安排复习时间 备考过程中，考生应根据自身情况制订科学的复习计划，合理分配时间，确保各章节内容全面覆盖，重点难点深入掌握。

本书紧密结合工程实际，以考试大纲为基础，系统梳理了“建设工程经济”科目中工程经济、工程财务、工程计价三大核心知识。本书不仅注重理论知识的讲解，还通过实际案例和计算题，帮助考生将理论应用于实践，培养解决实际问题的能力。同时，本书紧扣考试特点，针对历年真题进行深入剖析，帮助考生把握考试重点和难点，提升应试能力。

构建知识结构，探究内容逻辑 每章的“本章导学”是考生学习的重要引导工具，简要介绍本章的知识结构和逻辑脉络，帮助考生快速了解本章的核心内容和学习重点，明确学习方向。

突出重点难点，强化理解记忆 书中重点内容标有波浪线，突出重点、提高效率、强化记忆、引导复习，使考生能够更高效地掌握核心知识。

《建设工程经济》不仅是考试用书，更是工程实践中不可或缺的工具书。衷心感谢您选择本书作为备考资料，希望本书能够帮助您系统掌握工程经济知识，顺利通过一级建造师考试，并帮助您在未来的工程项目管理工作中取得更大的成绩，为行业发展贡献力量。

由于编者水平有限，虽多次整理校阅，仍难免存在疏漏和不足之处，敬请各位考生和读者提出宝贵意见。

祝愿各位考生备考顺利，取得优异成绩！

建造师考试研究院

目　录

第一章 工程经济

本章导学

工程经济是工程管理中的核心领域，涉及项目的经济性分析、成本控制和效益评估等多方面内容。掌握工程经济的基本原理和方法，对于确保工程项目的经济效益和可持续发展至关重要。本章内容主要介绍资金时间价值计算及应用、经济效果评价、不确定性分析、设备更新分析、价值工程。

本章内容在考试中主要以计算题的形式进行考查，分值约占总分的四分之一，考查内容偏重理解，对识记方面的要求相对较低，因此仅靠简单记忆公式难以应对考试。此外，在考查时，该部分内容出题方式较为灵活，因此考生需要深刻理解相关公式，而不能单纯地死记硬背。在理解的基础上，灵活运用公式进行计算是关键。

第一节　资金时间价值计算及应用

资金时间价值是指相同金额的资金在不同时间点上具有不同的价值，其在工程建设过程中的投资方案比选、设备更新改造决策、分期付款方案设计等方面均有广泛的应用。本节主要介绍利息的计算、名义利率与有效利率的计算、资金等值计算及应用。

希望通过本节内容的学习，考生能够理解资金时间价值的本质，熟练运用相关计算公式，在实际工程中正确评估资金时间价值，为工程经济决策提供有效的帮助。

知识点 1　利息的计算

一、资金时间价值的概念及影响因素

（一）资金时间价值的概念

资金在周转使用过程中由于时间因素而产生的差额价值称为资金时间价值。资金增值的原因在于资金的投资和再投资。

将一笔资金存入银行会获得利息，进行投资可获得收益（也可能会发生亏损）。而向银行借款，则需要支付利息。这表明资金在运动中，其数量会随着时间的推移而变动，变动的这部分资金就是原有资金的时间价值。

任何方案的实施，在时间上都有一个延续过程，由于资金时间价值的存在，在方案经济分析中，若将不同时点发生的现金流量直接进行比较就不尽合理。只有通过资金时间价值计算，将不同时点的现金流量换算到同一时点进行对比，才能使比较结果符合客观实际情况。这种考虑资金时间价值的经济分析方法，能使方案的评价和选择更加客观、可靠。

（二）资金时间价值的影响因素

影响资金时间价值的因素很多，其中主要因素如下：

（1）资金的使用时间。在单位时间的资金增值率一定的条件下，资金的使用时间越长，则资金时间价值越大；使用时间越短，则资金时间价值越小。

（2）资金数量的多少。在其他条件不变的情况下，资金数量越多，资金时间价值就越大；反之，资金时间价值则越小。

（3）资金投入和回收的特点，即资金的使用时机。在总资金一定的情况下，前期投入的资金越多，资金的负效益越大；反之，后期投入的资金越多，资金的负效益越小。在资金回收额一定的情况下，离现在越近的时间回收的资金越多，资金时间价值就越大；反之，离现在越远的时间回收的资金越多，资金时间价值就越小。

（4）资金周转的速度。资金周转越快，在一定的时间内等量资金的时间价值越大；反之，资金的时间价值越小。

实战演练

[2023 真题 · 单选] 关于资金时间价值的说法，正确的是（　　）。

A. 资金周转速度的加快，对提升资金时间价值有利

B. 资金时间价值与资金的使用时间长短无关

C. 资金时间价值与资金的数量无关

D. 资金总额一定，前期投入越多，资金的正效益越大

[解析] 选项B错误，在单位时间的资金增值率一定的条件下，资金的使用时间越长，则资金时间价值越大；使用时间越短，则资金时间价值越小。选项C错误，在其他条件不变的情况下，资金数量越多，资金时间价值就越大；反之，资金时间价值则越小。选项D错误，在总资金一定的情况下，前期投入的资金越多，资金的负效益越大；反之，后期投入的资金越多，资金的负效益越小。

[答案] A

[2024 真题 · 多选] 下列与资金有关的因素中，属于直接影响资金时间价值的因素有（　　）。

A. 资金的使用时间

B. 资金的使用时机

C. 资金的筹措方式

D. 投入的资金数量

E. 资金周转的速度

[解析] 影响资金时间价值的因素很多，其中主要因素有：①资金的使用时间。②资金数量的多少。③资金投入和回收的特点，即资金的使用时机。在总资金一定的情况下，前期投入的资金越多，资金的负效益越大；反之，后期投入的资金越多，资金的负效益越小。在资金回收额一定的情况下，离现在越近的时间回收的资金越多，资金时间价值就越大；反之，离现在越远的时间回收的资金越多，资金时间价值就越小。④资金周转的速度。

[答案] ABDE

二、利息和利率

（一）利息

利息是资金时间价值的一种重要表现形式，甚至可以用利息代表资金时间价值。通常，用利息作为衡量资金时间价值的绝对尺度。

在资金借贷过程中，债务人偿付给债权人的资金总额（还本付息总额）中超过借款本金的部分就是利息，即

$$\text{利息}=\text{还本付息总额}-\text{借款本金}$$

（二）利率

当在一个特定的时间单位内将所偿付的利息以占初始金额百分比的形式来表示时，利息在这里称为利率。通常，用利率作为衡量资金时间价值的相对尺度。

利率是一个时间单位内（如年、半年、季、月、周、日等）所得（或所付）利息与借款本金之比，通常用百分数表示，即

$$\text{利率}=\frac{\text{一个时间单位内的利息}}{\text{借款本金}}\times 100\%$$

（三）利率的影响因素

利率的高低主要由以下因素决定：

(1) 社会平均利润率。通常情况下，社会平均利润率是利率的最高界限。因为利息是利润分配的结果，如果利率高于利润率，借款人投资后无利可图，也就不会借款了。

(2) 借贷资本供求情况。利息是使用资金的代价（价格），受供求关系的影响，在社会平均利润率不变的情况下，借贷资本供过于求，利率下降；反之，利率上升。

(3) 借贷风险。借出资本要承担一定风险，而风险的大小会影响利率的波动。风险越大，利率也就越高。

(4) 通货膨胀。通货膨胀对利率的波动有直接影响，如果资金贬值幅度超过名义利率，往往会使实际利率无形中成为负值。

(5) 借贷期限。借贷期限长，不可预见因素多，风险大，利率也就高；反之，利率就低。

三、利息的计算方法

利息计算有单利和复利之分。当计息周期数在一个以上时，就需要考虑单利与复利的问题。

（一）单利

单利是指在计算每个周期的利息时，仅根据最初的本金和周期利率计算本期利息，而先前计息周期中所累积增加的利息不作为本期利息的计算基础，即通常所说的“利不生利”。其计算公式如下：

$$I_t = P \cdot i_d$$

式中　I_t——第 t 个计息期的利息额；

P——本金；

i_d——计息周期单利利率。

在以单利计息的情况下，n 期末单利本利和（终值）F 等于本金加上利息，即

$$F = P + I_n = P\ (1 + n \cdot i_d)$$

式中　I_n——n 期末利息总额；

$(1 + n \cdot i_d)$——单利终值系数。

【例题 1】 一个工程师向一个信用卡联盟借贷了一笔资金用于购买无线遥控车模。这笔借款为 1 000 元，时间为 3 年，年利率为 5%，单利计息。那么在第 3 年的年末，这个工程师将要偿还多少现金？

解：3 年中每年的利息＝1 000×5%＝50（元）

3 年的总利息＝3×50＝150（元）

3 年后到期要偿还的总资金＝1 000＋150＝1 150（元）

第 1 年增加的 50 元利息与第 2 年增加的 50 元利息没有产生利息。每年应得的利息仅仅是在 1 000 元本金的基础上进行计算的。

（二）复利

复利是指在计算每个周期的利息时，先前计息周期所累积增加的利息结转为本金一并计

算本期利息，即通常所说的“利生利”“利滚利”。因此，复利意味着利息的最大化。复利反映了资金时间价值，同时也包括利息时间价值。其计算公式如下：

$$I_t = i \cdot F_{t-1}$$

式中　I_t——第 t 个计息期的利息额；

i——计息周期复利利率；

F_{t-1}——第（$t-1$）个计息周期末复利本利和。

第 t 年年末复利本利和的计算公式如下：

$$F_t = F_{t-1} \cdot (1+i) = F_{t-2} \cdot (1+i)^2 = \cdots = P \cdot (1+i)^n$$

【例题 2】 如果一个工程师从一家借贷联盟公司借了 1 000 元，按年利率 5% 复利计息，计算在 3 年后到期时所应偿还的总金额。(计算结果保留两位小数)

解：第 1 年利息＝1 000×5%＝50（元）

1 年后偿还的总金额＝1 000＋50＝1 050（元）

第 2 年利息＝1 050×5%＝52.5（元）

2 年后偿还的总金额＝1 050＋52.5＝1 102.5（元）

第 3 年利息＝1 102.5×5%≈55.13（元）

3 年后偿还的总金额＝1 102.5＋55.13＝1 157.63（元）

根据以上两道例题可知，同一笔借款，在利率和计息期数均相同的情况下，用复利计算出的利息金额比用单利计算出的利息金额大。本金越多，利率越高，计息期数越多时，两者差距就越大。复利反映利息的本质特征，更符合资金在社会生产过程中运动的实际状况。因此，在工程经济分析中，一般采用复利计算利息。

复利计算有间断复利和连续复利之分。按期（如年、半年、季、月、周、日等）计算复利的方法称为间断复利（即普通复利），按瞬时计算复利的方法称为连续复利。在实际应用中，一般采用间断复利。

实战演练

［2024 真题 · 单选］某企业拟从金融机构借入一笔期限为 5 年的资金，4 种计息方案见表 1-1-1。

表 1-1-1　4 种计息方案

方案	贷款利率	计息方式
方案一	年利率 5%	按年单利计息，当期支付利息
方案二	年利率 5%	按年复利计息，到期还本付息
方案三	月利率 0.4%	按年单利计息，当期支付利息
方案四	月利率 0.4%	按年复利计息，到期还本付息

在其他条件相同的情况下，仅从资金使用成本考虑，最佳的方案是（　　）。

A. 方案一　　B. 方案二

C. 方案三　　D. 方案四

[解析] 从资金使用成本考虑，最佳的方案即利息最低的方案。利率相同时，单利较复利利息低，方案一和方案二比较，方案一利息低，方案三和方案四比较，方案三利息低。方案三中，将月利率 0.4%换算成年利率为 0.4%×12=4.8%，小于方案一的年利率 5%，故方案三为最佳方案。

[答案] C

[2024 真题・单选] 某企业从金融机构借入资金 5 000 万元，期限为 4 年，年利率为 4%，按年复利计息，该企业第 4 年年末还本付息额为（　　）万元。

A. 5 624.32　　B. 5 800.00

C. 5 849.29　　D. 6 083.26

[解析] 该企业第 4 年年末还本付息额=5 000×（1+4%）^{4}≈5 849.29（万元）。

[答案] C

[2023 真题・单选] 某公司希望所投资的项目第 5 年年末回收 1 000 万元资金，若年复利率为 6%，则公司现在需要投入（　　）万元。

A. 747.258　　B. 769.231

C. 792.094　　D. 806.452

[解析] $P=F(1+i)^{-n}$=1 000×（1+6%）$^{-5}$≈747.258（万元）。

[答案] A

[2021 真题・单选] 某公司年初借入资金 1 000 万元，期限 3 年，按年复利计息，年利率 10%，到期一次还本付息，则第 3 年年末应偿还的本利和为（　　）万元。

A. 1 210　　B. 1 300

C. 1 331　　D. 1 464

[解析] 第 3 年年末应偿还的本利和=1 000×（1+10%）^{3}=1 331（万元）。

[答案] C

[2020 真题・单选] 某企业年初从银行借款 1 000 万元，期限 3 年，年利率 5%，银行要求每年年末支付当年利息，则第 3 年年末需偿还的本利和是（　　）万元。

A. 1 050.00　　B. 1 100.00

C. 1 150.00　　D. 1 157.63

[解析] 本题为单利计算，每年利息额=1 000×5%=50（万元），每年年末支付当年利息，第 3 年年末偿还本利和=1 000+50=1 050（万元）。

[答案] A

[2023 真题・多选] 关于影响利率高低因素的说法，正确的有（　　）。

A. 社会平均利润率的高低直接影响利率的高低

B. 通常借贷资本供过于求时，利率会呈上涨趋势

C. 通货膨胀会对利率高低产生直接影响

D. 借出资本的风险越高其利率可能越高

E. 通常借贷资本的期限越长其利率越低

［解析］选项 B 错误，借贷资本供过于求，利率下降。选项 E 错误，借贷期限长，不可预见因素多，风险大，利率也就高。

［答案］ACD

知识点 2　名义利率与有效利率的计算

在复利计算中，利率周期通常以年为时间单位，它可以与计息周期相同，也可以不同。当利率周期与计息周期不一致时，就出现了名义利率和有效利率的概念。

一、名义利率计算

名义利率 r 是指计息周期利率 i 乘以一个利率周期内的计息周期数 m 所得的利率周期利率，即

$$r=i\cdot m$$

若月利率为 1%，则年名义利率为 12%。计算名义利率时忽略前面各期利息再生利息的因素，这与单利的计算相同。反过来，若年利率为 12%，按月计息，则月利率为 1%（计息周期利率），而年利率为 12%（利率周期利率）同样是名义利率。通常所说的利率周期利率都是名义利率。

二、有效利率计算

有效利率是指资金在计息中所发生的实际利率，包括计息周期有效利率和利率周期有效利率。

（1）计息周期有效利率，即计息周期利率 i。由名义利率的计算公式可知

$$i=\frac{r}{m}$$

（2）利率周期有效利率。若用计息周期利率来计算利率周期有效利率，并将利率周期内的利息再生利息因素考虑进去，这时所得的利率周期利率称为利率周期有效利率（又称利率周期实际利率）。根据利率的概念即可推导出利率周期有效利率的计算公式。

已知利率周期名义利率 r，一个利率周期内计息 m 次，则计息周期利率为 $i=r/m$，在某个利率周期初有资金 P，则利率周期终值 F 的计算公式为

$$F=P\left(1+\frac{r}{m}\right)^{m}$$

根据利息的定义可得该利率周期的利息 I 为

$$I=F-P=P\left(1+\frac{r}{m}\right)^{m}-P=P\left[\left(1+\frac{r}{m}\right)^{m}-1\right]$$

再根据利率的定义可得该利率周期的有效利率 i_{eff} 为

$$i_{\text{eff}}=\frac{I}{P}=\left(1+\frac{r}{m}\right)^{m}-1$$

在名义利率 r 一定时，每一利率周期内的计息周期数 m 越多，i_{eff} 与 r 相差越大，这一结论具有普遍性。因此，在工程经济分析中，如果各方案的计息周期不同，就不能简单地使用名义利率来评价，而必须换算成同一周期的有效利率进行评价，否则会得出不正确的

结论。

实战演练

[2024 真题·单选] 某企业向金融机构借入一笔资金，年名义利率为5%，按季计息，该笔资金的年有效利率是（　　）。

A. 5.00%　　B. 5.06%

C. 5.09%　　D. 5.12%

[解析] 年有效利率＝$(1+5\%/4)^4-1\approx5.09\%$。

[答案] C

[2023 真题·单选] 某公司年初存入银行100万元，年名义利率为4%，按季复利计息，第5年年末该笔存款本利和约为（　　）万元。

A. 117.258　　B. 121.665

C. 122.016　　D. 126.973

[解析] $i_{eff}=(1+r/m)^m-1=(1+4\%/4)^4-1\approx4.06\%$，$F=P(1+i_{eff})^n=100\times(1+4.06\%)^5\approx122.016$（万元）。

[答案] C

[2022 真题·单选] 企业年初借入一笔资金，年名义利率为6%，按季度复利计算，年末本利和为3 184.09万元，则年初借款金额是（　　）万元。

A. 3 004.86　　B. 3 000.00

C. 3 018.03　　D. 3 185.03

[解析] 年实际利率＝$(1+6\%/4)^4-1\approx6.14\%$，年初借款金额＝3 184.09/(1+6.14%)≈3 000.00（万元）。

[答案] B

[2021 真题·单选] 某公司同一笔资金有如下4种借款方案，均在年末支付利息，则优选的借款方案是（　　）。

A. 年名义利率3.6%，按月计息

B. 年名义利率4.4%，按季度计息

C. 年名义利率5.0%，半年计息一次

D. 年名义利率5.5%，一年计息一次

[解析] 选项A，年名义利率3.6%，按月计息，年实际利率＝$(1+3.6\%/12)^{12}-1\approx3.66\%$。选项B，年名义利率4.4%，按季度计息，年实际利率＝$(1+4.4\%/4)^4-1\approx4.47\%$。选项C，年名义利率5.0%，半年计息一次，年实际利率＝$(1+5.0\%/2)^2-1\approx5.06\%$。选项D，年名义利率5.5%，一年计息一次，年实际利率为5.5%。实际利率最大者，年末支付的利息最多，因此选择年实际利率最小的方案，即3.66%。

[答案] A

［2020 真题·单选］某企业拟存款 200 万元。下列存款利率和计息方式中，在第 5 年年末存款本利和最多的是（　　）。

A. 年利率 6%，按单利计算　　B. 年利率 5.5%，每年复利一次

C. 年利率 4%，每季度复利一次　　D. 年利率 5%，每半年复利一次

［解析］选项 A，按照单利计算，第 5 年年末本利和为 $200\times(1+6\%\times5)=260$（万元）。选项 B，第 5 年年末本利和为 $200\times(1+5.5\%)^5\approx261$（万元）。选项 C，年名义利率 4%，一年计息 4 次，年实际利率 $=(1+4\%/4)^4-1\approx4.06\%$，小于选项 B 的 5.5%，不予考虑。选项 D，年名义利率 5%，一年计息 2 次，年实际利率 $=(1+5\%/2)^2-1\approx5.06\%$，小于选项 B 的 5.5%，不予考虑。

［答案］B

知识点 3　资金等值计算及应用

一、资金的等值原理

资金等值是指在考虑资金时间价值因素后，不同时点上数额不等的资金在一定的利率条件下具有相同的价值。如现在的 1 000 元与一年后的 1 200 元，其数额并不相等，但在 20% 的年利率条件下，它们具有相同的价值，则可以说现在的 1 000 元与一年后的 1 200 元，在 20%的年利率条件下是等值的。

由于资金时间价值的存在，因此不同时点上发生的现金流量不能直接加以比较，而必须通过资金等值计算，将不同时点上的现金流量换算到同一时点才能进行比较分析。资金等值计算，是指将一个时点发生的资金金额换算成另一个时点的等值金额的过程。

进行资金等值计算，需要掌握以下几个相关概念：

(1) 折现。折现也叫贴现，是指把将来某一时点的资金金额换算成现在时点的等值金额。折现时所用的利率叫作折现率或者贴现率。

(2) 现值。现值是指资金“现在”的价值。现值是一个相对的概念，如将 $(t+k)$ 个时点上发生的资金金额折现到第 t 个时点，所得的等值金额就是 $(t+k)$ 个时点上的资金金额在 t 时点的现值。通常用 P 表示。

(3) 终值。终值也叫未来值，是指现值在未来时点上的等值金额。通常用 F 表示。

(4) 等额年金。等额年金也叫年金或等年值，是指分期等额收支的资金金额。通常用 A 表示。折旧、租金、利息等通常都采取年金的形式。年金有普通年金、预付年金和延期年金之分。普通年金是指每期期末收款、付款的年金；预付年金是指每期期初收款、付款的年金；延期年金是指距今若干期以后发生的每期期末收款、付款的年金。

二、现金流量及现金流量图

现金流量是工程经济学中的一个重要概念，是指企业在一定会计期间按照现金收付实现制，通过一定经济活动（包括经营活动、投资活动、筹资活动和非经营性项目）而产生的现金流入、现金流出及其总量情况的总称。

现金流量图是一种反映经济系统资金运动状态的图式，即把经济系统的现金流量绘入时间坐标图中，表示各现金流入、流出与相应时间的对应关系，如图 1-1-1 所示。

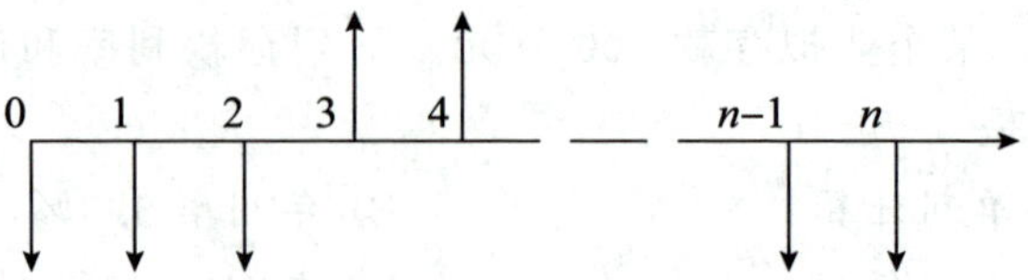

图 1-1-1　现金流量图

现金流量的三要素包括现金流量的大小（现金数量）、方向（现金流入或流出）和作用点（现金流量发生的时间点）。

三、资金等值计算方法

常用的资金等值计算方法主要包括两大类，即一次支付情形和等额支付情形。

（一）一次支付情形

一次支付又称整付，是指所分析系统的现金流量，无论是流入还是流出，只在某一时点上发生一次。

1. 终值计算（已知 P 求 F）

现有一笔资金 P，计息周期利率为 i，按复利计算，则 n 期末的终值 F 为多少？即已知 P、i、n，求 F。其现金流量图如图 1-1-2 所示。

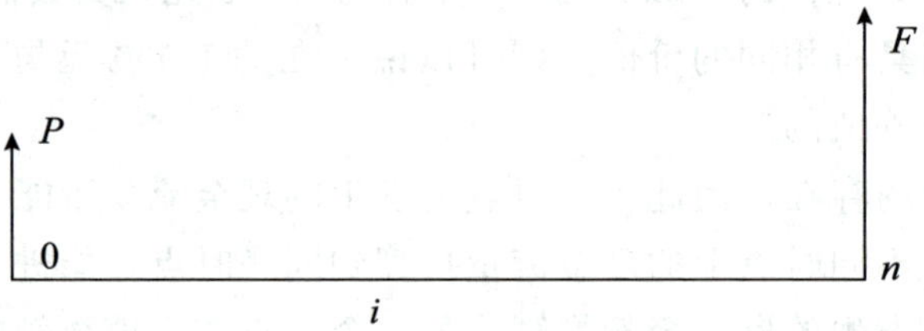

图 1-1-2　一次支付现金流量图

一次支付 n 期末复利终值 F 的计算公式为

$$F=P(1+i)^n$$

式中　i——计息周期复利利率；

n——计息周期数；

P——现值（即现在的资金价值或本金），指资金发生在（或折算为）某一特定时间序列起点时的价值；

F——终值（即未来的资金价值或本利和），指资金发生在（或折算为）某一特定时间序列终点时的价值。

上式中的 $(1+i)^n$ 称为一次支付终值系数，用 $(F/P, i, n)$ 表示，则上式又可写成

$$F=P(F/P, i, n)$$

2. 现值计算（已知 F 求 P）

由一次支付 n 期末复利终值 F 的计算公式可求出现值 P

$$P=F(1+i)^{-n}$$

式中 $(1+i)^{-n}$ 称为一次支付现值系数，用符号 $(P/F, i, n)$ 表示。在工程经济分析中，一般是将未来时点的资金价值折算为现在时点的价值，该过程称为“折现”或“贴现”，其所使用的利率常称为折现率或贴现率。故 $(1+i)^{-n}$ 或 $(P/F, i, n)$ 也称为折现系数或

贴现系数。上式常写成

$$P=F\ (P/F,\ i,\ n)$$

(二) 等额支付情形

在工程实践中，多次支付是最常见的支付形式。多次支付是指现金流量在多个时点发生，而不是集中在某一时点上，如图 1-1-3 所示。

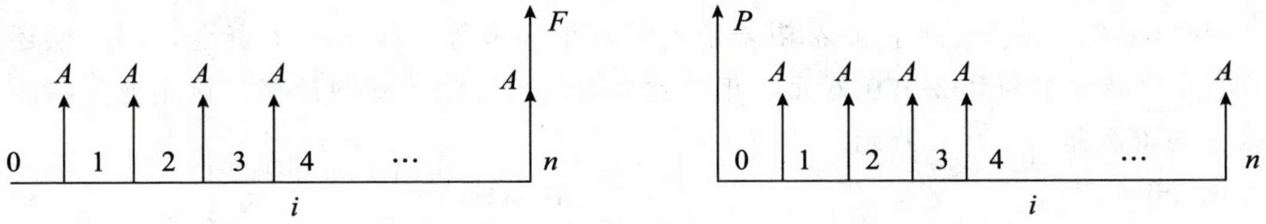

(a) 年金与终值的关系　　(b) 年金与现值的关系

图 1-1-3　等额支付系列现金流量图

1. 终值计算（已知 A 求 F）

计算公式如下：

$$F=A\frac{(1+i)^n-1}{i}$$

式中$\frac{(1+i)^n-1}{i}$称为等额支付系列终值系数或年金终值系数，用符号（F/A，i，n）表示，则上式又可写成

$$F=A\ (F/A,\ i,\ n)$$

2. 现值计算（已知 A 求 P）

计算公式如下：

$$P=F\ (1+i)^{-n}=A\frac{(1+i)^n-1}{i\ (1+i)^n}$$

式中$\frac{(1+i)^n-1}{i\ (1+i)^n}$称为等额支付系列现值系数或年金现值系数，用符号（$P/A$，$i$，$n$）表示，则上式又可写成

$$P=A\ (P/A,\ i,\ n)$$

3. 资金回收计算（已知 P 求 A）

计算公式如下：

$$A=P\frac{i\ (1+i)^n}{(1+i)^n-1}$$

式中$\frac{i\ (1+i)^n}{(1+i)^n-1}$称为等额支付系列资金回收系数，用符号（$A/P$，$i$，$n$）表示，则上式又可写成

$$A=P\ (A/P,\ i,\ n)$$

4. 偿债基金计算（已知 F 求 A）

$$A=F\frac{i}{(1+i)^n-1}$$

式中$\frac{i}{(1+i)^n-1}$称为等额支付系列偿债基金系数，用符号（A/F，i，n）表示，则上式又可写成

$$A=F\ (A/F,\ i,\ n)$$

实战演练

[2024 真题·单选] 某企业希望未来 5 年每年年末等额投入一笔资金，用于偿还第 5 年年末的借款本利和 2 000 万元，年收益率为 4%，按年复利计算，该企业每年年末应投入的资金是（　　）万元。

A. 369.254　　　　B. 449.254

C. 470.980　　　　D. 550.980

[解析] 本题中，已知终值求年金，即 $2\ 000=A\times[(1+4\%)^5-1]/4\%$，求得 $A\approx$ 369.254（万元）。

[答案] A

[2018 真题·单选] 某施工企业每年年末存入银行 100 万元，用于 3 年后的技术改造，已知银行年利率为 5%，按年复利计息，则到第 3 年年末可用于技术改造的资金总额为（　　）万元。

A. 331.01　　　　B. 330.75

C. 315.25　　　　D. 315.00

[解析] 第 3 年年末可用于技术改造的资金总额 $F=A[(1+i)^n-1]/i=100\times[(1+5\%)^3-1]/5\%=315.25$（万元）（$A=100$，$i=5\%$，$n=3$）。

[答案] C

第二节　经济效果评价

经济效果评价是对建设项目的经济可行性进行分析和评价的过程，通过测算项目的各项经济指标，判断项目是否值得投资。本节主要介绍经济效果评价内容、经济效果评价指标体系、多方案比选。

希望通过本节内容的学习，考生能够在工程实际中准确判断项目投资是否可行、在多个方案中选择最优方案，优化项目投资决策。

知识点 1　经济效果评价内容

一、经济效果评价概述

建设项目经济效果评价是指对拟建项目方案计算期内各种有关技术经济因素和方案投入与产出的有关财务、经济资料数据进行调查、分析、预测，对方案的经济效果进行计算、评价，通过多方案比较，对拟建项目的财务可行性和经济可行性进行分析论证，做出全面的经济评价，为拟建项目的科学决策提供依据。建设项目经济效果评价，根据评价的角度、范

围、作用等分为财务评价（也称财务分析）和国民经济评价（也称经济分析）两个层次。

财务评价和国民经济评价共同组成了建设项目经济效果评价。财务评价属于微观经济效果分析，它是从企业的利益出发，分析项目建成后在财务上的获利状况及借款偿还能力。而国民经济评价则属于宏观经济效果分析，是从国民经济的整体利益出发，计算分析项目给国民经济带来的净效益。

财务评价是建设项目经济效果评价的第一步，是从企业或项目的角度，根据国家现行财税制度和现行市场价格，计算项目的投资费用、产品成本与产品销售收入、税金等，进而计算和分析项目的盈利能力、偿债能力以及外汇平衡能力等财务状况，据以判断项目的财务可行性，并得出财务评价的结论。投资者可根据项目财务评价的结论、项目投资的财务经济效果和投资所承担的风险程度来决定是否应该投资建设项目。项目的财务评价是项目可行性研究和评价的核心内容，其目的在于根据国民经济、社会发展战略和行业地区发展规划的要求，在做好产品的市场需求预测及场址选择等工程技术的基础上，对项目进行评价，从微观和宏观两个方面对其建设的财务可行性和经济合理性进行分析论证，最大限度地提高投资效益，为项目的科学决策提供可靠的依据。财务评价必须保证评价的客观性、科学性、公正性，坚持定量分析与定性分析相结合、以定量分析为主以及动态分析与静态分析相结合、以动态分析为主的原则。

财务评价应在项目财务效益与费用估算的基础上进行。财务评价的内容应根据项目的性质和目标确定。

对于经营性项目，财务评价应通过编制财务分析报表，计算财务指标，分析项目的盈利能力、偿债能力和财务生存能力，判断项目的财务可接受性，明确项目对财务主体及投资者的价值贡献，为项目决策提供依据。

对于非经营性项目，财务评价应主要分析项目的财务生存能力。

二、经济效果评价指标的分类

建设项目方案经济效果评价的好坏，一方面取决于基础数据的完整性和可靠性，另一方面则取决于选取的评价指标体系的合理性。只有选取正确的评价指标体系，经济评价的结果才能与客观实际情况相吻合，才具有实际意义。一般来讲，建设项目的经济效果评价指标不是唯一的，根据不同的评价深度要求、可获得资料的多少及项目本身所处的条件不同，可选用不同的指标，这些指标有主次之分，可以从不同侧面反映建设项目的经济效果。根据不同的划分标准，建设项目经济效果评价指标分为如下几类。

（一）按是否考虑资金时间价值分类

以是否考虑资金时间价值为标准进行划分，可以将经济评价指标分为静态评价指标和动态评价指标，具体内容见表 1-2-1。

表 1-2-1　按是否考虑资金时间价值分类

建设项目经济评价指标	静态评价指标	投资收益率	总投资收益率
			资本金净利润率
		静态投资回收期	
		偿债能力	资产负债率
			利息备付率
			偿债备付率
		流动比率	
		速动比率	
	动态评价指标	内部收益率	
		动态投资回收期	
		净现值	
		净现值率	
		净年值	

（二）按建设项目经济评价指标的性质分类

根据指标的性质进行划分，可以将建设项目经济评价指标划分为时间性指标、价值性指标和比率性指标，具体内容见表 1-2-2。

表 1-2-2　按建设项目经济评价指标的性质分类

建设项目经济评价指标	时间性指标	投资回收期
		借款偿还期
	价值性指标	财务净现值
		财务净年值
	比率性指标	财务内部收益率
		财务净现值率
		投资收益率
		利息备付率
		偿债备付率
		经济内部收益率
		财务比率

（三）按建设项目经济评价的内容分类

根据建设项目经济评价的内容不同，可以将经济评价指标划分为盈利能力分析指标、偿债能力分析指标和外汇平衡能力分析指标，具体内容见表 1-2-3。

表 1-2-3 按建设项目经济评价的内容分类

建设项目经济评价指标	盈利能力分析指标	投资回收期
		财务内部收益率
		财务净现值
		财务净年值
		投资利润（税）率
		资本金净利润率
	偿债能力分析指标	借款偿还期
		资产负债率
		流动比率
		速动比率
		利息备付率
		偿债备付率
	外汇平衡能力分析指标	—

三、项目计算期

（1）项目计算期是指经济评价中为进行动态分析所设定的期限，包括建设期和运营期。建设期是指项目从资金正式投入开始到项目建成投产为止所需要的时间，可按合理工期或预计的建设进度确定。运营期分为投产期和达产期两个阶段。投产期是指项目投入生产，但生产能力尚未完全达到设计能力时的过渡阶段。达产期是指生产运营达到设计预期水平后的时间。运营期一般应根据项目主要设备的经济寿命期确定。项目计算期应根据多种因素综合确定，包括行业特点、主要装置（或设备）的经济寿命等。行业有规定时，应从其规定。

（2）项目计算期的长短主要取决于项目本身的特性，因此无法对项目计算期做出统一规定。计算期不宜定得太长，一方面是因为按照现金流量折现的方法，把后期的净收益折为现值的数值相对较小，很难对财务分析结论产生决定性的影响；另一方面由于时间越长，预测的数据会越不准确。

（3）计算期较长的项目多以“年”为时间单位。对于计算期较短的行业项目，在较短的时间间隔内（如月、季、半年或其他非日历时间间隔）现金流水平有较大变化，如油田钻井开发项目、高科技产业项目等，这类项目不宜用“年”作计算现金流量的时间单位，可根据项目的具体情况选择合适的计算现金流量的时间单位。

（4）由于折现评价指标受计算时间的影响，对需要比较的项目或方案应取相同的计算期。

四、价格体系

（1）项目投入物和产出物的价格，是影响方案比选和经济评价结果最重要、最敏感的因素之一。因为项目评价都是对未来活动的估计，投入和产出都是在未来一段时间发生，所以要采用预测价格对费用效益进行估算。

（2）财务分析应采用以市场价格体系为基础的预测价格。影响市场价格变动的因素很多，也很复杂，但归纳起来，不外乎两类：一是由于供需量的变化、价格政策的变化、劳动生产率变化等可能引起商品间比价的改变，产生相对价格变化；二是由于通货膨胀或通货紧缩而引起商品价格总水平的变化，产生绝对价格变动。

（3）在市场经济条件下，货物的价格因地而异，因时而变，要准确预测货物在项目计算期中的价格是很困难的。在不影响评价结论的前提下，可采取简化办法如下：

①对建设期的投入物价格，由于需要预测的年限较短，可既考虑相对价格变化，又考虑价格总水平变动；又由于建设期投入物品种繁多，分别预测难度大，还可能增加不确定性，因此，在实践中一般以涨价预备费（价差预备费）的形式综合计算。

②对运营期的投入物和产出物价格，由于运营期比较长，在前期研究阶段对将来的物价上涨水平较难预测，预测结果的可靠性也难以保证，因此一般只预测到经营期初的价格，且运营期各年采用统一的不变价格。

（4）考虑到项目可能有多种投入或产出，在不影响评价结论的前提下，只需对在生产成本中影响特别大的货物和主要产出物的价格进行预测。一般情况下，根据市场预测的结果和销售策略确定主要产出物价格。在对未来市场价格信息有充分可靠判断的情况下，本着客观、谨慎的原则，也可以采用相对变动的价格，甚至考虑通货膨胀因素。在这种情况下，财务分析采用的财务基准收益率也应考虑通货膨胀因素。

实战演练

[2024 真题·多选] 下列技术方案经济效果评价指标中，属于动态评价指标的有（　　）。

A. 净年值　　B. 净现值率

C. 速动比率　　D. 内部收益率

E. 偿债备付率

[解析] 净年值、净现值率、内部收益率属于动态评价指标，速动比率和偿债备付率属于静态评价指标。

[答案] ABD

[2023 真题·多选] 下列技术方案经济效果评价指标中，属于盈利能力分析动态指标的有（　　）。

A. 资本金净利润率　　B. 财务内部收益率

C. 财务净现值　　D. 速动比率

E. 利息备付率

[解析] 资本金净利润率、速动比率、利息备付率属于静态分析指标。

[答案] BC

[2022 真题·多选] 对于经营性项目，通过财务报表分析，计算财务指标，进行经济效果评价的内容有（　　）。

A. 盈利能力分析　　B. 经济敏感分析

C. 偿债能力分析　　D. 财务生存能力分析

E. 经济费用效益分析

［解析］对于经营性项目，财务评价应通过编制财务分析报表，计算财务指标，分析项目的盈利能力、偿债能力和财务生存能力，判断项目的财务可接受性，明确项目对财务主体及投资者的价值贡献，为项目决策提供依据。

［答案］ACD

知识点 2　经济效果评价指标体系

一、时间性指标

（一）投资回收期

投资回收期也称返本期，指以项目的净收益回收其全部投资所需要的期限，是反映投资回收能力的重要指标。按是否考虑资金时间价值，分为静态投资回收期和动态投资回收期。

1. 静态投资回收期（P_t）

静态投资回收期是指在不考虑资金时间价值的前提下，用项目各年的净收益来回收全部投资所需要的期限。投资回收期宜自项目建设开始年算起，也可以自项目投产年算起，但应予注明。本书若无特殊说明，投资回收期从建设开始年算起。

（1）原理公式。自建设开始年算起，静态投资回收期 P_t（以年表示）的计算公式如下：

$$\sum_{t=0}^{P_t}(CI-CO)_t=0$$

式中　P_t——静态投资回收期；

CI——现金流入量；

CO——现金流出量；

$(CI-CO)_t$——第 t 年的净现金流量。

（2）实用公式。在实际应用中，可根据项目现金流量表中的净现金流量现值，用下列近似公式计算

$$P_t=（累计净现金流量开始出现正值的年份数-1）+\frac{上年累计净现金流量的绝对值}{当年的净现金流量}$$

（3）评价准则。将计算出的静态投资回收期 P_t 与所确定的基准静态投资回收期 P_c 进行比较：若 $P_t \leqslant P_c$，表示项目投资能在规定的时间内收回，则可以考虑接受该项目；若 $P_t>P_c$，表示项目投资不能在规定的时间内收回，则方案是不可行的。

2. 动态投资回收期（P'_t）

动态投资回收期是指在考虑资金时间价值的前提下，用项目各年的净收益来回收全部投资所需要的期限。

（1）原理公式。计算公式如下：

$$\sum_{t=0}^{P'_t}(CI-CO)_t(1+i_c)^{-t}=0$$

式中　P'_t——动态投资回收期；

i_c——基准投资收益率。

（2）实用公式。在实际应用中，可根据项目现金流量表中的净现金流量现值，用下列近似公式计算

$$P'_t=（累计净现金流量现值开始出现正值的年份数-1）+\frac{上年累计净现金流量现值的绝对值}{当年的净现金流量的现值}$$

（3）评价准则。若 $P'_t \leqslant P'_c$（基准动态投资回收期）时，说明项目能在要求的时间内收回投资，是可行的；若 $P'_t > P'_c$，则项目不可行。

（二）借款偿还期

借款偿还期是指根据国家财政规定及投资项目的具体财务条件，以项目可用于偿还贷款的项目收益（利润、折旧、摊销费及其他收益）来偿还项目投资借款本金和建设期利息所需要的时间。它是反映项目借款偿债能力的重要指标。

（1）原理公式。在实际应用中，借款偿还期 P_d 可直接根据资金来源与运用表或借款还本付息计算表推算，其具体推算公式如下：

$$P_d=（借款偿还后出现盈余的年份数-借款开始的年份数）+\frac{当年应偿还借款额}{当年可用于还款的资金额}$$

（2）评价准则。当计算出的借款偿还期满足贷款机构的要求期限时，即认为项目是有借款偿还能力的；反之，则说明项目没有借款偿还能力。

二、价值性指标

（一）财务净现值

财务净现值是反映投资方案在计算期内盈利能力的动态评价指标。投资方案的净现值是指按行业的基准收益率（或投资主体设定的折现率）i_c，将各年的净现金流量折现到建设起点的现值之和。

（1）原理公式。财务净现值的计算公式如下：

$$NPV=\sum_{t=0}^{n}(CI-CO)_t(1+i_c)^{-t}$$

式中　NPV——财务净现值；

$(CI-CO)_t$——第 t 年的净现金流量；

i_c——行业基准收益率，本质上是投资者对资金时间价值的最低期望；

n——投资方案的计算期。

（2）评价准则。财务净现值是评价项目盈利能力的绝对指标，它反映项目在满足基准收益率要求的盈利能力之外获得的超额盈利的现值。计算出的财务净现值可能有以下 3 种结果：

①当 NPV>0 时，表示该投资方案实施后除保证可实现预定的收益外，尚可获得更高的收益。

②当 NPV=0 时，表示该投资方案刚好达到预定的收益率标准，但并不代表盈亏平衡。

③当 NPV<0 时，表示该投资方案实施后的投资收益率不能达到所预定的收益率水平，但不能确定项目是否已经亏损。

因此，财务净现值指标衡量项目盈利能力的评价准则为：若 NPV≥0，表示该项目在财务上可行；若 NPV<0，表示该项目在财务上不可行。

（二）财务净年值

财务净现值是把项目各年的净现金流量按照基准收益率折算到建设起点的现值之和。净现值经过资金回收系数的折算，可以得到一个与之等效的评价指标，即为财务净年值。净年值是通过资金等值计算将项目计算期内各年净现金流量分摊到每年年末的等额年值。

（1）原理公式。财务净年值的计算公式如下：

$$NAV=\sum_{t=0}^{n}(CI-CO)_t(1+i_c)^{-t}(A/P,i_c,n)$$

式中 NAV——财务净年值；

$(CI-CO)_t$——第 t 年的净现金流量；

$(A/P,i_c,n)$——资金回收系数。

（2）评价准则。当 NAV≥0 时，项目在经济上可行；当 NAV<0 时，项目在经济上不可行。

三、比率性指标

比率性指标包括财务内部收益率、财务净现值率、投资收益率、利息备付率、偿债备付率、经济内部收益率、财务比率。其中利息备付率和偿债备付率在第二章的财务分析中展开介绍。此处主要介绍常用的财务内部收益率。

财务内部收益率（IRR）本身是一个折现率，它是指使项目在整个计算期内各年净现金流量的现值累计等于 0 时的折现率，也就是说，在这个折现率水平下，项目的现金流入的现值之和等于其现金流出的现值之和。实质上，财务内部收益率就是使项目的净现值等于 0 时的折现率。

（1）原理公式。财务内部收益率的计算公式如下：

$$\sum_{t=0}^{n}(CI-CO)_t(1+IRR)^{-t}=0$$

在上式中，财务内部收益率是一个未知的折现率，求方程中的折现率需解高次方程，不容易求解。在实际应用中，一般通过计算机计算，手动计算时可采用线性内插法确定财务内部收益率的大小。

从图 1-2-1 可以看出，IRR 在 i_1 与 i_2 之间，用 i^* 近似代替 IRR，当 i_1 与 i_2 的距离控制在一定范围内时，可以达到要求的精度。

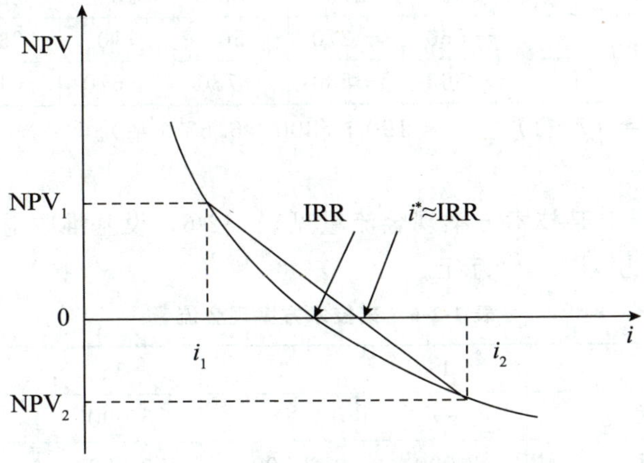

图 1-2-1 线性内插法求出 IRR

（2）评价准则。财务内部收益率计算出来后，可通过与基准收益率进行比较来判断方案是否可行，即若 $IRR\geq i_c$，则 NPV≥0，方案财务效果可行；若 $IRR<i_c$，则 NPV<0，方

案财务效果不可行。

实战演练

[2024 真题·单选] 某建设项目，初始方案建设期为 2 年，运营期为 10 年，财务内部收益率为 17.67%。若因追加建设投资导致建设期第 1 年年初现金流出增加 40 000 万元，运营期前 4 年每年现金净流入增加 10 000 万元，则该项目财务内部收益率可能变为（　　）。

A. 15.00%　　B. 17.67%　　C. 21.00%　　D. 22.00%

[解析] NPV＝－40 000＋10 000/（1＋17.67%）^{3}＋10 000/（1＋17.67%）^{4}＋10 000/（1＋17.67%）^{5}＋10 000/（1＋17.67%）^{6}≈－20 446.53＜0。因此，追加建设投资后的财务内部收益率比原财务内部收益率小，即小于 17.67%，选项 A 正确。

[答案] A

[2023 真题·单选] 某投资方案的现金流量见表 1-2-4，该方案的静态投资回收期为（　　）年。

表 1-2-4　某投资方案的现金流量

年份	0	1	2	3	4	5	6	7
现金流入/万元	—	—	—	130	260	450	480	550
现金流出/万元	—	560	270	80	150	220	230	250

注：表中数据均不考虑税收影响。

A. 6.36　　B. 6.58　　C. 6.63　　D. 6.26

[解析] 投资现金流量表见表 1-2-5。

表 1-2-5　投资现金流量表

年份	0	1	2	3	4	5	6	7
现金流入/万元	—	—	—	130	260	450	480	550
现金流出/万元	—	560	270	80	150	220	230	250
净现金流量/万元	—	－560	－270	50	110	230	250	300
累计净现金流/万元	—	－560	－830	－780	－670	－440	－190	110

静态投资回收期＝（7－1）＋|－190|/300≈6.63（年）。

[答案] C

[2023 真题·单选] 某技术方案现金流量见表 1-2-6，设基准收益率为 8%，则该技术方案的财务净现值约为（　　）万元。

表 1-2-6　某技术方案现金流量

年份	1	2	3	4	5
现金流入/万元	—	—	5 000	6 000	7 000
现金流出/万元	2 000	2 500	3 000	3 500	4 500

A. 1 221.018　　B. 1 131.498

C. 1 701.458　　D. 2 500.000

［解析］$NPV=-2\,000/(1+8\%)-2\,500/(1+8\%)^2+(5\,000-3\,000)/(1+8\%)^3+(6\,000-3\,500)/(1+8\%)^4+(7\,000-4\,500)/(1+8\%)^5\approx 1\,131.498$（万元）。

［答案］B

知识点 3 多方案比选

一、投资方案的选择类型

对工程项目方案进行经济评价，除了采用前文讲述的评价指标（如投资回收期、财务净现值、财务内部收益率等）对单个方案进行评价，往往决策者还面临多个方案之间的评价选择，即投资项目有几种可供选择的技术方案。在实践中，由于决策的复杂性，往往只有对多个方案进行比较评价，才能选择出技术上先进适用、经济上合理有利、社会效益大的最优方案。

多方案的动态评价方法的选择与各比选项目方案的类型，即项目方案之间的相互关系有关。按方案之间的经济关系，投资方案可分为相关方案与非相关方案。如果采纳或放弃某一方案显著地改变了其他方案的现金流系列，或者会影响其他方案，则认为这两个（或多个）方案在经济上是相关的。如果采纳或放弃某一方案并不显著地改变另一方案的现金流系列，或者不影响另一方案，则认为这两个方案在经济上是不相关的。为了叙述上的方便，根据方案的性质，这里将方案之间的相互关系分为三种类型：

（1）互斥型关系。互斥型关系即在多个方案中只能选择一个，其余方案必须放弃。方案不能同时存在，方案之间互相排斥。

（2）独立型关系。独立型关系是指作为评价对象的各个方案的现金流量是独立的，不具有相关性，且任一方案的采用与否都不影响其他方案是否采用，即方案之间不具有排斥性，采纳一个方案并不要求放弃另外的方案。如果决策的对象是单一方案，则可以认为是独立方案的特例。

（3）混合型关系。混合型关系是指在方案群内包括的各个方案之间既有独立关系，又有互斥关系。不同类型方案的评价指标和方法是不同的。

二、互斥型方案的选择

在对互斥型方案进行评价时，经济效果评价包含两部分内容：一是用经济效果评价指标（如 $NPV\geq 0$，$NAV\geq 0$，$IRR\geq i_c$）检验方案自身的经济性，称为“绝对经济效果检验（评价）”。凡通过绝对经济效果检验的方案，就认为它在经济上是可行的，否则就应予以拒绝。二是考察可行方案中哪个方案相对最优，称为“相对经济效果检验（评价）”。一般先以绝对经济效果评价筛选出可行方案，然后以相对经济效果评价选出最优方案。其步骤如下：

（1）按项目方案投资额从小到大将方案排序。

（2）以投资额最低的方案为临时最优方案，计算此方案的绝对经济效果指标，并与判别标准比较，直至找到可行方案。重复此步骤，找出全部可行方案。

（3）依次计算各可行方案间的相对经济效果指标，并与判别标准（如基准收益率）比较，优胜劣汰，最终取胜者即为最优方案。

(一) 寿命期相同的互斥型方案的选择

对于寿命期相同的互斥型方案，计算期通常设定为其寿命期，这样能满足在时间上的可比性。互斥型方案评价与选择的指标通常采用财务净现值、净年值和内部收益率比较法，这些方法在本节知识点 2 中已做介绍，此处将做进一步详细介绍。

先分析一个寿命期相同的互斥型方案评价的例子。

【例题 3】 A、B 是两个互斥型方案，其寿命期均为 10 年，方案 A 期初投资为 200 万元，第 1 年到第 10 年每年的净收益为 39 万元。方案 B 期初投资为 100 万元，第 1 年到第 10 年每年的净收益为 20 万元。若基准收益率为 10%，试选择方案。

解：首先计算两个方案的绝对经济效果指标 NPV 和 IRR，计算结果见表 1-2-7。

$$NPV_A=-200+39\ (P/A,\ 10\%,\ 10)\approx 39.64\ (万元)$$

$$NPV_B=-100+19\ (P/A,\ 10\%,\ 10)\approx 22.89\ (万元)$$

由方程式

$$-200+39\ (P/A,\ IRR_A,\ 10)\ =0$$

$$-100+20\ (P/A,\ IRR_B,\ 10)\ =0$$

可求得

$$IRR_A=14.4\%,\ IRR_B=15.1\%$$

表 1-2-7　互斥型方案 A、B 的净现金流量及经济效果指标

方案	初始净现金流量/万元	第 1～10 年净现金流量/万元	NPV/万元	IRR/%
A	－200	39	39.64	14.4
B	－100	20	22.89	15.1
A－B	－100	19	16.75	13.8

NPV_A 和 NPV_B 均大于 0，IRR_A 和 IRR_B 也均大于基准折现率，所以方案 A 和方案 B 都能通过绝对经济效果检验，且使用 NPV 指标和使用 IRR 指标进行绝对经济效果检验结论是一致的。用财务净现值判断，由于 $NPV_A>NPV_B$，故按财务净现值最大准则，方案 A 优于方案 B；用财务内部收益率判断，$IRR_A<IRR_B$，方案 B 优于方案 A，这与按财务净现值最大准则比选的结论相矛盾。那么，到底按哪种准则进行互斥型方案比选更合理呢？解决这个问题需要理解投资方案比选的实质。投资额不等的互斥型方案比选的实质是判断增量投资（或称差额投资）的经济合理性，即投资大的方案相对于投资小的方案多投入的资金能否带来满意的增量收益。显然，若增量投资能够带来满意的增量收益，则投资额大的方案优于投资额小的方案；若增量投资不能带来满意的增量收益，则投资额小的方案优于投资额大的方案。由上例可知，方案“A－B”的 $NPV_{A-B}>0$，$IRR_{A-B}>10\%$，所以方案 A 整体优于方案 B，且在经济上可行。

以上分析中采用的通过计算增量财务净现金流量评价增量投资经济效果，对投资额不等的互斥型方案进行比选的方法称为增量分析法或差额分析法。这是互斥型方案比选的基本方法。

(二) 寿命期不同的互斥型方案的选择

对于寿命期不同的互斥型方案，通常需设定一个共同分析期（或称计算期），以保证在利用资金等值原理进行经济效果评价时的时间可比性。

对寿命期不同的互斥型方案进行比选，同样要求方案具有时间可比性。满足这一要求需要解决两个方面的问题：一是设定一个合理的共同分析期；二是给寿命期不等于共同分析期的方案选择合理的方案接续假定或者残值回收假定。通常使用年值法和现值法。

（1）年值法是指投资方案在计算期的收入及支出，按一定的折现率换算为等值年值，用以评价或选择方案的一种方法。在对寿命期不同的互斥型方案进行比选时，特别是参加比选的方案数量较多时，年值法是最为简便的方法。年值法使用的指标有净年值与费用年值。

用年值法进行寿命期不同的互斥型方案比选，实际上隐含着这样一种假定：各备选方案在其寿命结束时均可按原方案重复实施或以与原方案经济效果水平相同的方案接续。因为一个方案无论重复实施多少次，其年值都是不变的，所以年值法实际上假定了各方案可以无限多次重复实施。在这一假定前提下，年值法以“年”为时间单位比较各方案的经济效果，从而使寿命不同的互斥型方案间具有了时间可比性。

（2）当互斥型方案寿命期不同时，一般情况下，各方案的现金流量在各自寿命期内的现值不具有可比性。如果要使用现值指标进行方案比选，必须设定一个共同分析期。共同分析期的设定通常有以下几种方法：

①最小公倍数法。此法以不同方案寿命期的最小公倍数作为计算期，在此期间各方案分别以同样规模重复投资多次，据此计算出各方案的净现值，然后进行比较选优。

②年值折现法。按某一共同分析期将各备选方案的年值折现，得到用于方案比选的现值。这种方法实际上是年值法的一种变形，隐含着与年值法相同的接续方案假定。

用上述方法计算出的财务净现值用于寿命期不同的互斥型方案评价的评价准则是：财务净现值最大且非负是最优可行方案。对于仅有或仅需计算费用现金流量的互斥型方案，可比照上述方法计算费用现值进行比选，评价准则是：费用现值最小的方案为最优可行方案。

三、独立型方案的选择

（1）完全不相关的独立型方案的采用与否，只取决于方案自身的经济性，即只需检验它们是否能够通过基于财务净现值、净年值或内部收益率等指标的绝对效果评价。因此，多个独立方案与单一方案的评价方法是相同的，这里不再举例。

（2）有资源约束的独立型方案的选择。有资源约束的独立型方案是指方案之间虽然不存在相互排斥或相互补充的关系，但由于资源方面的约束，不能同时满足所有方案对投资的要求，或者由于投资项目的不可分性，这些约束条件意味着接受某几个方案就必须放弃另一些方案，使之成为相关的互相排斥的方案。

四、混合型方案的选择

当方案组合中既包含互斥型方案，也包含独立型方案时，就构成了混合型方案。独立型方案或互斥型方案的选择，属于单项决策。但在实际情况下，需要考虑各个决策之间的相互关系。混合型方案的特点，就是在分别决策的基础上，研究系统内诸方案的相互关系，从中选择最优的方案组合。混合型方案选择的步骤如下：

（1）按组际间的方案互相独立、组内方案互相排斥的原则，形成所有可能的方案组合。

（2）以互斥型方案比选的原则筛选组内方案。

（3）在总的投资限额下，以独立型方案比选原则选择最优的方案组合。

实战演练

［2024 真题·单选］ 现有 4 个投资方案（现金流量数据见表 1-2-8），计算期均为 5 年，设财务基准收益率为 10%。若某企业可筹集到的资金总额为 10 000 万元，则应选择的方案是（　　）。

表 1-2-8　4 个投资方案现金流量数据

方案	第 1 年年初投资/万元	第 1～5 年各年年末净现金流量/万元
方案一	20 000	5 500
方案二	15 000	4 500
方案三	10 000	3 500
方案四	9 000	3 300

A. 方案一　　B. 方案四

C. 方案二　　D. 方案三

［解析］ 由表可得，财务净现值 $NPV_{方案一}=-20\ 000+5\ 500\times(P/A,\ 10\%,\ 5)=-20\ 000+5\ 500\times\frac{(1+10\%)^5-1}{10\%\times(1+10\%)^5}\approx 849$（万元）；财务净现值 $NPV_{方案二}=-15\ 000+4\ 500\times(P/A,\ 10\%,\ 5)=-15\ 000+4\ 500\times\frac{(1+10\%)^5-1}{10\%\times(1+10\%)^5}\approx 2\ 059$（万元）；财务净现值 $NPV_{方案三}=-10\ 000+3\ 500\times(P/A,\ 10\%,\ 5)=-10\ 000+3\ 500\times\frac{(1+10\%)^5-1}{10\%\times(1+10\%)^5}\approx 3\ 268$（万元）；财务净现值 $NPV_{方案四}=-9\ 000+3\ 300\times(P/A,\ 10\%,\ 5)=-9\ 000+3\ 300\times\frac{(1+10\%)^5-1}{10\%\times(1+10\%)^5}\approx 3\ 510$（万元）。方案四的财务净现值最大，应选方案四。

［答案］ B

第三节　不确定性分析

所谓不确定性分析，就是分析项目在经济运行中存在的不确定性因素对项目经济效果的影响，预测项目承担和抵抗风险的能力，考察项目在经济上的可行性，以避免项目实施后造成不必要的损失。

常用的不确定性分析方法有盈亏平衡分析、敏感性分析、概率分析等。在具体应用时，要综合考虑项目的类型、特点，决策者的要求，相应的人力、财力，以及项目对国民经济的影响程度等条件来选择。一般来讲，盈亏平衡分析只适用于项目的财务评价，而敏感性分析和概率分析则可同时用于财务评价和国民经济评价。

本节主要介绍常用的盈亏平衡分析和敏感性分析。

知识点 1 盈亏平衡分析

一、盈亏平衡分析的概念

盈亏平衡分析又称“量—本—利”分析，是在一定市场、生产能力及经营管理条件下，通过对产品产量、成本、利润三者之间相互关系的分析，判断企业对市场需求变化的适应能力的一种不确定性分析方法。在工程经济评价中，这种方法的作用是找出投资项目的盈亏临界点，以判断不确定性因素对方案经济效果的影响程度，说明方案实施的风险大小及投资项目承担风险的能力，为投资决策提供科学依据。

企业的经营活动，通常以生产数量为起点，而以利润为目标。盈亏平衡分析方法粗略地对高度敏感的产品产量、成本、利润等因素进行分析，有助于企业了解项目可能承担的风险程度。

二、基本的损益方程式

量、本、利相互关系的研究以成本和产品产量的关系为基础，这种研究通常称为成本性态研究。所谓成本性态，是指成本总额对产量的依存关系。在这里，产量是企业生产经营活动水平的标志量。当产量变化以后，各项成本有不同的形态，大体上可分为两种：固定成本和变动成本。固定成本是不受产量影响的成本，如企业的固定资产折旧等。变动成本是随产量增长而成正比例增长的成本，如材料消耗等。在一定期间把成本分解成固定成本和变动成本两个部分后，再考虑收入和利润，产量、成本和利润的关系就可以统一于一个数学模型，其表达形式为

利润＝销售收入－总成本－销售税金

假设产量等于销售量，并且项目的销售收入与总成本均是产量的线性函数，则

销售收入＝单位产品售价×销售量

总成本＝变动成本＋固定成本＝单位产品变动成本×产量＋固定成本

销售税金＝单位产品销售税金×销售量

根据以上计算公式可以得出

$$B=pQ-C_{\mathrm{v}}Q-C_{\mathrm{F}}-tQ$$

式中 B——利润；

p——单位产品售价；

Q——销售量或产量；

t——单位产品销售税金或单位产品增值税；

C_{v}——单位产品变动成本；

C_{F}——固定成本。

上式明确表达了量、本、利之间的数量关系，是基本的损益方程式。它含有相互联系的6个变量，给定其中5个，便可求出另一个变量的值。将产量（或销售量）、成本、利润的关系反映在直角坐标系中，即成为基本的盈亏平衡图，如图1-3-1所示。

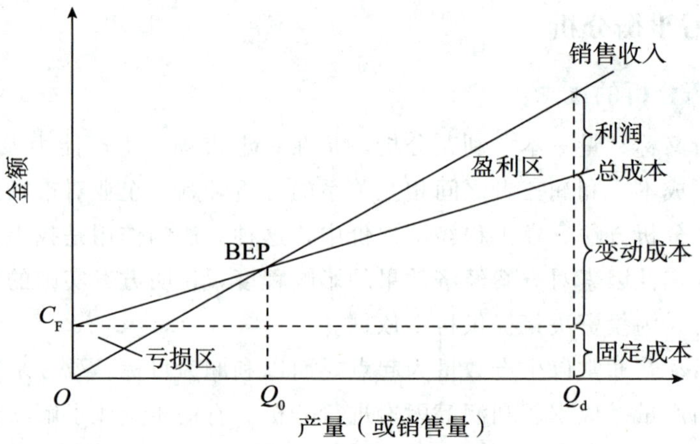

图 1-3-1　基本的盈亏平衡图

由图 1-3-1 可知，销售收入线与总成本线的交点是盈亏平衡点（BEP），表明企业在此产量（或销售量）时总收入扣除销售税金后与总成本相等，既没有利润，也不发生亏损。在此基础上，增加产量（或销售量），销售收入超过总成本，销售收入线与总成本线之间的距离为利润值，形成盈利区；反之，为亏损区。

根据生产成本及销售收入与产量（或销售量）之间是否呈线性关系，盈亏平衡分析又可进一步分为线性盈亏平衡分析和非线性盈亏平衡分析。财务评价中通常只进行线性盈亏平衡分析。

三、线性盈亏平衡分析

项目盈亏平衡点（BEP）的表达形式有多种，可以用产量、单位产品售价、销售额、单位产品的可变成本，以及年总固定成本的绝对量表示，也可以用某些相对值表示，如生产能力利用率。其中，以产量和生产能力利用率表示的盈亏平衡点的应用最为广泛。

线性盈亏平衡分析的前提条件如下：

（1）生产量等于销售量。

（2）生产量变化，单位产品的可变成本不变，从而使总生产成本成为生产量的线性函数。

（3）生产量变化，单位产品售价不变，从而使销售收入成为销售量的线性函数。

（4）只生产单一产品，或者生产多种产品，但可以换算为单一产品进行计算。

（一）用产量（或销售量）表示的盈亏平衡点 Q_0

由图 1-3-1 可知，企业在小于 Q_0 的产量（或销售量）下组织生产，则项目亏损；在大于 Q_0 的产量（或销售量）下组织生产，则项目盈利。显然，产量（或销售量）Q_0 是盈亏平衡点的一个重要表达形式。就单一产品企业来说，盈亏平衡点的计算并不困难，一般是从销售收入等于总成本费用，即盈亏平衡方程式中导出。令基本的损益方程式中利润 $B=0$，此时的产量（或销售量）Q_0 为盈亏平衡点产量，即

$$Q_0=\frac{C_F}{p-C_v-t}$$

(二) 用生产能力利用率表示的盈亏平衡 E^*

用生产能力利用率表示的盈亏平衡点，是指盈亏平衡点产量（或销售量）占企业设计生产能力［正常产量（或销售量）］Q_d的比重，即

$$E^*=\frac{Q_0}{Q_d}\times 100\%$$

进行项目评价时，生产能力利用率表示的盈亏平衡点常常根据正常年份的产品产量（或销售量）、变动成本、固定成本、单位产品售价和单位产品销售税金等数据来计算，即

$$E^*=\frac{C_F}{pQ_d-C_vQ_d-tQ_d}\times 100\%$$

(三) 用销售额表示的盈亏平衡点 S^*

产销单一产品的企业在现代经济中只占少数，大部分企业产销多种产品。产销多种产品的企业可以使用销售额来表示盈亏平衡点，即

$$S^*=\frac{pC_F}{p-C_v-t}$$

(四) 用单位产品售价表示的盈亏平衡点 p^*

如果按设计生产能力进行生产和销售，BEP 还可以由盈亏平衡点单位产品售价 p^* 来表达。

令

$$B=pQ_d-C_vQ_d-C_F-tQ_d=0$$

可得

$$p^*=\frac{C_F}{Q_d}+C_v+t$$

盈亏平衡点反映了项目对市场变化的适应能力和抗风险能力。盈亏平衡点越低，达到此点的盈亏平衡产量、收益或成本也就越少，项目投产后盈利的可能性越大，适应市场变化的能力越强，抗风险能力也越强。

实战演练

[2024 真题 · 单选] 某方案设计生产能力为 5 万 t/年，预计生产该产品年固定成本为 3 000 万元，单位产品售价为 1 500 元/t，单位产品可变成本为 600 元/t，单位产品税金及附加为 15 元/t，以上成本及售价均不考虑增值税。根据线性盈亏平衡分析，该方案以单位产品售价表示的盈亏平衡点为（　　）元/t。

A. 600　　B. 615

C. 1 215　　D. 1 200

[解析] 产品售价＝年固定成本/正常产销量＋单位产品可变成本＋单位产品税金及附加＝3 000/5＋600＋15＝1 215（元/t）。

[答案] C

[2023 真题 · 单选] 某投资项目有 4 个互斥的方案，设计生产能力和盈亏平衡点产量见表 1-3-1。仅从方案抗风险能力的角度考虑，投资者应选择的方案是（　　）。

表 1-3-1　设计生产能力和盈亏平衡点产量

方案	甲	乙	丙	丁
设计生产能力/万吨每年	1 000	900	800	700
盈亏平衡点产量/万吨每年	600	650	500	500

A. 甲　　B. 乙

C. 丙　　D. 丁

[解析] 用生产能力利用率 E^* 表示的 4 个方案的盈亏平衡点分别为：$E^*_{甲}=600/1\,000\times100\%=60.0\%$；$E^*_{乙}=650/900\times100\%\approx72.2\%$；$E^*_{丙}=500/800\times100\%=62.5\%$；$E^*_{丁}=500/700\times100\%\approx71.4\%$。生产能力利用率表示的盈亏平衡点越低，抗风险能力越强，因此选择方案甲。

[答案] A

[2019 真题 · 单选] 某技术方案年设计生产能力为 10 万台，单台产品销售价格（含税）为 2 000 元，单台产品可变成本（含税）为 1 000 元，单台产品税金及附加为 150 元。若盈亏平衡点年产量为 5 万台，则该方案的年固定成本为（　　）万元。

A. 5 000　　B. 4 250

C. 5 750　　D. 9 250

[解析] 根据 $B=pQ_d-C_vQ_d-C_F-tQ_d$，在盈亏平衡点年产量为 5 万台的前提下，利润为 0，年固定成本＝2 000×5－1 000×5－150×5＝4 250（万元）。

[答案] B

[2021 真题 · 多选] 下列条件中，属于线性盈亏平衡分析模型假设条件的有（　　）。

A. 产销量和单位可变成本保持不变

B. 生产量等于销售量

C. 生产多种产品的，可以换算为单一产品计算

D. 产量超过一定规模时，固定成本线性增加

E. 产销量和销售单价不变

[解析] 线性盈亏平衡分析的前提条件为：①生产量等于销售量；②生产量变化，单位产品的可变成本不变，从而使总生产成本成为生产量的线性函数；③生产量变化，单位产品售价不变，从而使销售收入成为销售量的线性函数；④只生产单一产品，或者生产多种产品，但可以换算为单一产品进行计算。

[答案] BC

知识点 2　敏感性分析

一、敏感性分析的含义与内容

一个技术方案的投资一般要经过较长的时间才能收回，而在这期间的许多不确定因素，如原材料价格上涨、销售量减少、销售价格降低等，使方案达不到预期的经济效益。在投资方案的评价中，除了根据预测数据计算一系列经济效益指标外，还应对方案所能承受的风险

大小进行估计，以便更科学地进行投资决策。

投资项目经济效益随其现金流量中某个或某几个因素的改变而变化，称为投资项目经济效益对因素的敏感性。当某因素在较小范围内变化即引起投资项目经济效益较大变化时，称该项目对该因素的敏感性强；反之，则称该项目对该因素的敏感性弱。

敏感性分析是通过分析、预测项目主要因素发生变化时对项目基本方案经济评价指标的影响，从中找出敏感性因素，并确定其影响程度。

敏感性分析通常是改变一种或多种不确定因素的数值，计算其对项目效益指标的影响，通过计算敏感度系数和临界点，估计项目效益指标对它们的敏感程度，进而确定关键的敏感因素。通常将敏感性分析的结果汇总于敏感性分析表，也可通过绘制敏感性分析图显示对各种因素的敏感程度并求得临界点。最后，对敏感性分析的结果进行分析，并提出减轻不确定因素影响的措施。根据每次变动因素数目的不同，敏感性分析可以分为单因素敏感性分析、多因素敏感性分析。敏感性分析对项目财务分析与评价以及国民经济分析与评价同样适用。

二、敏感性分析的方法与步骤

（一）选取不确定因素

进行敏感性分析，首先选定不确定因素并确定其偏离基本情况的程度。不确定因素是指那些在项目决策分析与评价过程中涉及的对项目效益有一定影响的基本因素。敏感性分析不可能也不需要对项目涉及的全部因素都进行分析，而只是对那些可能对项目效益有较大影响的重要的不确定因素进行分析。

不确定因素通常根据行业和项目的特点、类似项目的经验，特别是项目后评价的经验进行选择和确定。在项目计算期内可能发生变化的因素有：①投资额，包括固定资产投资与流动资金占用，其中固定资产投资又可分为设备费用、建筑安装费用等；②项目建设期限、投产期限；③产品产量以及销售量；④产品价格或主要原材料与动力价格；⑤经营成本，特别是其中的变动成本；⑥项目寿命期；⑦项目寿命期末的资产残值；⑧折现率；⑨外币汇率。选取不确定因素时，要根据项目的具体情况选择相应的因素。

（二）确定不确定因素变化程度

敏感性分析通常是针对不确定因素的不利变化进行，为绘制敏感性分析图也可考虑不确定因素的有利变化。

一般不确定因素变化的百分率，习惯上选取±10%。为了作图的需要，可分别选取±5%、±10%、±15%、±20% 等。对于那些不便用百分数表示的因素（如建设期），可采用延长一段时间表示，如延长1年。

百分数的取值其实并不重要，因为敏感性分析的目的，并不在于考察项目效益在某个具体的百分数变化下发生变化的具体数值，而只是借助它进一步计算敏感性分析指标，即敏感度系数和临界点。

（三）选取分析指标

建设项目经济评价有一整套指标体系，敏感性分析可选定其中一个或几个主要指标。最基本的分析指标是内部收益率或净现值，根据项目的实际情况也可选择投资回收期等其他评价指标。通常，财务分析与评价的敏感性分析中必选的分析指标是项目投资财务内部收益率，国民经济分析与评价中必选的分析指标是经济净现值或经济内部收益率。

(四) 计算敏感性指标

1. 敏感度系数

敏感度系数是项目效益指标变化的百分率与不确定因素变化的百分率之比。用敏感度系数确定项目效益指标敏感程度属于相对测定法。敏感度系数高，表示项目效益对该不确定因素敏感程度高，提示应重视该不确定因素对项目效益的影响。敏感度系数的计算公式如下：

$$E=\frac{\Delta A}{\Delta F}$$

式中 E——评价指标 A 对于不确定因素 F 的敏感度系数；

ΔA——不确定因素 F 发生 ΔF 变化时，评价指标 A 的相应变化率；

ΔF——不确定因素 F 的变化率。

$E>0$，表示评价指标与不确定因素同方向变化；$E<0$，表示评价指标与不确定因素反方向变化。$|E|$越大者，评价指标对该不确定因素的敏感度越高。不确定因素变化率取值不同，敏感度系数的数值会有变化。但获知数值大小并不是计算该项指标的目的，重要的是各不确定因素敏感度系数的相对值，可借此了解各不确定因素的相对影响程度，以选出敏感度较大的不确定因素。因此，虽然敏感度系数有以上缺陷，但在判断各不确定因素对项目效益的相对影响程度上仍具有一定的作用。

2. 临界点

临界点是指不确定因素的极限变化，即不确定性因素的变化使项目由可行变为不可行的临界数值，也可以说是该不确定因素使内部收益率等于基准收益率或净现值变为0时的变化率。用临界点确定项目效益指标敏感程度属于绝对测定法。当该不确定因素为费用科目时，为其增加的百分率；当该不确定因素为效益科目时，为其降低的百分率。

临界点也可用该百分率对应的具体数值（转换值）表示。当不确定因素的变化超过了临界点所表示的不确定因素的极限变化时，项目效益指标值将会转而低于基准值，表明项目将由可行变为不可行。

临界点的高低与设定的基准收益率有关。同一个投资项目，随着设定基准收益率的提高，临界点会相应变低（即临界点表示的不确定因素的极限变化变小）；而在一定的基准收益率下，临界点越低，说明该因素对项目效益指标影响越大，项目对该因素就越敏感。

在敏感性分析中，可以通过敏感性分析图求得临界点的近似值，但由于项目效益指标的变化与不确定因素变化之间不完全是直线关系，有时误差较大。因此，最好采用试算法或函数求解。

(五) 敏感性分析结果表述

敏感性分析结果有两种表述形式：①编制敏感性分析表；②绘制敏感性分析图。

(六) 对敏感性分析结果进行分析

应对敏感性分析表和敏感性分析图显示的结果进行文字说明，将不确定因素变化后计算的经济评价指标与基本方案评价指标进行对比分析。

三、单因素敏感性分析

单因素敏感性分析是指在其他因素保持不变时，每次只变动一个因素的数值，估算单个因素的变化对项目效益产生的影响。

单因素敏感性分析的基本步骤如下：

(1) 确定方案敏感性分析的具体经济效果评价指标。一般可采用净现值、净年值、内部收益率、投资回收期等作为分析评价指标，主要针对项目的具体情况进行选择。

(2) 选择影响方案经济效果指标的主要变量因素，并设定这些因素的变动范围。

(3) 计算各变量因素在可能的变动范围内，发生不同幅度变动所导致的方案经济效果指标的变动结果，建立起一一对应的数量关系，并用图或表的形式表示出来。

(4) 确定敏感因素，对方案的风险情况做出判断。

实战演练

[2022 真题·单选] 关于技术方案敏感性分析的说法，正确的是（　　）。

A. 不确定因素的临界点越低，该因素对技术方案的评价指标影响越小

B. 敏感性分析可以通过计算敏感度系数和临界点确定敏感因素

C. 敏感度系数大于零，表示评价指标与不确定因素反方向变化

D. 敏感度系数的绝对值越大，表明评价指标对于不确定因素越不敏感

[解析] 选项 A 错误，在一定的基准收益率下，临界点越低，说明该因素对项目效益指标影响越大，项目对该因素就越敏感。选项 C 错误，$E>0$，表示评价指标与不确定因素同方向变化。选项 D 错误，$|E|$ 越大者，评价指标对该不确定因素的敏感度越高，越敏感。

[答案] B

[2024 真题·多选] 关于敏感性分析中临界点的说法，正确的有（　　）。

A. 临界点可用百分比或临界值表示

B. 临界点只能用图解法求得

C. 临界点的测定方法属于相对测定法

D. 利用敏感性分析图可求得临界点的近似值

E. 临界点是使方案由可行变为不可行的不确定因素变化的临界数值

[解析] 选项 B 错误，可以通过敏感性分析图求得临界点的近似值，但由于项目效益指标的变化与不确定因素变化之间不完全是直线关系，有时误差较大。因此，最好采用试算法或函数求解。选项 C 错误，临界点的测定方法属于绝对测定法。

[答案] ADE

第四节　设备更新分析

设备更新分析是指对现有设备是继续使用还是更换新设备进行经济性分析比较的过程，目的是寻找最佳更新时机，实现成本最小化和效益最大化。本节主要介绍设备磨损与补偿、

设备经济寿命确定、设备更新方案经济分析、设备租赁方案经济分析。

通过分析，我们可以找到最经济的设备更新时机，既不会因过早淘汰还能使用的设备造成浪费，也不会因过度使用老旧设备而影响工程效率和成本。

知识点 1 设备磨损与补偿

一、设备磨损形式

（一）有形磨损

（1）在生产使用或者闲置中，由于使用以及自然环境的影响，设备实体会受到损耗，即为有形磨损。设备有形磨损又可根据不同起因，分为第Ⅰ类有形磨损和第Ⅱ类有形磨损。

①第Ⅰ类有形磨损是指由于外力的作用，设备在使用过程中产生的变形扭曲、零件损坏等物理变化的磨损。这类磨损一般能直接观察、测量出来。这类磨损随着使用时间和使用强度的增加，磨损程度也增加，进而导致生产率下降。及时的维修保养、操作者技能水平、设备性能以及设备负荷等因素，都会直接影响磨损程度。随着磨损程度的增加，设备的整体功能会逐渐下降，直至无法正常工作。

②第Ⅱ类有形磨损是指设备受到自然环境的侵蚀，如在设备闲置中金属生锈、塑胶橡胶老化等与生产使用无关的磨损。这类磨损一般与使用程度成反比例关系，是设备闲置过久、缺乏管理维护的结果。随着磨损程度的加深，设备丧失精确度，工作能力和利用率下降，逐渐丧失使用价值。

（2）有形磨损在磨损程度较低时，可通过维修恢复，抵偿减少的使用价值。设备有形磨损的程度用经济指标来度量，以此可确定整体平均磨损程度。

（二）无形磨损

（1）设备的无形磨损是指科学技术的进步使原有设备价值不断降低。无形磨损不表现在设备实体上，可按起因分为第Ⅰ类无形磨损和第Ⅱ类无形磨损。

①第Ⅰ类无形磨损，是由于技术进步使得生产工艺改进、成本降低、生产率不断提高，相同设备的再生产价值降低，从而使原有设备价值贬值。此类磨损，不改变设备原有的技术及功能特征，不影响其正常的生产使用，原有设备使用价值并无变化。

②第Ⅱ类无形磨损，是指由于技术的进步，出现了性能更优异、效率更高、耗能耗材更少的设备，虽原有设备仍能正常生产使用，但其生产效率远远低于社会平均生产效率，生产成本相对增大，从而使原有设备价值降低，使用价值部分或全部丧失，因此受此类磨损的设备需及时更新。

（2）设备再生产费用的变量除以原设备的原始价值，此比值可用于度量设备的无形磨损。

（三）综合磨损

购置设备后，设备必定会在生产使用和闲置中存在有形磨损和无形磨损，两种磨损同时发生并互相影响。技术的进步，可能会加快设备的有形磨损（如高速度、高强度、大负荷技术），也可能延缓设备的有形磨损速度，加快无形磨损速度（如耐热、耐磨、耐腐蚀等新技术、新材料）。

二、设备磨损的补偿方式

无论是受到有形磨损还是无形磨损，设备的原始价值都会降低。有形磨损严重时，若没有经过大维修，设备不能维持正常的生产运作。无形磨损一般不会影响其使用，但过于落后的设备会影响生产效率，经济效益不高，不宜继续使用。若要维持企业正常生产运作，需对设备磨损进行补偿。补偿方式分为两种：技术补偿和经济补偿。

（1）技术补偿按补偿程度不同，分为局部补偿和完全补偿两种。有形磨损的局部补偿即为修理，无形磨损的局部补偿即为现代化改装。有形磨损与无形磨损的完全补偿为淘汰旧设备并更新设备，即更换。

（2）设备的经济补偿是指对设备折旧实现价值回收，目的是用于设备的更新。

设备磨损形式及其补偿方式的关系如图 1-4-1 所示。

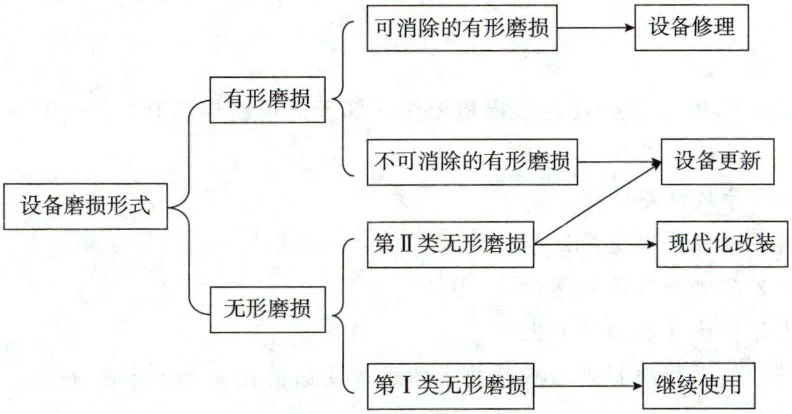

图 1-4-1　设备磨损形式及其补偿方式的关系

实战演练

[2024 真题 · 单选] 下列选项中，属于设备第Ⅰ类无形磨损造成的后果的是（　　）。

A. 导致设备自身技术特性和功能发生改变　　B. 导致原有设备相对贬值

C. 导致设备生产精度达不到新标准要求　　D. 导致设备在修理之前不能正常工作

[解析] 第Ⅰ类无形磨损，是由于技术进步使得生产工艺改进、成本降低、生产率不断提高，相同设备的再生产价值降低，从而使原有设备价值贬值。

[答案] B

[2021 真题 · 单选] 下列关于设备磨损补偿方式的说法，正确的是（　　）。

A. 设备的无形磨损可以通过修理进行补偿

B. 设备的综合磨损只能通过更新进行补偿

C. 可消除的有形磨损只能通过现代化改装进行补偿

D. 不可消除的有形磨损可以通过更新进行补偿

[解析] 根据图 1-4-1，修理适用于有形磨损，选项 A 错误。综合磨损可以使用无形磨损和有形磨损的补偿方式，选项 B 错误。可消除的有形磨损只能通过设备修理进行补偿，选项 C 错误。

[答案] D

[2022 真题 · 多选] 下列关于设备磨损的补偿方式，说法正确的有（　　）。

A. 修理是对设备有形磨损的局部补偿

B. 由于科学技术进步的无形磨损可通过现代化改装进行局部补偿

C. 不可消除的有形磨损可通过大修理进行局部补偿

D. 设备制造工艺不断改进，同类设备再生产价值降低，致使原设备贬值，可通过现代化改装进行局部补偿

E. 设备有形磨损和无形磨损的完全补偿是更新

[解析] 选项C错误，不可消除的有形磨损可通过设备更新进行补偿。选项D错误，设备制造工艺不断改进，同类设备再生产价值降低，致使原设备贬值属于第Ⅰ类无形磨损，可以继续使用。

[答案] ABE

[2021 真题 · 多选] 下列设备磨损情形中，属于无形磨损的有（　　）。

A. 设备使用过程中产生的变形

B. 技术进步导致设备贬值

C. 设备闲置过程中遭受腐蚀

D. 制造工艺改进导致设备降价

E. 自然力作用使设备构件老化

[解析] 设备的无形磨损是指科学技术的进步使原有设备价值不断降低。它不表现在设备实体上。

[答案] BD

知识点 2 设备经济寿命确定

一、设备寿命期的类型

（一）设备的自然寿命

设备的自然寿命，又称物质寿命，主要是由设备的有形磨损所决定的。做好设备维修和保养可延长设备的物质寿命，但不能从根本上避免设备的磨损，任何一台设备磨损到一定程度时，都必须进行更新。因为随着设备使用时间的延长，设备不断老化，维修所支出的费用也逐渐增加，从而出现恶性使用阶段，即经济上不合理的使用阶段，因此，设备的自然寿命不能成为设备更新的估算依据。

（二）设备的技术寿命

由于科学技术迅速发展，一方面，对产品的质量和精度的要求越来越高；另一方面，也不断涌现出技术上更先进、性能更完善的机械设备，这就使得原有设备虽然还能继续使用，但已不能保证产品的精度、质量和技术要求而被淘汰。因此，设备的技术寿命就是指设备从投入使用到因技术落后而被淘汰所持续的时间，也即指设备在市场上维持其价值的时间，故又称有效寿命。例如，一台挖土机，即使完全没有使用过，它也会被功能更完善、技术更先

进的挖土机所取代，这时它的技术寿命可以认为等于零。由此可见，技术寿命主要是由设备的无形磨损所决定的，它一般比自然寿命要短，而且科学技术进步越快，技术寿命越短。所以，在估算设备寿命时，必须考虑设备技术寿命期限的变化特点及其使用的制约或影响。

（三）设备的经济寿命

经济寿命是指设备从投入使用开始，到继续使用在经济上不合理而被更新所经历的时间。它是由维护费用的提高和使用价值的降低所决定的。设备使用年限越长，所分摊的设备年资产消耗成本越少。但是随着使用年限的增加，一方面需要更多的维修费用维持设备原有功能；另一方面设备的操作成本及原材料、能源耗费也会增加，年运行时间、生产效率、质量将下降。因此，年资产消耗成本的降低，会被年度运行成本的增加或收益的下降所抵消。在整个变化过程中存在着某一年份，设备年平均使用成本最低，经济效益最好，如图 1-4-2 所示。

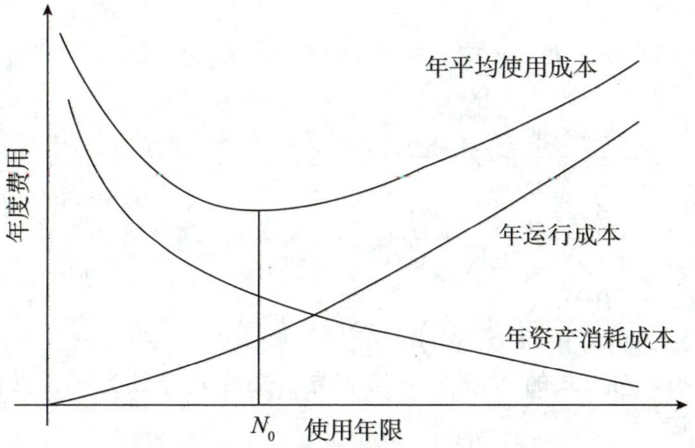

图 1-4-2 设备年度费用曲线

在 N_0年时，设备年平均使用成本达到最低值，则称设备从开始使用到其年平均使用成本最小（或年盈利最高）的使用年限 N_0为设备的经济寿命。所以，设备的经济寿命就是从经济观点（即成本观点或收益观点）确定的设备更新的最佳时刻。

二、设备经济寿命的估算

（一）设备经济寿命的确定原则

（1）使设备在经济寿命内平均每年净收益（纯利润）达到最大。

（2）使设备在经济寿命内年平均使用成本达到最小。

（二）设备经济寿命的确定方法

设备经济寿命的确定方法有静态模式和动态模式两种。

1. 静态模式下设备经济寿命的确定方法

静态模式下设备经济寿命的确定方法，就是在不考虑资金时间价值的基础上计算设备年平均使用成本 $\overline{C}_N$。使 $\overline{C}_N$ 为最小的 N_0就是设备的经济寿命。

$$\overline{C}_N=\frac{P-L_N}{N}+\frac{1}{N}\sum_{t=1}^{N}C_t$$

式中　$\overline{C}_N$——N 年内设备的年平均使用成本；

P——设备目前实际价值；

C_t——第 t 年的设备运行成本；

L_N——第 N 年年末的设备净残值。

在上式中，$\frac{P-L_N}{N}$ 为设备的平均年度资产消耗成本，而 $\frac{1}{N}\sum_{t=1}^{N}C_t$ 为设备的平均年度运行成本。

由于设备使用时间越长，设备的有形磨损和无形磨损越加剧，从而导致设备的维护修理费用越增加，这种逐年递增的费用 ΔC_t 被称为设备的劣化。用劣化数值表示设备损耗的方法被称为劣化数值法。如果每年设备的劣化增量是均等的，即 $\Delta C_t=\lambda$，每年劣化呈线性增长。假设评价基准年（即评价第 1 年）设备的运行成本为 C_1，则平均每年的设备使用成本 $\overline{C}_N$ 可用下式表示

$$\begin{aligned}\overline{C}_N &= \frac{P-L_N}{N}+\frac{1}{N}\sum_{t=1}^{N}C_t \\ &= \frac{P-L_N}{N}+C_1+\frac{1}{N}\left[\lambda+2\lambda+3\lambda+\cdots+(N-1)\lambda\right] \\ &= \frac{P-L_N}{N}+C_1+\frac{1}{2N}\left[N(N-1)\lambda\right] \\ &= \frac{P-L_N}{N}+C_1+\frac{1}{2}\left[(N-1)\lambda\right]\end{aligned}$$

要使 $\overline{C}_N$ 为最小，对上式的 N 进行一阶求导，并令其导数为零，据此，可以简化经济寿命的计算公式，即

$$N_0=\sqrt{\frac{2(P-L_N)}{\lambda}}$$

式中　N_0——设备的经济寿命；

λ——设备的劣化数值。

2. 动态模式下设备经济寿命的确定方法

动态模式下设备经济寿命的确定方法，就是在考虑资金时间价值的情况下计算设备的净年值 NAV 或年成本 AC，通过比较年平均效益或年平均费用来确定设备的经济寿命 N_0。此方法此处不详细展开介绍。

实战演练

[2022 真题补·单选] 关于设备寿命的说法，正确的是（　　）。

A. 科学技术进步越快，设备的技术寿命越短

B. 设备的技术寿命主要由设备的有形磨损决定

C. 设备更新应主要考虑其自然寿命

D. 设备的自然寿命主要由设备的无形磨损决定

［解析］选项B错误，技术寿命主要是由设备的无形磨损所决定的，一般比自然寿命要短，而且科学技术进步越快，技术寿命越短。选项C错误，设备的自然寿命不能成为设备更新的主要决策依据。选项D错误，设备的自然寿命主要是由设备的有形磨损所决定的。

［答案］A

知识点3　设备更新方案经济分析

一、设备更新的概念

设备更新就是用新设备去替换由于各种原因不宜继续使用的旧设备。就实物形态而言，设备更新是用新设备代替旧设备；就价值形态而言，它使设备在运转中消耗掉的价值重新得到补偿。设备更新有以下两种形式：

（1）用相同的设备去更换有形磨损严重、不能继续使用的旧设备。这种更新只是解决设备的损坏问题，不具有更新技术的性质，不能促进技术的进步。

（2）用较经济和完善的新设备，即用技术更先进、结构更完善、效率更高、性能更好、耗费能源和原材料更少的新型设备来更换那些技术上不能继续使用或经济上不宜继续使用的旧设备。这种更新不仅能解决设备损坏问题，而且能解决设备技术落后的问题。

在当今技术进步很快的环境下设备更新应该主要采用第二种形式。

二、设备更新的特点

（一）设备更新的关键是确定设备的经济寿命

设备有一定的使用期限，即为寿命，设备的寿命通常分为自然寿命、使用寿命、技术寿命、经济寿命、折旧寿命，而设备更新的关键是确定设备的经济寿命。

（二）设备更新应从咨询者角度进行分析

设备更新的要点是站在咨询者的立场进行分析，而不应站在旧资产所有者的立场。因为咨询者并不拥有设备，若要保留旧设备，须付出同等条件旧设备的当前市场价值的等效资金，才可获得旧设备的使用权。

（三）设备更新只需考虑未来的现金流量

设备更新分析中只需考虑未来所会发生的现金流量，不需要考虑设备以前发生的现金流量及沉没成本。因为以前发生的现金流量及沉没成本都是不可恢复的费用，无须在更新决策中参与计算。其中，设备经过磨损折旧后剩下的账面价值并不等于其当前的市场价值，这个差额就是更新设备时产生的沉没成本，计算公式如下：

沉没成本＝旧设备账面价值－当前市场价值（余值）

＝（旧设备原值－历年折旧费）－当前市场价值（余值）

（四）设备更新只对设备的费用进行比较

在进行设备更新分析时，假设设备产生的收益是相等的，则只比较其费用。

（五）设备更新分析主要使用费用年值法

设备不同，其方案的服务寿命也不同，通常使用年值法进行比较。一般来说，新设备的购置费较高、运营成本较低，而要更新的旧设备重置费较低、运营成本较高。

三、设备更新方案的比选

设备更新方案的比选就是对新设备方案与旧设备方案进行比较分析，也就是决定现在马上购置新设备、淘汰旧设备，还是至少保留使用旧设备一段时间，再用新设备替换旧设备。新设备原始费用高，营运费和维修费低；旧设备目前净残值低，营运费和维修费高。必须进行权衡判断，才能做出正确的选择，一般情况是要进行逐年比较的。由于新设备方案与旧设备方案的设备寿命在大多数情况下是不等的，各方案在各自的计算期内的净现值不具有可比性。

实战演练

［2024 真题·单选］某企业有一台原值为 30 万元的设备，预计使用年限为 10 年，净残值为 3 万元，年折旧费为 2.7 万元，已计折旧 6 年。现在以 10 万元价格售出，该设备的沉没成本为（　　）万元。

A. 0.8　　B. 3.0

C. 13.8　　D. 3.8

［解析］沉没成本＝（旧设备原值－历年折旧费）－当前市场价值＝（30－2.7×6）－10＝3.8（万元）。注意，在计算此题时，固定资产的账面价值不考虑净残值。

［答案］D

［2022 真题·单选］某公司 5 年前购置一台设备，原价为 10 万元，因环保要求需更换，目前该设备的账面价值为 5 万元，市场价值为 4 万元，则设备更新决策时的沉没成本是（　　）万元。

A. 6　　B. 1

C. 5　　D. 4

［解析］沉没成本＝旧设备账面价值－当前市场价值＝5－4＝1（万元）。

［答案］B

知识点 4　设备租赁方案经济分析

一、设备租赁的概念及特点

（一）设备租赁的概念

租赁，从字面上讲就是租用他人的物件。设备租赁是设备使用者（承租人）按照合同规定，按期向设备所有者（出租人）支付一定费用而取得设备使用权的一种经济活动。

设备租赁一般有融资租赁和经营租赁两种方式。在融资租赁中，租赁双方承担确定时期的租让和付费义务，而不能任意终止和取消租约，贵重的设备（如重型机械设备等）宜采用这种租赁方式；在经营租赁中，租赁双方的任何一方都可以随时以一定方式在通知对方后的规定期限内取消或终止租约，临时使用的设备（如车辆、仪器等）通常采用这种租赁方式。

由于具有把融资和融物结合起来的特点，租赁能够提供及时而灵活的资金融通方式，成为企业取得设备进行生产经营的一个重要手段。

（二）设备租赁的特点

（1）对于承租人来说，与设备购买相比设备租赁的优越性如下：

①在资金短缺的情况下，既可用较少资金获得生产急需的设备，也可以引进先进设备，加快技术进步的步伐。

②可获得良好的技术服务。

③可以保持资金的流动状态，防止呆滞，也不会使企业资产负债状况恶化。

④可避免通货膨胀和利率波动的冲击，减少投资风险。

⑤设备租金可在所得税前扣除，能享受税费上的优惠。

（2）设备租赁的不足之处如下：

①在租赁期间承租人对租用设备无所有权，只有使用权，故承租人无权随意对设备进行改造，不能处置设备，也不能将其用于担保、抵押贷款。

②承租人在租赁期间所交的租金总额一般比直接购置设备的费用要高。

③长年支付租金，形成长期负债。

④融资租赁合同规定严格，毁约要赔偿损失，罚款较多等。

正是由于设备租赁有利有弊，故在租赁前要进行慎重的决策分析。

二、影响设备租赁与购买的主要因素

企业在决定进行设备投资之前，必须多方面考虑。因为，决定企业租赁或购买设备的关键在于能否为企业节约尽可能多的支出费用，实现最好的经济效益。为此，首先需要考虑影响设备投资的因素。

（1）影响设备投资的因素较多，其主要包括：①项目的寿命期；②企业是希望长期占有设备，还是只希望短期占有设备；③设备的技术性能和生产率；④设备对工程质量（产品质量）的保证程度，对原材料、能源的消耗量，以及设备生产的安全性；⑤设备的成套性、灵活性、耐用性、环保性和维修的难易程度；⑥设备的经济寿命；⑦技术过时风险的大小；⑧设备的资本预算计划、资金可获得量（包括自由资金和融通资金），融通资金时借款利息或利率高低；⑨提交设备的进度。

（2）影响设备租赁的因素。对于设备租赁，除考虑上述因素外，还应考虑如下影响因素：①租赁期长短；②设备租金额，包括总租金额和每租赁期租金额；③租金的支付方式，包括租赁期起算日、支付日期、支付币种和支付方法等；④企业经营费用减少与折旧费和利息减少的关系，租赁的节税优惠；⑤预付资金（定金）、租赁保证金和租赁担保费用；⑥维修方式，即是由企业自行维修，还是由租赁机构提供维修服务；⑦租赁期满，资产的处理方式；⑧租赁机构的信用度、经济实力，与承租人的配合情况。

（3）影响设备购买的因素。对于设备购买，除考虑前述（1）的因素外，还应该考虑如下影响因素：①设备的购置价格、设备价款的支付方式、支付币种和支付利率等；②设备的年运转费用和维修方式、维修费用；③保险费，包括购买设备的运输保险费、设备在使用过程中的各种财产保险费。

总之，企业做出租赁与购买决定的关键在于技术经济可行性分析。因此企业在决定进行设备投资之前，必须充分考虑影响设备租赁与购买的主要因素，以获得最佳的经济效益。

三、设备租赁与购买方案的分析方法

采用购置设备或是租赁设备应取决于这两种方案在经济上的比较，比较的原则和方法与一般的互斥投资方案的比选方法相同。

（一）确定设备租赁与购买方案的分析步骤

（1）根据企业生产经营目标和技术状况，提出设备更新的投资建议。

（2）拟定若干设备投资、更新方案，包括购买（有一次性付款和分期付款购买）、租赁。

（3）定性分析筛选方案，包括分析企业财务能力，设备技术风险、使用维修特点。

（二）设备经营租赁与购买方案的经济比选方法

进行设备经营租赁与购买方案的经济比选，必须详细地分析各方案设备寿命期内各年的现金流量情况，据此分析方案的经济效益，确定以何种方式投资才能获得最佳收益。

1. 设备经营租赁方案的净现金流量

采用设备经营租赁方案，租赁费可以直接计入成本，其净现金流量每期为

净现金流量=(销售收入－经营成本－租赁费用－与销售相关的税金）×（1－所得税率）

式中，租赁费用主要包括租赁保证金、担保费和租金。

（1）租赁保证金。为了确认租赁合同并保证其执行，承租人必须先缴纳租赁保证金。当租赁合同结束时，租赁保证金将被退还给承租人或在偿还最后一期租金时加以抵消。租赁保证金一般按合同金额的一定比例计，或是某一期数的金额（如一个月的租金额）。

（2）担保费。出租人一般要求承租人请担保人对该租赁交易进行担保，当承租人由于财务危机付不起租金时，由担保人代为支付租金。一般情况下，承租人需要付给担保人一定数目的担保费。

（3）租金。租金是签订租赁合同中的一项重要内容，直接关系到出租人与承租人双方的经济利益。出租人要从取得的租金中得到出租资产的补偿和收益，即要收回租赁资产的购进原价、贷款利息、营业费用和一定的利润。承租人则要比照租金核算成本。影响租金的因素很多，如设备的价格、融资的利息及费用、各种税金、租赁保证金、运费、租赁利差、各种费用的支付时间，以及租金采用的计算公式等。对于租金的计算方法主要有附加率法和年金法。

①附加率法是在租赁资产的设备货价或概算成本上再加上一个特定的比率来计算租金。每期租金 R 的表达式为

$$R=P\frac{(1+N\cdot i)}{N}+P\cdot r$$

式中　P——租赁资产的价格；

N——租赁期数，可按月、季、半年、年计；

i——与租赁期数相对应的利率；

r——附加率。

②年金法是将一项租赁资产价值按相同比率分摊到未来各租赁期间内的租金计算方法。年金法计算有期末支付和期初支付租金之分。

期末支付方式是在每期期末等额支付租金。每期租金 R 的表达式为

$$R=P\frac{i(1+i)^N}{(1+i)^N-1}$$

式中 P——租赁资产的价格；

N——租赁期数，可按月、季、半年、年计；

i——与租赁期数相对应的利率或折现率。

期初支付方式是在每期期初等额支付租金，期初支付要比期末支付提前一期支付租金。每期租金 R 的表达式为

$$R=P\frac{i(1+i)^{N-1}}{(1+i)^N-1}$$

2. 购买设备方案的净现金流量

与租赁设备方案相同条件下的购买设备方案的净现金流量每期为

净现金流量＝销售收入－经营成本－设备购置费－贷款利息－与销售相关的税金－所得税率×（销售收入－经营成本－折旧－贷款利息－与销售相关的税金）

3. 设备租赁与购买方案的经济比选

对于承租人来说，关键的问题是决定租赁设备还是购买设备。而设备租赁与购买方案的经济比选也是互斥方案选优问题，一般设备寿命期相同时可以采用净现值法，设备寿命期不同时可以采用年值法。无论采用净现值法，还是年值法，均以收益效果较大或成本较少的方案为宜。

在工程经济互斥方案分析中，为了简化计算，常常只需比较它们之间的差异部分。而设备租赁与购买方案的经济比选，最简单的方法是在假设所得到设备的收入相同的条件下，将租赁方案和购买方案的费用进行比较。根据互斥方案比选的增量原则，只需比较它们之间的差异部分。

实战演练

[2022 真题·单选] 某施工企业以经营租赁方式租入一台设备，租赁保证金为 2 万元，担保费为 5 万元，年租金为 10 万元，预计租赁设备年运行成本为 10 万元，其中原材料消耗为 2 万元，则设备第 1 年的租赁费是（　　）万元。

A. 19　　B. 17

C. 20　　D. 27

[解析] 租赁费用主要包括租赁保证金、担保费、租金，则设备第 1 年的租赁费＝2＋5＋10＝17（万元）。

[答案] B

[2020 真题·单选] 某施工企业计划租赁一台设备，设备价格为 240 万元，寿命期 10 年，租期 8 年，每年年末支付租金，折现率为 8%，附加率为 3%，采用附加率法计算，每年需支付的租金为（　　）万元。

A. 33.0　　B. 50.4

C. 56.4　　D. 61.2

[解析] 采用附加率法计算，每年租金=240×（1+8×8%）/8+240×3%=56.4（万元）。

[答案] C

[2023 真题·多选] 采用附加率法估算租赁设备租金时，影响每期租金的因素有（　　）。

A. 租赁设备的价格

B. 租赁期数

C. 与租赁期数相对应的利率

D. 出租方的股权结构

E. 承租方的资金来源

[解析] 影响租金的因素很多，如设备的价格、融资的利息及费用、各种税金、租赁保证金、运费、租赁利差、各种费用的支付时间，以及租金采用的计算公式等。根据附加率法和年金法计算租金的公式可知，其影响因素还有租赁期数、与租赁期数相对应的利率。

[答案] ABC

[2019 真题·多选] 对于承租人来说，设备租赁与设备购买相比的优越性有（　　）。

A. 设备可以用于担保、抵押贷款

B. 不需要考虑设备的维护保养

C. 能用较少资金获得生产急需设备

D. 设备租金可在所得税前扣除

E. 可获得设备出租方的技术服务

[解析] 对于承租人来说，与设备购买相比设备租赁的优越性如下：①在资金短缺的情况下，既可用较少资金获得生产急需的设备，也可以引进先进设备，加快技术进步的步伐；②可获得良好的技术服务；③可以保持资金的流动状态，防止资金流呆滞，也不会使企业资产负债状况恶化；④可避免通货膨胀和利率波动的冲击，减少投资风险；⑤设备租金可在所得税前扣除，能享受税费上的优惠。

[答案] CDE

第五节　价值工程

价值工程是一种科学的管理技术，是一种通过对建设工程项目的功能和成本进行系统分析，在保证必要功能的前提下，以最经济的方式实现预期目标的方法。本节主要介绍价值工程原理、价值工程实施步骤。

价值工程的核心理念是通过功能分析和成本控制，实现项目的最佳价值。价值工程的主要步骤包括信息收集、功能分析、创意产生、方案评估和实施。按照这些步骤，考生将能够系统地开展价值工程活动。

知识点 1　价值工程原理

一、价值工程的概念及特点

（一）价值工程的概念

价值工程是指通过各相关领域的协作，对研究对象的功能和费用进行系统分析，持续创新，旨在提高研究对象价值的一种管理思想和管理技术。

价值工程中的“价值”不是对象的使用价值，也不是对象的经济价值和交换价值，而是对象的比较价值，是作为评价事物有效程度的一种尺度提出来的。这种对比关系可用公式表示为

$$V=\frac{F}{C}$$

式中　V——研究对象的价值；

F——研究对象的功能；

C——研究对象的成本，即寿命周期成本。

（二）价值工程的特点

（1）价值工程的目标是以最低的寿命周期成本，使产品具备其所必须具备的功能。简而言之，就是以提高对象的价值为目标。产品的寿命周期成本由生产成本和使用及维护成本组成。产品生产成本是指用户购买产品的费用，包括产品的科研、实验、设计、试制、生产、销售等费用及税收和利润等；而产品使用及维护成本是指用户在使用过程中支付的各种费用的总和，包括使用过程中的能耗费用、维修费用、人工费用、管理费用等，有时还包括报废拆除所需费用（扣除残值）。

在一定范围内，产品的生产成本和使用成本存在此消彼长的关系。随着产品功能水平的提高，产品的生产成本 C_1 增加，使用及维护成本 C_2 降低；反之，产品功能水平降低，其生产成本降低，但使用及维护成本会增加。因此，当功能水平逐步提高时，寿命周期成本 $C=C_1+C_2$，呈马鞍形变化，如图 1-5-1 所示。寿命周期成本为最小值 C_{min} 时，所对应的功能水平是仅从成本方面考虑的最适宜功能水平。

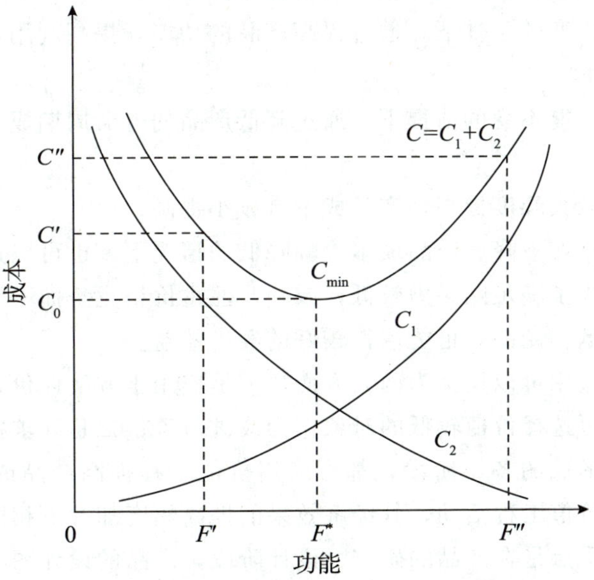

图 1-5-1　产品功能水平与成本的关系图

（2）价值工程的核心是对产品进行功能分析。价值工程中的“功能”是指对象能够满足某种要求的一种属性，功能就是效用。如住宅的功能是提供居住空间，建筑物基础的功能是承受荷载等。用户向生产企业购买产品，是要求生产企业提供这种产品的功能，而不是产品的具体结构（或零部件）。企业生产的目的，也是通过生产获得用户所期望的功能，而结构、材质等是实现这

些功能的手段。目的是主要的，手段可以广泛地选择。因此，价值工程分析产品，首先不是分析其结构，而是分析其功能。在分析功能的基础之上，再去研究结构、材质等问题。

(3) 价值工程将产品价值、功能和成本作为一个整体同时来考虑。也就是说，价值工程对价值、功能、成本的考虑，不是片面和孤立的，而是在确保产品功能的基础上综合考虑生产成本和使用成本，兼顾生产者和用户的利益，从而创造出总体价值最高的产品。

(4) 价值工程强调不断改革和创新，开拓新构思和新途径，获得新方案，创造新功能载体，从而简化产品结构，节约原材料，节约能源，绿色环保，提高产品的技术经济效益。

(5) 价值工程要求将功能定量化，即将功能转化为能够与成本直接相比的量化值。

(6) 价值工程是以集体的智慧开展的有计划、有组织、有领导的管理活动。开展价值工程，要组织科研、设计、制造、管理、采购、供销、财务等各方面有经验的人员参加，组成一个智力结构合理的集体，发挥各方面、各环节人员的知识、经验和积极性，博采众长地进行产品设计，以达到提高产品价值的目的。

二、提高产品价值的途径

价值工程以提高产品价值为目的，这既是用户的需要（侧重于功能），又是生产经营者追求的目标（侧重于成本），两者的根本利益是一致的。因此，企业应当研究产品功能与成本的最佳匹配。价值工程的基本原理公式 $V=F/C$，不仅深刻地反映出产品价值与产品功能和实现此功能所耗成本之间的关系，而且也为如何提高产品价值提供了有效途径，具体包括以下 5 种途径：

(1) 在提高产品功能的同时，又降低产品成本，这是提高产品价值最为理想的途径。但对生产者要求较高，往往要借助科学技术的突破才能实现。

(2) 在产品成本不变的条件下，通过提高产品的功能，提高利用资源的效果或效用，达到提高产品价值的目的。

(3) 在保持产品功能不变的前提下，通过降低产品的寿命周期成本，达到提高产品价值的目的。

(4) 产品功能有较大幅度提高，产品成本有较小提高。

(5) 在产品功能略有下降、产品成本大幅降低的情况下，也可以达到提高产品价值的目的。在某些情况下，为了满足购买力较低，或一些注重价格竞争而不需要高档产品的用户需求，适当生产价廉的低档产品，也能取得较好的经济效益。

价值工程的主要应用可以概括为两大方面，一是应用于方案评价，既可在多方案中选择价值较高的方案，也可选择价值较低的对象作为改进对象；二是寻求提高产品或对象价值的途径。总之，在产品形成的各个阶段，都可应用价值工程提高产品或对象的价值。但应注意，在不同阶段进行价值工程活动，其经济效果的提高幅度却大不相同。对于大型复杂的产品，应用价值工程的重点是在产品的研究、设计阶段，产品的设计图纸一旦完成并投入生产后，产品的价值就已基本确定，这时再进行价值工程分析就变得更加复杂，不仅原来的许多工作成果要付诸东流，而且改变生产工艺、设备工具等可能会造成很大的浪费，使价值工程活动的技术经济效果大幅下降。因此，价值工程活动更侧重在产品的研究、设计阶段进行，以寻求技术突破，取得最佳的综合效果。

实战演练

[2024 真题 · 单选] 运用价值工程优化某项目设计方案时，价值工程的含义是（　　）。

A. 为提高设计方案价值进行的活动

B. 为评价该设计方案工程可行性进行的活动

C. 为估计该设计方案工程概算价值进行的活动

D. 为降低设计方案寿命周期成本进行的活动

[解析] 价值工程是指通过各相关领域的协作，对研究对象的功能和费用进行系统分析，持续创新，旨在提高研究对象价值的一种管理思想和管理技术。

[答案] A

[2020 真题 · 单选] 某工程施工方案的计划工期为 350 d，对方案运用价值工程原理，优化后工期缩短了 10 d，可实现同样的功能，并降低了工程费用。根据价值工程原理，该价值提升的途径属于（　　）。

A. 功能提高、成本降低　　B. 功能提高、成本不变

C. 功能不变、成本降低　　D. 功能不变、成本不变

[解析] 在保持产品功能不变的前提下，通过降低产品的寿命周期成本，达到提高产品价值的目的。“实现同样的功能”说明功能不变，“降低了工程费用”说明成本降低。

[答案] C

[2018 真题改编 · 单选] 人防工程设计时，在考虑战时能发挥其隐蔽功能的基础上平时利用为地下停车场。这种提高产品价值的途径是（　　）。

A. 功能提高、成本降低　　B. 功能提高、成本不变

C. 功能不变、成本降低　　D. 功能不变、成本不变

[解析] 在产品成本不变的条件下，通过提高产品的功能，提高利用资源的效果或效用，达到提高产品价值的目的。“利用为地下停车场”说明功能有所提高，未花费费用改进说明成本不变。

[答案] B

[2022 真题 · 多选] 下列有关价值工程特点的说法，正确的有（　　）。

A. 价值工程的核心是对产品进行功能分析

B. 价值工程分析产品是在分析它的结构、材质基础上，再去分析它的功能

C. 价值工程追求最低的成本水平

D. 价值工程要求将功能定量化，即将功能转化为能够与成本直接相比的量化值

E. 价值工程是以集体智慧开展的有计划、有组织、有领导的管理活动

[解析] 价值工程将产品价值、功能和成本作为一个整体同时来考虑，选项 B 错误。价值工程的目标是以最低的寿命周期成本，使产品具备其所必须具备的功能。简而言之，就是以提高对象的价值为目标，选项 C 错误。

[答案] ADE

［2021 真题·多选］运用价值工程原理提高产品价值的途径有（　　）。

A. 通过采用新方案，既提高产品功能，又降低产品成本

B. 通过设计优化，在产品成本不变的前提下，提高产品功能

C. 在保证产品功能不变的前提下，通过组织管理措施降低产品成本

D. 适当增加产品成本，同时大幅度提高产品功能和适用性

E. 采用新材料保证产品功能不变的前提下，成本略有增加

［解析］提高产品价值的途径有以下 5 种：①在提高产品功能的同时，又降低产品成本，这是提高产品价值最为理想的途径。但对生产者要求较高，往往要借助科学技术的突破才能实现。②在产品成本不变的条件下，通过提高产品的功能，提高利用资源的效果或效用，达到提高产品价值的目的。③在保持产品功能不变的前提下，通过降低产品的寿命周期成本，达到提高产品价值的目的。④产品功能有较大幅度提高，产品成本有较小提高。⑤在产品功能略有下降、产品成本大幅降低的情况下，也可以达到提高产品价值的目的。

［答案］ABCD

知识点 2　价值工程实施步骤

价值工程的工作程序一般可分为准备、分析、创新、方案实施与评价 4 个阶段。其实施步骤实质上就是针对产品功能和成本提出问题、分析问题和解决问题的过程，具体内容见表 1-5-1。

表 1-5-1　价值工程的工作程序

工作阶段	工作步骤	对应问题
准备阶段	（1）对象选择； （2）组成价值工程工作小组； （3）制订工作计划	（1）价值工程的研究对象是什么； （2）围绕价值工程对象需要做哪些准备工作
分析阶段	（1）收集整理资料； （2）功能定义； （3）功能整理； （4）功能评价	（1）价值工程对象的功能是什么； （2）价值工程对象的成本是什么； （3）价值工程对象的价值是什么
创新阶段	（1）方案创造； （2）方案评价； （3）提案编写	（1）有无其他方法可以实现同样功能； （2）新方案的成本是什么； （3）新方案能满足要求吗
方案实施与评价阶段	（1）方案审批； （2）方案实施； （3）成果评价	（1）如何保证新方案的实施； （2）价值工程活动的效果如何

一、准备阶段

准备阶段主要涉及对象选择、组成价值工程工作小组及制订工作计划。此处主要介绍对象选择的相关内容。

（一）对象选择的一般原则

一般来说，选择价值工程的对象需遵循以下原则：

（1）从设计方面看，对工程结构复杂、性能和技术指标差距大、工程量大的部位进行价值工程活动，可使工程结构、性能、技术水平得到优化，从而提高工程价值。

（2）从施工方面看，对量多面广、关键部位、工艺复杂、原材料和能源消耗高、废品率高的部品部件，特别是量多、成本比重大的部品部件，只要使其成本下降，就能取得明显的经济效果。

（3）从成本方面看，应选择成本高于同类产品、成本比重大的项目，如材料费、管理费、人工费等进行价值工程活动。

（二）对象选择的方法

价值工程对象选择的方法有多种，不同的方法适宜于不同的价值工程对象。应根据具体情况选用适当的方法，以取得较好的效果。常用的方法有以下几种：

1. 因素分析法

因素分析法又称经验分析法，是一种定性分析方法，依据分析人员经验做出选择，简便易行，适用于被研究对象彼此相差比较大以及时间紧迫的情况。因素分析法的缺点是缺乏定量依据，准确性较差，对象选择的正确与否，主要取决于价值工程活动人员的经验及工作态度，有时难以保证分析质量。为了提高分析的准确程度，可以选择技术水平高、经验丰富、熟悉业务的人员参加，并且要发挥集体智慧，共同确定对象。

2. ABC分析法

ABC分析法又称重点选择法或不均匀分布定律法，是指应用数理统计分析的方法来选择对象。这种方法由意大利经济学家帕累托提出，其基本原理为“关键的少数和次要的多数”，抓住关键的少数可以解决大部分问题。在价值工程中，这种方法的基本思路是：首先将一个产品的各种部件（或企业各种产品）按成本的大小由高到低排列起来，绘成费用累积分配图（图1-5-2）；然后将占总成本70%～80%而占零部件总数10%～20%的零部件划分为A类零部件，将占总成本5%～10%而占零部件总数60%～80%的零部件划分为C类零部件，其余为B类零部件。其中A类零部件是价值工程的主要研究对象。

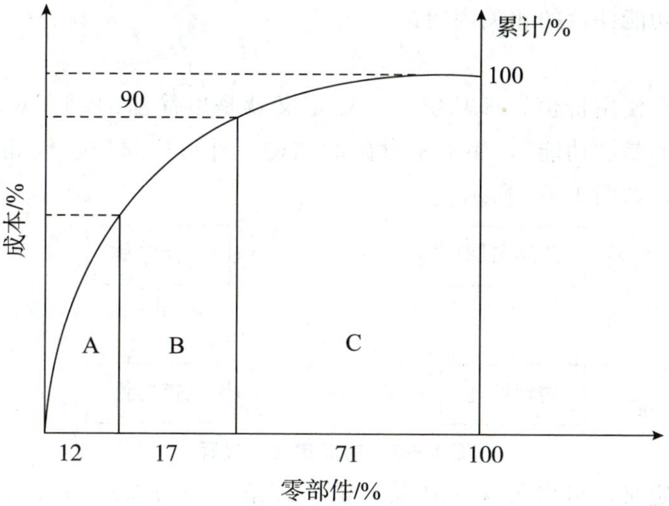

图1-5-2 费用累积分配图

有些分析对象不是由各个部件组成，如工程造价等，对这类分析对象可按费用构成项目分类，如分为管理费、动力费、人工费等，将其中所占比重最大的，作为价值工程的重点研究对象。

ABC 分析法抓住成本比重大的零部件或工序作为研究对象，有利于集中精力重点突破，取得较大效果，同时简便易行，因此，为人们所广泛采用。但在实际工作中，有时由于成本分配不合理，造成成本比重不大但用户认为功能重要的对象可能被漏选或排序推后。ABC 分析法的这一缺点可以通过经验分析法、强制确定法等方法补充修正。

3. 强制确定法

强制确定法是以功能重要程度来选择价值工程对象的一种分析方法。具体做法是：先求出分析对象的成本系数、功能系数，然后得出价值系数，以揭示分析对象的功能与成本之间是否相符，如果不相符，价值低的则被选为价值工程的研究对象。这种方法在功能评价和方案评价中也有应用。

强制确定法从功能和成本两方面综合考虑，能够明确揭示价值工程的研究对象。但这种方法是人为打分，不能准确反映功能差距的大小，只适用于部件间功能差别不太大且比较均匀的对象，而且一次分析的部件数目也不能太多，以不超过 10 个为宜。当部件很多时，可以先采用 ABC 分析法、经验分析法选出重点部件，然后用强制确定法细选。

4. 百分比分析法

通过分析某种费用或资源对企业的某个技术经济指标的影响程度大小（百分比）来选择价值工程的研究对象。

5. 价值指数法

通过比较各个对象（或零部件）之间的功能水平位次和成本位次，寻找价值较低对象（零部件），并将其作为价值工程的研究对象。

二、分析阶段

分析阶段主要涉及收集整理资料、功能定义、功能整理及功能评价。此处主要介绍功能定义、功能整理及功能评价的相关内容。

（一）功能定义

任何产品都具有使用价值，即功能。功能定义就是以简洁的语言对产品的功能加以描述。这里要求描述的是“功能”，而不是对象的结构、外形或材质。因此，功能定义的过程即解剖分析的过程，如图 1-5-3 所示。

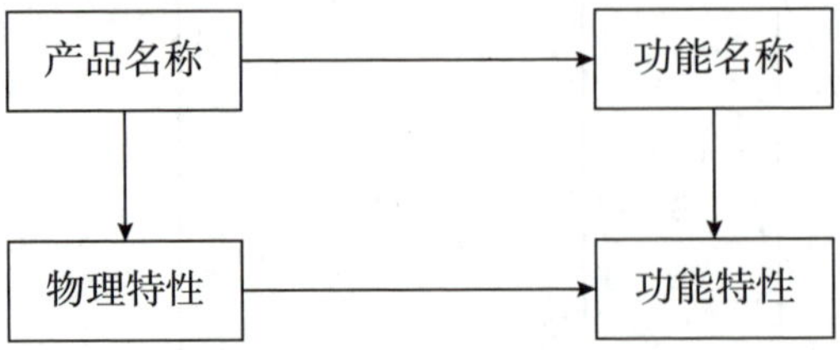

图 1-5-3 功能定义的过程

通过对功能下定义，可以加深对产品功能的理解，并为以后提出功能代用方案提供依据。功能定义一定要抓住问题的本质，头脑里要问几个为什么。例如，这是干什么用的？为什么它是必不可少的？没有它行不行？等等。功能定义通常用一个动词和一个名词来描述，不宜太长，以简洁为好。动词是功能承担体发生的动作，而动作的对象就是作为宾语的名词。如建筑物基础的功能是“承受荷载”，这里的基础是功能承担体，“承受”是表示功能承担体（基础）发生动作的动词，“荷载”则是作为动词宾语的名词。但是，并不是只要动词加名词就是功能定义。对功能所下的定义是否准确，对下一步工作影响很大。因此，对功能进行定义需要反复推敲，既要简明准确，便于测定，又要系统全面，一一对应。

（二）功能整理

在进行功能定义时，只是把认识到的功能用动词加名词的方式表达出来，但因实际情况很复杂，这种表述不一定都很准确和有条理，因此，需要进一步加以整理。

1. 功能整理的目的

功能整理是用系统的观点将已经定义了的功能加以系统化，找出各局部功能相互之间的逻辑关系，并用图表形式表达，以明确产品的功能系统，从而为功能评价和方案构思提供依据。

2. 功能整理的一般程序

功能整理的主要任务就是建立功能系统图。因此，功能整理的过程也就是绘制功能系统图的过程，其工作程序如下：

（1）编制功能卡片。

（2）选出最基本的功能。

（3）明确各功能之间的关系。

（4）对功能定义做必要的调整、修改、补充和取消。

（5）按上下位关系，将经过调整、修改和补充的功能，排列成功能系统图。

功能系统图是按照一定的原则和方式，将定义的功能连接起来，从单个到局部，再从局部到整体而形成的一个完整的功能体系，其一般形式如图 1-5-4 所示。

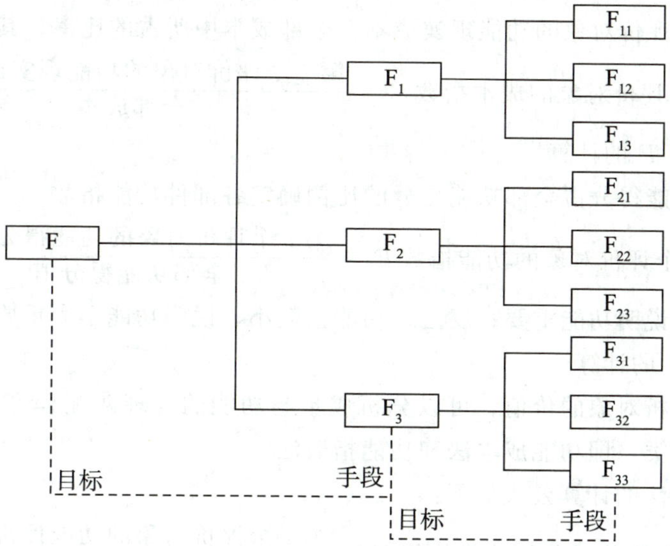

图 1-5-4　功能系统图

在图 1-5-4 中，从整体工程 F 开始。由左向右逐级展开，在位于不同级的相邻两个功能之间，左边的功能（上级）是右边功能（下级）的目标，而右边的功能（下级）是左边功能（上级）的手段。

（三）功能评价

通过功能分析与整理明确必要功能后，价值工程的下一步工作就是功能评价。功能评价，即评定功能的价值，是指找出实现功能的最低费用作为功能的目标成本（又称功能评价值），以功能的目标成本为基准，通过与功能现实成本的比较，求出两者的比值（功能价值）和两者的差异值（改善期望值），然后选择功能价值低、改善期望值大的功能作为价值工程活动的重点对象。功能评价工作可以更准确地选择价值工程的研究对象，有利于制定目标成本，提高价值工程的工作效率。以下主要介绍通过计算功能价值 V 对价值工程进行功能评价的方法。

功能评价的程序如图 1-5-5 所示。

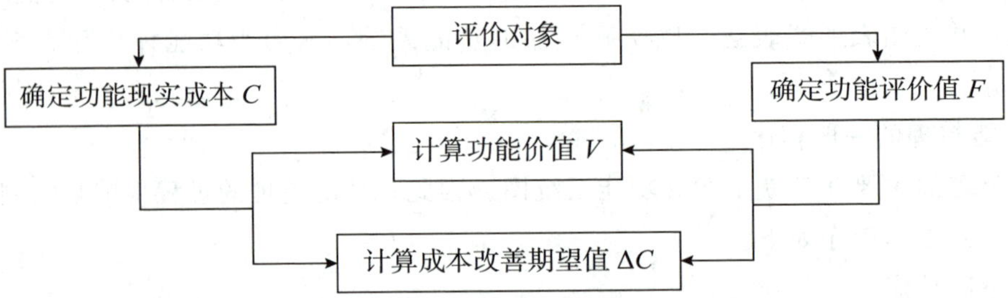

图 1-5-5　功能评价的程序

1. 功能现实成本 C 的计算

在计算功能现实成本时，需要根据传统的成本核算资料，将产品或零部件的现实成本换算成功能现实成本。具体地讲，当一个零部件只具有一个功能时，该零部件的成本就是其本身的功能成本；当一项功能要由多个零部件共同实现时，该功能的成本就等于这些零部件的功能成本之和。当一个零部件具有多项功能或与多项功能有关时，就需要将零部件成本根据具体情况分摊给各项有关功能。

成本指数是指评价对象的功能现实成本在全部成本中所占的比率，其计算公式如下：

$$第\ i\ 个评价对象的成本指数\ C_I=\frac{第\ i\ 个评价对象的功能现实成本\ C_i}{全部成本}$$

2. 功能评价值 F 的计算

以各对象的功能得分占全部功能得分的比例确定各部件功能指数，其计算公式如下：

$$第\ i\ 个评价对象的功能指数\ F_I=\frac{第\ i\ 个评价对象的功能得分值\ F_i}{全部功能得分值}$$

功能指数大，说明功能重要；反之，功能指数小，说明功能不太重要。

3. 功能价值 V 的计算

通过计算和分析对象的价值，可以分析成本与功能的合理匹配程度。功能价值 V 的计算方法可分为两大类，即功能成本法和功能指数法。

（1）功能成本法的计算公式如下：

$$第\ i\ 个评价对象的功能价值\ V=\frac{第\ i\ 个评价对象的功能评价值\ F}{第\ i\ 个评价对象的功能现实成本\ C}$$

根据上述计算公式，功能价值计算结果有以下 3 种情况：

①$V=1$，即功能评价值等于功能现实成本。这表明评价对象的功能现实成本与实现功能所必需的最低成本大致相当。此时，说明评价对象的价值为最佳，一般无须改进。

②$V<1$，即功能现实成本大于功能评价值。这表明评价对象的成本偏高，而功能要求不高。这时，一种可能是由于存在着过剩的功能，另一种可能是功能虽无过剩，但实现功能的条件或方法不佳，以致实现功能的成本大于功能的现实需要。这两种情况都应列入功能改进的范围，并且以剔除过剩功能及降低功能现实成本为改进方向，使成本与功能比例趋于合理。

③$V>1$，即功能现实成本小于功能评价值。这表明该部件功能比较重要，但分配的成本较少。此时，应进行具体分析，功能与成本的分配可能已较理想，或者有不必要的功能，或者应该提高成本。

（2）功能指数法的计算公式如下：

$$\text{第 } i \text{ 个评价对象的功能价值指数 } V_I=\frac{\text{第 } i \text{ 个评价对象的功能指数 } F_I}{\text{第 } i \text{ 个评价对象的成本指数 } C_I}$$

功能价值指数的计算结果有以下 3 种情况：

①$V_I=1$。此时评价对象的功能比重与成本比重大致平衡，可以认为功能现实成本是比较合理的。

②$V_I<1$。此时评价对象的成本比重大于其功能比重，表明相对于系统内的其他对象而言，目前其所占的成本偏高，从而导致该对象功能过剩。应将评价对象列为改进对象，改善方向主要是降低成本。

③$V_I>1$。此时评价对象的成本比重小于其功能比重。出现这种情况的原因可能有三种：第一，由于功能现实成本偏低，不能满足评价对象实现其应有功能的要求，致使对象功能偏低，这种情况应将评价对象列为改进对象，改善方向是增加成本；第二，对象目前具有的功能已经超过其应该具有的水平，即存在过剩功能，这种情况也应将评价对象列为改进对象，改善方向是降低功能水平；第三，对象在技术、经济等方面具有某些特征，在客观上存在着功能很重要而消耗的成本却很少的情况，这种情况一般不将评价对象列为改进对象。

三、创新阶段

创新阶段主要涉及方案创造、方案评价及提案编写。此处主要介绍方案创造的相关内容。

方案创造是从提高对象的功能价值出发，在正确的功能分析和评价的基础上，针对应改进的具体目标，通过创造性的思维活动，提出能够可靠地实现必要功能的新方案。从价值工程实践来看，方案创造是决定价值工程成败的关键。

方案创造的理论依据是功能载体具有替代性。这种功能载体替代的重点应放在以功能新产品替代原有产品和以功能创新的结构替代原有结构方案。而方案创造的过程是思想高度活跃、进行创造性开发的过程。为了引导和启发创造性的思考，可采用以下几种方法：头脑风暴法、哥顿法、专家意见法、专家检查法。

四、方案实施与评价阶段

方案实施与评价阶段主要涉及方案审批、方案实施和成果评价。在方案实施过程中，应该对方案的实施情况进行检查，发现问题及时解决。方案实施完成后，要进行总结评价和验收。

实战演练

[2022 真题·单选] 下列工程产品中，从设计方面宜优先作为价值工程研究对象的是（　　）。

A. 结构复杂、性能和技术指标较差的工程产品

B. 用户意见少且竞争力较强的工程产品

C. 成本较低或占总成本比重较小的工程产品

D. 工艺简单、原材料能耗较低、质量有一定保障的工程产品

[解析] 一般来说，选择价值工程的对象需遵循以下原则：①从设计方面看，对工程结构复杂、性能和技术指标差距大、工程量大的部位进行价值工程活动，可使工程结构、性能、技术水平得到优化，从而提高工程价值；②从施工方面看，对量多面广、关键部位、工艺复杂、原材料和能源消耗高、废品率高的部品部件，特别是量多、成本比重大的部品部件，只要使其成本下降，就能取得明显的经济效果；③从成本方面看，应选择成本高于同类产品、成本比重大的项目，如材料费、管理费、人工费等进行价值工程活动。

[答案] A

[2021 真题·单选] 某单位工程由甲、乙、丙和丁 4 个分部工程组成，相关数据见表 1-5-2，运用价值工程原理判断，应作为优先改进对象的是（　　）。

表 1-5-2　4 个分部工程相关数据

项目	甲	乙	丙	丁
现实成本/万元	1 100	2 350	1 220	1 630
目标成本/万元	1 000	2 000	1 230	1 500
功能价值	0.909	0.851	1.008	0.920

A. 甲　　B. 乙　　C. 丙　　D. 丁

[解析] 功能价值 $V<1$ 时，此时评价对象的成本比重大于其功能比重，表明相对于系统内的其他对象而言，目前其所占的成本偏高，应作为优先改进对象。甲、乙、丁三者均需改进，乙应优先改进。

[答案] B

[2024 真题·多选] 价值工程方案创新的方法有（　　）。

A. 价值指数法　　B. 专家意见法

C. 专家检查法　　D. 头脑风暴法

E. 价值法

[解析] 价值工程方案创新可采用以下几种方法：头脑风暴法、哥顿法、专家意见法、专家检查法。

[答案] BCD

[2020 真题 · 多选] 价值工程活动中功能评价前应完成的工作有（　　）。

A. 设计方案优化

B. 方案创造

C. 方案评价

D. 功能整理

E. 功能定义

[解析] 根据表 1-5-1，针对此题，功能评价前应完成的工作有功能整理和功能定义。

[答案] DE

第二章
工程财务

本章导学

工程财务是工程管理中的重要组成部分，涉及项目的资金筹措、成本控制、财务分析和风险管理等多方面内容。本章内容为建筑工程所涉及的相关财务知识，主要介绍财务会计基础、费用与成本、收入、利润与所得税费用、财务分析、筹资管理、营运资金管理。

本章内容在近几年的考试中分值占比有所增加，以考查概念题为主，知识点比较琐碎。建议考生在学习时制作知识点清单，将本章的所有概念和要点系统地整理出来，理清各知识点之间的关系。

第一节 财务会计基础

财务会计基础是建设工程经济管理中的重要组成部分，它是通过会计核算方法，记录和反映工程项目的经济活动，为工程项目的经济决策提供依据的基础知识体系。本节主要介绍会计要素组成及计量、财务会计工作基本内容、会计核算假设与会计核算基础、会计核算过程与会计等式、会计监督。

希望通过本节的学习，考生可以理解财务会计在工程项目管理中的重要作用，并掌握基本的会计核算方法，看懂和运用财务报表，在实际工作中运用财务会计知识进行决策。

知识点 1 会计要素组成及计量

一、会计要素组成

会计是以货币为主要计量单位，反映和监督一个单位经济活动的一种经济管理工作。会计具有核算和监督的基本职能。

会计要素是对会计对象进行的基本分类，是会计核算对象的具体化。资产、负债、所有者权益、收入、费用、利润是我国企业会计的 6 个会计要素。其中，资产、负债和所有者权益 3 项会计要素表现资金运动的相对静止状态，即反映企业的财务状况；收入、费用和利润 3 项会计要素表现资金运动的显著变动状态，即反映企业的经营成果。下面对 6 个会计要素进行介绍。

（一）资产

1. 资产的定义

企业要从事生产经营活动，必须拥有一定数量的资产。如购买商品需要现金、银行存款，生产产品需要机器设备、厂房、材料等，这些都是企业的资产。根据《企业会计准则——基本准则》第二十条的规定，资产是指企业过去的交易或者事项形成的、由企业拥有或者控制的、预期会给企业带来经济利益的资源。

2. 资产的分类

资产按流动性分为流动资产和非流动资产两大类。

（1）流动资产是指在一年或超过一年的一个营业周期内变现或耗用的资产，如库存现金、银行存款、其他货币资金（会计学中将此 3 项统称为货币资金）、交易性金融资产、应收账款、应收票据、预付账款、应收股利、应收利息、其他应收款、存货等。

（2）非流动资产是指超过一年变现或耗用的资产，通常包括可供出售的金融资产、持有至到期投资、投资性房地产、长期应收款、固定资产、在建工程、工程物资、油气资产、无形资产（如专利权、商标权、著作权、土地使用权）、开发支出、商誉等。需要指出的是，无形资产是指企业拥有或者控制的没有实物形态的可辨认的非货币性资产，商誉属于不可辨认资产，因此，会计学中的“无形资产”不包括“商誉”，这与日常生活常识不同，需要特别注意。

(二) 负债

1. 负债的定义

根据《企业会计准则——基本准则》第二十三条的规定，负债是指企业过去的交易或者事项形成的、预期会导致经济利益流出企业的现时义务。现时义务是指企业在现行条件下已承担的义务。未来发生的交易或者事项形成的义务，不属于现时义务，不应当确认为负债。

2. 负债的分类

负债按偿还期限不同分为流动负债和长期负债。

(1) 流动负债是指在一年或者超过一年的一个营业周期内偿还的债务，包括短期借款、交易性金融负债、应付票据、应付账款、预收账款、应付职工薪酬、应交税费、应付利息、应付股利、其他应付款、预计负债等。

(2) 长期负债是指偿还期在一年或者超过一年的一个营业周期以上的债务，包括长期借款、应付债券、长期应付款、专项应付款等。

(三) 所有者权益

1. 所有者权益的定义

根据《企业会计准则——基本准则》第二十六条的规定，所有者权益是指企业资产扣除负债后由所有者享有的剩余权益。股份公司的所有者权益又称股东权益。企业的资产归属于债权人和投资者所有，债权人和投资者对企业的资产具有所有权或求偿权。这种对企业资产的所有权或求偿权在会计上称为“权益”。其中属于债权人的部分，称为“债权人权益”，通常也称为“负债”；属于所有者的部分，称为“所有者权益”。

2. 所有者权益的分类

所有者权益按照来源不同分为所有者投入的资本、直接计入所有者权益的利得和损失、留存收益等。

(1) 所有者投入的资本包括实收资本（股份公司称为“股本”）和资本公积。

(2) 直接计入所有者权益的利得和损失，是指不应计入当期损益、会导致所有者权益发生增减变动的、与所有者投入资本或者向所有者分配利润无关的利得或者损失。其中，利得是指由企业非日常活动所形成的，会导致所有者权益增加的、与所有者投入资本无关的经济利益的流入；损失是指由企业非日常活动所形成的，会导致所有者权益减少的、与向所有者分配利润无关的经济利益的流出。

(3) 留存收益包括盈余公积和未分配利润两部分。

(四) 收入

1. 收入的定义

根据《企业会计准则——基本准则》第三十条的规定，收入是指企业在日常活动中形成的、会导致所有者权益增加的、与所有者投入资本无关的经济利益的总流入。企业取得收入意味着或者增加了资产，或者减少了负债，或者两者兼而有之。例如，工业企业销售产品收到货款存入银行，则意味着企业银行存款的增加；再如，企业以生产的产品抵消以前的欠款，则意味着企业债务的减少。收入将导致所有者权益增加，这种所有者权益的增加并不是由投资者投入资本所导致的。

2. 收入的分类

收入有狭义和广义之分，我国现行制度中定义的收入为狭义概念，广义的收入概念包括利得部分内容。狭义收入，即营业收入。营业收入包括主营业务收入和附营业务收入。收入的形式因企业类型不同而有差异，比如销售商品收入属于制造企业的营业收入、利息收入属于金融企业的营业收入等。

（五）费用

1. 费用的定义

费用是与收入相对应的一个概念，是企业为取得收入而付出的代价。根据《企业会计准则——基本准则》第三十三条的规定，费用是指企业在日常活动中发生的、会导致所有者权益减少的、与向所有者分配利润无关的经济利益的总流出。

2. 费用的分类

费用的概念在会计学中有广义和狭义之分，狭义的费用是指营业费用，广义的费用按是否能够直接补偿分为补偿性费用和非补偿性费用。补偿性费用包括生产费用与期间费用，生产费用包括生产成本（生产成本包括直接材料、直接人工和制造费用）和销售税金等；期间费用包括管理费用、财务费用和销售费用。非补偿性费用包括基金支出与基建支出。

（六）利润

1. 利润的定义

根据《企业会计准则——基本准则》第三十七条的规定，利润是指企业在一定会计期间的经营成果。利润是收入与费用配比的结果，比如前面讲到的狭义收入（营业收入）与狭义费用（营业费用）相配比就是营业利润。利润金额取决于收入和费用、直接计入当期利润的利得和损失，所以利润和所有者权益一样，没有单独的确认条件和计量标准。

2. 利润的分类

利润包括收入减去费用的净额、直接计入当期利润的利得和损失等。后者比如处置固定资产时，假设一项待处置固定资产的净残值为 800 元，处置净收入为 1 000 元，则处置净收入与固定资产净残值之间的差额 200 元就是直接计入当期利润的利得。利润按照不同的配比，包括营业利润、利润总额、净利润等。

二、会计计量属性

企业在将符合确认条件的会计要素登记入账并列报于会计报表（又称财务报表）及其附注时，应当按照规定的会计计量属性进行计量，确定其金额。

会计计量属性主要包括历史成本、重置成本、可变现净值、现值和公允价值。

（一）历史成本

在历史成本计量下，资产按照购置时支付的现金或者现金等价物的金额，或者按照购置资产时所付出的对价的公允价值计量。负债按照因承担现时义务而实际收到的款项或者资产的金额，或者承担现时义务的合同金额，或者按照日常活动中为偿还负债预期需要支付的现金或者现金等价物的金额计量。

（二）重置成本

在重置成本计量下，资产按照现在购买相同或者相似资产所需支付的现金或者现金等价物的金额计量。负债按照现在偿付该项债务所需支付的现金或者现金等价物的金额计量。

(三)可变现净值

在可变现净值计量下，资产按照其正常对外销售所能收到现金或者现金等价物的金额扣减该资产至完工时估计将要发生的成本、估计的销售费用以及相关税费后的金额计量。

(四)现值

在现值计量下，资产按照预计从其持续使用和最终处置中所产生的未来净现金流入量的折现金额计量。负债按照预计期限内需要偿还的未来净现金流出量的折现金额计量。

(五)公允价值

在公允价值计量下，资产和负债按照市场参与者在计量日发生的有序交易中，出售资产所能收到或者转移负债所需支付的价格计量。

企业在对会计要素进行计量时，一般应当采用历史成本计量，采用重置成本、可变现净值、现值、公允价值计量的，应当保证所确定的会计要素金额能够取得并可靠计量。

实战演练

[2024真题·单选] 下列施工企业会计核算内容中，属于《企业会计准则》规定的会计要素是(　　)。

A. 责任成本　　B. 增值税

C. 费用　　D. 应付账款

[解析] 资产、负债、所有者权益、收入、费用、利润是我国企业会计的6个会计要素。

[答案] C

[2023真题·单选] 下列企业资产中，属于流动资产的是(　　)。

A. 在建工程　　B. 交易性金融资产

C. 投资性房地产　　D. 债权投资

[解析] 流动资产是指在一年或超过一年的一个营业周期内变现或耗用的资产，如库存现金、银行存款、其他货币资金、交易性金融资产、应收账款、应收票据、预付账款、应收股利、应收利息、其他应收款、存货等。

[答案] B

[2022真题·单选] 某企业3年前购置一台价值为30万元的设备，现在若以20万元卖出，卖出该设备需要发生维修成本2万元，发生销售费用1万元，缴纳税金0.5万元，则该设备可变现净值为(　　)万元。

A. 18.5　　B. 19.5

C. 20.0　　D. 16.5

[解析] 在可变现净值计量下，资产按照其正常对外销售所能收到现金或者现金等价物的金额扣减该资产至完工时估计将要发生的成本、估计的销售费用以及相关税费后的金额计量。设备可变现净值=20−2−1−0.5=16.5(万元)。

[答案] D

第二章

[2021 真题 · 单选] 某企业 3 年前购买的设备原价为 20 万元，当前累计已计提折旧 4 万元。现在市场上可以 18 万元价格卖出，卖出该设备需发生成本、税费共 1 万元，该设备的可变现净值为（ ）万元。

A. 17　　B. 13　　C. 16　　D. 20

[解析] 在可变现净值计量下，资产按照其正常对外销售所能收到现金或者现金等价物的金额扣减该资产至完工时估计将要发生的成本、估计的销售费用以及相关税费后的金额计量。设备可变现净值＝18－1＝17（万元）。

[答案] A

[2020 真题 · 单选] 某企业 2 年前花费 20 万元购买的一台设备，累计已计提折旧 4 万元，现在市场上购买同样的设备需要 15 万元，则在会计计量时该设备的历史成本和重置成本分别为（ ）。

A. 20 万元和 15 万元　　B. 16 万元和 11 万元

C. 16 万元和 15 万元　　D. 20 万元和 16 万元

[解析] 在历史成本计量下，资产按照购置时支付的现金或者现金等价物的金额，或者按照购置资产时所付出的对价的公允价值计量。在重置成本计量下，资产按照现在购买相同或者相似资产所需支付的现金或者现金等价物的金额计量。历史成本是购置时的成本，即 20 万元；重置成本为现在购买相同或相似资产的成本，即 15 万元。

[答案] A

[2018 真题 · 单选] 某企业年初花费 30 万元购买企业拥有且预期会给企业带来经济利益的一套设备，在会计核算中应归属的会计要素是（ ）。

A. 负债　　B. 资产　　C. 费用　　D. 收入

[解析] 资产是指企业过去的交易或者事项形成的、由企业拥有或者控制的、预期会给企业带来经济利益的资源。

[答案] B

[2024 真题 · 多选] 按历史成本核算资产耗费时，确定资产历史成本的方法有（ ）。

A. 按购置资产时支付的现金金额计量

B. 按购置资产时资产的市场信息价计量

C. 按购置资产时支付的现金等价物金额计量

D. 按购置资产时资产的出厂价计量

E. 按购置资产时付出的对价的公允价值计量

[解析] 在历史成本计量下，资产按照购置时支付的现金或者现金等价物的金额，或者按照购置资产时所付出的对价的公允价值计量。负债按照因承担现时义务而实际收到的款项或者资产的金额，或者承担现时义务的合同金额，或者按照日常活动中为偿还负债预期需要支付的现金或者现金等价物的金额计量。

[答案] ACE

第二章

［2019 真题 · 多选］根据相关规定，下列资产中，属于流动资产的有（　　）。

A. 预付账款　　B. 长期应收款

C. 长期股权投资　　D. 债权投资

E. 交易性金融资产

［解析］流动资产是指在一年或超过一年的一个营业周期内变现或耗用的资产，如库存现金、银行存款、其他货币资金、交易性金融资产、应收账款、应收票据、预付账款、应收股利、应收利息、其他应收款、存货等。

［答案］AE

知识点 2 财务会计工作基本内容

财务会计作为一个信息系统，包括会计确认、会计计量、会计记录和会计报告 4 个环节。其中，会计确认与会计计量是财务会计的核心内容。在现代会计理论中，会计确认和会计计量既有区别又有联系。

一、会计确认

会计确认是指依据一定的标准，辨认哪些经济业务能够和何时输入会计信息系统以及如何进行报告的过程。会计核算过程实质上是一个信息变换、加工和传输的过程，会计确认是信息变换的关键环节。会计确认实际上是分两次进行的，第一次解决会计记录问题，即初始确认；第二次解决财务报表的披露问题，即再次确认。

初始确认是指对输入会计信息系统的原始经济数据进行确认。会计的初始确认要解决的首要问题是，确定企业各项经济业务产生的经济数据哪些应在复式簿记系统记录；要解决的次要问题是，要记入会计信息系统的经济数据应在何时记入何种会计科目，也就是说要对这些会计信息进行重新分类，将这些经济数据转化为会计语言，记录到会计账簿中。从会计账簿的会计信息到财务报告信息，是财务会计加工信息的第二阶段，主要任务是编制财务报表，也就是会计的再次确认。再次确认是将会计账簿记录转化为财务报表的要素，也是一个挑选、分类、汇总或细化的加工过程，实际上是对已经形成的会计信息的再提炼、再加工，以保证其真实性及正确性，并保证会计输出的信息能够影响使用者的预测或决策。

二、会计计量

会计计量就是将符合确认条件的会计要素予以量化的过程，即以货币金额的多少来表示企业经济业务数量的大小，并列报于财务报表确定其金额的过程。会计计量是一个模式，由计量单位和计量属性两个要素构成。计量属性的相关内容参见本节知识点 1“二、会计计量属性”。

计量单位是指计量尺度的量度单位，即对计量的对象量化时采用的具体标准，如实物量度、劳动量度、货币量度等。会计一般以货币量度为计量单位，如人民币、美元、英镑等，一般要求在会计报表的附注中说明采用的货币种类。每一种货币都可以分为名义货币和一般购买力货币两种计量单位。在不存在恶性通货膨胀的情况下，一般都以名义货币作为会计的计量单位；而在恶性通货膨胀的情况下，采用一般购买力货币作为会计的计量单位。

实战演练

［2024 真题·单选］施工企业会计对项目购货发票反映的经济内容能否记入会计要素以及何时记入会计信息系统进行辨析的过程，是会计工作环节中的（　　）。

A. 会计计量　　B. 会计确认

C. 会计报告　　D. 会计记录

［解析］会计确认是指依据一定的标准，辨认哪些经济业务能够和何时输入会计信息系统以及如何进行报告的过程。

［答案］B

知识点 3 会计核算假设与会计核算基础

一、会计核算假设

会计核算假设即会计核算的基本前提，是指为了保证会计工作的正常进行和会计计量，对会计核算的范围、内容、基本程序和方法所做的限定。这些前提条件是对会计核算的一些人为限定，并非都可以证明，也就是说假设会计是在一定的条件下进行的。会计核算的前提条件包括会计主体假设、持续经营假设、会计分期假设和货币计量假设 4 种。

（一）会计主体假设

会计主体是指会计信息所反映的特定单位，也称为会计实体、会计个体。会计所要反映的是特定的对象，只有明确规定会计核算的对象，将会计所要反映的对象与其他经济实体区别开来，才能保证会计核算工作的正常开展，实现会计的目标。

会计主体假设作为会计工作的基本前提之一，为日常的会计处理提供了空间依据。该假设的意义表现为两方面，一是只有明确会计主体，才能划定会计所要处理的经济业务事项的范围和立场；二是明确会计主体，将会计主体的经济活动与会计主体所有者的经济活动区分开来。无论是会计主体的经济活动，还是会计主体所有者的经济活动，都最终影响所有者的经济利益，但是，为了真实反映会计主体的财务状况、经营成果和现金流量，必须将会计主体的经济活动与会计主体所有者的经济活动区别开来。

会计主体不同于法律主体。一般来说，法律主体往往是一个会计主体，例如，一个企业作为一个法律主体，应当建立会计核算体系，独立反映其财务状况、经营成果和现金流量。但是，会计主体不一定是法律主体，比如在企业集团里，一个母公司拥有若干个子公司，子公司在企业集团母公司的统一领导下开展经营活动。要全面反映这个企业集团的财务状况、经营成果和现金流量，就有必要将这个企业集团的财务状况、经营成果和现金流量予以综合反映。有时为了内部管理需要，也对企业内部的部门单独加以核算，并编制内部会计报表。企业内部划出的核算单位也可以视为一个会计主体，但它不是一个法律主体。

（二）持续经营假设

持续经营是指会计主体的生产经营活动将无限期地延续下去，在可以预见的将来，企业不会因清算、解散、倒闭而不复存在。

企业是否持续经营对会计政策的选择，财产计价、收益的正确确定和计量影响很大。例如，采用历史成本计价，是设定企业在正常的情况下运用它所拥有的各种经济资源和依照原来的偿还条件偿付其所负担的各种债务，否则，就不能继续采用历史成本计价。如果企业面临清算，那么固定资产只能按当时的公允价值来抵偿债务。

由于持续经营是根据企业发展的一般情况做的设定，企业在生产经营过程中缩减经营规模乃至停业的可能性总是存在的，因此往往要求定期对企业持续经营这一前提做出分析和判断。一旦判定企业不符合持续经营前提，就应当改变会计核算的方法。

（三）会计分期假设

会计分期这一前提是从第二个基本前提引申出来的，可以说是持续经营的客观要求。会计分期是指将一个企业持续经营的生产经营活动划分为连续、相等的期间。

会计分期的目的是将持续经营的生产活动划分为连续、相等的期间，据以结算盈亏，按期编报财务报告，从而及时地向各方面提供企业有关财务状况、经营成果和现金流量的信息。

根据持续经营前提，一个企业将要按当前的规模和状况继续经营下去。要最终确定企业的经营成果，只能等到一个企业在若干年后歇业的时候核算一次盈亏。但是，经营活动和财务经营决策要求及时得到会计信息，不能等到歇业时一次性地核算盈亏。为此，就要将持续不断的经营活动划分为一个个相等的期间，分期核算和反映。

会计分期对会计原则和会计政策的选择有着重要影响。由于会计分期，便产生了当期与其他期间的差别，从而出现了权责发生制和收付实现制的区别，进而出现了应收、应付、递延、预提、待摊这样的会计方法。

会计期间一般可以按照日历时间划分，分为年、季、月。最常见的会计期间是一年，按年度编制的财务会计报表也称为年报。在我国，会计准则明确规定，会计期间采取公历年度，即每年 1 月 1 日至 12 月 31 日。此外，在国际上，会计期间可以按实际的经济活动周期来划分，其周期或长或短于公历年度。会计期间划分的长短会影响损益的确定，一般来说，会计期间划分得越短，反映经济活动的会计信息质量就越不可靠，当然，会计期间的划分也不可能太长，太长会影响会计信息使用者对会计信息的及时使用，因此必须恰当地划分会计期间。

（四）货币计量假设

货币计量是指用货币作计量单位，记录和反映企业的生产经营活动。企业资产、负债和所有者权益，尤其是资产可以采取不同的计量属性，如数量计量（个、张、根等）、人工计量（工时等）、货币计量等。而会计是对企业财务状况和经营成果全面系统的反映，需要以货币作为统一的量度。企业经济活动中凡是能够用货币这一尺度计量的，就可以进行会计反映；凡是不能用这一尺度计量的，则不可以进行会计反映。当然，统一采用货币尺度，也有不利之处，因为影响企业财务状况和经营成果的因素并不是都能用货币计量的，比如，企业经营战略、在消费者当中的信誉度、企业的地理位置和企业的技术开发能力等。此时，为了弥补货币尺度的局限性，要求企业采用一些非货币指标作为会计报表的补充。

在我国，要求采用人民币作为记账本位币，是对货币计量这一会计前提的具体化。考虑到一些企业的经营活动更多地涉及外币，因此规定业务收支以人民币以外的货币为主的单位，可以选定其中一种货币为记账本位币。当然，提供给境内的财务会计报告使用者的应当折算为人民币。

实战演练

[2024 真题·单选] 判定一次经济业务是否记入某一会计实体的会计假设是（　　）。

A. 会计主体假设　　B. 持续经营假设

C. 货币计量假设　　D. 会计分期假设

[解析] 会计主体是指会计信息所反映的特定单位，也称为会计实体、会计个体。会计所要反映的是特定的对象，只有明确规定会计核算的对象，将会计所要反映的对象与其他经济实体区别开来，才能保证会计核算工作的正常开展，实现会计的目标。

[答案] A

二、会计核算基础

会计核算基础主要有权责发生制和收付实现制。

(一) 权责发生制

企业应当以权责发生制为基础进行会计确认、计量和报告。权责发生制是指会计核算应当将权责的发生作为会计确认的时间基础，即费用或收入是否计入某会计期间，不是以是否在该期间收到或付出现金为标志，而是依据收入是否归属该期间的成果、费用是否由该期间负担来确定。即凡是属于本期的收入或费用，不论款项是否在本期收付，均作为本期的收入或费用处理；相反，凡不属于本期的收入或费用，即使款项在本期收付，也不作为本期的收入或费用处理。因此，权责发生制也称为应计制或应收应付制。例如，A 企业于 12 月 20 日销售商品 250 000 元，货款在第 2 年的 1 月 10 日收到。在权责发生制原则下，销售行为是在 12 月发生的，收入应由 12 月取得，即使没有收到，也属于 12 月的收入。而 1 月即使收到款项，由于没有发生销售行为，因此也不能将其作为当月收入确认。

(二) 收付实现制

收付实现制是指会计核算应当将收付的实现作为会计确认的时间基础，即收入和费用是否计入某会计期间，是以该期间的费用是否有现金流出、收入是否有现金流入为标志。因此，收付实现制也称现收现付制。在收付实现制原则下，在上一问题中，只要是在 1 月 10 日收到货款，不论该款项是否由本月业务实际发生，都应作为 1 月的收入。

权责发生制与收付实现制都是会计核算的记账基础。由于会计分期前提产生了本期与非本期的区别，因此在确认收入或费用时，就产生了上述两种不同的记账基础，而采用不同的记账基础会影响各期的损益。建立在权责发生制基础之上的会计处理可以正确地将收入与费用相配合，正确计算损益。因此，企业即营利组织一般采用这种记账基础，而预算单位等常采用收付实现制。

实战演练

[2015真题·单选] 根据现行《企业会计准则》，关于会计核算基础的说法，正确的是（　　）。

A. 企业已经实现的收入，计入款项实际收到日的当期利润表

B. 企业应当承担的费用，计入款项实际支出日的当期利润表

C. 企业应当以收付实现制和持续经营为前提进行会计核算

D. 企业应当以权责发生制为基础进行会计确认、计量和报告

[解析] 企业应当以权责发生制为基础进行会计确认、计量和报告。

[答案] D

知识点 4 会计核算过程与会计等式

一、会计核算过程

（一）会计信息质量要求

会计核算过程中需要的会计信息需符合《企业会计准则——基本准则》中规定的会计信息质量要求。可靠性、相关性、明晰性和可比性是会计信息的首要质量要求，是企业财务报告中所提供的会计信息应具备的基本质量特征；实质重于形式、重要性、谨慎性和及时性是会计信息质量的次级质量要求，是对首要质量要求的补充和完善，尤其是对某些特殊交易或者事项进行会计处理时，需要根据这些质量要求来把握其会计处理原则。及时性是会计信息相关性和可靠性的制约因素，企业需要在相关性和可靠性之间寻求一种平衡，以确定会计信息及时披露的时间。

1. 可靠性质量要求

可靠性质量要求是指企业在会计确认、计量和报告时，应当以实际发生的交易或者事项为依据，如实反映符合确认和计量要求的各项会计要素及其他相关信息，保证会计信息真实可靠、内容完整。当会计信息没有重要差错或偏向，并能如实反映其理所反映或理当反映的情况而能供使用者做依据时，会计信息就具备了可靠性质量要求。

可靠性是对会计信息质量的基本要求。会计首先作为一个信息系统，其提供的信息是投资者、债权人、政府及其有关部门、社会公众、企业内部信息使用者等进行决策的依据。

2. 相关性质量要求

相关性质量要求是指企业提供的会计信息应当与财务会计报告使用者的经济决策需要相关，有助于财务会计报告使用者对企业过去、现在或者将来的情况做出评价或者预测。

3. 明晰性质量要求

明晰性质量要求又称可理解性要求，是指企业提供的会计信息应当清晰明了，便于财务会计报告使用者理解和使用。明晰性质量要求是针对会计信息使用者而言的，即为会计信息使用者所理解和接受。

4. 可比性质量要求

可比性质量要求又称统一性要求。我国《企业会计准则——基本准则》第十五条规定，企业提供的会计信息应当具有可比性。可比性包括横向可比和纵向可比两层含义。

横向可比性是指不同企业发生的相同或者相似的交易或者事项，应当采用规定的会计政策，确保会计信息口径一致、相互可比。纵向可比性，又称一贯性，是指同一企业不同时期发生的相同或者相似的交易或者事项，应当采用一致的会计政策，不得随意变更。确需变更的，应当在附注中说明。

5. 实质重于形式质量要求

实质重于形式质量要求是指企业应当按照交易或者事项的经济实质进行会计确认、计量和报告，不应仅以交易或者事项的法律形式为依据。

例如，企业以融资租赁方式取得一项固定资产，是本质上转移了与一项资产所有权有关的几乎全部风险和报酬的一种租赁。所有权最终可能转移，也可能不转移；一项租赁是归类为融资租赁还是经营租赁，依赖于交易的实质而不是合同的形式。交易和其他事项应按其实质和财务本质，而不是仅按法律形式进行。就融资租赁而言，租赁协议的法律形式是承租人可能没有获得租赁资产的法定所有权，而其实质和财务本质是，承租人以承担支付大致等于租赁资产的公允价值和有关融资费用的责任，换取在租赁资产大部分经济年限内获得使用租赁资产的经济利益。从经济实质看，融资租赁取得的固定资产，企业能够控制该项固定资产创造的未来经济利益，所以，在会计确认、计量和报告中应当将融资租入固定资产作为本企业的资产。

6. 重要性质量要求

重要性质量要求是指企业提供的会计信息应当反映与企业财务状况、经营成果和现金流量等有关的所有重要交易或者事项。

7. 谨慎性质量要求

谨慎性质量要求是指企业对交易或者事项进行会计确认、计量和报告应当保持应有的谨慎，不应高估资产或者收益、低估负债或者费用。

8. 及时性质量要求

及时性质量要求是指企业对于已经发生的交易或者事项，应当及时进行会计确认、计量和报告，不得提前或者延后。及时性质量要求包括以下 3 层含义：①及时收集会计信息；②及时对所收集到的会计信息进行加工和处理；③及时将会计信息传递给会计信息使用者以便供其决策之用。

（二）会计核算过程的要求

《中华人民共和国会计法》（以下简称《会计法》）第九条规定，各单位必须根据实际发生的经济业务事项进行会计核算，填制会计凭证，登记会计账簿，编制财务会计报告。任何单位不得以虚假的经济业务事项或者资料进行会计核算。

其具体要求如下：

（1）会计年度自公历 1 月 1 日起至 12 月 31 日止。

（2）会计核算以人民币为记账本位币。业务收支以人民币以外的货币为主的单位，可以选定其中一种货币作为记账本位币，但是编报的财务会计报告应当折算为人民币。

（3）会计凭证、会计账簿、财务会计报告和其他会计资料，必须符合国家统一的会计制度的规定。使用电子计算机进行会计核算的，其软件及其生成的会计凭证、会计账簿、财务会计报告和其他会计资料，也必须符合国家统一的会计制度的规定。任何单位和个人不得伪造、变造会计凭证、会计账簿及其他会计资料，不得提供虚假的财务会计报告。

（4）会计凭证包括原始凭证和记账凭证。原始凭证记载的各项内容均不得涂改；原始凭证有错误的，应当由出具单位重开或者更正，更正处应当加盖出具单位印章。原始凭证金额有错误的，应当由出具单位重开，不得在原始凭证上更正。记账凭证应当根据经过审核的原始凭证及有关资料编制。

（5）会计账簿登记，必须以经过审核的会计凭证为依据，并符合有关法律、行政法规和国家统一的会计制度的规定。会计账簿包括总账、明细账、日记账和其他辅助性账簿。会计账簿应当按照连续编号的页码顺序登记。会计账簿记录发生错误或者隔页、缺号、跳行的，应当按照国家统一的会计制度规定的方法更正，并由会计人员和会计机构负责人（会计主管人员）在更正处盖章。

（6）财务会计报告应当根据经过审核的会计账簿记录和有关资料编制，并符合《会计法》和国家统一的会计制度关于财务会计报告的编制要求、提供对象和提供期限的规定；其他法律、行政法规另有规定的，从其规定。向不同的会计资料使用者提供的财务会计报告，其编制依据应当一致。有关法律、行政法规规定财务会计报告须经注册会计师审计的，注册会计师及其所在的会计师事务所出具的审计报告应当随同财务会计报告一并提供。

（7）财务会计报告应当由单位负责人和主管会计工作的负责人、会计机构负责人（会计主管人员）签名并盖章；设置总会计师的单位，还须由总会计师签名并盖章。单位负责人应当保证财务会计报告真实、完整。

（8）各单位对会计凭证、会计账簿、财务会计报告和其他会计资料应当建立档案，妥善保管。会计档案的保管期限、销毁、安全保护等具体管理办法，由国务院财政部门会同有关部门制定。

二、会计等式

会计等式又称会计恒等式，是运用数学平衡式来描述会计对象的具体内容（会计要素）之间的数量关系的表达式。其可以分为静态会计等式、动态会计等式、综合会计等式。

（一）静态会计等式

1. 内容

静态会计等式是指由静态会计要素——资产、负债、所有者权益组合而成的、反映企业一定时点的财务状况的等式。其表达式为

资产＝权益

资产＝负债＋所有者权益

资产－负债＝所有者权益

该等式反映了资产的归属关系，是会计对象的公式化，其经济内容和数学上的等量关系，既是资金平衡的理论依据，也是设置账户、复式记账和编制资产负债表的理论依据。因此，也称其为基本会计等式。

因为负债是优先于所有者权益的，所以上述等式不可改写为“资产－所有者权益＝负

债”，这样的改写意味着企业所有的资产要先满足所有者的权益，剩余的才是债权人权益——负债，这颠倒了两者的先后顺序。

2. 含义

静态会计等式是基本会计等式，揭示了在某一特定时日，企业资产与负债、所有者权益之间的恒等关系，主要表现为：资产＝负债＋所有者权益。它体现了同一资金的两个不同侧面在价值上的恒等关系：资金存在形态（资产）＝资金来源渠道（负债和所有者权益）；有一定数量的资产，必然会有相等数量的权益，两者在价值量上是相等的。资产会随负债、所有者权益增减而成正比例变化，即资产随着负债、所有者权益的增加而增加，并随着负债、所有者权益的减少而减少。

（二）动态会计等式

1. 内容

动态会计等式是指由动态会计要素——收入、费用、利润组合而成的、反映企业一定会计期间经营成果的会计等式。在生产经营过程中，企业必然会取得收入，也会发生各种费用。企业应按照配比原则将收入与费用进行比较，收入超过费用的部分，就是企业取得的利润；反之，则为亏损。其关系可用下列等式表示

收入－费用＝利润

2. 含义

动态会计等式揭示了在某一特定期间内，企业收入、费用、利润之间的相互关系：利润是实现的收入减去相关费用以后的差额。收入大于费用时为利润，收入小于费用时为亏损。利润会随着收入的增减成正比例变化，随着费用的增减成反比例变化。

（三）综合会计等式

1. 内容

综合会计等式是指由会计六要素——资产、负债、所有者权益、收入、费用、利润组合而成的、全面反映企业的财务状况和经营成果的会计等式。其表达式为

资产＝负债＋所有者权益＋利润

资产＝负债＋所有者权益＋收入－费用

资产＋费用＝负债＋所有者权益＋收入

2. 综合会计等式的形成

（1）月初，企业尚未发生收入和费用，会计要素的关系表现为

资产＝负债＋所有者权益

（2）月中，企业发生了收入和费用。企业取得利润，表示企业净资产增加，也就是所有者权益增加；企业发生亏损，表示企业净资产减少，也就是所有者权益减少。所以，企业在经营过程中尚未进行利润的计算时，资产等式可表示为

资产＝负债＋所有者权益＋收入－费用

（3）月末，本期发生的收入和费用结转利润，会计要素关系又变形为静态会计等式。在会计期末，企业将收入与费用相配比，计算出利润（或亏损），并将其全部归入所有者权益，所以，企业在期末结账之后，会计等式又恢复为

资产＝负债＋所有者权益

3. 含义

综合会计等式反映了在收入、费用发生后，会计六要素之间的平衡关系，它综合地反映了企业在期初、期末某一时点上的财务状况和企业在某一特定期间内的经营成果，是静态会计等式和动态会计等式的结合。将“资产＝负债＋所有者权益＋收入－费用”进行变形，得：“资产＋费用＝负债＋所有者权益＋收入”。该等式进一步反映了企业资金的两个侧面，即资金占用＝资金来源。

企业在经营过程中，或盈利，或亏损。在某一时点，“收入－费用＝利润”，利润为正，表明经济利益流入大于经济利益流出，即企业资产增多。由此可见：新的所有者权益＝旧的所有者权益＋利润＝旧的所有者权益＋收入－费用。

实战演练

[2024 真题·单选] 企业在会计核算中，对以融资租赁方式租入的固定资产提取折旧，这种会计处理方式遵循的会计核算原则是（　　）。

A. 谨慎性原则　　B. 实质重于形式原则

C. 可比性原则　　D. 客观性原则

[解析] 实质重于形式质量要求是指企业应当按照交易或者事项的经济实质进行会计确认、计量和报告，不应仅以交易或者事项的法律形式为依据。融资租赁取得的固定资产，企业能够控制该项固定资产创造的未来经济利益，所以，在会计确认、计量和报告中应当将融资租入固定资产作为本企业的资产。

[答案] B

[2023 真题·单选] 在企业会计核算中，同一企业不同时期发生的相同交易应当采用一致的会计政策，这体现了会计信息的（　　）质量要求。

A. 可靠性　　B. 可比性

C. 相关性　　D. 重要性

[解析] 可比性质量要求又称统一性要求。其中纵向可比性，又称一贯性，是指同一企业不同时期发生的相同或者相似的交易或者事项，应当采用一致的会计政策，不得随意变更。

[答案] B

[2022 真题·多选] 下列会计要素中，属于动态会计等式组成要素的有（　　）。

A. 收入　　B. 利润

C. 费用　　D. 所有者权益

E. 资产

[解析] 动态会计等式是指由动态会计要素——收入、费用、利润组合而成的、反映企业一定会计期间经营成果的会计等式。

[答案] ABC

第二章

［2021 真题·多选］下列会计要素中，属于静态会计要素的有（　　）。

A. 收入　　B. 资产

C. 费用　　D. 负债

E. 所有者权益

［解析］静态会计等式是指由静态会计要素——资产、负债、所有者权益组合而成的、反映企业一定时点的财务状况的等式。

［答案］BDE

知识点 5 会计监督

（1）各单位应当建立、健全本单位内部会计监督制度，并将其纳入本单位内部控制制度。单位内部会计监督制度应当符合下列要求：

①记账人员与经济业务事项和会计事项的审批人员、经办人员、财物保管人员的职责权限应当明确，并相互分离、相互制约。

②重大对外投资、资产处置、资金调度和其他重要经济业务事项的决策和执行的相互监督、相互制约程序应当明确。

③财产清查的范围、期限和组织程序应当明确。

④对会计资料定期进行内部审计的办法和程序应当明确。

⑤国务院财政部门规定的其他要求。

（2）单位负责人应当保证会计机构、会计人员依法履行职责，不得授意、指使、强令会计机构、会计人员违法办理会计事项。

会计机构、会计人员对违反《会计法》和国家统一的会计制度规定的会计事项，有权拒绝办理或者按照职权予以纠正。

会计机构内部应当建立稽核制度。出纳人员不得兼任稽核、会计档案保管和收入、支出、费用、债权债务账目的登记工作。

（3）会计机构、会计人员发现会计账簿记录与实物、款项及有关资料不相符的，按照国家统一的会计制度的规定有权自行处理的，应当及时处理；无权处理的，应当立即向单位负责人报告，请求查明原因，做出处理。

（4）任何单位和个人对违反《会计法》和国家统一的会计制度规定的行为，有权检举。收到检举的部门有权处理的，应当依法按照职责分工及时处理；无权处理的，应当及时移送有权处理的部门处理。收到检举的部门、负责处理的部门应当为检举人保密，不得将检举人姓名和检举材料转给被检举单位和被检举人个人。

（5）有关法律、行政法规规定，须经注册会计师进行审计的单位，应当向受委托的会计师事务所如实提供会计凭证、会计账簿、财务会计报告和其他会计资料以及有关情况。

任何单位或者个人不得以任何方式要求或者示意注册会计师及其所在的会计师事务所出具不实或者不当的审计报告。

财政部门有权对会计师事务所出具审计报告的程序和内容进行监督。

实战演练

[2024 真题·多选] 下列出纳人员工作安排中，违背企业内部控制“不相容职务相互分离”原则的有（　　）。

A. 出纳人员负责会计档案管理工作

B. 出纳人员负责稽核工作

C. 出纳人员负责现金收款工作

D. 出纳人员负责网上转账操作工作

E. 出纳人员负责支票的开具和保管工作

[解析] 会计机构内部应当建立稽核制度。出纳人员不得兼任稽核、会计档案保管和收入、支出、费用、债权债务账目的登记工作。

[答案] AB

第二节　费用与成本

在工程项目管理中，费用与成本的控制和管理是确保项目成功的关键因素之一。本节主要介绍费用与成本的关系、施工企业费用确认及计量、工程成本核算、施工企业期间费用核算，以帮助考生理解和掌握这一重要领域的基础知识。

知识点 1　费用与成本的关系

一、支出、费用与成本

企业是为生产经营而建立的，在企业的各项活动中有各种损耗或耗费。首先要界定的概念是支出、费用和成本。

企业的一切开支和耗费都属于支出，因此支出是耗费的最大概念。支出中凡是与本企业的生产经营有关的各项耗费均称为费用，费用中符合规定的部分才构成成本。成本通常指企业为生产商品和提供劳务而实际发生或应发生的各项费用，即企业为了取得某项资产所做出的价值牺牲。

一般情况下，企业的支出可分为资本性支出、收益性支出、营业外支出和利润分配性支出四方面的内容。

(1) 资本性支出是指支出的效益与几个会计年度（或几个营业周期）相关的支出，如企业购置和建造固定资产、购买无形资产以及对外投资的支出等。

(2) 收益性支出是指支出的效益与本年度（或一个营业周期）相关的支出，如生产过程中发生的原材料消耗、周转材料消耗、职工工资和福利费、制造费用以及期间费用的支出等。

(3) 营业外支出是指与企业的生产经营活动没有直接关系的支出，如罚款支出、捐赠支出等。

(4) 利润分配性支出是指利润分配环节发生的支出，如所得税费用支出、股利分配支出等。

费用按用途可分为生产成本和期间费用。生产成本包括直接费用和间接费用；期间费用包括管理费用、财务费用、销售费用。

二、费用与成本的联系与区别

费用是指企业在日常活动中发生的、会导致所有者权益减少的、与向所有者分配利润无关的经济利益的总流出。与收入是企业日常活动所发生的经济利益的流入相反，费用是企业为取得收入而进行产品的生产和销售、劳务提供等产生的消耗。

成本是指企业发生的费用中最终要计入一定的成本计算对象的那部分费用。企业在产品生产过程中耗费的原材料、支付的人工费等，都要计入所生产的产品的成本。

成本与费用两者之间有着密切的联系。一般说来，两者都是企业支付或耗费的经济资源，费用的发生往往是成本计算的前提和基础，从这一点来看，成本是可以对象化的费用，即这部分费用在发生以后，一定能归集计入某一种资产的价值。在生产准备过程，企业进行材料和设备采购所产生的费用支出会形成材料和设备的采购、购置成本；在产品的生产过程，企业将购入的材料和设备等用于产品生产，上述采购、购置成本即转化为生产费用；当产品生产完工以后，经过一定的归集，生产费用又构成了产品的生产成本；当产品被销售出去，产品在生产过程中形成的生产成本又会转化为产品的销售成本。

成本与费用两者之间也有明显的区别。从严格意义上来讲，成本并不等于费用。费用与一定的会计期间相联系，而成本则是与一定的成本计算对象相联系，即费用是针对一定期间而言的，而成本是针对一定产品而言的。只有当企业发生的耗费与当期收入之间相互配合比较，即计入当期损益时，才成为实际意义上的费用。根据这样的判别标准，成本在产品生产的报告期内不能全部确认为当期费用，即不能与当期实现的收入相配比；只有在销售产品时，才能按照已经销售的产品成本确认为当期的费用。即成本是由费用组成的，但费用不一定能计入成本。

实战演练

[2024 真题·单选] 下列施工企业的支出中，属于收益性支出的是（　　）。

A. 自建办公楼支出　　B. 购置施工机械支出

C. 购买现场周转材料支出　　D. 购置施工运输车辆支出

[解析] 收益性支出是指支出的效益与本年度（或一个营业周期）相关的支出，如生产过程中发生的原材料消耗、周转材料消耗、职工工资和福利费、制造费用以及期间费用的支出等。

[答案] C

[2023 真题改编·单选] 下列企业支出中，属于资本性支出的是（　　）。

A. 对外投资支出　　B. 大额原材料采购支出

C. 公益性捐赠支出　　D. 分配股利支出

[解析] 资本性支出是指支出的效益与几个会计年度（或几个营业周期）相关的支出，如企业购置和建造固定资产、购买无形资产以及对外投资的支出等。

[答案] A

[2021 真题 · 多选] 下列施工企业的各项支出中，在财务会计核算时应作为资本性支出的有（　　）。

A. 新建办公楼支出　　B. 购置大型设备支出

C. 员工年终奖金支出　　D. 公益性捐赠支出

E. 对外长期投资支出

[解析] 资本性支出是指支出的效益与几个会计年度（或几个营业周期）相关的支出，如企业购置和建造固定资产、购买无形资产以及对外投资的支出等。新建办公楼支出属于建造固定资产支出，购置大型设备支出属于购置固定资产支出。选项 C 属于收益性支出，选项 D 属于营业外支出。

[答案] ABE

知识点 2 施工企业费用确认及计量

一、存货的确认及计量

（一）存货的概念及特点

存货是指企业在日常活动中持有以备出售的产成品或商品、处在生产过程中的在产品、在生产过程或提供劳务过程中耗用的材料和物料等。存货包括原材料、包装物、低值易耗品、在产品、半成品、产成品、商品、周转材料、委托加工物资、委托代销商品等。

存货的特点如下：

（1）存货是有形资产。存货必须有实物形态，这一点有别于无形资产。

（2）存货具有较强的流动性。存货在企业日常经营活动中不断被销售、生产或耗用，变现能力强。相对于非流动资产而言，其周转速度较快，通常会在 1 年内变现、出售或耗用。

（3）持有存货的目的是出售或耗用。这就使得存货在被出售或耗用之前，存在损失的风险。

（二）存货的确认

在满足存货定义的前提下，同时满足下列两个条件才能予以确认为存货：

（1）与该存货有关的经济利益很可能流入企业。

（2）该存货的成本能够可靠地计量。

（三）存货的初始计量

存货的初始计量是指如何确认存货的入账价值。存货应当按照成本进行初始计量，即存货初始计量的基础是存货的历史成本（又称实际成本）。存货成本包括采购成本、加工成本和其他成本。采购成本是指外购存货的成本；加工成本是指存货加工过程中发生的直接人工和制造费用；其他成本是指除采购成本、加工成本以外的，使存货达到目前场所和状态所发生的其他支出，如可以直接认定的产品设计费用等。

（四）存货的期末计量

资产负债表日，存货应当按照成本与可变现净值孰低计量。其中，成本是指期末存货的实际成本，若企业在存货成本的日常核算中采用计划成本法、售价金额核算法等简化核算方法，则应调整为实际成本。可变现净值，是指在日常活动中，存货的估计售价减去至完工时估计将要发生的成本、估计的销售费用以及相关税费后的金额。可变现净值的特征表现为存货的预计未来净现金流量，而不是存货的售价或合同价。

当存货成本低于可变现净值时，存货按成本计价；当存货成本高于可变现净值时，表明存货可能发生损失，应在存货销售之前确认这一损失，即计提存货跌价准备，计入当期损益。以前减计存货价值的影响因素已经消失的，减计的金额应当予以恢复，并在原已计提的存货跌价准备金额内转回，转回的金额冲减当期损益。

二、固定资产的确认及计量

（一）固定资产的概念及特点

固定资产是指为生产产品、提供劳务、出租或经营管理而持有的，使用年限超过 1 年，单位价值较高的有形资产。

作为企业的固定资产，其特点主要表现在以下几个方面：

（1）为生产产品、提供劳务、出租或经营管理而持有。

（2）使用年限超过一个会计年度。

（3）固定资产是有形资产。固定资产具有实物特征，这一特征将固定资产与无形资产区别开来。

（二）固定资产的确认

某一资产项目，如果要作为固定资产加以确认，除需要符合固定资产的定义外，还必须同时满足以下两个条件：

（1）与该固定资产有关的经济利益很可能流入企业。

（2）该固定资产的成本能够可靠地计量。

（三）固定资产的初始计量

固定资产的初始计量是指固定资产初始成本的确定。固定资产应按成本进行初始计量。固定资产成本是指企业购建某项固定资产达到预定可使用状态前发生的一切合理、必要的支出。这些支出既包括直接发生的价款、相关税费、运杂费、包装费和安装成本等，又包括间接发生的其他一些费用。

其中，外购固定资产的成本，为实际支付的买价、进口关税等相关税费，以及为使固定资产达到预定可使用状态前发生的可直接归属于该项资产的其他支出，如运输费、装卸费、安装费和专业人员服务费等。

（四）固定资产的后续计量

固定资产折旧是指在固定资产使用寿命内，按照确定的方法对应计折旧额进行系统分摊。其中，应计折旧额是指应当计提折旧的固定资产的原价扣除其预计净残值后的金额。已计提减值准备的固定资产，还应当扣除已计提的固定资产减值准备累计金额。预计净残值是指假定固定资产预计使用寿命已满并处于使用寿命终了时的预期状态，企业目前从该项资产处置中获得的扣除预计处置费用后的金额。

企业应当根据与固定资产有关的经济利益的预期实现形式，合理选择折旧方法。固定资产折旧方法包括年限平均法、工作量法、双倍余额递减法和年数总和法等。企业选用不同的固定资产折旧方法，将影响固定资产使用寿命期间不同时期的折旧费用，因此，固定资产的折旧方法一经确定，不得随意变更。

1. 年限平均法

年限平均法，又称直线法。它是指将固定资产的应计折旧额均衡分摊到固定资产的预计使用寿命的一种方法。采用这种方法计算的每期折旧额相等。计算公式如下：

年折旧率＝（1－预计净残值率）/预计使用年限×100%

月折旧率＝年折旧率/12

月折旧额＝固定资产原价×月折旧率

2. 工作量法

工作量法是根据实际工作量计算每期应计折旧额的一种方法。计算公式如下：

单位工作量折旧额＝固定资产原价×（1－预计净残值率）/预计总工作量

某项固定资产月折旧额＝该项固定资产当月工作量×单位工作量折旧额

针对施工企业，可能涉及车辆运输、大型施工机械使用等情况，工作量法折旧可以引申为行驶里程折旧法和工作台班折旧法。

【例题 1】某装饰装修公司的 1 辆运输汽车，原值为 300 000 元，预计净残值率为 4%，预计行驶总里程为 800 000 km。该汽车采用行驶里程折旧方法计提折旧。某月该汽车行驶 6 000 km。计算该汽车的单位工作量折旧额和该月折旧额。

解：单位工作量折旧额＝［300 000×（1－4%）］/800 000＝0.36（元/km）

该月折旧额＝0.36×6 000＝2 160（元）

3. 双倍余额递减法

双倍余额递减法是指在不考虑固定资产预计净残值的情况下，根据每期期初固定资产原价减去累计折旧后的金额并采用双倍的折旧率计算固定资产折旧的一种方法。应用这种方法计算折旧时，由于每年年初固定资产净值没有扣除预计净残值，因此在计算固定资产折旧时应在其折旧年限到期前两年内，将固定资产净值扣除预计净残值后的余额平均摊销。计算公式如下：

年折旧率＝2/预计使用年限×100%

月折旧率＝年折旧率/12

月折旧额＝（固定资产原价－累计折旧）×月折旧率

到期前两年的年折旧额＝（固定资产应计折旧额－累计折旧）/2

【例题 2】某装饰装修公司有一台设备，原值为 50 000 元，预计净残值为 2 000 元，预计使用 5 年，采用双倍余额递减法计算各年的折旧额见表 2-2-1。

表 2-2-1　折旧计算表　　单位：元

年次	年初账面净值	折旧率	折旧额	累计折旧额	期末账面净值
1	50 000	40%	20 000	20 000	30 000
2	30 000	40%	12 000	32 000	18 000
3	18 000	40%	7 200	39 200	10 800

续表

年次	年初账面净值	折旧率	折旧额	累计折旧额	期末账面净值
4	10 800	—	4 400	43 600	6 400
5	6 400	—	4 400	48 000	2 000

4. 年数总和法

年数总和法，是将固定资产的原值减去预计净残值后的余额，乘以一个逐年递减的分数计算每年的折旧额，这个分数的分子代表固定资产尚可使用年限，分母代表使用年数之和。计算公式如下：

年折旧率＝尚可使用年限/预计使用的年数总和×100％

月折旧率＝年折旧率/12

月折旧额＝（固定资产原价－预计净残值）×月折旧率

企业应当按月计提固定资产折旧，当月增加的固定资产，当月不计提折旧，从下月起计提折旧；当月减少的固定资产，当月仍计提折旧，从下月起不计提折旧。

三、无形资产的确认及计量

（一）无形资产的概念及特点

无形资产是指企业拥有或者控制的没有实物形态的可辨认非货币性资产。无形资产通常包括专利权、非专利技术、商标权、著作权、特许权、土地使用权等。

相对于其他资产，无形资产具有以下特征：

（1）无形资产不具有实物形态。无形资产是不具有实物形态的非货币性资产，它不像固定资产、存货等资产，具有实物形态。

（2）无形资产具有可辨认性。

（3）无形资产属于非货币性资产。

（二）无形资产的确认

无形资产同时满足下列条件时，才能予以确认：

（1）与该无形资产有关的经济利益很可能流入企业。作为无形资产确认的项目，必须满足其所产生的经济利益很可能流入企业这一条件。通常情况下，无形资产产生的未来经济利益可能包括在销售商品、提供劳务的收入当中，或者企业使用该项无形资产减少或节约了成本，又或者体现在获得的其他利益当中。

（2）该无形资产的成本能够可靠地计量。

（三）无形资产的初始计量

无形资产通常是按实际成本计量，即以取得无形资产并使之达到预定用途而发生的全部支出作为无形资产成本。

外购无形资产的成本，包括购买价款、相关税费以及直接归属于使该项资产达到预定用途所发生的其他支出，如使无形资产达到预定用途所发生的专业服务费用、测试无形资产是否能够正常发挥作用的费用等。购买无形资产的价款超过正常信用条件延期支付，实质上具有融资性质的，无形资产的成本应以购买价款的现值为基础确定。实际支付的价款与购买价款的现值之间的差额作为未确认融资费用，在付款期间内采用实际利率法进行摊销，摊销金额除满足借款费用资本化条件应当计入无形资产的成本外，均应当在信用期间内确认为财务费用，计入当期损益。

下列费用不构成无形资产的取得成本：

（1）为引入新产品进行宣传发生的广告费、管理费用及其他间接费用。

（2）无形资产达到预定用途之后发生的费用。

（四）无形资产的后续计量

无形资产的后续计量以其使用寿命为基础。无形资产的使用寿命是有限的，应当估计该使用寿命的年限或者构成使用寿命的产量等类似计量单位数量；无法预见无形资产为企业带来未来经济利益的期限的，应当视为使用寿命不确定的无形资产。

实战演练

［2024 真题·单选］ 企业存货独有的特点是（　　）。

A. 具有实体状态

B. 具有较强的流动性

C. 存在发生潜在损失的可能性

D. 只能通过外购获得

［解析］ 持有存货的目的是出售或耗用。这就使得存货在被出售或耗用之前，存在损失的风险。

［答案］ C

［2021 真题·单选］ 某施工企业的自卸汽车原价为 30 万元，确定的折旧年限为 5 年，预计净残值率为 3%，预计总行驶里程为 8 万 km。2020 年行驶里程 2 万 km，按照行驶里程折旧法，则 2020 年应计提的折旧额为（　　）元。

A. 72 750　　　　B. 58 200

C. 60 000　　　　D. 75 000

［解析］ 2020 年应计提的折旧额＝30×（1－3%）×2/8＝7.275（万元）＝72 750（元）。

［答案］ A

［2023 真题·多选］ 关于采用双倍余额递减法计算固定资产折旧的说法，正确的有（　　）。

A. 寿命期累计折旧额与年限平均法累计折旧额相等

B. 前期年折旧额高，后期年折旧额低

C. 固定资产账面价值逐年减少

D. 计算折旧额使用的折旧率逐年下降

E. 固定资产折旧年限与年限平均法折旧年限相同

［解析］ 选项 D 错误，采用双倍余额递减法计算折旧时，每年的折旧率相同。

［答案］ ABCE

第二章

［2020 真题·多选］下列固定资产相关费中，构成固定资产原值（原价）的有（　　）。

A. 固定资产购买价款　　B. 固定资产大修理费用

C. 购置固定资产发生的装卸费　　D. 固定资产的预计净残值

E. 固定资产达到预定可使用状态前的安装费

［解析］固定资产成本是指企业购建某项固定资产达到预定可使用状态前发生的一切合理、必要的支出。外购固定资产的成本，为实际支付的买价、进口关税等相关税费，以及为使固定资产达到预定可使用状态前发生的可直接归属于该项资产的其他支出，如运输费、装卸费、安装费和专业人员服务费等。

［答案］ACE

知识点 3 工程成本核算

一、成本核算的流程

（一）确定核算对象

建筑企业一般按照订立的单项合同确定成本核算对象。单项合同包括建造多项资产的，企业应当按照《企业会计准则》规定的合同分立原则，确定建造合同的成本核算对象。为建造一项或数项资产而签订一组合同的，按合同合并的原则，确定建造合同的成本核算对象。

（二）确定核算范围

（1）企业为履行合同发生的成本，不属于其他企业会计准则规范范围且同时满足下列条件的，应当作为合同履约成本确认为一项资产：

①该成本与一份当前或预期取得的合同直接相关，包括直接人工、直接材料、制造费用（或类似费用）、明确由客户承担的成本以及仅因该合同而发生的其他成本。

②该成本增加了企业未来用于履行履约义务的资源。

③该成本预期能够收回。

（2）建筑企业一般设置直接人工、直接材料、机械使用费、其他直接费用和间接费用等成本项目。建筑企业将部分工程分包的，还可以设置分包成本项目。

①直接人工，是指按照国家规定支付给施工过程中直接从事建筑安装工程施工的工人以及在施工现场直接为工程制作构件和运料、配料等工人的职工薪酬。

②直接材料，是指在施工过程中所耗用的、构成工程实体的材料、结构件、机械配件和有助于工程形成的其他材料以及周转材料的租赁费和摊销等。

③机械使用费，是指施工过程中使用自有施工机械所发生的机械使用费，使用外单位施工机械的租赁费，以及按照规定支付的施工机械进出场费等。

④其他直接费用，是指施工过程中发生的材料搬运费、材料装卸保管费、燃料动力费、临时设施摊销、生产工具用具使用费、检验试验费、工程定位复测费、工程点交费、场地清理费，以及能够单独区分和可靠计量的为订立建造承包合同而发生的差旅费、投标费等费用。

⑤间接费用，是指企业各施工单位为组织和管理工程施工所发生的费用。

⑥分包成本，是指按照国家规定开展分包，支付给分包单位的工程价款。

（三）成本归集、分配和结转

企业所发生的费用，能确定由某一成本核算对象负担的，应当按照其所对应的产品成本项目类别，直接计入产品成本核算对象的生产成本；由几个成本核算对象共同负担的，应当选择合理的分配标准分配计入。企业应当根据生产经营特点，以正常生产能力水平为基础，按照资源耗费方式确定合理的分配标准。企业应当按照权责发生制的原则，根据产品的生产特点和管理要求结转成本。

建筑企业发生的有关费用，由某一成本核算对象负担的，应当直接计入成本核算对象成本；由几个成本核算对象共同负担的，应当选择直接费用比例、定额比例和职工薪酬比例等合理的分配标准，分配计入成本核算对象成本。

合同结果能够可靠估计的，应当采用完工百分比法确定和结转当期提供服务的成本；合同结果不能可靠估计的，应当直接结转已经发生的成本。

二、成本核算的方法

（一）制造成本法

目前我国实行的是制造成本法。制造成本就是生产成本，是指生产活动的成本。其计算公式如下：

制造成本＝直接材料成本＋直接人工成本＋制造费用

直接材料成本是指直接用于产品生产、构成产品实体的原材料、主要材料以及有助于产品形成的辅助材料等成本。直接人工成本是指支付给直接参与产品生产的生产工人的工资以及按规定的比例提取的职工福利费。制造费用是指企业为生产产品和提供劳务而发生的各项间接成本，包括产品生产成本中除直接材料和直接人工以外的费用，主要有企业各个生产单位（车间、分厂）为组织和管理生产所发生的一切费用，以及各个生产单位所发生的固定资产折旧费。

不同的企业，由于生产的工艺过程、生产组织，以及成本管理要求不同，所以计算成本的方法也不一样。

（二）全部成本法

全部成本法就是在计算产品成本和存货成本时，把一定期间内在生产过程中所消耗的直接材料、直接人工、变动制造费用和固定制造费用的全部成本都归纳到产品成本中去。其计算公式如下：

全部成本＝制造成本＋期间费用

期间费用包括管理费用、财务费用和销售费用三项，其核算内容在本节知识点 4 “施工企业期间费用核算”中具体讲解。

（三）作业成本法

1. 作业认定

作业认定是指确认每一项作业完成的工作以及执行该作业耗用的资源成本。

2. 成本（通过作业成本动因）分配到成本对象

首先根据作业成本动因计算单位作业成本，再根据作业量计算成本对象应负担的作业成本。单位作业成本的计算公式如下：

$$单位作业成本（分配率）=\frac{本期作业成本库归集总成本}{作业量}$$

作业量的计量单位（作业成本动因）可以采用业务动因、持续动因、强度动因来确定。

（1）业务动因，以执行的次数作为作业动因，并假定执行每次作业的成本（包括耗用的时间和单位时间耗用的资源）相等。业务动因精确度最差，执行成本最低。

（2）持续动因，执行一项作业所需的时间标准（以执行的时间作为作业动因），假设前提是执行作业的单位时间内耗用的资源相等，适用于不同产品所需作业量差异较大的情况。

（3）强度动因，在某些特殊情况下，将作业执行中实际耗用的全部资源单独归集，并将该项单独归集的作业成本直接计入某一特定产品。强度动因精确度最高，执行成本最高。

实战演练

［2024 真题·单选］按作业成本法进行产品成本核算时，以“业务动因”为基础进行作业量计量和分配依据的假设是（　　）。

A. 不同产品耗费的作业次数相等

B. 执行每次作业的成本相等

C. 执行作业的人员相同

D. 执行每次作业耗费的材料相同

［解析］业务动因，以执行的次数作为作业动因，并假定执行每次作业的成本（包括耗用的时间和单位时间耗用的资源）相等。

［答案］B

［2022 真题·多选］将施工企业发生的成本作为合同履约成本确认为一项资产，需要同时满足的条件有（　　）。

A. 该成本预期能够收回

B. 该成本金额小于合同收入

C. 该成本与一份当前或预期取得的合同直接相关

D. 该成本增加了企业未来用于履行履约义务的资源

E. 该成本性质应为工程直接成本

［解析］企业为履行合同发生的成本，不属于其他企业会计准则规范范围且同时满足下列条件的，应当作为合同履约成本确认为一项资产：①该成本与一份当前或预期取得的合同直接相关，包括直接人工、直接材料、制造费用（或类似费用）、明确由客户承担的成本以及仅因该合同而发生的其他成本；②该成本增加了企业未来用于履行履约义务的资源；③该成本预期能够收回。

［答案］ACD

[2019 真题·多选] 从工程成本核算的角度，属于工程直接费用机械使用费的有（　　）。

A. 建设工程中自有施工机械的使用费

B. 工程施工租用外单位施工机械的租赁费

C. 施工企业总部车辆使用费

D. 施工机械进出场费

E. 施工过程中自由施工机械的财产保险费

[解析] 机械使用费，是指施工过程中使用自有施工机械所发生的机械使用费，使用外单位施工机械的租赁费，以及按照规定支付的施工机械进出场费等。

[答案] ABD

知识点 4 施工企业期间费用核算

根据《企业会计准则第 14 号——收入》规定，企业应当在下列支出发生时，将其计入当期损益：

(1) 管理费用。

(2) 非正常消耗的直接材料、直接人工和制造费用（或类似费用），这些支出为履行合同发生，但未反映在合同价格中。

(3) 与履约义务中已履行部分相关的支出。

(4) 无法在尚未履行的与已履行的履约义务之间区分的相关支出。

期间费用是指企业日常活动发生的不能计入特定核算对象的成本，而应计入当期损益的费用。期间费用是企业日常活动中发生的经济利益的流出。期间费用是企业为组织和管理整个经营活动所发生的费用，与可以确定特定成本核算对象的材料采购、产成品生产等没有直接关系，因而期间费用不计入有关核算对象的成本，而是直接计入当期损益。

期间费用包括以下两种情况：一是企业发生的支出不产生经济利益，或者即使产生经济利益但不符合或者不再符合资产确认条件的，应当在发生时确认为费用计入当期损益；二是企业发生的交易或者事项导致其承担了一项负债，而又不确认为一项资产的，应当在发生时确认为费用计入当期损益。

期间费用包括销售费用、管理费用和财务费用。

一、销售费用

销售费用是指企业销售商品和材料、提供劳务的过程中发生的各种费用，包括在销售过程中发生的保险费、包装费、展览费和广告费、商品维修费、预计产品质量保证损失、运输费、装卸费等，以及为销售本企业商品而专设的销售机构（含销售网点、售后服务网点等）的职工薪酬、业务费、折旧费等经营费用。企业发生的与专设销售机构相关的固定资产修理费用等后续支出也属于销售费用。

企业发生的各项销售费用记入“销售费用”账户；期末将销售费用的发生额转入“本年利润”账户，结转后，“销售费用”账户应无余额。

二、管理费用

管理费用是指企业为组织和管理生产经营发生的各种费用，包括：企业在筹建期内发生的开办费；董事会和行政管理部门在企业的经营管理中发生的费用；应由企业统一负担的公司经费（包括行政管理部门职工薪酬、物料消耗、低值易耗品摊销、办公费和差旅费等）；行政管理部门负担的工会经费及董事会费（包括董事会成员津贴、会议费和差旅费等）；聘请中介机构费、咨询费（含顾问费）、诉讼费、业务招待费、技术转让费、研究费、排污费等。企业生产车间（部门）和行政管理部门发生的固定资产修理费用等后续支出，也作为管理费用核算。

企业发生的各项管理费用在“管理费用”账户归集，期末转入“本年利润”账户，结转后，“管理费用”账户应无余额。

三、财务费用

财务费用是指企业为筹集生产经营所需资金等而发生的筹资费用，包括利息支出（减利息收入）、汇兑损益以及相关手续费、企业发生的现金折扣等。

企业发生的各项财务费用，在“财务费用”账户归集，期末转入“本年利润”账户，结转后，“财务费用”账户应无余额。

实战演练

[2022 真题 · 单选] 某企业接受委托生产一台定制设备，约定售价为 50 万元，生产完成后由客户自提。企业生产该设备的生产费用为 30 万元，应分摊的管理费用为 5 万元，财务费用为 2 万元，代垫设备运输费用为 4 万元。从财务会计角度，企业生产销售该设备的费用为（　　）万元。

A. 32　　B. 35

C. 37　　D. 41

[解析] 企业生产销售该设备的费用包括生产费用和期间费用，即 30＋5＋2＝37（万元）。

[答案] C

[2020 真题 · 单选] 施工企业支付给银行的短期借款利息应计入企业的（　　）。

A. 管理费用　　B. 生产费用

C. 财务费用　　D. 销售费用

[解析] 财务费用是指企业为筹集生产经营所需资金等而发生的筹资费用，包括利息支出（减利息收入）、汇兑损益以及相关手续费、企业发生的现金折扣等。

[答案] C

[2019 真题 · 单选] 企业会计核算中，施工企业行政管理部门使用的固定资产的维修费用属于（　　）。

A. 财务费用　　B. 工程设备费用

C. 施工机具使用费　　D. 管理费用

[解析] 企业生产车间（部门）和行政管理部门发生的固定资产修理费用等后续支出，也作为管理费用核算。

[答案] D

第三节 收入

收入是企业在生产经营活动中，通过提供商品、服务等获得的经济利益的总流入。在建设工程中，主要指承包工程获得的工程价款。本节主要介绍收入的分类、确认及计量和建造合同收入。

希望通过本节的学习，考生能够准确掌握收入确认和管理方面的知识，保障项目财务健康运行，提高项目的经济效益。

知识点 1 收入的分类、确认及计量

一、收入的分类

（一）概念

收入，是指企业在日常活动中形成的、会导致所有者权益增加的、与所有者投入资本无关的经济利益的总流入。

（二）特征

（1）收入产生于企业经营活动的全过程，是从企业的日常活动中产生的，而不是从偶发的交易或事项中产生的。

（2）收入的取得可能表现为企业资产的增加或负债的减少，或者资产增加和负债减少二者兼而有之，最终将导致企业所有者权益的增加。

（3）因所有者投入资本产生的经济利益流入不属于收入。

（三）分类

（1）按照企业从事日常活动的性质，可将收入分为销售商品收入、提供劳务收入、让渡资产使用权收入、建造合同收入等。

①销售商品收入是指企业通过销售商品实现的收入，如工业企业制造并销售产品、商业企业销售商品等实现的收入。

②提供劳务收入是指企业通过提供劳务实现的收入，如咨询公司提供咨询服务、软件开发企业为客户开发软件、安装公司提供安装、建筑业企业对外提供机械作业及设计业务等服务实现的收入。

③让渡资产使用权收入是指企业通过让渡资产使用权实现的收入，如商业银行对外贷款、租赁公司出租资产等实现的收入。

④建造合同收入是指企业承担建造合同所形成的收入。

（2）按照企业从事日常活动在企业的重要性，可将收入分为主营业务收入、其他业务收入等。

①主营业务收入是指企业为完成其经营目标从事的经常性活动实现的收入。

②其他业务收入是指与企业为完成其经营目标所从事的经常性活动相关的活动实现的收入。如工业企业对外出售多余的原材料、对外转让无形资产使用权等。这些活动形成的经济利益的总流入也构成收入，属于企业的其他业务收入。

二、收入的确认

(1) 企业应当在履行了合同中的履约义务，即在客户取得相关商品控制权时确认收入。取得相关商品控制权，是指能够主导该商品的使用并从中获得几乎全部的经济利益。

(2) 当企业与客户之间的合同同时满足下列条件时，企业应当在客户取得相关商品控制权时确认收入：

①合同各方已批准该合同并承诺将履行各自义务。

②该合同明确了合同各方与所转让商品或提供劳务（以下简称“转让商品”）相关的权利和义务。

③该合同有明确的与所转让商品相关的支付条款。

④该合同具有商业实质，即履行该合同将改变企业未来现金流量的风险、时间分布或金额。

⑤企业因向客户转让商品而有权取得的对价很可能收回。

在合同开始日即满足上述条件的合同，企业在后续期间无须对其进行重新评估，除非有迹象表明相关事实和情况发生重大变化。合同开始日通常是指合同生效日。

(3) 在合同开始日不符合上文第 (2) 项规定的合同，企业应当对其进行持续评估，并在其满足第 (2) 项规定时按照相应规定进行会计处理。

对于不符合上文第 (2) 项规定的合同，企业只有在不再负有向客户转让商品的剩余义务，且已向客户收取的对价无须退回时，才能将已收取的对价确认为收入；否则，应当将已收取的对价作为负债进行会计处理。没有商业实质的非货币性资产交换，不确认收入。

(4) 企业与同一客户（或该客户的关联方）同时订立或在相近时间内先后订立的两份或多份合同，在满足下列条件之一时，应当合并为一份合同进行会计处理：

①该两份或多份合同基于同一商业目的而订立并构成一揽子交易。

②该两份或多份合同中的一份合同的对价金额取决于其他合同的定价或履行情况。

③该两份或多份合同中所承诺的商品（或每份合同中所承诺的部分商品）构成下文第 (6) 项规定的单项履约义务。

(5) 企业应当区分下列三种情形对合同变更分别进行会计处理：

①合同变更增加了可明确区分的商品及合同价款，且新增合同价款反映了新增商品单独售价的，应当将该合同变更部分作为一份单独的合同进行会计处理。

②合同变更不属于第①项规定的情形，且在合同变更日已转让的商品或已提供的服务（以下简称“已转让的商品”）与未转让的商品或未提供的服务（以下简称“未转让的商品”）之间可明确区分的，应当视为原合同终止，同时，将原合同未履约部分与合同变更部分合并为新合同进行会计处理。

第二章

③合同变更不属于第①项规定的情形，且在合同变更日已转让的商品与未转让的商品之间不可明确区分的，应当将该合同变更部分作为原合同的组成部分进行会计处理，由此产生的对已确认收入的影响，应当在合同变更日调整当期收入。

《企业会计准则第 14 号——收入》所称的合同变更，是指经合同各方批准对原合同范围或价格做出的变更。

(6) 合同开始日，企业应当对合同进行评估，识别该合同所包含的各单项履约义务，并确定各单项履约义务是在某一时段内履行，还是在某一时点履行，然后，在履行了各单项履约义务时分别确认收入。

履约义务，是指合同中企业向客户转让可明确区分商品的承诺。履约义务既包括合同中明确的承诺，也包括由于企业已公开宣布的政策、特定声明或以往的习惯做法等导致合同订立时客户合理预期企业将履行的承诺。企业为履行合同而开展的初始活动，通常不构成履约义务，除非该活动向客户转让了承诺的商品。

企业向客户转让一系列实质相同且转让模式相同的、可明确区分商品的承诺，也应当作为单项履约义务。

转让模式相同，是指每一项可明确区分商品均满足下文第 (8) 项规定的、在某一时段内履行履约义务的条件，且采用相同方法确定其履约进度。

(7) 企业向客户承诺的商品同时满足下列条件的，应当作为可明确区分商品：

①客户能够从该商品本身或从该商品与其他易于获得资源一起使用中受益。

②企业向客户转让该商品的承诺与合同中其他承诺可单独区分。

下列情形通常表明企业向客户转让该商品的承诺与合同中其他承诺不可单独区分：企业需提供重大的服务以将该商品与合同中承诺的其他商品整合成合同约定的组合产出转让给客户；该商品将对合同中承诺的其他商品予以重大修改或定制；该商品与合同中承诺的其他商品具有高度关联性。

(8) 满足下列条件之一的，属于在某一时段内履行履约义务；否则，属于在某一时点履行履约义务：

①客户在企业履约的同时即取得并消耗企业履约所带来的经济利益。

②客户能够控制企业履约过程中在建的商品。

③企业履约过程中所产出的商品具有不可替代用途，且该企业在整个合同期间内有权就累计至今已完成的履约部分收取款项。

具有不可替代用途，是指因合同限制或实际可行性限制，企业不能轻易地将商品用于其他用途。

有权就累计至今已完成的履约部分收取款项，是指在由于客户或其他方原因终止合同的情况下，企业有权就累计至今已完成的履约部分收取能够补偿其已发生成本和合理利润的款项，并且该权利具有法律约束力。

(9) 对于在某一时段内履行的履约义务，企业应当在该段时间内按照履约进度确认收入，但是，履约进度不能合理确定的除外。企业应当考虑商品的性质，采用产出法或投入法确定恰当的履约进度。其中，产出法是根据已转移给客户的商品对于客户的价值确定履约进度；投入法是根据企业为履行履约义务的投入确定履约进度。对于类似情况下的类似履约义务，企业应当采用相同的方法确定履约进度。

当履约进度不能合理确定时，企业已经发生的成本预计能够得到补偿的，应当按照已经发生的成本金额确认收入，直到履约进度能够合理确定为止。

（10）对于在某一时点履行的履约义务，企业应当在客户取得相关商品控制权时点确认收入。在判断客户是否已取得商品控制权时，企业应当考虑下列迹象：

①企业就该商品享有现时收款权利，即客户就该商品负有现时付款义务。

②企业已将该商品的法定所有权转移给客户，即客户已拥有该商品的法定所有权。

③企业已将该商品实物转移给客户，即客户已实物占有该商品。

④企业已将该商品所有权上的主要风险和报酬转移给客户，即客户已取得该商品所有权上的主要风险和报酬。

⑤客户已接受该商品。

⑥其他表明客户已取得商品控制权的迹象。

三、收入的计量

（1）企业应当按照分摊至各单项履约义务的交易价格计量收入。

交易价格，是指企业因向客户转让商品而预期有权收取的对价金额。企业代第三方收取的款项以及企业预期将退还给客户的款项，应当作为负债进行会计处理，不计入交易价格。

（2）企业应当根据合同条款，并结合其以往的习惯做法确定交易价格。在确定交易价格时，企业应当考虑可变对价、合同中存在的重大融资成分、非现金对价、应付客户对价等因素的影响。

（3）合同中存在可变对价的，企业应当按照期望值或最可能发生金额确定可变对价的最佳估计数，但包含可变对价的交易价格，应当不超过在相关不确定性消除时累计已确认收入极可能不会发生重大转回的金额。企业在评估累计已确认收入是否极可能不会发生重大转回时，应当同时考虑收入转回的可能性及其比重。

每一资产负债表日，企业应当重新估计应计入交易价格的可变对价金额。可变对价金额发生变动的，按照下文第（11）项和第（12）项规定进行会计处理。

（4）合同中存在重大融资成分的，企业应当按照假定客户在取得商品控制权时即以现金支付的应付金额确定交易价格。该交易价格与合同对价之间的差额，应当在合同期间内采用实际利率法摊销。

合同开始日，企业预计客户取得商品控制权与客户支付价款间隔不超过1年的，可以不考虑合同中存在的重大融资成分。

（5）客户支付非现金对价的，企业应当按照非现金对价的公允价值确定交易价格。非现金对价的公允价值不能合理估计的，企业应当参照其承诺向客户转让商品的单独售价间接确定交易价格。非现金对价的公允价值因对价形式以外的原因而发生变动的，应当作为可变对价，按照上文第（3）项规定进行会计处理。

单独售价，是指企业向客户单独销售商品的价格。

（6）企业应付客户（或向客户购买本企业商品的第三方）对价的，应当将该应付对价冲减交易价格，并在确认相关收入与支付（或承诺支付）客户对价二者孰晚的时点冲减当期收入，但应付客户对价是为了向客户取得其他可明确区分商品的除外。

企业应付客户对价是为了向客户取得其他可明确区分商品的，应当采用与本企业其他采购相一致的方式确认所购买的商品。企业应付客户对价超过向客户取得可明确区分商品公允价值的，超过金额应当冲减交易价格。向客户取得的可明确区分商品公允价值不能合理估计的，企业应当将应付客户对价全额冲减交易价格。

（7）合同中包含两项或多项履约义务的，企业应当在合同开始日，按照各单项履约义务所承诺商品的单独售价的相对比例，将交易价格分摊至各单项履约义务。企业不得因合同开始日之后单独售价的变动而重新分摊交易价格。

（8）企业在类似环境下向类似客户单独销售商品的价格，应作为确定该商品单独售价的最佳证据。单独售价无法直接观察的，企业应当综合考虑其能够合理取得的全部相关信息，采用市场调整法、成本加成法、余值法等方法合理估计单独售价。在估计单独售价时，企业应当最大限度地采用可观察的输入值，并对类似的情况采用一致的估计方法。

市场调整法，是指企业根据某商品或类似商品的市场售价考虑本企业的成本和毛利等进行适当调整后，确定其单独售价的方法。

成本加成法，是指企业根据某商品的预计成本加上其合理毛利后的价格，确定其单独售价的方法。

余值法，是指企业根据合同交易价格减去合同中其他商品可观察的单独售价后的余值，确定某商品单独售价的方法。

（9）企业在商品近期售价波动幅度巨大，或者因未定价且未曾单独销售而使售价无法可靠确定时，可采用余值法估计其单独售价。

（10）对于合同折扣，企业应当在各单项履约义务之间按比例分摊。

有确凿证据表明合同折扣仅与合同中一项或多项（而非全部）履约义务相关的，企业应当将该合同折扣分摊至相关一项或多项履约义务。

合同折扣仅与合同中一项或多项（而非全部）履约义务相关，且企业采用余值法估计单独售价的，应当首先按照前款规定在该一项或多项（而非全部）履约义务之间分摊合同折扣，然后采用余值法估计单独售价。

合同折扣，是指合同中各单项履约义务所承诺商品的单独售价之和高于合同交易价格的金额。

（11）对于可变对价及可变对价的后续变动额，企业应当按照上文第（7）项至第（10）项规定，将其分摊至与之相关的一项或多项履约义务，或者分摊至构成单项履约义务的一系列可明确区分商品中的一项或多项商品。

对于已履行的履约义务，其分摊的可变对价后续变动额应当调整变动当期的收入。

（12）合同变更之后发生可变对价后续变动的，企业应当区分下列三种情形分别进行会计处理：

①合同变更属于上文“二、收入的确认”第（5）项中的第①项规定情形的，企业应当

判断可变对价后续变动与哪一项合同相关，并按照第（11）项规定进行会计处理。

②合同变更属于上文“二、收入的确认”第（5）项中的第②项规定情形，且可变对价后续变动与合同变更前已承诺可变对价相关的，企业应当首先将该可变对价后续变动额以原合同开始日确定的基础进行分摊，然后再将分摊至合同变更日尚未履行履约义务的该可变对价后续变动额以新合同开始日确定的基础进行二次分摊。

③合同变更之后发生除上述第①、②项规定情形以外的可变对价后续变动的，企业应当将该可变对价后续变动额分摊至合同变更日尚未履行的履约义务。

实战演练

［2024 真题·单选］根据《企业会计准则第 14 号——收入》，建筑业企业转让技术取得的收入属于（　　）。

A. 其他业务收入　　B. 主营业务收入

C. 基本业务收入　　D. 营业外收入

［解析］按照企业从事日常活动在企业的重要性，可将收入分为主营业务收入、其他业务收入等。其他业务收入是指与企业为完成其经营目标所从事的经常性活动相关的活动实现的收入。如工业企业对外出售多余的原材料、对外转让无形资产使用权等。建筑业企业转让技术属于对外转让无形资产使用权。

［答案］A

［2023 真题·单选］建筑业企业对外提供机械作业取得的收入属于（　　）。

A. 营业外收入　　B. 建造合同收入

C. 提供劳务收入　　D. 销售商品收入

［解析］提供劳务收入是指企业通过提供劳务实现的收入，如咨询公司提供咨询服务、软件开发企业为客户开发软件、安装公司提供安装、建筑业企业对外提供机械作业及设计业务等服务实现的收入。

［答案］C

［2022 真题·单选］某销售合同履行过程中发生了合同变更，该变更增加了可明确区分的商品及合同价款，且新增合同价款反映了新增商品的单独售价，对此变更，在会计上的处理方式是（　　）。

A. 将原合同未履约部分与合同变更部分合并为新合同进行会计处理

B. 将该合同变更部分作为原合同的组成部分进行会计处理

C. 将该合同变更部分作为一份单独的合同进行会计处理

D. 将原合同已履约部分与合同变更部分合并为新合同进行会计处理

［解析］合同变更增加了可明确区分的商品及合同价款，且新增合同价款反映了新增商品单独售价的，应当将该合同变更部分作为一份单独的合同进行会计处理。

［答案］C

[2020 真题·单选] 下列施工企业取得的收入中，属于让渡资产使用权收入的是（　　）。

A. 完成施工任务取得的收入　　B. 出租自有设备取得的收入

C. 提供机械作业取得的收入　　D. 销售建筑材料取得的收入

[解析] 让渡资产使用权收入是指企业通过让渡资产使用权实现的收入，如商业银行对外贷款、租赁公司出租资产等实现的收入。选项 A 属于建造合同收入，选项 C 属于提供劳务收入，选项 D 属于销售商品收入。

[答案] B

[2019 真题·单选] 当企业与客户之间的合同变更之后发生可变对价后续变动，且合同变更增加了可明确区分的商品及合同价款，同时新增合同价款反映了新增商品单独售价。对该合同变更部分进行会计处理时，正确的做法是（　　）。

A. 将合同变更部分作为原合同的组成部分处理

B. 将合同变更部分作为一份单独的合同处理

C. 将原合同未履行的部分和变更部分合并为新合同处理

D. 将原合同与变更部分合并形成新合同处理

[解析] 合同变更增加了可明确区分的商品及合同价款，且新增合同价款反映了新增商品单独售价的，应当将该合同变更部分作为一份单独的合同进行会计处理。

[答案] B

[2018 真题·单选] 2017 年某施工企业施工合同收入为 2 000 万元，兼营销售商品混凝土收入为 500 万元，出租起重机械收入为 80 万元，代收商品混凝土运输企业运杂费为 100 万元，则 2017 年该企业的营业收入为（　　）万元。

A. 2 680　　B. 2 580　　C. 2 500　　D. 2 000

[解析] 按照企业从事日常活动在企业的重要性，可将收入分为主营业务收入、其他业务收入等。针对该施工企业，施工合同收入为主营业收入，销售商品混凝土和出租起重机械收入为其他业务收入。2017 年该企业的营业收入＝主营业务收入＋其他业务收入＝2 000＋500＋80＝2 580（万元）。企业营业收入不包括代收款。

[答案] B

[2022 真题·多选] 建筑业企业取得的下列收入中，属于提供劳务收入的有（　　）。

A. 建造房屋取得的收入　　B. 提供机械作业取得的收入

C. 销售商品混凝土取得的收入　　D. 提供设计业务取得的收入

E. 让渡无形资产使用权取得的收入

[解析] 提供劳务收入是指企业通过提供劳务实现的收入，如咨询公司提供咨询服务、软件开发企业为客户开发软件、安装公司提供安装、建筑业企业对外提供机械作业及设计业务等服务实现的收入。

[答案] BD

［2011 真题·多选］销售商品或提供劳务取得的收入，对相关会计要素产生的影响可能有（　　）。

A. 资产增加　　　　B. 负债减少
C. 所有者权益增加　　　　D. 所有者权益减少
E. 资产减少，负债增加

［解析］收入的特征：①收入产生于企业经营活动的全过程，是从企业的日常活动中产生的，而不是从偶发的交易或事项中产生的；②收入的取得可能表现为企业资产的增加或负债的减少，或者资产增加和负债减少二者兼而有之，最终将导致企业所有者权益的增加；③因所有者投入资本产生的经济利益流入不属于收入。

［答案］ABC

知识点 2 建造合同收入

一、建造合同收入概述

（一）相关概念

建造合同，是指为建造一项资产或者在设计、技术、功能、最终用途等方面密切相关的数项资产而订立的合同。建造合同分为固定造价合同和成本加成合同。

（1）固定造价合同，是指按照固定的合同价或固定单价确定工程价款的建造合同。

（2）成本加成合同，是指以合同允许或其他方式议定的成本为基础，加上该成本的一定比例或定额费用确定工程价款的建造合同。

一般情况下，企业应当以所订立的单项合同为对象，分别计量和确认各单项合同的收入、费用和利润。但是，如果某一项合同中包括多项资产的建造，企业应当按照建造合同准则规定的合同分立原则，确定建造合同的会计核算对象；如果为建造某一项或数项资产而签订了一组合同，则应当按合同合并的原则，确定建造合同的会计核算对象。

（1）合同分立。如果某一项建造合同包括多项资产的建造，在同时具备下列条件的情况下，每项资产应当分立为单项合同处理：①每项资产均有独立的建造计划；②建造承包商与客户就每项资产单独谈判，双方能够接受或拒绝与每项资产有关的合同条款；③每项资产的收入和成本可单独辨认。如果不同时具备上述 3 个条件，则不能将建造合同进行分立，而仍应将其作为一个合同进行会计处理。

（2）合同合并。一组合同无论对应单个客户还是多个客户，在同时具备下列条件的情况下，应当合并为单项合同处理：①该组合同按一揽子交易签订；②该组合同密切相关，每项合同实际上已构成一项综合利润率工程的组成部分；③该组合同同时或依次履行。如果不同时具备上述 3 个条件，则不能将建造合同进行合并，应以各个单项合同进行会计处理。

（3）追加合同。追加资产的建造，满足下列条件之一的，应当作为单项合同处理：①该追加资产在设计、技术或功能上与原合同包括的一项或数项资产存在重大差异；②议定该追加资产的造价时，不需要考虑原合同价款。

（二）建造合同收入的内容

建造合同收入包括合同中规定的初始收入和因合同变更、索赔、奖励等形成的收入。

（1）合同变更，是指客户为改变合同规定的作业内容而提出的调整。因合同变更而增加的收入，应当在客户能够认可因变更而增加的收入，并且收入能够可靠地计量时予以确认。

（2）索赔款，是指因客户或第三方的原因造成的、由建造承包商向客户或第三方收取的、用以补偿不包括在合同造价中的成本的款项。企业只有在预计对方能够同意这项索赔（根据谈判情况判断），并且对方同意接受的金额能够可靠计量的情况下，才能将因索赔而形成的收入予以确认。

（3）奖励款，是指工程达到或超过规定的标准时，客户同意支付给建造承包商的额外款项。企业在根据目前合同完成情况，足以判断工程进度和工程质量能够达到或超过既定的标准，并且奖励金额能够可靠地计量时，才能将因奖励而形成的收入予以确认。

二、建造合同收入与合同费用的确认

（1）如果建造合同的结果能够可靠地估计，企业应当根据完工百分比法在资产负债表日确认合同收入和费用。完工百分比法，是指根据合同完工进度确认收入与费用的方法。

固定造价合同的结果能够可靠估计，是指同时具备以下 4 项条件：

①合同总收入能够可靠地计量。

②与合同相关的经济利益能够流入企业。

③在资产负债表日合同完工进度和为完成合同尚需发生的成本能够可靠地确定。

④为完成合同已经发生的合同成本能够清楚地区分和可靠地计量，以便实际合同成本能够与预计成本相比较。

成本加成合同的结果能够可靠估计，是指同时具备以下两项条件：

①与合同相关的经济利益能够流入企业。

②实际发生的合同成本能够清楚地区分并且可靠地计量。

（2）企业可以用于确定合同完工百分比的方法主要有以下 3 种：

①按累计实际发生的合同成本占合同预计总成本的比例确定。这是一种较常用的确定完工百分比的方法，它是用累计实际发生的合同成本除以合同预计总成本来计算的，其计算公式如下：

合同完工百分比＝累计实际发生的合同成本/合同预计总成本×100%

采用累计实际发生的合同成本占合同预计总成本的比例确定合同完工进度时，累计实际发生的合同成本不包括与合同未来活动相关的合同成本，如施工中尚未安装、使用或消耗的材料成本，在分包工程总工作量完成之前预付给分包单位的款项等。

②按已完成的合同工作量占合同预计总工作量的比例确定。该方法适用于合同工作量容易确定的建造合同，如道路工程建造合同、土石方工程建造合同、砌筑工程建造合同等。其计算公式如下：

合同完工百分比＝已经完成的合同工作量/合同预计总工作量×100%

确定完工百分比时，由计划、技术和统计等业务部门本着密切配合、协调一致的原则，对工程的各分项工程，采用适当的计量方法进行实地测量，汇总后确认已经完成的工作量；对于业务部门提供的工作量，一般应由项目总工及项目经理审核签字后，再提交财务部门作为核算的依据。

③按已完成合同工作的测量确定。该方法是在无法根据上述两种方法确定合同完工百分比时所采用的一种特殊测量方法，主要适用于一些特殊的建造合同，如水下施工工程建造合同等，需由专业人员现场进行科学测定。

（3）当期完成的建造合同，应按实际合同总收入减去以前会计年度累计已确认的收入后的余额作为当期收入，同时按累计实际发生的合同成本减去以前会计年度累计已确认的费用后的余额作为当期费用。

（4）如果建造合同的结果不能可靠地估计，应当区别以下情况处理：

①合同成本能够收回的，合同收入根据能够收回的实际合同成本加以确认，合同成本在其发生的当期计入费用。

②合同成本不可能收回的，应当在发生时立即计入费用，不确认收入。

（5）在一个会计年度内完成的建造合同，应当在完成时确认合同收入和合同费用。

（6）如果合同预计总成本将超过合同预计总收入，应当将预计损失立即计入当期费用。

实战演练

［2024 真题·单选］某施工企业与业主签订了一项总造价为 5 000 万元的固定造价合同，合同约定工期为 3 年。若第 1 年完工进度为 30%，第 2 年完工进度为 80%，第 3 年完工进度为 100%，则该施工企业第 2 年应确认的合同收入为（　　）万元。

A. 2 500　　B. 1 000

C. 1 500　　D. 4 000

［解析］当期完成的建造合同按实际合同总收入减去以前会计年度累计已确认的收入后的余额作为当期收入。该施工企业第 2 年应确认的合同收入＝5 000×80%－5 000×30%＝2 500（万元）。

［答案］A

［2023 真题·单选］某建筑业企业与业主订立了固定总价为 2 000 万元的建造合同，工期 3 年。第 1 年年末完工进度为 30%，第 2 年年末累计完工进度为 65%。该建造合同结果能够可靠地估计，第 2 年应确认的合同收入为（　　）万元。

A. 800　　B. 700

C. 1 300　　D. 2 000

［解析］当期完成的建造合同按实际合同总收入减去以前会计年度累计已确认的收入后的余额作为当期收入。该施工企业第 2 年应确认的合同收入＝2 000×65%－2 000×30%＝700（万元）。

［答案］B

［2022 真题·单选］某施工合同项目预计总成本为 3 000 万元，至第 1 年年末，承包人自行施工部分累计实际发生的合同成本为 1 200 万元，合同约定由承包人采购的已进场待安装的工程设备费为 200 万元，已进场待使用的工程材料费为 100 万元，已预付分包工程款为 150 万元（分包工作量尚未完成），则第 1 年年末承包人的合同完工进度为（　　）。

A. 45%　　B. 48%　　C. 55%　　D. 40%

［解析］合同完工进度＝累计实际发生的合同成本/合同预计总成本×100%＝1 200/3 000×100%＝40%。

［答案］D

［2021 真题·单选］某施工企业签订了总造价为 2 000 万元的固定总价合同，工期为 2 年。经测算第 1 年完工进度为 60%，实际收到工程结算款 1 000 万元；第 2 年工程全部完工。按完工百分比法确认该企业第 2 年的收入为（　　）万元。

A. 800　　B. 1 000

C. 1 200　　D. 2 000

［解析］当期完成的建造合同按实际合同总收入减去以前会计年度累计已确认的收入后的余额作为当期收入。该企业第 2 年的收入＝2 000×100%－2 000×60%＝800（万元）。

［答案］A

［2020 真题·单选］某施工企业与业主订立的一项总造价为 5 000 万元的施工合同，合同期为 3 年。第 1 年实际发生合同成本 1 600 万元，年末预计为完成合同尚需发生成本 3 000 万元，则第 1 年合同完成进度为（　　）。

A. 92.0%　　B. 34.8%

C. 53.3%　　D. 32.0%

［解析］合同完工进度＝累计实际发生的合同成本/合同预计总成本×100%＝1 600/（1 600＋3 000）×100%≈34.8%。

［答案］B

［2023 真题·多选］将一项包括数项资产的建造合同分立为单项合同需同时具备一定的条件，这些条件包括（　　）。

A. 每项资产均有独立的建造计划

B. 每项资产的价值不低于合同价值的三分之一

C. 每项资产可以独立进行分包，且可由不同的分包单位实施

D. 每项资产的收入和成本可以单独辨认

E. 与客户就每项资产进行单独谈判，双方能够接受或拒绝与每项资产有关的合同条款

［解析］如果某一项建造合同包括多项资产的建造，在同时具备下列条件的情况下，每项资产应当分立为单项合同处理：①每项资产均有独立的建造计划；②建造承包商与客户就每项资产单独谈判，双方能够接受或拒绝与每项资产有关的合同条款；③每项资产的收入和成本可单独辨认。如果不同时具备上述 3 个条件，则不能将建造合同进行分立，而仍应将其作为一个合同进行会计处理。

[答案] ADE

[2020 真题·多选] 根据《企业会计准则》，合同执行过程中，合同变更形成的收入确认为合同收入时，应同时满足的条件有（　　）。

A. 合同变更增加了企业履约的义务　　B. 客户能够认可因变更而增加的收入

C. 合同变更部分双方的义务已经开始履行　　D. 客户已支付变更部分的相应款项

E. 该收入能够可靠地计量

[解析] 建造合同收入包括合同中规定的初始收入和因合同变更、索赔、奖励等形成的收入。合同变更是指客户为改变合同规定的作业内容而提出的调整。因合同变更而增加的收入，应当在客户能够认可因变更而增加的收入，并且收入能够可靠地计量时予以确认。

[答案] BE

第四节　利润与所得税费用

利润与所得税费用是企业经营成果的重要指标，其中利润反映企业的盈利能力，所得税费用则是企业需要向国家缴纳的税收。

希望通过本节的学习，考生能够提升项目经济管理能力，在成本控制方面，能准确预测和控制项目成本，合理安排资金使用，提高项目盈利能力；在决策能力方面，可以评估项目经济可行性，选择最优施工方案，把控分包商的选择。

知识点 1　利润

一、利润及其构成

利润是指企业在一定会计期间的经营成果，包括收入减去费用后的净额、直接计入当期利润的利得和损失等。其中，直接计入当期利润的利得和损失是指应当计入当期损益、最终会引起所有者权益发生增减变动的、与所有者投入资本或者向所有者分配利润无关的利得或损失。

在利润表中，利润的金额由营业利润、利润总额和净利润 3 个层次计算确定。

（1）营业利润是指企业通过一定期间的日常活动取得的利润，营业利润的具体构成可以用以下公式表示

营业利润＝营业收入－营业成本－税金及附加－销售费用－管理费用－财务费用－资产减值损失±公允价值变动损益±投资损益±资产处置损益

其中，营业收入是指企业经营业务所实现的收入总额，包括主营业务收入和其他业务收入；营业成本是指企业经营业务所发生的实际成本总额，包括主营业务成本和其他业务成本；资产减值损失是指企业计提各项资产减值准备所形成的损失；公允价值变动损益是指企业交易性金融资产等公允价值变动形成的应计入当期损益的利得或损失；投资损益是指企业以各种方式对外投资所取得的收益或发生的损失；资产处置损益是指企业处置固定资产、无形资产等产生的损益。

（2）利润总额是指企业一定期间的营业利润，加上营业外收入减去营业外支出后的所得

税前利润总额，公式表示如下：

利润总额＝营业利润＋营业外收入－营业外支出

其中，营业外收入和营业外支出是指企业发生的与日常活动无直接关系的各项利得或损失。

➤ **提示：** 营业外收入是指企业发生的营业利润以外的收益。营业外收入并不是由企业经营资金耗费产生的，不需要企业付出代价，它实际上是一种纯收入，不可能也不需要与有关费用进行配比。营业外收入主要包括非流动资产毁损报废利得、债务重组利得、与企业日常活动无关的政府补助、盘盈利得、捐赠利得、处置无形资产收益等。营业外支出是指企业发生的营业性支出以外的支出，主要包括非流动资产毁损报废损失、债务重组损失、公益性捐赠支出、非常损失、盘亏损失、缴纳罚款等。

（3）净利润是指企业一定期间的利润总额减去所得税费用后的净额，公式表示如下：

净利润＝利润总额－所得税费用

其中，所得税费用是指企业按照会计准则的规定确认的应从当期利润总额中扣除的当期所得税费用和递延所得税费用。

二、利润的结转与分配

（一）利润的结转

企业应设置“本年利润”账户，用于核算企业当期实现的净利润或发生的净亏损。利润计算与结转的基本会计处理程序如下：

（1）将各损益类账户余额结转至“本年利润”账户。会计期末，企业应将各损益类账户的余额转入“本年利润”账户，结平各损益类账户，即将收入类账户贷方发生额转入“本年利润”账户贷方登记，将支出类账户借方发生额转入“本年利润”账户借方登记。期末结转损益类账户余额后，“本年利润”账户如为贷方余额则反映年初至本期末累计实现的净利润，如为借方余额则反映年初至本期末累计发生的净亏损。为了简化核算，在中期期末各损益类账户也可以不进行上述利润结转，年内各期实现的利润直接通过利润表计算，年度终了时再将各损益类账户全年累计金额一次转入“本年利润”账户。

（2）结转本年净利润（或净亏损）。年度终了，企业应将收入和支出相抵后结出的本年实现的净利润或净亏损转入“利润分配——未分配利润”账户。结转后，“本年利润”账户应无余额。

（二）利润的分配

企业当期实现的净利润，加上年初未分配利润（或减去年初未弥补亏损）后的余额，为可供分配的利润。可供分配的利润，一般按下列顺序分配。

（1）提取法定盈余公积。法定盈余公积是指企业根据有关法律的规定，按照净利润的10%提取的盈余公积。法定盈余公积累计金额超过企业注册资本的50%时，可以不再提取。

根据《中华人民共和国公司法》的相关规定，公积金弥补公司亏损，应当先使用任意公积金和法定公积金；仍不能弥补的，可以按照规定使用资本公积金。法定公积金转为增加注册资本时，所留存的该项公积金不得少于转增前公司注册资本的25%。

（2）提取任意盈余公积。任意盈余公积是指企业按股东大会决议提取的盈余公积。

（3）应付现金股利或利润。应付现金股利或利润是指企业按照利润分配方案分配给股东的现金股利，也包括非股份有限公司分配给投资者的利润。

（4）转作股本的股利。转作股本的股利是指企业按照利润分配方案，以分派股票股利的形式转作股本的股利，也包括非股份有限公司以利润转增的资本。

企业应当设置“利润分配”账户，核算利润的分配或亏损的弥补情况，以及历年积存的未分配利润或未弥补亏损。该账户还应当分别按“提取法定盈余公积”“提取任意盈余公积”“应付现金股利或利润”“转作股本的股利”“盈余公积补亏”“未分配利润”等明细账户进行明细核算。年度终了，企业应将“利润分配”账户所属其他明细账户余额转入“未分配利润”明细账户。结转后，除“未分配利润”明细账户外，其他明细账户应无余额。

实战演练

[2024 真题·单选] 某企业 2023 年的收支情况为：营业收入 9 000 万元，营业成本 5 500 万元，税金及附加 150 万元，销售费用 1 200 万元，管理费用 500 万元，财务费用 600 万元，投资收益 50 万元。该企业 2023 年度的营业利润为（　　）万元。

A. 1 050　　B. 1 200

C. 1 100　　D. 2 200

[解析] 营业利润＝营业收入－营业成本－税金及附加－销售费用－管理费用－财务费用－资产减值损失±公允价值变动损益±投资损益±资产处置损益＝9 000－5 500－150－1 200－500－600＋50＝1 100（万元）。

[答案] C

[2024 真题·单选] 根据《中华人民共和国公司法》，公司将法定公积金转为资本后，所留存的法定公积金占转增前公司注册资本的最小比例是（　　）。

A. 10%　　B. 25%

C. 20%　　D. 50%

[解析] 公积金弥补公司亏损，应当先使用任意公积金和法定公积金；仍不能弥补的，可以按照规定使用资本公积金。法定公积金转为增加注册资本时，所留存的该项公积金不得少于转增前公司注册资本的 25%。

[答案] B

[2023 真题·单选] 某施工企业在 2022 年取得营业利润 5 000 万元，固定资产盘亏 600 万元，处置无形资产净收益 500 万元，缴纳罚款支出 20 万元，债务重组损失 800 万元，该企业 2022 年度利润总额为（　　）万元。

A. 3 080　　B. 4 100

C. 5 000　　D. 4 080

[解析] 利润总额＝营业利润＋营业外收入－营业外支出＝5 000＋500－600－20－800＝4 080（万元）。

[答案] D

[2020真题·单选] 下列事项中，会导致企业营业利润减少的是（　　）。

A. 固定资产盘亏　　B. 所得税费用增加

C. 发生债务重组损失　　D. 管理费用增加

[解析] 营业利润＝营业收入－营业成本－税金及附加－销售费用－管理费用－财务费用－资产减值损失±公允价值变动损益±投资损益±资产处置损益。选项A、B、C在计算营业利润时均不涉及。

[答案] D

[2018真题·单选] 某施工企业2017年的经营业绩为：营业收入3 000万元，营业成本1 800万元，税金及附加180万元，管理费用320万元，投资收益8万元，营业外收入20万元。则该企业2017年的利润总额为（　　）万元。

A. 908　　B. 720

C. 728　　D. 700

[解析] 营业利润＝营业收入－营业成本－税金及附加－销售费用－管理费用－财务费用－资产减值损失±公允价值变动损益±投资损益±资产处置损益＝3 000－1 800－180－320＋8＝708（万元）。利润总额＝营业利润＋营业外收入－营业外支出＝708＋20＝728（万元）。

[答案] C

知识点 2 所得税费用

一、所得税的收入总额

所得税是对个人或企业的收入、利润等所得征收的一种税。所得税通常分为个人所得税和企业所得税。本知识点主要讲述企业所得税的相关内容。

（1）企业以货币形式和非货币形式从各种来源取得的收入，为收入总额。包括：

①销售货物收入。

②提供劳务收入。

③转让财产收入。

④股息、红利等权益性投资收益。

⑤利息收入。

⑥租金收入。

⑦特许权使用费收入。

⑧接受捐赠收入。

⑨其他收入。

（2）收入总额中的下列收入为不征税收入：

①财政拨款。

②依法收取并纳入财政管理的行政事业性收费、政府性基金。

③国务院规定的其他不征税收入。

二、所得税的扣除

（1）企业实际发生的与取得收入有关的、合理的支出，包括成本、费用、税金、损失和其他支出，准予在计算应纳税所得额时扣除。

（2）企业发生的公益性捐赠支出，在年度利润总额12％以内的部分，准予在计算应纳税所得额时扣除；超过年度利润总额12％的部分，准予结转以后3年内在计算应纳税所得额时扣除。

（3）在计算应纳税所得额时，下列支出不得扣除：

①向投资者支付的股息、红利等权益性投资收益款项。

②企业所得税税款。

③税收滞纳金。

④罚金、罚款和被没收财物的损失。

⑤《中华人民共和国企业所得税法》（以下简称《企业所得税法》）第九条规定以外的捐赠支出。

⑥赞助支出。

⑦未经核定的准备金支出。

⑧与取得收入无关的其他支出。

（4）在计算应纳税所得额时，企业按照规定计算的固定资产折旧，准予扣除。下列固定资产不得计算折旧扣除：

①房屋、建筑物以外未投入使用的固定资产。

②以经营租赁方式租入的固定资产。

③以融资租赁方式租出的固定资产。

④已足额提取折旧仍继续使用的固定资产。

⑤与经营活动无关的固定资产。

⑥单独估价作为固定资产入账的土地。

⑦其他不得计算折旧扣除的固定资产。

（5）在计算应纳税所得额时，企业按照规定计算的无形资产摊销费用，准予扣除。下列无形资产不得计算摊销费用扣除：

①自行开发的支出已在计算应纳税所得额时扣除的无形资产。

②自创商誉。

③与经营活动无关的无形资产。

④其他不得计算摊销费用扣除的无形资产。

（6）在计算应纳税所得额时，企业发生的下列支出作为长期待摊费用，按照规定摊销的，准予扣除：

①已足额提取折旧的固定资产的改建支出。

②租入固定资产的改建支出。

③固定资产的大修理支出。

④其他应当作为长期待摊费用的支出。

(7) 企业对外投资期间，投资资产的成本在计算应纳税所得额时不得扣除。

(8) 企业使用或者销售存货，按照规定计算的存货成本，准予在计算应纳税所得额时扣除。

(9) 企业转让资产，该项资产的净值，准予在计算应纳税所得额时扣除。

(10) 企业在汇总计算缴纳企业所得税时，其境外营业机构的亏损不得抵减境内营业机构的盈利。

(11) 企业纳税年度发生的亏损，准予向以后年度结转，用以后年度的所得弥补，但结转年限最长不得超过5年。

三、应纳税额

(1) 企业的应纳税所得额乘以适用税率，减除依照《企业所得税法》关于税收优惠的规定减免和抵免的税额后的余额，为应纳税额。

(2) 企业取得的下列所得已在境外缴纳的所得税税额，可以从其当期应纳税额中抵免，抵免限额为该项所得依照《企业所得税法》规定计算的应纳税额；超过抵免限额的部分，可以在以后5个年度内，用每年度抵免限额抵免当年应抵税额后的余额进行抵补：

①居民企业来源于中国境外的应税所得。

②非居民企业在中国境内设立机构、场所，取得发生在中国境外但与该机构、场所有实际联系的应税所得。

(3) 居民企业从其直接或者间接控制的外国企业分得的来源于中国境外的股息、红利等权益性投资收益，外国企业在境外实际缴纳的所得税税额中属于该项所得负担的部分，可以作为该居民企业的可抵免境外所得税税额，在《企业所得税法》第二十三条规定的抵免限额内抵免。

四、税收优惠

(1) 国家对重点扶持和鼓励发展的产业和项目，给予企业所得税优惠。

(2) 企业的下列收入为免税收入：

①国债利息收入。

②符合条件的居民企业之间的股息、红利等权益性投资收益。

③在中国境内设立机构、场所的非居民企业从居民企业取得与该机构、场所有实际联系的股息、红利等权益性投资收益。

④符合条件的非营利组织的收入。

(3) 企业的下列所得，可以免征、减征企业所得税：

①从事农、林、牧、渔业项目的所得。

②从事国家重点扶持的公共基础设施项目投资经营的所得。

③从事符合条件的环境保护、节能节水项目的所得。

④符合条件的技术转让所得。

⑤《企业所得税法》第三条第三款规定的所得。

（4）符合条件的小型微利企业，减按 20% 的税率征收企业所得税。国家需要重点扶持的高新技术企业，减按 15% 的税率征收企业所得税。

（5）民族自治地方的自治机关对本民族自治地方的企业应缴纳的企业所得税中属于地方分享的部分，可以决定减征或者免征。自治州、自治县决定减征或者免征的，须报省、自治区、直辖市人民政府批准。

（6）企业的下列支出，可以在计算应纳税所得额时加计扣除：

①开发新技术、新产品、新工艺发生的研究开发费用。

②安置残疾人员及国家鼓励安置的其他就业人员所支付的工资。

（7）创业投资企业从事国家需要重点扶持和鼓励的创业投资，可以按投资额的一定比例抵扣应纳税所得额。

（8）企业的固定资产由于技术进步等原因，确需加速折旧的，可以缩短折旧年限或者采取加速折旧的方法。

（9）企业综合利用资源，生产符合国家产业政策规定的产品所取得的收入，可以在计算应纳税所得额时减计收入。

（10）企业购置用于环境保护、节能节水、安全生产等专用设备的投资额，可以按一定比例实行税额抵免。

五、特别纳税调整

（1）企业与其关联方之间的业务往来，不符合独立交易原则而减少企业或者其关联方应纳税收入或者所得额的，税务机关有权按照合理方法调整。

企业与其关联方共同开发、受让无形资产，或者共同提供、接受劳务发生的成本，在计算应纳税所得额时应当按照独立交易原则进行分摊。

（2）企业可以向税务机关提出与其关联方之间业务往来的定价原则和计算方法，税务机关与企业协商、确认后，达成预约定价安排。

（3）企业向税务机关报送年度企业所得税纳税申报表时，应当就其与关联方之间的业务往来，附送年度关联业务往来报告表。

税务机关在进行关联业务调查时，企业及其关联方，以及与关联业务调查有关的其他企业，应当按照规定提供相关资料。

（4）企业不提供与其关联方之间业务往来资料，或者提供虚假、不完整资料，未能真实反映其关联业务往来情况的，税务机关有权依法核定其应纳税所得额。

（5）由居民企业，或者由居民企业和中国居民控制的设立在实际税负明显低于规定税率水平的国家（地区）的企业，并非由于合理的经营需要而对利润不作分配或者减少分配的，上述利润中应归属于该居民企业的部分，应当计入该居民企业的当期收入。

（6）企业从其关联方接受的债权性投资与权益性投资的比例超过规定标准而发生的利息支出，不得在计算应纳税所得额时扣除。

实战演练

[2023 真题 · 单选] 根据《企业所得税法》，下列企业取得的收入中，属于不征税收入的是（　　）。

A. 债务重组收入

B. 已做坏账损失处理后又收回的应收账款

C. 依法代政府收取的具有专项用途的财政资金

D. 违约金收入

[解析] 收入总额中的下列收入为不征税收入：①财政拨款；②依法收取并纳入财政管理的行政事业性收费、政府性基金；③国务院规定的其他不征税收入。

[答案] C

[2022 真题 · 单选] 核算企业一定时期应纳税所得额时，下列收入中属于不征税收入的是（　　）。

A. 提供专利使用权取得的收入

B. 转让财产收入

C. 接受捐赠取得的收入

D. 接受财政拨款取得的收入

[解析] 收入总额中的下列收入为不征税收入：①财政拨款；②依法收取并纳入财政管理的行政事业性收费、政府性基金；③国务院规定的其他不征税收入。

[答案] D

[2021 真题 · 单选] 企业计算某一时期应纳税所得额时，下列固定资产中，不得计算折旧扣除的是（　　）。

A. 以经营租赁方式租出的固定资产

B. 以融资租赁方式租入的固定资产

C. 已建成未投入使用的房屋、建筑物

D. 已足额提取折旧但仍继续使用的固定资产

[解析] 下列固定资产不得计算折旧扣除：①房屋、建筑物以外未投入使用的固定资产；②以经营租赁方式租入的固定资产；③以融资租赁方式租出的固定资产；④已足额提取折旧仍继续使用的固定资产；⑤与经营活动无关的固定资产；⑥单独估价作为固定资产入账的土地；⑦其他不得计算折旧扣除的固定资产。

[答案] D

[2019 真题 · 单选] 计算企业应纳税所得额时，下列资产中，不得计算折旧扣除的是（　　）。

A. 以经营租赁方式租入的机械设备

B. 已转入企业固定资产但尚未使用的房屋

C. 以融资租赁方式租入的机械设备

D. 企业管理部门使用的尚未提足折旧的办公设备

[解析] 下列固定资产不得计算折旧扣除：①房屋、建筑物以外未投入使用的固定资产；②以经营租赁方式租入的固定资产；③以融资租赁方式租出的固定资产；④已足额提取折旧仍继续使用的固定资产；⑤与经营活动无关的固定资产；⑥单独估价作为固定资产入账的土地；⑦其他不得计算折旧扣除的固定资产。

[答案] A

[2024真题·多选] 下列企业支出中，在计算应纳税所得额时，不得扣除的有（ ）。

A. 向投资者支付的股息
B. 税收滞纳金支出
C. 赞助支出
D. 未经核定的准备金支出
E. 生产经营活动中发生的销售成本

[解析] 在计算应纳税所得额时，下列支出不得扣除：①向投资者支付的股息、红利等权益性投资收益款项；②企业所得税税款；③税收滞纳金；④罚金、罚款和被没收财物的损失；⑤《企业所得税法》第九条规定以外的捐赠支出；⑥赞助支出；⑦未经核定的准备金支出；⑧与取得收入无关的其他支出。

[答案] ABCD

第五节 财务分析

财务分析是通过对企业财务报表和相关数据进行分析，评价企业经营效益、偿债能力、营运能力和发展能力的过程。本节主要介绍财务报告构成及财务报表列报基本要求、财务分析方法、杜邦分析法。

希望通过本节的学习，考生可以掌握财务管理的基本知识和方法，以便在项目初期制定合理的预算，并在项目实施过程中进行有效的成本控制，从而确保项目按计划实现预期的经济效益。

知识点 1 财务报告构成及财务报表列报基本要求

一、财务报告构成

财务报告是指企业对外提供的反映企业某一特定日期的财务状况和某一会计期间的经营成果、现金流量等会计信息的文件，包括财务报表和其他应当在财务报告中披露的相关信息和资料。其中，财务报表是财务报告的核心。

财务报表是对企业财务状况、经营成果和现金流量的结构性表述。财务报表至少应当包括下列组成部分：

（1）资产负债表。

（2）利润表。

（3）现金流量表。

（4）所有者权益（或股东权益，下同）变动表。

(5) 附注。

财务报表上述组成部分具有同等的重要程度。

(一) 资产负债表

1. 资产负债表的作用

资产负债表是反映企业在某一特定日期财务状况的会计报表。它反映企业在某一特定日期所拥有或控制的经济资源、所承担的现时义务和所有者对净资产的要求权。资产负债表可以展示企业某一特定日期的资产总额及其结构，反映企业拥有或控制的资源及其分布情况，令使用者可以从中了解企业的资产总量及其结构；资产负债表可以展示企业某一特定日期的负债总额及结构，表明企业未来需用于清偿债务的资产或劳务数量；资产负债表可以反映企业所有者权益的大小，表明投资者在企业资产中所占的份额，从而帮助使用者了解权益的结构情况，并据此判断资本的保值增值情况以及对负债的保障程度。

2. 资产负债表的结构和内容

资产负债表是根据"资产=负债+所有者权益"这一会计基本等式，按照一定的分类标准和次序，把企业在特定日期的资产、负债和所有者权益项目予以适当排列，并对日常工作中形成的大量数据进行高度浓缩整理后编制而成的。资产负债表通常包括表头、表身和表尾。表头主要包括资产负债表的名称、编制单位、编制日期和金额单位；表身包括各项资产、负债和所有者权益各项目的年初和期末数，也是资产负债表的主要部分；表尾主要包括附注资料等。资产负债表各类项目在表中的排列结构不同，就形成了资产负债表的不同格式。资产负债表目前主要有账户式和报告式两种。

(二) 利润表

1. 利润表的作用

利润表又称损益表、收益表，是一种反映企业一定会计期间经营成果的会计报表。利润表可以反映企业一定会计期间的收入实现情况、费用耗费情况以及生产经营活动的成果，即净利润的实现情况。将利润表中的信息与资产负债表中的信息相结合，可以作为进行财务分析的基本资料。因此，利润表长期以来受到人们的普遍重视，是会计报表体系中的主要报表之一。

2. 利润表的结构和内容

利润表是根据"收入−费用=利润"这一会计等式，按照一定的标准和顺序将企业一定期间的收入、费用和利润予以适当的排列后编制而成的一种报表。每一个独立核算的企业必须按期编制利润表。为了提供与报表使用者的经营决策相关的信息，收入和费用在利润表中有不同的列示方法，在实务中，利润表的结构一般分为单步式和多步式。

(三) 现金流量表

1. 现金流量表的作用

(1) 现金流量表可以提供企业的现金流量信息，从而对企业整体财务状况做出客观评价。现金流量表还可以说明某一资产或负债项目的变动来源或使用去向，从企业的现金流量可以大致判断其经营周转是否顺畅。

(2) 现金流量表有助于评估企业的偿债能力和支付股利能力，并为企业外部资金需求的预测提供可靠依据。经营活动的净现金流入占总收入的比例越高，企业的财务基础越稳固，支付能力和偿债能力才越强。

(3) 通过现金流量，不仅可以了解企业当前的财务状况，还可以预测企业未来的发展情况和产生的现金流量。

(4) 现金流量表便于报表使用者评估报告期内与现金有关和无关的投资及筹资活动，可以揭示本期现金与非现金对投资活动和筹资活动的影响。因此，企业应当按照《企业会计准则》及其应用指南的要求来编制现金流量表。

2. 现金流量表的结构和内容

(1) 现金流量是指在一定会计期间内企业现金和现金等价物的流入和流出的数量。企业从银行提取现金、用现金购买短期到期的国库券等现金和现金等价物之间的转换不属于现金流量。现金流量表一般应按现金流入和流出总额反映。

➤ **提示：** 现金等价物是指企业持有的期限短、流动性强、易于转换为已知金额现金、价值变动风险很小的投资。现金等价物虽然不是现金，但其支付能力与现金的差别不大，可视为现金。

(2) 现金流量表的分类。现金流量表通常将企业在一定期间内产生的现金流量归为经营活动产生的现金流量、投资活动产生的现金流量和筹资活动产生的现金流量三类。

①经营活动产生的现金流量主要包括销售商品或提供劳务、购买商品、接受劳务、支付工资和交纳税款等流入和流出的现金和现金等价物。

②投资活动产生的现金流量主要包括购建固定资产、无形资产和其他长期资产所支付的现金，以及处置子公司及其他营业单位等流入和流出的现金和现金等价物。

③筹资活动产生的现金流量主要包括吸收投资、发行股票、分配利润、发行债券、偿还债务等流入和流出的现金和现金等价物。偿付应付账款、应付票据等商业应付款属于经营活动，不属于筹资活动。

(四) 所有者权益变动表

1. 所有者权益变动表的作用

所有者权益变动表是反映企业一定时期构成所有者权益各组成部分当期增减变动情况的报表。所有者权益变动表应当全面反映一定时期所有者权益的变动情况，即其不仅应包括所有者权益总量的增减变动，还应当包括所有者权益增减变动的重要结构性信息，特别是要列示无法在利润表中反映的直接计入所有者权益的利得或损失，从而让报表使用者准确了解企业所有者权益增减变动的根源。

2. 所有者权益变动表的结构和内容

为了清楚地表明所有者权益的各组成部分当期的增减变动情况，所有者权益变动表以矩阵的形式列报。一方面，列示影响或导致所有者权益变动的交易事项，按照所有者权益变动的来源对一定时期所有者权益变动情况进行全面反映，改变了以前仅仅按照所有者权益的各组成部分反映所有者权益变动情况的局面；另一方面，按照所有者权益各组成部分（包括实收资本、资本公积、盈余公积、其他综合收益、库存股和未分配利润）及其总额列示交易或事项对所有者权益的影响。

（五）附注

1. 附注的作用

财务报表中所规定的内容具有一定的固定性和规定性，只能提供定量的会计信息，其所能反映的会计信息受到一定的限制。附注是财务报表的必要补充，它是对资产负债表、利润表、现金流量表和所有者权益变动表等报表中列示项目的文字描述或明细资料，以及对未能在这些报表中列示的项目的说明等。附注使企业财务报告内容完整、披露充分，有利于提高表内信息的可理解性；有利于增进表内信息的可比性。从各国会计准则与市场的发展情况来看，财务报表与表外附注密切联系，不可分割，人们期待表外附注更相关、更完善、更具有价值。

2. 附注的结构和内容

按照《企业会计准则第 30 号——财务报表列报》的规定，附注应当披露财务报表的编制基础，相关信息应当与资产负债表、利润表、现金流量表和所有者权益变动表等报表中列示的项目相互参照。附注应当按照一定的结构进行系统合理的排列和分类，有顺序地披露以下信息：企业的基本情况、财务报表的编制基础、遵循《企业会计准则》的声明、重要会计政策和会计估计、会计政策和会计估计变更以及差错更正的说明、报表重要项目的说明、或有和承诺事项的说明、资产负债表日后事项的说明、关联方关系及其交易的说明。

实战演练

[2024 真题 · 单选] 下列财务报表中，用于反映企业在某一特定日期财务状况的是（　　）。

A. 利润表　　B. 现金流量表

C. 所有者权益变动表　　D. 资产负债表

[解析] 资产负债表是反映企业在某一特定日期财务状况的会计报表。

[答案] D

[2023 真题 · 单选] 下列施工企业产生的现金流量中，应计入现金流量表中经营活动产生的现金流量的是（　　）。

A. 提供劳务收到的现金

B. 从银行借款收到的现金

C. 处置闲置的固定资产收到的现金

D. 偿付贷款利息支付的现金

[解析] 经营活动产生的现金流量主要包括销售商品或提供劳务、购买商品、接受劳务、支付工资和交纳税款等流入和流出的现金和现金等价物。

[答案] A

[2022 真题 · 单选] 企业编制现金流量表时，短期投资视为现金等价物必须同时具备的条件是期限短、流动性强，易于转换为已知金额的现金以及（　　）。

A. 价值变动风险小　　B. 投资数额小

C. 预期收益高　　D. 转换方式多

［解析］现金等价物是指企业持有的期限短、流动性强、易于转换为已知金额现金、价值变动风险很小的投资。现金等价物虽然不是现金，但其支付能力与现金的差别不大，可视为现金。

［答案］A

［2021 真题改编・多选］关于利润表作用的说法，正确的有（　　）。

A. 通过利润表可以考核企业的经营成果

B. 通过利润表可以分析企业现金流量的发生及结余情况

C. 通过利润表可以了解企业一定期间的收入实现和费用耗费情况

D. 通过利润表可以分析企业资产负债的变动情况

E. 通过利润表可以考核净利润的实现情况

［解析］利润表又称损益表、收益表，是一种反映企业一定会计期间经营成果的会计报表。利润表可以反映企业一定会计期间的收入实现情况、费用耗费情况，以及生产经营活动的成果，即净利润的实现情况。将利润表中的信息与资产负债表中的信息相结合，可以作为进行财务分析的基本资料。因此，利润表长期以来受到人们的普遍重视，是会计报表体系中的主要报表之一。

［答案］ACE

二、财务报表列报基本要求

会计准则中所称的“列报”，兼指在财务报表中“列示”账务数据和在财务报表附注中“披露”账外信息。财务报表的列报应遵循如下基本要求。

（1）企业应当以持续经营为基础，根据实际发生的交易和事项，按照《企业会计准则——基本准则》和其他各项会计准则的规定进行确认和计量，在此基础上编制财务报表。企业不应以附注披露代替确认和计量。以持续经营为基础编制财务报表不再合理的，企业应当采用其他基础编制财务报表，并在附注中披露这一事实。

（2）在编制财务报表的过程中，企业管理层应当利用所有可获得信息来评价企业自报告期期末起至少 12 个月的持续经营能力。对持续经营能力产生严重怀疑的，企业应当在附注中披露影响持续经营能力的不确定因素。

（3）除现金流量表按照收付实现制原则编制外，企业应当按照权责发生制原则编制财务报表。

（4）财务报表列报应遵循一致性原则。财务报表项目的列报应当在各个会计期间保持一致，不得随意变更，但下列情况除外：

①企业会计准则要求改变财务报表项目的列报。

②企业经营业务的性质发生重大变化或对企业经营影响较大的交易或事项发生后，变更财务报表项目的列报能够提供更可靠、更相关的会计信息。

（5）在编制财务报表时企业应当考虑报表项目的重要性。判断项目的重要性，应当考虑该项目的性质是否属于企业日常活动、是否对企业的财务状况和经营成果具有较大影响等因素；判断项目金额大小的重要性，应当通过单项金额占资产总额、负债总额、所有者权益总额、营业收入总额、营业成本总额、净利润等直接相关项目金额的比重加以确定。

（6）财务报表列报项目金额一般不得抵销。财务报表中的资产项目和负债项目的金额、收入项目和费用项目的金额、直接计入当期利润的利得项目和损失项目的金额不得相互抵销，但满足抵销条件的除外。下列两种情况不属于抵销，可以净额列示：

①资产项目按扣除减值准备后的净额列示，不属于抵销。

②非日常活动产生的损益，以收入扣减费用后的净额列示，不属于抵销。

（7）财务报表列报必须公允。企业在列报财务报表时，资产、负债、所有者权益、收入、费用的定义及确认标准应按会计基本准则如实反映企业的交易与其他经济事项，真实而公允地反映企业财务状况、经营成果和现金流量。必要时，以附注形式补充说明财务报表未能反映的内容，进一步提高财务报表的公允性。

（8）企业编制财务报表时还应遵守数字真实、内容完整、说明清楚、报送及时的要求。

实战演练

[2023 真题·单选] 根据《企业会计准则》，关于财务报表列报要求的说法，正确的是（　　）。

A. 应以持续经营作为会计确认、计量和编制会计报表的基础

B. 所有财务报表均应按照权责发生制编制

C. 计入当期利润的利得和损失项目的金额应以抵销后的净额列报

D. 重要项目单独列报，仅以项目金额大小为标准判断其重要性

[解析] 除现金流量表按照收付实现制原则编制外，企业应当按照权责发生制原则编制财务报表，选项B错误。财务报表中的资产项目和负债项目的金额、收入项目和费用项目的金额、直接计入当期利润的利得项目和损失项目的金额不得相互抵销，选项C错误。判断项目的重要性，应当考虑该项目的性质是否属于企业日常活动、是否对企业的财务状况和经营成果具有较大影响等因素，选项D错误。

[答案] A

[2021 真题·单选] 下列财务报表中，属于按照收付实现制原则编制的是（　　）。

A. 资产负债表　　B. 利润表

C. 现金流量表　　D. 所有者权益变动表

[解析] 除现金流量表按照收付实现制原则编制外，企业应当按照权责发生制原则编制财务报表。

[答案] C

知识点 2 财务分析方法

一、财务分析的常用方法

财务分析分为广义财务分析和狭义财务分析。狭义财务分析主要是指财务报表分析，是以企业的财务报表等会计资料为基础，对企业的财务状况和经营成果进行分析评价的一种方法。分析依据主要是财务报表、报表附注及其他财务报告信息（如管理报告、审计报告、社

第二章

会责任报告等）。而广义财务分析涵盖了对企业内外部环境、行业、竞争对手以及非财务因素等多个方面的综合分析，目的是全面评估企业的财务健康状况和经营绩效，为战略决策提供全面的信息支持。本知识点主要讲述狭义财务分析。

财务报表分析的基本方法主要有以下 5 种：

（1）比较分析法，又称水平分析法，就是将相关数据进行比较，揭示差异并寻找原因，为改进企业经营管理指引方向的一种分析方法。它是财务分析最基本、最主要的方法。

（2）结构分析法，又称垂直分析法或比重分析法，即通过计算报表中各项目占总体的比重或结构，反映其与总体的关系。结合比较分析法，还可以进一步揭示项目结构的变动情况。

（3）趋势分析法，是指根据企业连续几个期间的有关财务数据，运用指数或完成率的计算，以确定其有关项目变动情况和趋势的一种分析方法。

（4）比率分析法，是将影响财务状况的两个相关因素联系起来，通过计算比率，反映它们之间的关系，借以评价企业财务状况和经营状况的一种财务分析方法。比率分析法以其简单、明了、可比性强的特点，成为财务分析中最重要的方法，在实践中得到广泛运用。常用的财务比率有以下 3 种类型：

①构成比率，又称结构比率，是指某项财务指标的各个组成部分的数值占总数值的百分比，如资产结构比率（某类资产占总资产的比重）、负债构成比率（流动负债或非流动负债占总负债的百分比）等。

②相关比率，是以某个项目和与其有关但又不同的项目加以对比所得的比率，反映有关经济活动的相互关系，从而考察有联系的相关业务安排是否合理。如将流动资产和流动负债加以对比，计算出流动比率，可以判断企业短期偿债能力的大小。

③效率比率，是将某项经济活动的所得与所费相比得出的比率，反映了投入和产出的关系，可以用于评价经济效益的好坏。

（5）因素分析法，是依据分析指标与其影响因素之间的关系，按照一定的程序和方法，确定各因素对分析指标差异影响程度的一种技术方法。因素分析法具体又分为连环替代法和差额计算法两种，后者是前者的简化形式。

二、财务比率分析

反映企业基本财务状况和经营情况的分析指标包括盈利能力指标、偿债能力指标、营运能力指标和发展能力指标。

（一）盈利能力指标

盈利能力是指企业在一定时期内赚取利润的能力，表明企业以一定的资源投入能取得的经济效益的多少。盈利能力越强，说明企业经营业绩越好，经营管理水平越高。这是企业投资者、债权人以及企业经营管理层都非常关注的一大能力。反映企业盈利能力的指标很多，主要指标如下：

（1）权益报酬率，又称净资产利润率，是反映企业盈利能力的核心指标。权益报酬率反映企业资本的增值能力，是企业本期净利润与所有者权益平均余额的比率。该指标越高，表

明企业的盈利能力越好。其计算公式为

$$权益报酬率=\frac{净利润}{所有者权益平均余额}\times100\%$$

(2) 总资产报酬率，是指企业运营资产而产生利润的能力，是息税前利润与总资产平均余额的比率。该指标是一个综合指标。息税前利润的多少与企业资产的多少、资产结构、经营管理水平有着密切的关系。其计算公式为

$$总资产报酬率=\frac{利润总额+利息支出}{总资产平均余额}\times100\%$$

$$=\frac{息税前利润}{总资产平均余额}\times100\%$$

(3) 销售毛利率和销售净利率。销售毛利率是销售毛利与营业收入的比率，是指企业每实现 1 元的营业收入所能获取的毛利额，反映企业销售的初始盈利水平以及企业产品或项目本身的盈利空间，是计算销售净利率的基础。其计算公式为

$$销售毛利率=\frac{销售毛利}{营业收入}\times100\%$$

$$=\frac{营业收入-营业成本}{营业收入}\times100\%$$

销售净利率是企业净利润与营业收入的比率，反映企业每实现 1 元营业收入所能带来的最终成效（税后利润）。一般来讲，销售净利率越高，表明企业获利能力越强。其计算公式为

$$销售净利率=\frac{净利润}{营业收入}\times100\%$$

(4) 营业费用利润率，是企业当期营业利润与营业费用总额的比率，其计算公式为

$$营业费用利润率=\frac{营业利润}{营业费用总额}\times100\%$$

除了以上几种主要指标外，反映企业盈利能力的指标还有成本费用利润率、每股收益、普通股权益报酬率、每股经营现金流量、市盈率等，由于篇幅有限，此处不再展开讲述。

（二）偿债能力指标

偿债能力是指企业偿还各种到期债务的能力，它揭示企业的财务风险。偿债能力具体分为短期偿债能力（又称支付能力）和长期偿债能力。

1. 短期偿债能力分析

短期偿债能力是指企业流动资产对流动负债及时足额偿还的保证程度，是衡量企业当前支付能力的重要标志。短期偿债能力指标具体包括营运资本、流动比率、速动比率和现金比率等。

(1) 营运资本，是指流动资产超过流动负债的部分。由于流动负债的偿还日和流动资产的变现日不可能完全做到同步同量，因此，企业必须保有一定金额的营运资本作为缓冲。营运资本越多，说明流动负债的偿还越有保障，短期偿债能力越强。

(2) 流动比率，是流动资产与流动负债的比值。作为一个相对数，流动比率消除了企业

因规模不同而缺乏可比性的问题，在实践中，更适合同行业比较以及本企业不同时期的比较。流动比率的计算公式为

$$流动比率=\frac{流动资产}{流动负债}$$

(3) 速动比率，是指企业的速动资产与流动负债的比率，用来衡量企业立即变现偿付流动负债的能力。其计算公式为

$$速动比率=\frac{速动资产}{流动负债}$$

速动资产是指能够在较短时间内变现的流动资产，如货币资金、交易性金融资产和各种应收款项等；而流动资产中的存货、预付款项、1 年内到期的非流动资产和其他流动资产则称为非速动资产。

(4) 现金比率，是指现金类资产与流动负债的比率。

(5) 现金流量比率，是指经营活动的现金流量净额与流动负债的比率，用来衡量企业的流动负债可以用经营活动产生的现金来支付的程度。

2. 长期偿债能力分析

企业的长期债权人和所有者，不仅关心企业短期偿债能力，更关心企业长期偿债能力。长期偿债能力指标主要有以下几种：

(1) 资产负债率，是总负债占总资产的百分比。其计算公式为

$$资产负债率=\frac{负债总额}{资产总额}\times 100\%$$

(2) 所有者权益比率和权益乘数。所有者权益比率又称股东权益比率，是指所有者权益同资产总额的比率，反映投资者投资形成的资产占企业全部资产的比例。权益乘数是所有者权益比率的倒数，表明企业的所有者权益支撑着多大规模的投资。该比率越大，说明企业越依赖负债经营，财务风险也就越大。

(3) 产权比率，是负债占所有者权益的比率。

(4) 有形净值债务率，该比率实质上是产权比率的延伸，其更为谨慎、保守地反映在企业清算时债权人投入的资本受到所有者权益保障的程度。

(5) 现金流量债务比，是指经营活动所产生的现金净流量与债务总额的比率。

(6) 另外，根据《建设项目经济评价方法与参数》(第三版) 可知，企业长期偿债能力指标还有利息备付率和偿债备付率。

①利息备付率，指在借款偿还期内的息税前利润与计入总成本费用的应付利息的比值。其计算公式为

$$利息备付率=\frac{息税前利润}{计入总成本费用的应付利息}$$

利息备付率应分年计算。利息备付率高，表明利息偿付的保障程度高。利息备付率应当大于 1，并结合债权人的要求确定。

②偿债备付率，指在借款偿还期内，用于还本付息的资金与应还本付息金额的比值，它表示可用于还本付息的资金偿还借款本息的保障程度，应按下式计算

$$偿债备付率=\frac{息税前利润+折旧+摊销-企业所得税}{应还本付息金额}$$

如果项目在运行期内有维持运营的投资，可用于还本付息的资金应扣除维持运营的投资。偿债备付率应分年计算，偿债备付率高，表明可用于还本付息的资金保障程度高。偿债备付率应大于1，并结合债权人的要求确定。

（三）营运能力指标

营运能力分析主要是分析企业营运资产的效率与效益。营运资产的效率一般指资产的周转速度；营运资产的效益则是指营运资产的利用效果，通过比较资产的投入与其产出予以反映。一般而言，企业资产的周转速度越快，投入产出比越高，说明企业资产运用效率和效益越好，企业经营管理水平越高。对企业营运能力进行分析，可以了解企业资产的可利用性和利用成果，有利于挖掘企业资产的利用潜力。反映企业营运能力的主要指标是资产周转率，它反映了企业在一定时期内资金的周转次数或周转一次所需的天数，具体分为总资产周转率、流动资产周转率、应收账款周转率、存货周转率以及固定资产周转率。

1. 总资产周转率

总资产周转率又称总资产周转次数，它主要是从资产流动性方面反映总资产的利用效率。该指标数值越大，说明总资产周转速度越快。其计算公式为

$$总资产周转率=\frac{总周转额（营业收入）}{总资产平均余额}$$

2. 流动资产周转率

流动资产完成从货币到商品再到货币这一循环过程，表明流动资产周转了1次。流动资产1次周转的完成以产品实现销售为标志。表明流动资产周转速度快慢的指标有流动资产周转率（周转次数）和流动资产周转天数。流动资产周转率越大，流动资产周转天数越小，说明流动资产周转速度越快，单位时间内带来的经济成果越多。其计算公式为

$$流动资产周转率=\frac{营业收入}{流动资产平均余额}$$

$$流动资产周转天数=\frac{流动资产平均余额\times计算期天数}{营业收入}$$

3. 应收账款周转率

应收账款周转率又称应收账款周转次数，是指企业一定时期赊销净额与应收账款平均余额的比率，反映企业应收账款在这一时期的收款速度和回笼程度。该指标值越大，说明应收账款收回速度越快，企业资金流动性越好。其计算公式为

$$应收账款周转率=\frac{赊销净额（营业收入）}{应收账款平均余额}$$

4. 存货周转率

存货周转速度通常用存货周转率（存货周转次数）和存货周转天数表示，以反映存货规模是否合适、周转速度如何。一般情况下，存货周转率越大，相对的存货占用水平就越低，资产的流动性就越强；反之，存货周转率越小，则表示存货占用资金越多，可能是因产品质

量较差而滞销，导致资金积压。存货周转率的计算公式为

$$存货周转率=\frac{营业成本}{存货平均余额}$$

$$存货周转天数=\frac{360}{存货周转率}=\frac{存货平均余额\times 360}{营业成本}$$

5. 固定资产周转率

固定资产利用效率可以通过生产出来的产品销售收入体现出来，常用的指标是固定资产周转率。该指标越大，说明使用一定的固定资产所产生的收入越多，劳动效率越高。固定资产周转率的计算公式为

$$固定资产周转率=\frac{营业收入}{固定资产平均余额}$$

（四）发展能力指标

发展能力通常是指企业未来生产经营活动的发展趋势和发展潜力，也称为企业增长能力。对企业发展能力进行分析，对投资者而言，可以评价企业的成长性，从而选择目标企业作为投资对象；对经营者而言，可以分析并发现影响企业未来发展的关键因素，从而采用正确的经营决策和财务决策以促进企业可持续增长；对债权人而言，可以判断企业未来的盈利能力，从而做出正确的信贷决策。企业发展能力分析主要涉及以下 4 个指标：

1. 股东权益增长率

股东权益的增加反映了股东财富的增加。股东权益增长率是本期股东权益增加额与股东权益期初余额之比，也称为资本积累率。其计算公式为

$$股东权益增长率=\frac{本期股东权益增加额}{股东权益期初余额}\times 100\%$$

2. 利润增长率

企业股东权益的增长主要依赖于股东投入资本所创造的利润。因此，利润的增长也是反映企业发展能力的重要方面。由于利润可以表现为营业利润、利润总额、净利润等多种指标，因此，利润增长率也具有不同的表现形式。

（1）净利润增长率。净利润是企业经营业绩的综合结果，因此，净利润增长率是反映企业成长性的重要指标。

（2）营业利润增长率。营业利润是企业最主要的利润来源，分析营业利润增长率可以更好地考察企业利润的成长性。

3. 营业收入增长率

营业收入是利润的源泉。企业销售情况越好，实现的营业收入越多，企业生存和发展的市场空间就越大。营业收入增长率是本期营业收入增加额与上期营业收入之比。其计算公式为

$$营业收入增长率=\frac{本期营业收入增加额}{上期营业收入}\times 100\%$$

4. 资产增长率

在劳动生产率一定的情况下，企业要增加收入，可以通过增加资产投入来实现。资产增长率就是用来反映企业资产增长情况的重要指标。

实战演练

[2024 真题·单选] 某企业 2023 年营业收入为 6 000 万元，年初应收账款为 600 万元，年末应收账款为 800 万元，则该企业 2023 年应收账款周转率是（　　）。

A. 4.92　　B. 8.57

C. 7.50　　D. 10.00

[解析] 应收账款周转率＝营业收入/应收账款平均余额＝6 000/［(600＋800)/2］≈8.57。

[答案] B

[2023 真题·单选] 某项目运营期第 6 年的相关数据为：利息备付率为 5，息税前利润为 5 000 万元，应偿还借款本金为 3 000 万元，提取折旧费为 3 000 万元，摊销费为 100 万元，利润总额为 4 000 万元（无须弥补以前年度亏损），所得税税率为 25%。第 6 年的偿债备付率为（　　）。

A. 2.70　　B. 2.03

C. 1.71　　D. 1.78

[解析] 根据利息备付率＝息税前利润/计入总成本费用的应付利息，可得应付利息＝5 000/5＝1 000（万元）。第 6 年的偿债备付率＝（息税前利润＋折旧＋摊销－企业所得税）/应还本付息金额＝（5 000＋3 000＋100－4 000×25%）/（3 000＋1 000）≈1.78。

[答案] D

[2022 真题·单选] 某企业 2021 年年末的流动资产构成为：货币资金 800 万元，存货 500 万元，交易性金融资产 300 万元，应收账款 450 万元，其他应收款 200 万元，流动负债为 1 050 万元，该企业 2021 年年末的速动比率是（　　）。

A. 1.67　　B. 1.05

C. 1.24　　D. 2.14

[解析] 速动资产是指能够在较短时间内变现的流动资产，如货币资金、交易性金融资产和各种应收款项等；而流动资产中的存货、预付款项、1 年内到期的非流动资产和其他流动资产则称为非速动资产。该企业 2021 年年末的速动比率＝速动资产/流动负债＝（800＋300＋450＋200）/1 050≈1.67。

[答案] A

[2021 真题·单选] 某企业上年初所有者权益总额为 5 000 万元，年末所有者权益相对年初减少 200 万元。本年末所有者权益总额为 5 500 万元，则该企业本年度的资本积累率为（　　）。

A. 10.00%　　B. 10.42%

C. 14.58%　　D. 14.00%

第二章

[解析] 股东权益的增加反映了股东财富的增加。股东权益增长率是本期股东权益增加额与股东权益期初余额之比，也称为资本积累率。该企业本年度的资本积累率＝［5 500－（5 000－200）］/（5 000－200）×100%≈14.58%。

[答案] C

[2020 真题·单选] 某企业资产负债表日流动资产总额为 300 万元（其中货币资金 60 万元，存货 160 万元，应收账款等 80 万元），流动负债总额为 80 万元，则该企业的速动比率为（　　）。

A. 3.75　　B. 1.75

C. 1.25　　D. 0.75

[解析] 速动资产是指能够在较短时间内变现的流动资产，如货币资金、交易性金融资产和各种应收款项等；而流动资产中的存货、预付款项、1 年内到期的非流动资产和其他流动资产则称为非速动资产。该企业的速动比率＝（60＋80）/80＝1.75。

[答案] B

[2024 真题·多选] 下列财务分析指标中，属于反映企业发展能力的指标有（　　）。

A. 偿债备付率　　B. 利息备付率

C. 营业收入增长率　　D. 总资产周转率

E. 资本积累率

[解析] 选项 A、B 属于偿债能力指标，选项 D 属于营运能力指标。

[答案] CE

[2022 真题·多选] 下列属于短期偿债能力指标的有（　　）。

A. 权益乘数　　B. 流动比率

C. 总资产净利润率　　D. 营业增长率

E. 速动比率

[解析] 短期偿债能力是指企业流动资产对流动负债及时足额偿还的保证程度，是衡量企业当前支付能力的重要标志。短期偿债能力指标具体包括营运资本、流动比率、速动比率和现金比率等。

[答案] BE

[2021 真题·多选] 企业可以用于偿还贷款的资金来源有（　　）。

A. 固定资产折旧费　　B. 应支付给股东的股利

C. 无形资产摊销费　　D. 其他资产摊销费

E. 企业的注册资本

[解析] 偿债备付率，指在借款偿还期内，用于还本付息的资金与应还本付息金额的比值，它表示可用于还本付息的资金偿还借款本息的保障程度。用于还本付息的资金有息税前利润、折旧和摊销。

[答案] ACD

[2021 真题 · 多选] 下列财务分析指标中，属于企业长期偿债能力指标的有（　　）。

A. 速动比率　　B. 总资产周转率

C. 产权比率　　D. 资产负债率

E. 权益乘数

[解析] 选项 A 属于短期偿债能力指标，选项 B 属于营运能力指标。

[答案] CDE

[2020 真题 · 多选] 下列财务指标中，属于企业营运能力指标的有（　　）。

A. 应收账款周转率　　B. 总资产周转率

C. 权益乘数　　D. 流动资产周转率

E. 存货周转天数

[解析] 企业营运能力指标具体分为总资产周转率、流动资产周转率、应收账款周转率、存货周转率以及固定资产周转率。

[答案] ABDE

知识点 3 杜邦分析法

前述的财务比率分析都是从某一方面对企业展开分析，虽然能够较为准确地反映企业在这些方面的实际状况，但难以全面评价企业总体财务状况和经营成果。为了弥补这一不足之处，有必要在财务能力单项分析的基础上，结合有关指标进行综合分析。杜邦分析法就是一种较为经典的财务综合分析方法。

杜邦分析法又称杜邦财务分析体系，是由美国杜邦公司在 1910 年首先设计并采用的。这种方法是利用一些基本财务比率之间的内在数量关系，形成一套相关的财务指标的综合模型。它从投资者对企业要求的最终目标出发，经过对净资产报酬率（也称为权益报酬率、权益净利率、净资产收益率、所有者权益净利率等）指标的层层分解，系统性地分析了影响企业最终财务目标实现的各相关因素。杜邦财务分析体系关系图如图 2-5-1 所示。

核心比率　　资产净利率　　核心公式

$$\text{权益净利率}=\underbrace{\text{销售净利率}\times\text{总资产周转率}}_{\text{资产净利率}}\times\text{权益乘数}$$

$$\text{权益净利率}=\frac{\text{净利润}}{\text{股东权益}}=\frac{\text{净利润}}{\text{资产}}\times\frac{\text{资产}}{\text{股东权益}}=\text{资产净利率}\times\text{权益乘数}$$

$$\text{资产净利率}=\frac{\text{净利润}}{\text{资产}}=\frac{\text{净利润}}{\text{销售收入}}\times\frac{\text{销售收入}}{\text{资产}}=\text{销售净利率}\times\text{总资产周转率}$$

图 2-5-1 杜邦财务分析体系关系图

决定权益净利率的影响因素有 3 个：一是企业经营的直接创利水平，即销售净利率；二是对企业全部资产的利用效率与利用效果，即通过资产周转率所表现出的生产经营循环效率；三是企业的资本营运程度，即权益乘数所体现的企业负债经营、发挥财务杠杆效应的程度。

实战演练

[2024 真题 · 单选] 某企业 2023 年的营业净利率为 15%，总资产周转率为 0.9，权益系数为 1.4，该企业 2023 年的权益净利率为（　　）。

A. 18.9%　　B. 13.5%

C. 16.7%　　D. 21.0%

[解析] 权益净利率＝销售净利率×总资产周转率×权益乘数＝15%×0.9×1.4＝18.9%。

[答案] A

[2022 真题改编 · 单选] 下列财务指标中，属于杜邦财务分析体系核心指标的是（　　）。

A. 资本积累率

B. 权益净利率

C. 销售净利率

D. 总资产周转率

[解析] 由图 2-5-1 可知，杜邦财务分析体系的核心指标是权益净利率。

[答案] B

第六节　筹资管理

筹资管理是指企业为了工程建设需要，通过各种融资渠道获取资金，并对资金来源、使用、偿还等进行统筹安排和管理的过程。本节主要介绍筹资主体、筹资方式、资金成本分析和资本结构分析。

希望通过本节的学习，考生能够掌握筹资管理的基本知识和方法，从而在项目初期和实施过程中有效地筹措所需资金，确保项目资金链的稳定和高效运转，避免因资金问题导致项目停滞或延误。

知识点 1　筹资主体

一、企业筹资

（一）企业筹资的概念

企业筹资是指企业作为筹资主体，根据经营活动、投资活动和资本结构调整等需要，通过金融市场和筹资渠道，采用一定的筹资方式，经济有效地筹措和集中资本的活动。企业筹资活动是企业财务管理的一项重要内容，对企业的创建和生产经营活动均有重要意义。

企业筹资是市场经济发展的客观要求，企业只有以较低的资本成本，从不同渠道筹集经营和发展所需的资金，才能在激烈的市场竞争中获得优势。

（二）企业筹资的类型

企业筹资按照不同标准可以划分为不同类型，这些不同类型的资金构成会形成不同的投资组合。认识和了解资本来源的构成与分类有利于掌握不同类型筹资的筹资成本与筹资风险，从而选择合理的筹资方式。

1. 按资本来源分类

（1）内部筹资，是指企业依靠其内部留用利润形成资本的筹资活动。内部筹资是在企业内部自然形成的，一般无筹资费用，其数量通常由企业可分配利润的规模和利润分配政策（或股利政策）决定。

（2）外部筹资，是指企业在内部筹资不能满足需要时，获取企业外部资本的筹资活动。处于初创期的企业，内部筹资的可能性有限；处于成长期的企业，内部筹资往往难以满足需要。因此，企业需要广泛开展外部筹资。

2. 按是否借助银行等金融机构分类

（1）直接筹资，是指企业不借助银行等金融机构，直接向资本所有者融通资本的一种筹资活动。随着我国宏观金融体制改革的深入，直接筹资不断发展。直接筹资的基本方式主要有投入资本、发行债券等。

（2）间接筹资，是指企业借助银行等金融机构来融通资本的一种筹资活动。在间接筹资活动中，银行等金融机构起着中介作用，它们先集聚资本，然后将资本提供给筹资企业。间接筹资的基本方式有银行借款和融资租赁等。

3. 按资本属性的不同分类

（1）权益性筹资，该筹资形成企业的股权资本，又称自有资本、权益资本，是企业依法取得并且长期拥有、可以自主调配运用的资本。在我国，企业的股权资本由投入资本（或股本）、资本公积、盈余公积和未分配利润组成。

（2）债务性筹资，该筹资形成企业的债务资本，又称借入资本，是企业依法取得并依约运用、按期偿还的资本。企业对持有的债务资本在约定的期限内享有使用权，并承担按期付息还本的义务。

（3）混合性筹资，是指兼具权益性筹资和债务性筹资双重属性的筹资类型，主要包括发行优先股筹资和发行可转换债券筹资等。

4. 按筹集资金的使用期限分类

（1）长期筹资，是指企业为筹集使用期限在1年以上的资金而开展的活动。通常企业所有权益筹资与长期负债筹资都属于长期筹资范畴。

（2）短期筹资，是指企业为筹集使用期限在1年以内的资金而开展的活动。其具体内容通常只包括企业短期负债筹资。

实战演练

［2021真题·单选］ 某施工企业在经营过程中，同时发行可转换债券和认股权证，从资本市场直接筹集资金，该筹资方式属于（　　）。

A. 内源筹资　　B. 权益筹资

C. 混合筹资　　D. 债务筹资

［解析］ 混合性筹资是指兼具权益性筹资和债务性筹资双重属性的筹资类型，主要包括发行优先股筹资和发行可转换债券筹资等。

[答案] C

[2019 真题 · 单选] 下列企业筹集资金的方式中，属于外部筹资渠道中间接融资方式的是（　　）。

A. 发行股票　　B. 变卖闲置资产

C. 利用未分配的利润　　D. 向商业银行申请贷款

[解析] 间接筹资是指企业借助银行等金融机构来融通资本的一种筹资活动。在间接筹资活动中，银行等金融机构起着中介作用，它们先集聚资本，然后将资本提供给筹资企业。间接筹资的基本方式有银行借款和融资租赁等。

[答案] D

二、项目融资

（一）项目融资的概念

项目融资有广义和狭义两种理解。广义上讲，项目融资就是指"为项目而融资"，包括新建项目、收购现有项目或对现有项目进行债务重组等。狭义的项目融资则是指一种有限追索（极端情况下为无追索）的融资活动，仅以项目的资产、预期收益、预期现金流量等作为偿还贷款的资金来源。

（二）项目融资的特点

与传统的贷款方式相比，项目融资有其自身的特点，其在融资出发点、资金使用的关注点等方面均与传统的贷款方式有所不同。项目融资主要具有项目导向、有限追索、风险分担、非公司负债型融资、信用结构多样化、融资成本高、可利用税务优势的特点。

1. 项目导向

与其他融资过程相比，项目融资主要以项目的资产、预期收益、预期现金流等来安排融资，而不是以项目的投资者或发起人的资信为依据。因此，项目融资是以项目为主体的融资活动。

2. 有限追索

追索是指在借款人未按期偿还债务时，贷款人要求借款人以除抵押资产之外的其他资产来偿还债务的权利。作为有限追索的项目融资，贷款人可以在贷款的某个特定阶段（如项目的建设期和试生产期）对项目借款人实行追索，或者在一个规定的范围内（这种范围包括金额和形式的限制）对项目借款人实行追索。除此之外，无论项目出现任何问题，贷款人均不能追索到项目借款人除该项目资产、现金流量及所承担的义务之外的任何其他形式的财产。

3. 风险分担

项目融资在风险分担方面具有投资风险大、风险种类多的特点。由于建设项目的参与方较多，因此可以通过严格的法律合同实现风险的分担。项目决策阶段，应尽早确定哪些基础设施项目适合进行项目融资。同时，在项目初始阶段，需要合理分配整个项目生命周期中的各种风险，并通过项目评估的定价，使这些风险变得明确。

4. 非公司负债型融资

项目融资通过对其投资结构和融资结构的设计，可以帮助投资者（借款人）将贷款安排成为一种非公司负债型的融资。

5. 信用结构多样化

在项目融资中，用于支持贷款的信用结构的安排是灵活和多样化的，一个成功的项目融资，可以将贷款的信用支持分配到与项目有关的各个关键方面。

例如，在市场方面，可以要求对项目产品感兴趣的购买者提供一种长期购买合作作为融资的信用支持（这种信用支持所能起到的作用取决于合同的形式和购买者的资信）；在工程建设方面，可以要求工程承包公司提供固定价格、固定工期的合同，或“交钥匙”工程合同，还可以要求项目设计者提供工程技术保证等；在原材料和能源供应方面，可以要求供应方在保证供应的同时，在定价上根据项目产品的价格变化设计一定的浮动价格公式，保证项目的最低收益。

上述这些做法，都可以成为项目融资强有力的信用支持，提高项目的债务承受能力，并减少融资对投资者（借款人）资信和其他资产的依赖程度。

6. 融资成本高

与传统的融资方式相比，项目融资的一个主要问题是筹资成本相对较高，组织融资所需要的时间相对较长。

7. 可利用税务优势

追求充分利用税务优势降低融资成本，提高项目的综合收益率和偿债能力，是项目融资的一个重要特点。这一问题贯穿于项目融资的各个阶段、各个组成部分的设计之中。

（三）项目融资方式的要求

项目融资的方式是指对于某类具有共同特征的投资项目，项目发起人或投资者在进行投融资设计时可以效仿并重复运用的操作方案。传统的项目融资主要包括直接融资、项目公司融资、杠杆租赁融资、设施使用协议融资、产品支付融资等，随着项目融资理论研究与实践应用的不断发展，出现了一系列新型项目融资方式，如 BOT（建设—运营—移交）、PPP（政府和社会资本合作）、ABS（资产证券化）、TOT（转让—运营—移交）、PFI（私人主动融资）等方式。根据近几年国家发布的相关政策，以下主要讲述政府和社会资本合作方式的总体要求。

1. 聚焦使用者付费项目

政府和社会资本合作项目应聚焦使用者付费项目，明确收费渠道和方式，项目经营收入能够覆盖建设投资和运营成本、具备一定投资回报，不因采用政府和社会资本合作模式额外新增地方财政未来支出责任。政府可在严防新增地方政府隐性债务、符合法律法规和有关政策规定要求的前提下，按照一视同仁的原则，在项目建设期间对使用者付费项目给予政府投资支持；政府付费只能按规定补贴运营，不能补贴建设成本。除此之外，不得通过可行性缺口补助、承诺保底收益率、可用性付费等任何方式，使用财政资金弥补项目建设和运营成本。

2. 全部采取特许经营模式

政府和社会资本合作应全部采取特许经营模式实施，根据项目实际情况，合理采用 BOT、TOT、ROT（改建—运营—移交）、BOOT（建设—拥有—运营—移交）、DBFOT（设计—建设—融资—运营—移交）等具体实施方式，并在合同中明确约定建设和运营期间的资产权属，清晰界定各方权责利关系。

3. 合理把握重点领域

政府和社会资本合作应限定于有经营性收益的项目，主要包括公路、铁路、民航基础设施和交通枢纽等交通项目，物流枢纽、物流园区项目，城镇供水、供气、供热、停车场等市政项目，城镇污水垃圾收集处理及资源化利用等生态保护和环境治理项目，具有发电功能的水利项目，体育、旅游公共服务等社会项目，智慧城市、智慧交通、智慧农业等新型基础设施项目，城市更新、综合交通枢纽改造等盘活存量和改扩建有机结合的项目。

4. 优先选择民营企业参与

要坚持初衷、回归本源，最大程度鼓励民营企业参与政府和社会资本合作新建（含改扩建）项目，制定《支持民营企业参与的特许经营新建（含改扩建）项目清单（2023 年版）》并动态调整。市场化程度较高、公共属性较弱的项目，应由民营企业独资或控股；关系国计民生、公共属性较强的项目，民营企业股权占比原则上不低于 35%；少数涉及国家安全、公共属性强且具有自然垄断属性的项目，应积极创造条件、支持民营企业参与。对清单所列领域以外的政府和社会资本合作项目，可积极鼓励民营企业参与。外商投资企业参与政府和社会资本合作项目按照外商投资管理有关要求并参照上述规定执行。

5. 明确管理责任分工

国家发展改革委要牵头做好特许经营模式推进工作，切实加强政策指导。地方各级人民政府要切实负起主体责任，规范推进本级政府事权范围内的特许经营项目。地方各级人民政府可依法依规授权有关行业主管部门、事业单位等，作为特许经营项目实施机构，负责特许经营方案编制、特许经营者选择、特许经营协议签订、项目实施监管、合作期满移交接收等工作。地方各级发展改革部门要发挥综合协调作用，严格把关项目特许经营方案等有关内容，依法依规履行项目审批、核准或备案职责。各级财政部门要严格执行预算管理制度，加强地方政府债务管理，加大财会监督力度，严肃财经纪律。

6. 稳妥推进新机制实施

把握好工作力度、节奏，2023 年 2 月政府和社会资本合作项目清理核查前未完成招标采购程序的项目，以及后续新实施的政府和社会资本合作项目，均应按照《国务院办公厅转发国家发展改革委、财政部〈关于规范实施政府和社会资本合作新机制的指导意见〉的通知》（国办函〔2023〕115 号）规定的新机制执行。

（四）基础设施和公用事业设施经营管理要求

为鼓励和引导社会资本参与基础设施和公用事业建设运营，提高公共服务质量和效率，保护特许经营者合法权益，激发民间投资活力，保障社会公共利益和公共安全，促进经济社会持续健康发展，国家发展改革委、财政部、住房城乡建设部、交通运输部、水利部、中国人民银行于 2024 年 3 月 28 日发布了《基础设施和公用事业特许经营管理办法》。基础设施和公用事业设施经营管理要求如下：

（1）基础设施和公用事业特许经营是基于使用者付费的 PPP 模式，政府就项目投资建设运营与社会资本开展合作，不新设行政许可。

特许经营者获得协议约定期限内对特定基础设施和公用事业项目进行投资建设运营并取

得收益的排他性权利，同时应当按照协议约定提供符合质量效率要求的公共产品或者公共服务，并依法接受监督管理。政府鼓励并支持特许经营者提升效率、降低成本，增进社会公众福祉，禁止无法律法规依据擅自增设行政许可事项以及通过前述擅自增设的行政许可事项向特许经营者收费，增加公共产品或者公共服务成本。禁止以基础设施和公用事业特许经营名义滥用行政权力排除、限制竞争。

（2）基础设施和公用事业特许经营应当坚持公开、公平、公正，保护各方信赖利益，并遵循以下原则：

①发挥社会资本融资、专业、技术和管理优势，提高公共服务质量效率。

②转变政府职能，强化政府与社会资本协商合作。

③保护社会资本合法权益，保证特许经营持续性和稳定性。

④兼顾经营性和公益性平衡，维护公共利益。

⑤根据风险性质以及特许经营各方风险管控能力，明确风险分担机制并切实执行，保障项目持续稳定实施。

（3）基础设施和公用事业特许经营应当聚焦使用者付费项目，明确收费渠道和方式，项目经营收入具备覆盖建设投资和运营成本并获取一定投资回报的条件，不因采取特许经营而额外新增地方财政未来支出责任。

（4）基础设施和公用事业特许经营可以采取以下方式：

①在一定期限内，政府授予特许经营者投资新建或改扩建、运营基础设施和公用事业，期限届满移交政府。

②在一定期限内，政府授予特许经营者投资新建或改扩建、拥有并运营基础设施和公用事业，期限届满移交政府。

③在一定期限内，政府将已经建成的基础设施和公用事业项目转让特许经营者运营，期限届满移交政府。

④国家规定的其他方式。

禁止在建设工程完成后直接将项目移交政府，或者通过提前终止协议等方式变相逃避运营义务。

（5）基础设施和公用事业特许经营期限应当根据行业特点、所提供公共产品或服务需求、项目生命周期、项目建设投资和运营成本、投资回收期等综合因素确定，充分保障特许经营者合法权益。

特许经营期限原则上不超过 40 年，投资规模大、回报周期长的特许经营项目可以根据实际情况适当延长，法律法规另有规定的除外。

实战演练

［2024 真题 · 单选］ 根据《国务院办公厅转发国家发展改革委、财政部〈关于规范实施政府和社会资本合作新机制的指导意见〉的通知》（国办函〔2023〕115 号），政府和社会资本合作的项目范围应限定于（　　）。

A. 市场化程度较高的项目　　B. 公共属性较弱的项目

C. 投资回报率较高的项目　　D. 有经营性收益的项目

[解析] 政府和社会资本合作应限定于有经营性收益的项目。

[答案] D

[2023 真题·多选] 关于项目融资特点的说法，正确的有（　　）。

A. 项目出现问题，项目贷款人可以追索借款人除该项目以外的任何形式的资产

B. 项目融资是一种需进入项目投资者资产负债表的贷款形式

C. 通常会增加贷款人对投资者资信的依赖程度

D. 项目融资是以项目为主体的融资活动

E. 在项目初始阶段应合理分配全寿命周期中的风险

[解析] 作为有限追索的项目融资，贷款人可以在贷款的某个特定阶段（如项目的建设期和试生产期）对项目借款人实行追索，或者在一个规定的范围内（这种范围包括金额和形式的限制）对项目借款人实行追索，除此之外，无论项目出现任何问题，贷款人均不能追索到项目借款人除该项目资产、现金流量及所承担的义务之外的任何其他形式的财产，选项 A 错误。项目融资通过对其投资结构和融资结构的设计，可以帮助投资者（借款人）将贷款安排成为一种非公司负债型的融资，选项 B 错误。项目融资通常会减少融资对投资者（借款人）资信和其他资产的依赖程度，选项 C 错误。

[答案] DE

知识点 2　筹资方式

一、企业筹资的主要方式

筹资方式是指企业筹措资金所采用的具体形式。如果说，筹资渠道客观存在，那么筹资方式则属于企业的主观能动行为。如何选择合适的筹资方式并进行有效的组合，以降低筹资成本，提高筹资效益，已成为企业筹资管理的重要内容。企业筹资通常采用以下几种方式：

（1）吸收直接投资，是指企业按照“共同投资、共同经营、共担风险、共享利润”的原则直接吸收国家、法人、个人投入资金的一种权益筹资方式。

（2）发行股票，是指股份有限公司通过发行股票筹措权益性资本的一种筹资方式，此处所指的股票通常是普通股。

（3）留存收益，指按照规定从税后利润中提取的盈余公积金、根据投资人的意愿和企业实际需要留存的未分配利润。利用留存收益筹资是指企业将留存收益转化为投资的过程，它是企业筹集权益资本的一种重要方式。

（4）银行借款，是指企业根据借款合同从银行或非银行类金融机构借入的需要还本付息的款项，它是企业筹集债务资本的一种重要方式。

（5）商业信用，是指企业在商品交易过程中由商品交付与款项支付不同步导致延期付款或延期交货所形成的资金借贷关系，它是企业筹集短期资金的重要方式。

（6）发行公司债，是指企业通过发行债券来筹措债务资本的一种筹资方式。

（7）融资租赁，又称资本租赁或财务租赁，是区别于经营租赁的一种长期租赁形式，是指出租人根据承租人对租赁标的物和供货人的选择或认可，将从供货人处取得的租赁物，按

融资租赁合同的约定出租给承租人占有、使用，并向承租人收取租金的一种交易活动。租赁期一般为租赁标的物剩余使用年限的75%及以上。它是企业筹集长期债务资本的一种方式。

上述企业筹资方式中，银行借款、商业信用、发行公司债、融资租赁均属于债务性筹资，债务性筹资是企业筹资的一种主要方式。

二、银行借款

（一）信用条件

按照国际惯例，银行发放短期贷款时往往带有一些信用条件，主要有以下几点：

（1）信贷额度是银行对借款人规定的无担保贷款的最高额，是一种无担保的短期银行信用。信贷额度的有效期限通常为1年，但是只要借款人的信用风险维持不变，银行根据情况也可延期1年。一般来讲，公司在批准的信贷额度内，可随时使用银行借款。但是，银行并不承担必须提供全部信贷额度的义务。如果公司信誉恶化，即使银行曾同意按信贷额度提供贷款，公司也可能得不到借款。这时银行不会承担法律责任。

（2）周转信贷协定是银行从法律上承诺向公司提供不超过某一最高限额的贷款的协定。在协定的有效期内，只要公司的借款总额未超过最高限额，银行就必须满足公司在任何时候提出的借款要求。公司享有周转信贷协定，通常要对贷款限额的未使用部分付给银行一笔承诺费。承诺费通常按信贷额度总额中尚未使用部分的一定百分比计算。

【例题3】某企业与银行商定的周转信贷额为2 000万元，承诺费费率为0.5%，借款企业年度内使用了1 400万元，余额为600万元。要求计算借款企业应支付给银行的承诺费金额。

解：承诺费＝600×0.5%＝3.0（万元）

（3）补偿性余额是银行要求借款公司在银行中按贷款限额或实际借用额一定的百分比（通常为10%～20%）保留的最低存款余额。从银行的角度讲，补偿性余额可降低贷款风险，补偿其可能遭受的风险。但对借款公司来说，补偿性余额则提高了借款的实际利率。

（4）银行向财务风险较大、信誉不好的企业发放贷款，往往需要有抵押品担保，以降低自己蒙受损失的风险。借款的抵押品通常是借款企业的应收账款、存货、股票、债券以及房屋等。银行接受抵押品后，将根据抵押品的账面价值决定贷款金额，一般为抵押品账面价值的30%～90%。这一比例的高低取决于抵押品的变现能力和银行的风险偏好。抵押借款的资本成本通常高于非抵押借款，这是因为银行主要向信誉好的客户提供非抵押贷款，而将抵押贷款视为一种风险贷款，因而收取较高的利息；此外，银行管理抵押贷款比管理非抵押贷款更为困难，为此往往收取手续费。企业取得抵押借款还会限制其抵押财产的使用和将来的借款能力。

（5）无论何种借款，一般都会规定还款的期限。根据我国金融制度的规定，贷款到期后仍无能力偿还的，视为逾期贷款，银行要照章加收逾期罚息。贷款的偿还有到期一次偿还和在贷款期内定期等额偿还两种方式。

（二）银行借款的特点

1. 银行借款筹资的优点

（1）筹资速度快。发行各种证券筹集长期资本所需时间一般较长。证券发行的准备工作，如印刷证券、申请批准等，以及证券的发行都需要一定时间。而银行借款与发行证券相比，一般所需时间较短，可以迅速地获取资金。

（2）筹资成本低。就我国目前情况来看，利用银行借款所支付的利息比发行债券所支付的利息低，另外，也无须支付大量的发行费用。

（3）借款弹性好。企业与银行可以直接接触，可通过直接商谈来确定借款的时间、数量和利息。在借款期间，如果企业情况发生了变化，也可与银行进行协商，修改借款的数量和条件。借款到期后，如有正当理由，还可延期偿还。

2. 银行借款筹资的缺点

（1）财务风险较大。企业举借长期借款，必须定期还本付息，在经营不力的情况下，可能会产生不能偿付的风险，甚至会导致破产。

（2）限制条款较多。企业与银行签订的借款合同中，一般都有一些限制条款，如定期报送有关报表、不准改变借款用途等，这些条款可能会限制企业的经营活动。

（3）筹资数额有限。银行一般不愿借出巨额的长期借款。因此，银行借款都有一定的上限。

实战演练

[2024 真题·单选] 某借款企业获得银行 1 年的周转信贷额为 5 000 万元，承诺费费率为 0.5%，在借款年度内使用了 3 000 万元，该企业应向银行支付的承诺费为（　　）万元。

A. 0　　　　B. 10

C. 15　　　　D. 25

[解析] 承诺费通常按信贷额度总额中尚未使用部分的一定百分比计算。该企业应向银行支付的承诺费＝（5 000－3 000）×0.5%＝10（万元）。

[答案] B

[2022 真题·单选] 某企业获得的周转信贷额为 3 000 万元，承诺费费率为 0.5%，企业在借款年度内使用了 2 000 万元，则企业该年度向银行支付的承诺费为（　　）万元。

A. 10　　　　B. 15

C. 5　　　　D. 25

[解析] 企业向银行支付的承诺费＝（3 000－2 000）×0.5%＝5（万元）。

[答案] C

三、商业信用

（一）商业信用的形式

商业信用是企业在商品交易中以延期付款或预收货款的方式进行购销活动而形成的借贷关系，是企业之间的直接信用行为。商业信用是商品交易中由于货币与商品在时间和空间上发生分离而产生的。它形式多样、适用广泛，已成为企业筹集短期资金的重要方式。企业之间商业信用的主要形式有应付账款、应付票据、预收账款等。

（二）商业信用筹资的特点

1. 商业信用筹资的优点

（1）筹资便利。利用商业信用筹措资金非常方便。因为商业信用与商品买卖同时进行，属于一种自然性融资，不需做非常正规的安排。

（2）筹资成本低。如果没有现金折扣，或企业不放弃现金折扣，则利用商业信用筹资没有实际成本。

（3）限制条件少。如果企业利用银行借款筹资，银行往往对贷款的使用规定一些限制条件，而商业信用则限制较少。

2. 商业信用筹资的缺点

商业信用的期限一般较短，如果企业取得现金折扣，则时间会更短，如果放弃现金折扣，则要付出较高的资本成本。

实战演练

［2020 真题·多选］下列筹资方式中，属于商业信用形式的有（　　）。

A. 应付票据　　B. 应付账款

C. 抵押贷款　　D. 融资租赁

E. 预收账款

［解析］商业信用的主要形式有应付账款、应付票据、预收账款等。

［答案］ABE

四、公司债券

（一）公司债券的发行价格

公司债券的发行价格是发行公司发行债券时所使用的价格，即投资者认购时所实际支付的价格。公司债券的发行价格通常有三种：平价、溢价和折价。

（1）平价是指以债券的票面金额为发行价格。

（2）溢价是指以高于债券票面金额的价格为发行价格。

（3）折价是指以低于票面金额的价格为发行价格。

债券发行价格主要由票面金额、票面利率、市场利率和债券期限四项因素确定。当票面利率与市场利率不一致时，会形成不同的发行价格。

（二）公司债券筹资的特点

1. 债券筹资的优点

（1）资本成本低。与股票筹资方式相比，债券筹资的成本较低。这主要归因于两个因素：一方面，债券利率一般低于股息率；另一方面，债券利息具有抵税的作用，可以使企业实际利息负担减轻。

（2）保证控制权。债券持有人无权参与企业的经营管理，因而不会分散股东的控制权。

（3）财务杠杆利息。债券筹资只支付固定的利息费用，在经营状况好时，能够为企业带来财务杠杆利益，提高自有资金收益水平。

（4）调整资金结构。当企业发行可转换债券或可提前收回债券时，能够增强筹资弹性，有利于企业资金结构的调整。

2. 债券筹资的缺点

(1) 财务风险大。由于债券须到期偿还，并支付固定的利息费用，因此在企业经营不景气时，会加重企业财务负担，增加企业财务风险，使企业未来筹资更加困难。

(2) 限制条件多。国家对债券的发行有严格的规定，这些规定限制了企业对债券筹资方式的使用，甚至会影响企业未来的筹资能力。

五、融资租赁

(一) 融资租赁的确认

根据租赁所体现的经济实质的不同，租赁分为经营租赁与融资租赁两类。一项租赁属于融资租赁还是经营租赁取决于交易的实质，而不是合同的形式。如果一项租赁实质上转移了与租赁资产所有权有关的几乎全部风险和报酬，出租人应当将该项租赁分类为融资租赁。

一项租赁存在下列一种或多种情形的，通常分类为融资租赁：

(1) 在租赁期届满时，租赁资产的所有权转移给承租人。

(2) 承租人有购买租赁资产的选择权，所订立的购买价款与预计行使选择权时租赁资产的公允价值相比足够低，因而在租赁开始日就可以合理确定承租人将行使该选择权。

(3) 资产的所有权虽然不转移，但租赁期占租赁资产使用寿命的大部分。

(4) 在租赁开始日，租赁收款额的现值几乎相当于租赁资产的公允价值。

(5) 租赁资产性质特殊，如果不做较大改造，只有承租人才能使用。

一项租赁存在下列一项或多项迹象的，也可能分类为融资租赁：

(1) 若承租人撤销租赁，撤销租赁对出租人造成的损失由承租人承担。

(2) 资产余值的公允价值波动所产生的利得或损失归属于承租人。

(3) 承租人有能力以远低于市场水平的租金继续租赁至下一期间。

(二) 融资租赁的租金

融资租赁的租金包括以下三大部分：

(1) 租赁资产的成本，大体由资产的购买价、运杂费、运输途中的保险费等项目构成。

(2) 租赁资产的利息，承租人所实际承担的购买租赁设备的贷款利息。

(3) 租赁手续费，包括出租人承办租赁业务的费用以及出租人向承租人提供租赁服务所赚取的利润。

(三) 融资租赁筹资的特点

1. 融资租赁筹资的优点

(1) 融资租赁是一种融资与融物相结合的筹资方式，能够迅速获得所需资产的长期使用权。

(2) 融资租赁可以避免长期借款筹资所附加的各种限制性条款，具有较强的灵活性。

(3) 融资租赁的融资与设备进口都由有经验和对市场熟悉的租赁公司承担，可以减少设备进口费，从而降低设备取得成本。

(4) 财务风险小。若许多借款都在到期日一次偿还本金，则会给财务基础较弱的公司造成相当大的困难，有时甚至会造成不能偿付的后果。而融资租赁则是把租金在整个租期内分摊，不用到期归还大量本金。这种方法将风险分摊在整个租期内，可适当降低不能偿付的风险。计算租金的方法一般为等额年金法。等额年金法无税收负担。租金可在税前扣除，具有抵免所得税的作用。

2. 融资租赁筹资的缺点

融资租赁筹资最主要的缺点就是资本成本较高。一般来说，其租金要比举借银行借款或债券筹资所负担的利息高得多。在企业财务困难时，固定的租金也会构成一项较沉重的负担。

实战演练

[2024 真题·多选] 对承租人而言，融资租赁的特点包括（　　）。

A. 可以避免长期借款可能附加的各种限制性条款

B. 能够迅速获得所需长期资产的使用权

C. 融资租赁费中的利息费用可在企业所得税前扣除

D. 融资租赁的资产不体现在承租人的资产负债表中

E. 是融资与融物相结合的筹资方式

[解析] 融资租赁筹资的优点为：①融资租赁是一种融资与融物相结合的筹资方式，能够迅速获得所需资产的长期使用权。②融资租赁可以避免长期借款筹资所附加的各种限制性条款，具有较强的灵活性。③融资租赁的融资与设备进口都由有经验和对市场熟悉的租赁公司承担，可以减少设备进口费，从而降低设备取得成本。④财务风险小。租金可在税前扣除，具有抵免所得税的作用。

[答案] ABCE

知识点 3　资金成本分析

一、资金成本及其构成

资金成本是指企业为筹集和使用资金而付出的代价。广义地讲，企业筹集和使用任何资金，不论是短期的还是长期的，都要付出代价。狭义的资金成本仅指筹集和使用长期资金（包括自有资金和借入长期资金）的成本。由于长期资金也被称为资本，因此，长期资金的成本也可称为资本成本。本书所说的资金成本主要是指狭义的资金成本，即资本成本。资金成本一般包括资金筹集成本和资金使用成本两部分。

1. 资金筹集成本

资金筹集成本是指在资金筹集过程中所支付的各项费用，如发行股票或债券所支付的印刷费、发行手续费、律师费、资信评估费、公证费、担保费和广告费等。资金筹集成本一般属于一次性费用，筹资次数越多，资金筹集成本也就越大。

2. 资金使用成本

资金使用成本又称资金占用费，是指因占用资金而支付的费用，它主要包括支付给股东的各种股息和红利、向债权人支付的贷款利息及支付给其他债权人的各种利息费用等。资金使用成本一般与所筹集的资金多少以及使用时间的长短有关，具有经常性、定期性的特征，是资金成本的主要内容。

资金筹集成本与资金使用成本是有区别的，前者是在筹措资金时一次支付的，在使用资金过程中不再发生，因此可作为筹资金额的一项扣除，而后者是在资金使用过程中多次、定期发生的。

二、资金成本的作用

资金成本是比较筹资方式、选择筹资方案的依据。资金成本有个别资金成本、综合资金成本、边际资金成本等形式，它们在不同情况下具有各自的作用。

（1）个别资金成本主要用于比较各种筹资方式资金成本的高低，是确定筹资方式的重要依据。工程项目筹集长期资金一般有多种方式可供选择，如长期借款、发行债券、发行股票等。运用不同的筹资方式，个别资金成本是不同的。这时，个别资金成本的高低可作为比较各种筹资方式优劣的一个依据。

（2）综合资金成本是项目公司资本结构决策的依据。通常，项目所需的全部长期资金是通过采用多种筹资方式的组合筹集的，这种筹资方式组合往往有多个筹资方案可供选择。所以，综合资金成本的高低就是比较各个筹资方案，做出最佳资本结构决策的基本依据。

（3）边际资金成本是追加筹资决策的重要依据。项目公司为了扩大项目规模，增加所需资产或投资，往往需要追加筹集资金。在这种情况下，边际资金成本就成为比较、选择各个追加筹资方案的重要依据。

三、资金成本的计算

资金成本的表示方法有两种，即绝对数表示方法和相对数表示方法。绝对数表示方法用于衡量为筹集和使用资本所付出的费用的多少。相对数表示方法则以资金成本率表示。资金成本率是每年资金占用费与筹得的资金净额（筹资金额与筹资费用之差）的比率。由于在不同条件下筹集资金的数额不相同，成本便不相同，因此，资金成本通常以相对数表示。其计算公式如下：

$$K=\frac{D}{P-F}$$

或

$$K=\frac{D}{P(1-f)}$$

式中 K——资金成本率（一般也可称为资金成本）；

P——筹资资金总额；

D——资金占用费；

F——筹资费；

f——筹资费费率（即筹资费占筹资资金总额的比率）。

以长期借款为例，长期借款成本一般由借款利息和借款手续费两部分组成。按照国际惯例和各国税法的规定，借款利息可以计入税前成本费用，起到抵税的作用，因而使企业的实际支出相应减少。

对每年年末支付利息、贷款期末一次全部还本的借款，其借款成本率为

$$K_g=\frac{I_t(1-T)}{G-F}$$

$$=i_g\cdot\frac{1-T}{1-f}$$

式中 K_g——借款成本率；

G——贷款总额；

T——所得税税率；

I_t——贷款年利息；

i_g——贷款年利率；

F——筹资费；

f——筹资费费率（即筹资费占筹资资金总额的比率）。

实战演练

[2024 真题·单选] 下列企业发行债券产生的成本中，属于资金占用费的是（　　）。

A. 债券利息　　B. 广告费

C. 代理发行费　　D. 公证费

[解析] 资金占用费，是指因占用资金而支付的费用，它主要包括支付给股东的各种股息和红利、向债权人支付的贷款利息及支付给其他债权人的各种利息费用等。选项 B、C、D 属于资金筹集成本。

[答案] A

[2020 真题·单选] 某企业从银行取得 5 年的长期借款 1 000 万元，该笔借款的担保费费率为 0.5%，利率为 6%，每年结息一次，到期一次还本，企业所得税税率为 25%，则该笔借款年资金成本率为（　　）。

A. 4.50%　　B. 4.52%

C. 6.00%　　D. 6.03%

[解析] 该笔借款年资金成本率=6%×（1−25%）/（1−0.5%）≈4.52%。

[答案] B

[2019 真题·单选] 某建筑企业年初从银行借款 1 000 万元，期限 5 年，年利率为 8%，每年末结息一次，到期一次还本，企业所得税率为 25%。则该笔借款的年资金成本率为（　　）。

A. 1.60%　　B. 8.00%

C. 8.24%　　D. 6.00%

[解析] 该笔借款的年资金成本率=8%×（1−25%）=6%。

[答案] D

第二章

知识点 4 资本结构分析

一、资本结构的含义

所谓资本结构，从狭义上讲，指企业长期债务资本与权益资本之间的比例关系。从广义上讲，指企业多种不同形式的负债与权益资本之间多种多样的组合结构。资本结构是企业筹资决策的核心问题。企业应综合考虑有关影响因素，运用适当的方法确定最佳资本结构，并在以后追加筹资中继续保持。企业现有资本结构不合理，应通过筹资活动进行调整，使其趋于合理化。

二、影响资本结构的因素

从理财人员的角度，确定企业的资本结构，应当与企业的理财目标紧密结合，同时还要充分考虑理财环境各种可能的变化。按照现代财务理论，最广为接受的理财目标是企业价值最大化，要达到这一目标，企业必须合理确定并不断优化其资本结构，使企业的资金得到充分有效的使用。因此，从这一角度出发，企业的目标资本结构应是实现企业价值最大化，并且同时实现资本成本最小化的资本结构。企业确定目标资本结构时，应该考虑以下因素：

（1）企业的行业规模与成长性。

①不同的企业资本结构区别较大。同一行业不同规模的企业，筹资能力不同。企业的规模越大，筹资能力越强，筹资成本越低；反之，企业的筹资能力越弱，筹资成本越高。

②处于高速发展阶段的企业，对于资金的需求量大，依靠股权筹资难以满足企业发展的需要，需要依靠更多的债务筹资。

（2）所得税的影响。

一般来讲，所得税税率越高，利息的抵税收益就越多，为获得更多的利息抵税收益，企业举债的愿望就越强。

（3）企业的经营风险。

企业不采用债务筹资而开展经营的固有风险，主要是由企业的销售数量、销售价格与成本等因素引起的，企业的经营风险越高，资本结构中债务的比重应越低。

（4）企业财务状况。

企业财务状况主要包括企业资产结构、变现能力与盈利能力等。

三、资本结构优化决策

利用负债资本具有双重作用，适当利用负债，可以降低企业资本成本，但当企业负债比率太高时，会带来较大的财务风险。为此，企业必须权衡财务风险和资本成本的关系，确定最佳资本结构。

最佳资本结构是指在一定条件下使企业加权平均资金成本最低、企业价值最大的资本结构。其判断的标准有：有利于最大限度地增加所有者财富，能使企业价值最大化；企业加权平均资本成本最低；保持资产适当流动，并使资本结构富有弹性。

其中加权平均资本成本最低是主要标准。

确定最佳资本结构的方法有每股收益无差别点法、比较资本成本法和公司价值分析法。下面主要介绍每股收益无差别点法。

每股收益无差别点法，又称每股利润无差别点法或息税前利润-每股收益分析法（EBIT-EPS分析法），是利用每股收益的无差别点进行的分析。所谓每股收益的无差别点，是指每股收益不受融资方式影响的销售水平，一般用息税前利润表示。利用每股收益无差别点法，可以判断什么情况下的销售水平适用于何种融资方式，以进行资本结构的决策。每股收益无差别点处的息税前利润计算公式为

$$\frac{(\overline{EBIT}-I_1)(1-T)}{N_1}=\frac{(\overline{EBIT}-I_2)(1-T)}{N_2}$$

$$\overline{EBIT}=\frac{N_2I_1(1-T)-N_1I_2(1-T)}{(N_2-N_1)(1-T)}$$

$$\overline{EBIT}=\frac{N_2I_1-N_1I_2}{N_2-N_1}$$

式中　$\overline{EBIT}$——每股收益无差别点处的息税前利润；

I_1、I_2——两种筹资方式下的年利息；

N_1、N_2——两种筹资方式下的流通在外的普通股股数；

T——所得税税率。

这种分析方法只考虑了资本结构对每股收益的影响，并假定每股收益最大，股票价格也最高。但该方法把资本结构对风险的影响置于视野之外，是不全面的。因为随着负债的增加，投资者的风险加大，股票价格和企业价值也会有下降的趋势，所以，单纯地用每股收益无差别点法有时会做出错误的决策。但在资金市场不完善的时候，投资人主要根据每股收益的多少来做出投资决策，每股收益的增加也的确有利于股票价格的上升。每股收益无差别点法的原理比较容易理解，测算过程较为简单。它以普通股收益最高为决策标准，没有考虑财务风险因素，其决策目标实际上是每股收益最大化而不是公司价值最大化，适用于资本规模不大、资本结构不太复杂的股份有限公司。

实战演练

[2024真题·单选] 采用每股收益无差别点法进行资本结构决策的缺点是（　　）。

A. 没有考虑不同来源资金的成本差异

B. 没有考虑债务资金比例对每股收益的影响

C. 没有考虑不同筹资方式带来的风险

D. 每股收益的估算方法不明确

[解析] 每股收益无差别点法以普通股收益最高为决策标准，没有考虑财务风险因素。

[答案] C

[2023真题·单选] 关于企业最佳资本结构的说法，正确的是（　　）。

A. 最佳资本结构是使股东每股收益最大的资本结构

B. 最佳资本结构是使债务资金最大的资本结构，因为债务资金越多，抵税作用越明显

C. 最佳资本结构是使企业价值最大化，同时加权平均资金成本最低的资本结构

D. 最佳资本结构是使债务资金最小的资本结构，因为债务资金越少，企业面临的财务风险越小

[解析] 最佳资本结构是指在一定条件下使企业加权平均资金成本最低、企业价值最大的资本结构。

[答案] C

第七节 营运资金管理

营运资金又称净营运资金，是指流动资产减去流动负债后的差额。流动资产是指可以在1年或超过1年的一个营业周期内变现或使用的资产，主要包括现金、银行存款、有价证券、应收账款、存货等。如果流动资产等于流动负债，则占用在流动资产上的资金全部是由流动负债融资形成的；如果流动资产大于流动负债，则与此相对应的“净流动资产”要以长期负债或股东权益的一定份额作为其资金来源。营运资金管理一般是指公司的流动资产管理和为维持流动资产而进行的短期融资活动管理。本节主要讲述现金管理、应收账款管理、存货管理、短期负债管理。

知识点 1 现金管理

一、现金管理的内容

现金是指以货币形态存在的资金，包括库存现金、各种银行存款和其他货币资金。现金是流动性最强而盈利性最弱的资产。

公司在经营过程中，要经常处理现金收付业务。如果现金流入量与流出量能够同时发生并且准确预测，那么公司就不需要持有现金余额。然而，这只是一种理想状态。市场的不确定性导致公司的现金流入与流出不可能同步，也不可能准确预测，因此，公司必须研究制定一个良好的现金管理策略才能尽量减少现金余额，维持公司的获利能力和资金流动性。从盈利的角度考虑，公司应尽量减少现金持有量；但从安全性考虑，公司应保持足够的现金持有量，防止现金短缺造成的损失。现金管理就是要寻求盈利性与流动性的最佳状态。其管理内容主要包括以下 3 个方面：

(1) 编制现金预算，规划未来的现金流入与流出量。

(2) 确定适当的现金持有量。当公司实际的现金余额与最佳的现金余额不一致时，可采用短期融资、归还借款和投资有价证券等策略使公司实际的现金余额达到理想状态。

(3) 探讨加速现金流入与减缓现金流出的方法，尽量提高现金管理效率。

二、最佳现金持有量的确定

一方面，公司持有过多的现金，虽然能够保证拥有较高的资金流动性，但现金这种资产的盈利性差，持有量过多会导致公司资金利用效率的下降。另一方面，如果公司持有现金过少，则可能出现现金短缺而无法满足公司的正常生产经营活动需要的情况。公司试图寻找一个既能满足生产经营活动需要，同时又能使现金持有成本最低的现金持有量，这就是理论上的最佳现金持有量。一般来说，影响最佳现金持有量的因素主要有 3 个，即现金的机会成本、管理成本和短缺成本。

成本分析模型主要根据现金有关成本，分析预测其总成本最低时的现金持有量。运用成本分析模型确定最佳现金持有量，假定只考虑持有一定量的现金所产生的持有成本及短缺成本，而不予考虑转换成本，其计算公式为

最佳现金持有量＝min（持有成本＋短缺成本）

＝min（管理成本＋机会成本＋短缺成本）

其中，管理成本属于固定成本，机会成本是正相关成本，短缺成本是负相关成本。不同成本同现金持有量之间的关系可以从图 2-7-1 中反映出来。

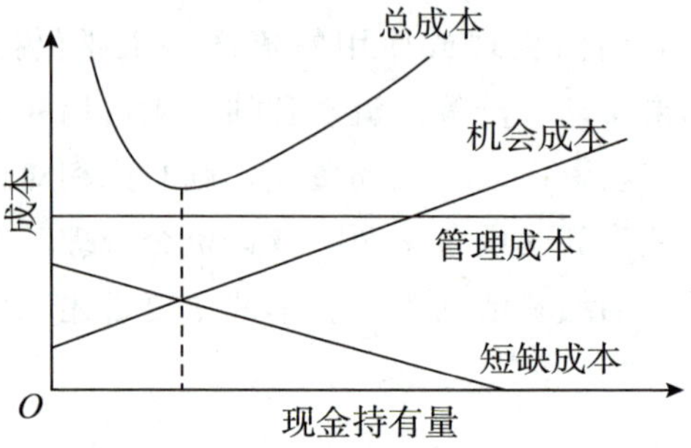

图 2-7-1　不同成本同现金持有量之间的关系

从图 2-7-1 可以看出，由于各项成本同现金持有量的变动关系不同，使得总成本曲线呈抛物线型，抛物线的最低点即为成本最低点，该点所对应的现金持有量便是最佳现金持有量，此时总成本最低。成本分析模型正是运用上述原理确定最佳现金持有量的。在实际工作中运用该模型确定最佳现金持有量的具体步骤如下：

（1）根据不同现金持有量预测并确定有关成本数值。

（2）按照不同现金持有量及其有关成本资料编制最佳现金持有量测算表。

（3）在测算表中找出总成本最低时的现金持有量，即最佳现金持有量。

第二章

三、现金的日常管理

现金日常管理的目的在于提高现金使用效率。现金日常管理的主要方法有以下 5 个：

（1）力争现金流量同步。

如果企业能尽量使它的现金流入与现金流出发生的时间趋于一致，就可以使其所持有的交易性现金余额降到最低水平，这就是现金流量同步。

（2）使用现金浮游量。

从企业开出支票，收票人收到支票并存入银行，至银行将款项划出企业账户，中间需要一段时间。现金在这段时间的占用称为现金浮游量。在这段时间里，尽管企业已开出了支票，却仍可动用在活期存款账户上的这笔资金。不过，在使用现金浮游量时，一定要控制好使用的时间，否则会发生银行存款的透支。

（3）加速收款。

这里主要指缩短应收账款的收取时间。发生应收款会增加企业资金的占用，但它又是必要的，因为它可以扩大销售规模，增加销售收入。问题在于如何既利用应收款吸引顾客，又缩短收款时间。这需要在两者之间找到适当的平衡点，并实施妥善的收账策略。

（4）推迟应付款的支付。

推迟应付款的支付是指企业在不影响自己信誉的前提下，尽可能地推迟应付款的支付期，充分运用供货方所提供的信用优惠。如遇企业急需现金，甚至可以放弃供货方的折扣优惠，在信用期的最后一天支付款项。当然，这要权衡折扣优惠与急需现金之间的利弊得失而定。

（5）利用信用卡透支。

当企业存款暂时不足，但又必须开支时，可以采用信用卡透支的方式，以解决支付延期造成的企业信誉损失。特别是目前各家银行发放的信用卡都有免息期，免息期最短有 25 d，最长有 56 d，企业可以充分利用这一优惠措施。采用信用卡支付，可以灵活调度现金并节省现金的开支。使用得当，最长可以享受 56 d 的免息期。

实战演练

［2021 真题 · 单选］企业为提高现金使用效率，利用已经开出了支票而银行还未将该款项划出这一时间段内的资金，该企业进行现金管理的方法属于（　　）的方法。

A. 使用现金浮游量　　B. 使现金流量同步

C. 加速收款　　D. 推迟应付账款

［解析］从企业开出支票，收票人收到支票并存入银行，至银行将款项划出企业账户，中间需要一段时间。现金在这段时间的占用称为现金浮游量。在这段时间里，尽管企业已开出了支票，却仍可动用在活期存款账户上的这笔资金。不过，在使用现金浮游量时，一定要控制好使用的时间，否则会发生银行存款的透支。

［答案］A

［2024 真题 · 多选］采用成本分析模型确定企业最佳现金持有量时，通常考虑的成本有（　　）。

A. 管理成本　　B. 沉没成本　　C. 机会成本　　D. 短缺成本

E. 表现成本

［解析］影响最佳现金持有量的因素主要有 3 个，即现金的机会成本、管理成本和短缺成本。

［答案］ACD

［2023 真题 · 多选］为了提高现金使用效率，企业可采取的现金管理方法有（　　）。

A. 推迟应付票据及应付账款的支付，充分利用供货方提供的信用优惠

B. 尽可能多地将现金转换为有价证券，以获取更多收益

C. 尽量使现金流入和现金流出发生的时间趋于一致

D. 制定收账政策，缩短应收账款和应收票据的收取时间

E. 合理使用现金浮游量

［解析］现金日常管理的主要方法有以下 5 个：①力争现金流量同步。②使用现金浮游量。③加速收款。这里主要指缩短应收账款的收取时间。④推迟应付款的支付。⑤利用信用卡透支。

［答案］ACDE

知识点 2 应收账款管理

一、应收账款管理的目标及内容

应收账款的产生是市场竞争的结果，是公司扩大销售、增强产品竞争力的结果，其管理的目标就是获得利润。应收账款是公司的一种资金的投放，是为了扩大销售和盈利而进行的投资，而投资就要发生成本，所以应收账款管理的目标就是在投资的收益与成本之间进行权衡，只有当应收账款所增加的盈利超过所增加的成本时，才应当实施应收账款赊销。也就是说，应收账款投资会产生正的净现值，从而增加公司的价值。

应收账款管理的内容应当包括：制定适当的信用政策、严格执行信用政策、应收账款的控制。

二、应收账款信用政策的制定

应收账款的信用政策，是公司财务政策的一个重要组成部分，是公司对应收账款管理的基本依据，主要由信用分析、信用期限、现金折扣和收账政策四部分组成。有时人们把信用期限和现金折扣合称为信用条件。

（一）信用分析

信用分析是由信用标准、信用评分法和信用报告组成的。信用标准是指顾客获得公司的交易信用所应具备的条件，通常以预期的坏账损失率作为判断标准。公司对客户的信用评价标准可以用 5 个 C 来概括，称为“5C”评价标准。

（1）品质（character），是指客户履行偿还债务的可能性，这是评价客户信用的首要因素。因为每一笔信用交易都隐含了客户对公司付款的承诺，如果客户没有付款的诚意，则该应收账款的风险必然加大，品质直接决定了应收账款的回收速度和回收数额。

（2）能力（capacity），是指客户偿债的财务能力。应着重了解客户的流动资产数量、质量以及流动负债的性质，计算流动比率和速动比率，同时辅以实地观察客户日常运营状况，对其进行评价。

（3）资本（capital），是指客户的财务实力、总资产和股东权益的大小。

（4）抵押品（collateral），是指客户提供作为授信安全保证的资产。当对方的情况公司尚未清楚地了解时，客户提供的抵押品越充分，信用安全保障就越大。

（5）条件（condition），是指当前客户付款的经济环境，如客户在经济萧条时能否付清货款等。

（二）信用条件

信用条件包括信用期限和现金折扣。信用期限是指购买者从购买到必须付款之间的时间间隔，如果客户超过此期限付款就属违约。多数公司为促使客户尽早付款，会对在信用期内提前付款的客户给予销售折扣。

如果提前付款就会享受折价的好处，那么客户必然要考虑是否提前付款。如果对其有利，他们就会提前支付款项，从而缩短公司的应收账款的周转期，减少应收账款资金占用额，但同时公司也必须为此付出一定的代价，就是折扣额。所以，公司必须在成本与收益之间进行权衡，采取有利于公司的应收账款的信用条件。

（三）收账政策

收账政策是应收账款信用政策的最后一个要素，包括监控应收账款和收账工作。

1. 监控应收账款

为了追踪客户付款情况，大多数公司都对尚未付清的账款加以监控。公司通常会监控其平均收账期（ACP）。如果一家公司的业务显现季节性，平均收账期通常会在一年内有些波动。但如果平均收账期出现意外的增长，就应加以关注。其原因要么是大多数客户都延长了付款期，要么是部分应收账款已严重逾期。

账龄分析表是监控应收账款的基本工具。在准备账龄分析表时，信用部门将应收账款按账龄加以分类。这样做的主要目的在于了解公司目前的应收账款中有多少尚处于信用期内，有多少欠款超过信用期以及方便按时间长短进行分类分析。

2. 收账工作

对于逾期不付款的客户，公司通常通过发送过失函通知客户账款已经逾期、打电话通知客户、雇佣收账代理、付诸法律行动等方式进行收账工作。

实战演练

［2023 真题·单选］企业为了对应收票据和应收账款回收情况进行监督，可采取的措施是（　　）。

A. 编制账龄分析表　　B. 制定现金折扣政策

C. 调整信用期间　　D. 增加收账人员催收账款

［解析］公司通常可以采用监控其平均收账期和编制账龄分析表这两种方式来进行应收账款的监控。

［答案］A

知识点 3 存货管理

一、存货管理的目标

公司存货管理的目的主要是为了解决购料与生产不相配合的问题。周密和完善的生产计划和物资供应系统可使原材料、零部件的供应和生产过程完全衔接并及时满足市场对产品的需求，这时公司对存货的需求量最小。但生产和销售是一个动态系统，它必须随着市场的变化而变化，总会产生波动。若生产一时扩大而原材料供应不上，则会使生产中断。若市场销售量增加而公司无产成品库存，则会影响公司的销售和声誉，造成一定的损失。因此，公司基于内外部主客观环境和条件的影响，无法全面推行“适时生产系统”，存货的存在是不可避免的。从公司的角度出发，存货管理的目标是在满足经营所需存货的条件下，存货的成本最低。

二、与存货有关的成本

企业持有一定数量的存货，必然要有一定的支出，与存货有关的成本可以分为取得成本、储存成本和缺货成本等。

（一）取得成本

取得成本是指为取得某种存货而支出的成本，其中又分为订货成本和购置成本。

（1）订货成本指取得存货订单的成本，如办公费、差旅费、邮资、电报费、电话费等支出。其中一部分与订货次数无关，如常设采购机构的基本开支等，称为固定订货成本；另一部分与订货次数有关，如差旅费、邮资等，这类成本与订货次数成正比，称为变动订货成本。订货成本应为变动订货成本与固定订货成本之和。

（2）购置成本是指存货本身的价格，通常用数量与单价的乘积来确定，当存货采购总量一定，价格保持不变，并且无数量折扣时，存货的购置成本是稳定的；若存货购置有数量折扣，则必须考虑订购批量变动时购置成本的变动。

总之，订货成本加上购置成本，即为存货的取得成本。其可用公式表达为

取得成本＝订货成本＋购置成本

＝固定订货成本＋变动订货成本＋购置成本

（二）储存成本

储存成本指为储存存货而发生的成本，包括存货占用资金所应计的利息、仓储费用、保险费用、存货毁损和变质损失等。储存成本分为固定储存成本和变动储存成本。

其公式表达为

储存成本＝固定储存成本＋变动储存成本

（1）固定储存成本与存货数量的多少无关，固定储存成本包括仓库折旧、仓库管理人员的固定月工资等。

（2）变动储存成本与存货的数量有关，变动储存成本包括按存货量计算的仓库租金、存货占用资金的机会成本、存货的毁损和变质损失、存货的保险费用等。变动储存成本通常用平均存货量与单位存货的变动储存成本的乘积表示。

（三）缺货成本

缺货成本是指由于存货供应中断造成的损失，包括材料供应中断造成的停工损失、产成品库存缺货造成的拖欠发货损失、丧失销售机会的损失和企业信誉损失等。如果生产企业以紧急采购代用材料解决库存材料中断之急，那么缺货成本表现为紧急额外购入材料的价格超过正常开支的成本。

三、存货管理方法

（一）ABC 控制法

ABC 控制法是根据各项存货在全部存货中的重要程度，将存货分成 A、B、C 三类。A 类存货的数量、种类占全部存货的 10% 左右，所占资金却占全部金额的 70% 左右；B 类存货数量、种类占全部存货的 20%～30%，占用资金约为全部金额的 20%；C 类存货的数量、种类占全部存货的 60%～70%，资金约占全部金额的 10%。

对 A 类存货实行重点规划和严格管理，对存货的收、发、存进行详细记录，定期盘点。对采购、储存、使用过程中出现的偏差应及时分析原因，调查清楚，寻求改进措施。

对 B 类存货进行次重点管理。对 B 类存货一般可按存货类别进行控制，制定定额，对

实际出现的偏差进行概括性检查。

对 C 类存货只进行一般管理，采用集中管理的方式进行控制。

（二）经济订货批量控制法

经济订货批量是在给定存货的预计用量、单位订货成本和储存成本的条件下，确定能使存货的相关总成本达到最低的一次采购数量。

存货订货成本与采购批量成反比，而存货储存成本与采购批量成正比。短缺成本由于难以计量，不予考虑。由此可见，订货成本与储存成本是决定存货经济订货批量的两大因素，而与批量无关的固定订货成本与固定储存成本则称为无关成本，在确定经济批量时不必考虑。因此，经济订货批量就可以通过使存货变动订货成本与变动储存成本之和最小的计算方法求得。经过推导可得最佳经济订货批量，计算公式如下：

$$Q^{*}=\sqrt{\frac{2KD}{K_{c}}}$$

式中　Q^{*}——最佳经济订货批量；

K——每次订货的变动成本；

D——年需求量；

K_{c}——单位储存变动成本。

实战演练

[2024 真题·单选] 采用 ABC 控制法进行存货管理时，对于种类较少、资金占用较多的 A 类存货，宜采取的措施是（　　）。

A. 对其经济批量重点规划，严格管理　　B. 根据数量标准划分，分类别一般控制

C. 根据存货是否容易保存，灵活控制　　D. 根据经验确定订货批量，适当控制

[解析] 对 A 类存货实行重点规划和严格管理，对存货的收、发、存进行详细记录，定期盘点。对采购、储存、使用过程中出现的偏差应及时分析原因，调查清楚，寻求改进措施。

[答案] A

[2023 真题·单选] 某企业生产需要的甲材料年度采购总量预计 3 000 t，材料单价为 6 000 元/t，每次订货的固定成本和变动成本分别为 5 000 元和 1 500 元，每吨材料的平均储存成本为 100 元。该材料每年最经济的采购次数为（　　）次。

A. 7　　B. 8

C. 9　　D. 10

[解析] 最佳经济订货批量$=\sqrt{2\times\text{每次订货的变动成本}\times\text{年需求量}/\text{单位储存变动成本}}=\sqrt{2\times1\,500\times3\,000/100}=300$（t）。该材料每年最经济的采购次数=3 000/300=10（次）。

[答案] D

[2022 真题·单选] 下列企业存货管理的损失中，属于储存成本的是（　　）。

A. 存货破损和变质损失　　B. 材料供应中断造成的停工损失

C. 丧失销售机会的损失　　D. 产成品缺货造成的延迟发货损失

［解析］储存成本指为储存存货而发生的成本，包括存货占用资金所应计的利息、仓储费用、保险费用、存货毁损和变质损失等。

［答案］A

知识点 4 短期负债管理

一、短期负债

我国短期负债主要有吸收直接投资、发行股票、短期借款、发行债券、商业信用、租赁、利用留存收益等。其中，商业信用是企业广泛采用的一种短期负债，在短期负债中，它所占的比重相当大，一些小型企业由于银行借款的限制较多，难以通过银行借款获得足够的短期资金，因此，这类企业对商业信用的依赖程度较高。另外，从金融机构取得短期借款也是企业经常采用的一种短期负债。

二、商业信用的管理

商业信用的具体形式主要有应付账款、应付票据、预收账款等。

（一）应付账款

应付账款是指买卖双方发生商品交易后，卖方允许买方在购货后一定时期内支付货款的一种形式。利用这种形式，卖方主要是为促销，对买方来说延期付款则等于向卖方借用资金购进商品，可以满足买方的短期资金需求，缓解资金需求压力。应付账款的信用条件和应付账款的成本规定如下：

（1）应付账款的信用条件是指销货人对付款时间和现金折扣所做的具体规定。例如，“2/10、N/35”表示 10 d 内付款可享受 2% 的现金折扣，否则 35 d 内全价付款。

（2）应付账款的成本是指企业因放弃现金折扣而产生的商业信用筹资的机会成本。倘若买方企业购买货物后在卖方规定的折扣期内付款，享受了现金折扣，这种情况下企业没有因享受信用而付出成本。只有当卖方给出了现金折扣，但企业未能在规定的折扣期内付款，放弃了现金折扣时，应付账款才有成本。

【例题 4】某企业购进一批价值为 50 000 元的材料，对方开出的信用条件是“3/10、N/60”，假设企业在购货后的第 10 天、第 60 天付款，试分别计算商业信用的成本率。

解：（1）如果企业在购货后的第 10 天或更早付款，便享受了 10 d 的免费信用期，并获得折扣 1 500 元（50 000×3%），只需支付 48 500 元（50 000－1 500），此时，商业信用没有成本。

（2）如果企业不享受这一现金折扣，在购货后第 60 天付款，则须支付 50 000 元，比享受现金折扣多付 1 500 元，可以理解为该企业占用对方货款 48 500 元，期限为 50 d 支付 1 500元的利息，折算成年利率为：$\frac{1\ 500}{48\ 500}\times\frac{360}{50}\times100\%\approx22.27\%$。这就是企业因放弃现金折扣而发生的商业信用成本率。放弃现金折扣的成本率还可以用另一种方式计算：放弃现金折扣成本率$=\frac{\text{折扣率}}{1-\text{折扣率}}\times\frac{360}{\text{信用期}-\text{折扣期}}\times100\%$。所以，该企业的商业信用成本率为：

$\frac{3\%}{1-3\%}\times\frac{360}{60-10}\times 100\%\approx 22.27\%$。

一般来说，如果能以低于放弃现金折扣成本的利率（其实质是一种机会成本）借入资金，便应利用现金折扣，在现金折扣期内用借入的资金支付货款。例如，与上例同期的银行短期借款年利率为 8%，则买方企业应利用资金成本低的银行借款在折扣期内偿还应付账款；否则，企业应放弃折扣。

（二）应付票据

应付票据是购销双方按购销合同进行商品交易，延期付款而签发的、反映债权债务关系的票据。在商品交易活动中，买方对卖方延期付款既可以采取应付账款方式，也可以采取商业汇票结算方式，但在下列情况下通常采取商业汇票结算方式：①卖方对买方的信用不了解；②买方信用不佳，不被卖方所信任；③赊销货款的金额较大。

（三）预收账款

预收账款是卖方企业在交付货物之前，向买方预先收取部分或全部货款的信用形式。预收账款相当于卖方向买方借款，而在以后一定时期用商品归还，是卖方的一种短期资金来源。企业通常在销售紧俏商品或销售生产周期长、价值高的商品时采用预收货款的方式，以缓解资金需求的压力。

三、短期借款的管理

（一）短期借款利息支付方法

一般来说，借款企业通常用以下 3 种方法支付银行贷款利息：

（1）收款法，是企业在借款到期时向银行支付利息的方法。银行向工商企业发放的贷款大都采用这种方法收取利息，且此方法对借款企业最有利。

（2）贴现法，是银行向企业发放贷款时，先从本金中扣除利息部分，而到期时借款企业则要偿还全部本金的一种计息方法。采用这种方法，企业可利用的贷款额只有本金减去利息部分后的差额，因此，贷款的实际利率要高于名义利率。实际利率的计算公式为

$$K_{实}=\frac{I}{M-I}$$

式中 $K_{实}$——实际利率；

I——利息费用；

M——贷款面值。

【例题 5】某企业从银行取得贷款 10 000 元，期限 1 年，年利率为 12%（名义利率），利息为 1 200 元（10 000×12%）。按照贴现法计息，企业实际可利用的贷款为 8 800 元，计算该项贷款的实际利率。（计算结果保留两位小数）

解：该项贷款的实际利率 $=\frac{1\ 200}{10\ 000-1\ 200}\approx 13.64\%$

（3）加息法，是银行发放分期等额偿还贷款时采用的利息收取方法。在分期等额偿还贷款的情况下，银行将根据名义利率计算的利息加到贷款本金上，计算出贷款的本息和，要求企业在贷款期内分期偿还本息之和的金额。

【例题 6】 某企业借入年利率 12% 的贷款 30 000 元，期限为 1 年，分 12 个月等额偿还本息，则该项贷款的实际利率是多少？

利用现值法计算分期等额偿还贷款的实际利率，虽然比较精确，但较复杂。此题可以采用一种简单的估算方法，即利用公式 $K_{实}=\frac{I}{M/2}$进行估算，式中，I 为利息费用；M 为贷款面额。

由于借款是分期等额偿还的，因此在 1 年内的平均贷款额为 15 000 元（30 000/2），而借款人所付的利息 3 600 元（30 000×12%）就等于使用这 15 000 元贷款的利息，据此可以计算实际利率 $=\frac{3\ 600}{30\ 000/2}=24\%$。

通过以上对短期借款利率的计算可以看出，由于银行对利息支付方式的要求不同和对借款企业的诸多条件限制，企业借款的实际利率可能会大大超过名义利率，因此，企业在向银行借款时，应根据银行要求的利息支付方式及限制条件确定实际利率，以便做出筹资选择。

（二）借款企业对银行的选择

借款企业在进行短期借款筹资时，除了要考虑借款种类、借款成本等因素外，还需对贷款银行进行分析，做出选择。对短期贷款银行的选择，通常要考虑下列有关因素。

1. 银行对贷款风险的政策

银行通常都有对其贷款的风险做出的政策性规定。有些银行倾向于保守政策，只愿承担较小的贷款风险，有些银行则富有开拓性，敢于承担较大的风险。企业宜选择在贷款风险政策方面具有开拓精神的银行，因为这些银行通常不会因企业某些短期的困难而改变贷款政策，从而保证稳定的资金来源。

2. 银行对借款企业提供咨询与服务的情况

有些银行会主动帮助借款企业分析潜在的财务问题，提出解决问题的建议和办法，有着良好的服务，乐于为具有发展潜力的企业发放大量贷款，在企业遇到困难时帮助其渡过难关；而有些银行很少为企业提供咨询与服务，在企业遇到困难时会一味地为了让企业清偿贷款而施加压力。

3. 银行对贷款专业化的区分

一般而言，大银行都设有不同的专业部门，分别处理不同行业、不同类型的贷款。企业与这些拥有丰富专业化贷款经验的银行合作，会受益更多。

4. 银行资金的稳定性

资金量稳定的银行通常能使企业的借款资金更有保障，因此，企业应选择资本雄厚、存款水平波动程度低、存款结构优的银行。

实战演练

［2024 真题・单选］ 某企业向银行借款，在年名义利率相同的条件下，下列利息支付方法中，对借款企业最有利的是（　　）。

A. 贴现法　　B. 收款法

C. 加息法　　D. 浮动利率法

[解析] 收款法是企业在借款到期时向银行支付利息的方法。银行向工商企业发放的贷款大都采用这种方法收取利息，且此方法对借款企业最有利。

[答案] B

[2023 真题 · 单选] 某企业按照 1/30、N/45 的条件购入 100 万元材料，同期银行贷款的年利率为 4.35%。若企业在第 40 天付款，则企业放弃现金折扣的成本率是（　　）。

A. 4.35%　　B. 8.08%

C. 36.36%　　D. 24.24%

[解析] 企业放弃现金折扣的成本率＝[1%/（1－1%）]×[360/（45－30）]×100%≈24.24%。

[答案] D

第三章

工程计价

本章导学

本章内容是建设工程经济中的核心内容，在历年考试中，所占分值最大，需重点掌握。本章主要介绍建设项目总投资构成及计算、工程计价依据、设计概算与施工图预算、工程量清单计价、工程计量与支付、工程总承包计价、国际工程投标报价、工程计价数字化与智能化等方面，主要包括整个项目从前期的可行性研究阶段到最终的竣工验收所涉及的各个阶段的内容。

本章内容知识点虽多但知识体系与实际工作契合度较高，比较易于理解。学习原则是“牢记构成、掌握规则、熟练计算”。

第一节　建设项目总投资构成及计算

建设项目总投资是指在建设项目的建设期内，为建成并达到设计生产能力所需的全部投资费用，包括建设投资、建设期利息和流动资金三大组成部分。本节主要介绍建设项目总投资构成、设备及工器具购置费构成及计算、建筑安装工程费构成及计算、工程建设其他费用构成及计算、预备费计算、增值税计算、建设期利息与流动资金计算。

知识点 1　建设项目总投资构成

建设项目总投资是为完成工程项目建设并达到使用要求或生产条件，在建设期内预计或实际投入的全部费用总和。①

根据项目的功能和用途划分，建设项目可分为生产性建设项目和非生产性建设项目。

一、生产性建设项目总投资

生产性建设项目总投资包括建设投资、建设期利息和流动资金三部分。

（一）建设投资

建设投资是为完成工程项目建设，在建设期内投入且形成现金流出的全部费用。建设投资包括工程费用、工程建设其他费用和预备费 3 个部分。

1. 工程费用

工程费用是指建设期内直接用于工程建造、设备购置及其安装的建设投资，可以分为建筑安装工程费和设备及工器具购置费。

（1）建筑安装工程费是指为完成工程项目建造、生产性设备及配套工程安装所需的费用。建筑安装工程费按照专业工程类别分为建筑工程费和安装工程费。建筑工程费在民用建筑中还应包括电气、采暖、通风空调、给排水、通信及建筑智能等建筑设备及其安装工程费。安装工程费是指用于设备、工器具、交通运输设备、生产家具等的安装或组装，以及配套工程安装而发生的全部费用。建筑安装工程费的构成包括人工费、材料费、施工机械使用费、管理费、利润、规费和税金。

（2）设备及工器具购置费是由设备购置费和工器具及生产家具购置费组成的。设备购置费是指为项目建设而购置或自制的，达到固定资产标准的设备、工器具、交通运输设备、生产家具（办公和生活家具费计入工程建设其他费用项下的生产准备费）等的费用。设备购置费中包括设备原价和运杂费。工器具及生产家具购置费是指新建或扩建项目初步设计规定的，保证初期正常生产必须购置的没有达到固定资产标准的设备、仪器、工卡模具、器具、生产家具和备品备件等的购置费用。

①由于不同专业类别的工程项目在总投资与工程造价构成上有所不同，本书仅以各类建筑工程为对象介绍其总投资与工程造价构成，其他专业类别的工程项目总投资与工程造价构成参考相应专业的规范及标准。

2. 工程建设其他费用

工程建设其他费用是指建设期为项目建设或运营必须发生的但不包括在工程费用中的费用。工程建设其他费用分为三类：第一类指土地使用权购置或取得的费用；第二类指与整个工程建设有关的各类其他费用；第三类指与未来企业生产经营有关的其他费用。

3. 预备费

预备费是指在建设期内因各种不可预见因素的变化而预留的可能增加的费用，包括基本预备费和价差预备费。

（二）建设期利息

建设期利息是指在建设期内发生的为工程项目筹措资金的融资费用及债务资金利息。

债务资金包括向国内银行和其他非银行金融机构贷款、出口信贷、外国政府贷款、国际商业银行贷款以及在境内外发行的债券等。融资费用和应计入固定资产原值的利息包括借款（或债券）利息及手续费、承诺费、管理费等。建设期利息要计入固定资产原值。

（三）流动资金

流动资金是指为进行正常生产运营，用于购买原材料、燃料，支付工资及其他运营费用等所需的周转资金。在可行性研究阶段用于财务分析时计为全部流动资金，在初步设计及以后阶段用于计算“项目报批总投资”或“项目概算总投资”时计为铺底流动资金。铺底流动资金是指生产经营性建设项目为保证投产后正常的生产运营所需，在项目资本金中筹措的自有流动资金。

二、非生产性建设项目总投资

非生产性建设项目总投资包括建设投资和建设期利息两部分，其含义和内容同上文标题一的相应介绍一致。

三、项目投资与工程造价的关系

建设投资和建设期利息之和对应于固定资产投资，固定资产投资与建设项目的工程造价在量上相等。工程造价基本构成包括用于购买工程项目所含各种设备的费用，用于建筑施工和安装施工所需支出的费用，用于委托工程勘察设计应支付的费用，用于获取土地使用权所需的费用，也包括用于建设单位自身进行项目筹建和项目管理所花费的费用等。总之，工程造价是指在建设期预计或实际支出的建设费用。

项目投资与工程造价的关系如图 3-1-1 所示。

- 建设项目总投资
  - 固定资产投资——工程造价
    - 建设投资
      - 工程费用
        - 建筑安装工程费
        - 设备及工器具购置费
      - 工程建设其他费用
        - 建设管理费
        - 建设用地费
        - 可行性研究费
        - 研究试验费
        - 勘察设计费
        - 环境影响评价费
        - 劳动安全卫生评价费
        - 场地准备及临时设施费
        - 引进技术和引进设备其他费
        - 工程保险费
        - 联合试运转费
        - 特殊设备安全监督检验费
        - 市政公用设施配套费
        - 专利及专有技术使用费
        - 生产准备及开办费
      - 预备费
        - 基本预备费
        - 价差预备费
    - 建设期利息
  - 流动资产投资——流动资金

图 3-1-1　项目投资与工程造价的关系

固定资产投资包括静态投资和动态投资。静态投资包括工程费用、工程建设其他费用和基本预备费，是以某一基准期建设要素的价格为依据所计算出的建设投资。动态投资包括静态投资部分和由价差预备费及建设期利息组成的动态投资部分。

四、工程计价的特点

由工程项目的特点决定，工程计价具有以下特征。

（一）计价的单件性

建筑产品的单件性特点决定了每项工程都必须单独计算造价。

（二）计价的多次性

工程项目需要按程序进行策划决策和建设实施，工程计价也需要在不同阶段多次进行，以保证工程造价计算的准确性和控制的有效性。多次计价是一个逐步深入和细化、不断接近实际造价的过程。工程多次计价过程图如图 3-1-2 所示。

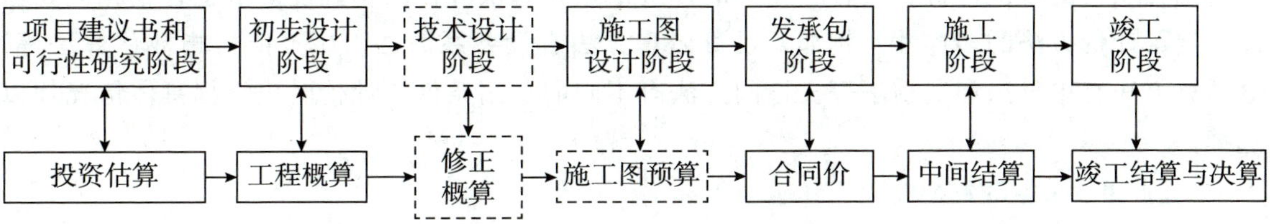

图 3-1-2　工程多次计价过程图

注： 竖向箭头表示对应关系，横向箭头表示多次计价流程及逐步深化过程。

（1）投资估算，是指在项目建议书和可行性研究阶段，通过编制估算文件预先测算的工程造价。投资估算是进行项目决策、筹集资金和合理控制造价的主要依据。

（2）工程概算，是指在初步设计阶段，根据设计意图，通过编制工程概算文件预先测算的工程造价。与投资估算相比，工程概算的准确性有所提高，但受投资估算的控制。工程概算一般又可分为建设项目总概算、各单项工程综合概算、各单位工程概算。

（3）修正概算，是指在技术设计阶段，根据技术设计要求，通过编制修正概算文件预先测算的工程造价。修正概算是对工程概算的修正和调整，比工程概算准确，但受工程概算控制。

（4）施工图预算，是指在施工图设计阶段，根据施工图纸，通过编制预算文件预先测算的工程造价。施工图预算比工程概算或修正概算更为详尽和准确，但同样要受前一阶段工程造价的控制。并非每一个工程项目均要编制施工图预算。目前，有些工程项目在招标时需要确定招标控制价，以限制最高投标报价。

（5）合同价，是指在工程发承包阶段通过签订合同所确定的价格。合同价属于市场价格，它是由发承包双方根据市场行情通过招投标等方式达成一致、共同认可的成交价格。但应注意，合同价并不等同于最终结算的实际工程造价。由于计价方式不同，合同价的内涵也会有所不同。

（6）工程结算，包括施工过程中的中间结算和竣工验收阶段的竣工结算。工程结算需要按实际完成的合同范围内的合格工程量考虑，同时按合同调价范围和调价方法，对实际发生的工程量增减、设备和材料价差等进行调整后确定结算价格。工程结算反映的是工程项目实际造价。工程结算文件一般由承包单位编制，由发包单位审查，也可委托工程造价咨询机构进行审查。

（7）竣工决算，是指工程竣工决算阶段，以实物数量和货币指标为计量单位，综合反映竣工项目从筹建开始到项目竣工交付使用为止的全部建设费用。竣工决算文件一般由建设单位编制，上报相关主管部门审查。

（三）计价的组合性

工程造价的计算与建设项目的组合性有关。一个建设项目是一个工程综合体，可按单项工程、单位工程、分部工程、分项工程等不同层次分解为许多有内在联系的组成部分。建设项目的组合性决定了工程计价的逐步组合过程。工程造价的组合过程是：分部分项工程造价→单位工程造价→单项工程造价→建设项目总造价。

（四）计价方法的多样性

工程项目的多次计价有其各不相同的计价依据，每次计价的精确度要求也各不相同，由此决定了计价方法的多样性。例如，投资估算方法有设备系数法、生产能力指数估算法等；概预算方法有单价法和实物法等。不同方法有不同的适用条件，计价时应根据具体情况加以选择。

（五）计价依据的复杂性

工程造价的影响因素较多，决定了工程计价依据的复杂性。计价依据主要可分为以下七类：

（1）设备和工程量计算依据，包括项目建议书、可行性研究报告、设计文件等。

（2）人工、材料、机械等实物消耗量计算依据，包括投资估算指标、概算定额、预算定额等。

（3）工程单价计算依据，包括人工单价、材料价格、材料运杂费、机械台班费等。

（4）设备单价计算依据，包括设备原价、设备运杂费、进口设备关税等。

（5）措施费、间接费和工程建设其他费用计算依据，主要是相关的费用定额和指标。

（6）政府规定的税、费。

（7）物价指数和工程造价指数。

实战演练

［2024 真题·单选］某建设项目，设备及工器具购置费为 10 000 万元，建筑工程费为 13 000万元，安装工程费为 2 000 万元，工程建设其他费用为 7 000 万元，基本预备费为 1 600 万元，价差预备费为 1 700 万元，建设期利息为 1 500 万元。该建设项目的工程费用为（　　）万元。

A. 15 000　　B. 32 000

C. 25 000　　D. 33 600

［解析］工程费用是指建设期内直接用于工程建造、设备购置及其安装的建设投资，可以分为建筑安装工程费和设备及工器具购置费。该建设项目的工程费用＝13 000＋2 000＋10 000＝25 000（万元）。

［答案］C

［2023 真题·单选］某投资项目建筑安装工程费为 5 080 万元，设备及工器具购置费为 4 010 万元，工程建设其他费用为 3 030 万元，基本预备费为 600 万元，价差预备费为 750 万元，建设期利息为 488 万元，以上数据为含税价，该项目的静态投资（含税）为（　　）万元。

A. 12 120　　B. 12 720

C. 13 470　　D. 13 928

［解析］静态投资包括工程费用、工程建设其他费用和基本预备费，是以某一基准期建设要素的价格为依据所计算出的建设投资。工程费用是指建设期内直接用于工程建造、设备购置及其安装的建设投资，可以分为建筑安装工程费和设备及工器具购置费。该项目的静态投资（含税）＝5 080＋4 010＋3 030＋600＝12 720（万元）。

［答案］B

［2022 真题·单选］某建设项目设备及工器具购置费为 1 000 万元，建筑安装工程费为 2 500 万元，工程建设其他费用为 700 万元，基本预备费为 210 万元，价差预备费为 310 万元，建设期利息为 320 万元，则该项目的静态投资为（　　）万元。

A. 4 410　　B. 4 200

C. 4 720　　D. 5 040

[解析] 静态投资包括工程费用、工程建设其他费用和基本预备费，是以某一基准期建设要素的价格为依据所计算出的建设投资。工程费用是指建设期内直接用于工程建造、设备购置及其安装的建设投资，可以分为建筑安装工程费和设备及工器具购置费。该项目的静态投资＝2 500＋1 000＋700＋210＝4 410（万元）。

[答案] A

[2021 真题·单选] 下列建设工程项目投资中，属于动态投资的是（　　）。

A. 预备费和铺底流动资金

B. 工程建设其他费用和铺底流动资金

C. 价差预备费和建设期利息

D. 建设期利息和铺底流动资金

[解析] 固定资产投资包括静态投资和动态投资。静态投资包括工程费用、工程建设其他费用和基本预备费，是以某一基准期建设要素的价格为依据所计算出的建设投资。动态投资包括静态投资部分和由价差预备费及建设期利息组成的动态投资部分。

[答案] C

[2018 真题·多选] 企业购置一套达到固定资产标准的设备，则下列支出中应计入该项固定资产原值的有（　　）。

A. 企业采购人员基础工资

B. 设备联合试运转费

C. 设备购买价格

D. 设备运杂费

E. 设备安装费

[解析] 设备购置费是指为项目建设而购置或自制的，达到固定资产标准的设备、工器具、交通运输设备、生产家具（办公和生活家具费计入工程建设其他费用项下的生产准备费）等的费用。设备购置费中包括设备原价和运杂费。

[答案] CD

知识点 2 设备及工器具购置费构成及计算

一、设备购置费

设备购置费中包括设备原价和设备运杂费，计算公式为

设备购置费＝设备原价（含备品备件费）＋设备运杂费

式中，设备原价是指国内采购设备的出厂（场）价格，或国外采购设备的抵岸价格。设备原价通常包含备品备件费在内，备品备件费指设备购置时随设备同时订货的首套备品备件所发生的费用。设备原价按设备来源不同，分为国产设备原价和进口设备原价两大类。设备运杂费指除设备原价之外的关于设备采购、运输、途中包装及仓库保管等方面支出费用的总和。

（一）国产设备原价

国产设备包括标准设备和非标准设备。标准设备是指按国家或行业规定的产品标准进行批量生产并形成系列的设备。非标准设备是指没有国家或行业标准，非批量生产的，一般要进行专门设计、由设备制造厂家特别制造或施工企业在工厂或施工现场进行加工制作的特殊设备。

国产设备原价一般指的是设备制造厂的交货价或订货合同价，即出厂（场）价格。它一般根据制造厂或供应商的询价、报价、合同价确定，或采用一定的方法计算确定。国产设备原价分为国产标准设备原价和国产非标准设备原价。

国产标准设备原价有两种，即带有备件的原价和不带有备件的原价。在计算时，一般采用带有备件的原价。非标准设备尚无定型标准，各设备制造厂不可能在工艺过程中批量生产，只能按订货要求，并根据具体的设计图纸制造的设备。非标准设备单件生产、无定型标准，所以无法获取市场交易价格，只能按其成本构成或相关技术参数估算其价格。非标准设备原价有多种不同的计算方法，如综合单价法、成本计算估价法、系列设备插入估价法、分部组合估价法、定额估价法等。无论采用哪种方法都应该使非标准设备计价接近实际出厂价，并且计算方法要简便。

（二）进口设备原价

进口设备原价是指进口设备的抵岸价，即设备抵达买方边境、港口或车站，缴纳完各种手续费、税费后形成的价格。抵岸价通常是由进口设备到岸价（CIF）和进口设备从属费构成。

1. 进口设备的交易价格术语

在国际贸易中，较为广泛使用的交易价格术语有 FOB、CFR 和 CIF。

（1）FOB 为装运港船上交货价，或称为离岸价。FOB 术语是指当货物在装运港被装上指定船时，卖方即完成交货义务。风险转移，以在指定的装运港货物被装上指定船时为分界点。费用划分与风险转移的分界点相一致。

（2）CFR 为成本加运费，或称为运费在内价。CFR 术语是指货物在装运港被装上指定船时卖方即完成交货，卖方必须支付将货物运至指定的目的港所需的运费和费用，但交货后货物灭失或损坏的风险，以及由于各种事件造成的任何额外费用，则由卖方转移到买方。与 FOB 相比，CFR 的费用划分与风险转移的分界点是不一致的。

（3）CIF 为成本加保险费、运费，或称到岸价。在 CIF 术语中，卖方除负有与 CFR 相同的义务外，还应办理货物在运输途中最低险别的海运保险，并应支付保险费。

2. 进口设备到岸价

进口设备到岸价，即设备抵达买方边境港口或边境车站所形成的价格。其计算公式为

进口设备到岸价（CIF）＝离岸价（FOB）＋国际运费＋运输保险费

（1）离岸价，分为原币货价和人民币货价，原币货价一般折算为美元表示，人民币货价按原币货价乘以外汇市场美元兑换人民币汇率中间价确定。

（2）国际运费，即从装运港（站）到达我国目的港（站）的运费。我国进口设备大部分采用海洋运输方式，小部分采用铁路运输方式，个别采用航空运输方式。进口设备国际运费计算公式为

国际运费（海、陆、空）＝离岸价（FOB）×运费费率

或

国际运费（海、陆、空）＝单位运价×运量

其中，运费费率或单位运价参照有关部门或进出口公司的规定执行。

(3) 运输保险费。对外贸易货物运输保险是由保险人（保险公司）与被保险人（出口人或进口人）订立保险契约，在被保险人交付议定的保险费后，保险人根据保险契约的规定对货物在运输过程中发生的承保责任范围内的损失给予的经济上的补偿。这是一种财产保险，计算公式为

$$运输保险费=\frac{离岸价（FOB）+国际运费}{1-保险费费率}\times 保险费费率$$

其中，保险费费率按保险公司规定的进口货物保险费费率计算。

3. 进口设备从属费

进口设备从属费是指进口设备在办理进口手续过程中发生的应计入设备原价的银行财务费、外贸手续费、进口关税、消费税、进口环节增值税及进口车辆的购置税等，即

进口设备从属费=银行财务费+外贸手续费+进口关税+消费税+进口环节增值税+车辆购置税

(1) 银行财务费，一般是指在国际贸易结算中，金融机构为进出口商提供金融结算服务所收取的费用，可按下式简化计算

银行财务费=离岸价（FOB）×人民币外汇汇率×银行财务费费率

(2) 外贸手续费，指按对外经济贸易部门规定的外贸手续费费率计取的费用，外贸手续费费率一般取 1.5%，计算公式为

外贸手续费=到岸价（CIF）×人民币外汇汇率×外贸手续费费率

(3) 进口关税，由海关对进出国境或关境的货物和物品征收的一种税，计算公式为

进口关税=到岸价（CIF）×人民币外汇汇率×进口关税税率

(4) 消费税，仅对部分进口设备（如轿车、摩托车等）征收，一般计算公式为

$$消费税=\frac{到岸价（CIF）\times 人民币外汇汇率+进口关税}{1-消费税税率}\times 消费税税率$$

其中，消费税税率根据规定的税率计算。

(5) 进口环节增值税，是对从事进口贸易的单位和个人，在进口商品报关进口后征收的税种。我国增值税征收条例规定，进口应税产品均按组成计税价格和增值税税率直接计算应纳税额，计算公式为

进口环节增值税=组成计税价格×增值税税率

组成计税价格=到岸价×人民币外汇汇率+进口关税+消费税

其中，增值税税率根据规定的税率计算。

(6) 进口车辆购置税。进口车辆需缴纳进口车辆购置税，其公式为

进口车辆购置税=（到岸价+进口关税+消费税）×车辆购置税税率

【例题 1】从某国进口应纳消费税的设备，重量 1 000 t，装运港船上交货价为 400 万美元，工程建设项目位于国内某省会城市。如果国际运费标准为 300 美元/t，海上运输保险费费率为 3‰，银行财务费费率为 5‰，外贸手续费费率为 1.5%，进口关税税率为 20%，增值税税率为 13%，消费税税率为 10%，银行外汇牌价为 1 美元=6.9 元人民币，对该设备的原价进行估算。(计算结果保留两位小数)

解：进口设备离岸价（FOB）=400×6.9=2 760（万元）

国际运费＝300×1 000×6.9＝207（万元）

$$海运保险费=\frac{2\ 760+207}{1-3‰}\times 3‰\approx 8.93（万元）$$

到岸价（CIF）＝2 760＋207＋8.93＝2 975.93（万元）

银行财务费＝2 760×5‰＝13.8（万元）

外贸手续费＝2 975.93×1.5％≈44.64（万元）

进口关税＝2 975.93×20％≈595.19（万元）

$$消费税=\frac{2\ 975.93+595.19}{1-10\%}\times 10\%\approx 396.79（万元）$$

进口环节增值税＝（2 975.93＋595.19＋396.79）×13％≈515.83（万元）

进口设备从属费＝13.8＋44.64＋595.19＋396.79＋515.83＝1 566.25（万元）

进口设备原价＝2 975.93＋1 566.25＝4 542.18（万元）

（三）设备运杂费

设备运杂费是指国内采购设备自来源地、国外采购设备自到岸港运至工地仓库或指定堆放地点发生的采购、运输、运输保险、保管、装卸等费用。通常由下列费用构成：

（1）运费和装卸费。国产设备由设备制造厂交货地点起至工地仓库（或施工组织设计指定的需要安装设备的堆放地点）止所发生的运费和装卸费；进口设备由我国到岸港口或边境车站起至工地仓库（或施工组织设计指定的需安装设备的堆放地点）止所发生的运费和装卸费。

（2）包装费。在设备原价中没有包含的，为运输而进行的包装支出的各种费用。

（3）设备供销部门的手续费，按有关部门规定的统一费率计算。

（4）采购与仓库保管费，指在采购、验收、保管和收发设备的过程中所发生的各种费用，包括设备采购人员、保管人员和管理人员的工资、工资附加费、办公费、差旅交通费，设备供应部门办公和仓库所占固定资产使用费、工具用具使用费、劳动保护费、检验试验费等。这些费用可按主管部门规定的采购与保管费费率计算。

设备运杂费按设备原价乘以设备运杂费费率计算，其公式为

设备运杂费＝设备原价×设备运杂费费率

其中，设备运杂费费率按各部门及省、市有关规定计取。

二、工器具及生产家具购置费

一般以设备购置费为计算基数，按照部门或行业规定的工器具及生产家具购置费费率计算，计算公式为

工器具及生产家具购置费＝设备购置费×定额费率

实战演练

［2024 真题·单选］某公司从国外进口一套机电设备，相关费用折合成人民币为：离岸价为 1 500 万元，国际运费为 90 万元，运输保险费为 4.5 万元，银行财务费为 6 万元，进口关税税率为 10％，增值税税率为 13％。该进口设备增值税为（　　）万元。

A. 207.285　　B. 214.500

C. 228.794　　D. 228.014

[解析] 到岸价＝离岸价＋国际运费＋运输保险费＝1 500＋90＋4.5＝1 594.5（万元），进口关税＝到岸价×进口关税税率＝1 594.5×10%＝159.45（万元）。增值税＝（到岸价＋进口关税）×增值税税率＝（1594.5＋159.45）×13%≈228.014（万元）。

[答案] D

[2023 真题改编·单选] 某企业拟进口一套机电设备，折合人民币的离岸价、国际运费和运输保险费分别为 1 500 万元、75 万元和 3.16 万元。银行财务费为 6 万元，外贸手续费为 22.9 万元，进口关税税率为 8%，增值税税率为 13%，国内运杂费费率为 3%。该套进口设备购置费（含增值税）为（　　）万元。

A. 1 999.887　　B. 1 955.729

C. 2 002.221　　D. 2 013.534

[解析] 进口关税＝到岸价×进口关税税率＝（离岸价＋国际运费＋运输保险费）×8%＝（1 500＋75＋3.16）×8%＝1 578.16×8%＝126.252 8（万元）。进口环节增值税＝组成计税价格×增值税税率＝（到岸价＋进口关税）×13%＝（离岸价＋国际运费＋运输保险费＋进口关税）×13%＝（1 500＋75＋3.16＋126.252 8）×13%＝1 704.41×13%≈221.573 7（万元），进口设备抵岸价＝离岸价＋国际运费＋运输保险费＋银行财务费＋外贸手续费＋进口关税＋进口环节增值税＝1 500＋75＋3.16＋6＋22.9＋126.252 8＋221.573 7≈1 954.887（万元）。设备运杂费＝设备原价×国内运杂费费率＝1 954.887×3%≈58.647（万元）。设备购置费＝进口设备抵岸价＋设备运杂费＝1 954.887＋58.647＝2 013.534（万元）。

[答案] D

[2022 真题补·单选] 按人民币计算，某进口设备离岸价为 5 200 万元，到岸价为 5 500 万元，银行财务费为 26 万元，外贸手续费为 82.5 万元，进口关税为 500 万元，增值税为 780 万元，不考虑消费税，国内设备运杂费为 100 万元，则该设备的购置费为（　　）万元。

A. 6 988.50　　B. 6 688.50

C. 6 880.00　　D. 6 888.50

[解析] 设备及工器具购置费＝设备及工器具原价（或进口设备抵岸价）＋工器具及生产家具购置费＋设备运杂费＝到岸价＋银行财务费＋外贸手续费＋进口关税＋进口环节增值税＋设备运杂费＝5 500＋26＋82.5＋500＋780＋100＝6 988.5（万元）。

[答案] A

[2018 真题·单选] 某企业拟进口一套机电设备。离岸价折合人民币为 1 830 万元，国际运费和运输保险费为 22.53 万元，银行财务费为 15 万元，进口关税税率为 22%，增值税税率为 16%，则该进口设备的进口环节增值税为（　　）万元。

A. 362.14　　B. 361.61

C. 356.86　　D. 296.40

[解析] 进口环节增值税＝组成计税价格×增值税税率，组成计税价格＝到岸价×人民币外汇汇率＋进口关税＋消费税，到岸价＝1 830＋22.53＝1 852.53（万元），进口关税＝到岸价×进口关税税率＝1 852.53×22%≈407.56（万元），则进口环节增值税＝（1 852.53＋407.56）×16%≈361.61（万元）。

[答案] B

[2020 真题改编·多选] 关于国产设备原价的说法，正确的有（　　）。

A. 国产标准设备的原价一般是指出厂价

B. 国产设备原价分为国产标准设备原价和国产非标准设备原价

C. 国产标准设备在计算原价时，一般按带有备件的出厂价计算

D. 非标准国产设备原价的计算方法应简便，并使估算价接近实际出厂价

E. 非标准国产设备原价中应包含运杂费

[解析] 国产设备原价一般指的是设备制造厂的交货价或订货合同价，即出厂（场）价格。它一般根据制造厂或供应商的询价、报价、合同价确定，或采用一定的方法计算确定。国产设备原价分为国产标准设备原价和国产非标准设备原价。国产标准设备原价有两种，即带有备件的原价和不带有备件的原价。在计算时，一般采用带有备件的原价。非标准设备尚无定型标准，各设备制造厂不可能在工艺过程中批量生产，只能按订货要求，并根据具体的设计图纸制造的设备。非标准设备单件生产、无定型标准，所以无法获取市场交易价格，只能按其成本构成或相关技术参数估算其价格。非标准设备原价有多种不同的计算方法，如综合单价法、成本计算估价法、系列设备插入估价法、分部组合估价法、定额估价法等。无论采用哪种方法都应该使非标准设备计价接近实际出厂价，并且计算方法要简便。非标准国产设备原价中不包含运杂费，选项 E 错误。

[答案] ABCD

知识点 3 建筑安装工程费构成及计算

根据《住房城乡建设部 财政部关于印发〈建筑安装工程费用项目组成〉的通知》，建筑安装工程费用项目组成可按费用构成要素划分，也可按造价形成划分。

一、建筑安装工程费用项目组成按费用构成要素划分

建筑安装工程费用项目组成按费用构成要素划分，由人工费、材料（包含工程设备，下同）费、施工机具使用费、企业管理费、利润、规费和税金组成。其中，人工费、材料费、施工机具使用费、企业管理费和利润包含在分部分项工程费、措施项目费、其他项目费中。其费用组成如图 3-1-3 所示。

第三章

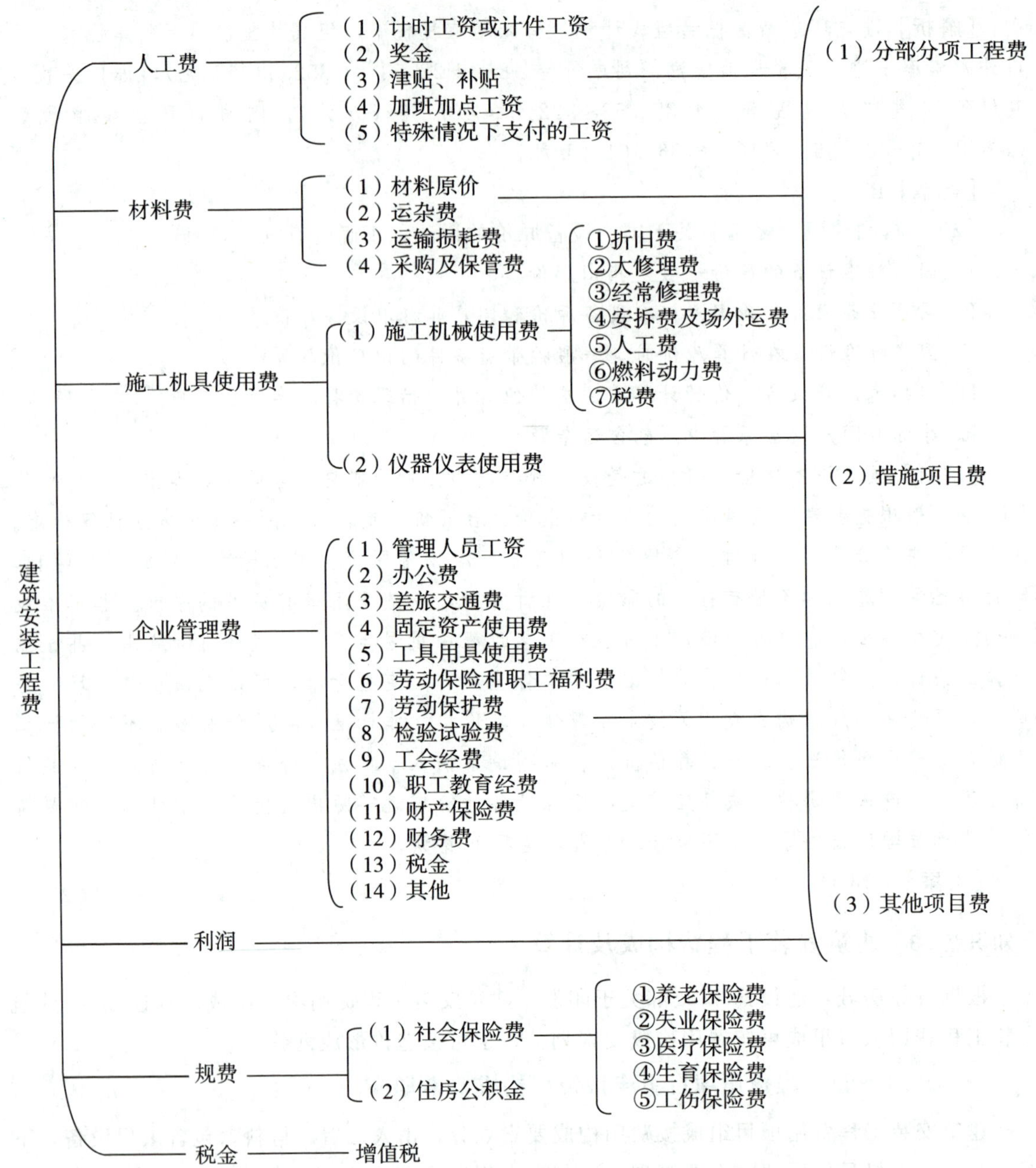

图 3-1-3　建筑安装工程费用项目组成（按费用构成要素划分）

（一）人工费

人工费是指按工资总额构成规定，支付给从事建筑安装工程施工的生产工人和附属生产单位工人的各项费用。内容包括：

（1）计时工资或计件工资，是指按计时工资标准和工作时间或对已做工作按计件单价支付给个人的劳动报酬。

（2）奖金，是指对超额劳动和增收节支支付给个人的劳动报酬，如节约奖、劳动竞赛奖等。

（3）津贴、补贴，是指为了补偿职工特殊或额外的劳动消耗和因其他特殊原因支付给个人的津贴，以及为了保证职工工资水平不受物价影响支付给个人的物价补贴，如流动施工津贴、特殊地区施工津贴、高温（寒）作业临时津贴、高空津贴等。

（4）加班加点工资，是指按规定支付的在法定节假日工作的加班工资和在法定日工作时间外延时工作的加点工资。

（5）特殊情况下支付的工资，是指根据国家法律、法规和政策规定，因病、工伤、产假、计划生育假、婚丧假、事假、探亲假、定期休假、停工学习、执行国家或社会义务等原因按计时工资标准或计时工资标准的一定比例支付的工资。

➤ **注意：** 人工费指在一线作业的工人的人工费，项目经理等管理者的工资、福利费等在企业管理费中。

（二）材料费

材料费是指施工过程中耗费的原材料、辅助材料、构配件、零件、半成品或成品、工程设备的费用。内容包括：

（1）材料原价，是指材料、工程设备的出厂价格或商家供应价格。

（2）运杂费，是指材料、工程设备自来源地运至工地仓库或指定堆放地点所发生的全部费用。

（3）运输损耗费，是指材料在运输装卸过程中不可避免的损耗。

（4）采购及保管费，是指为组织采购、供应和保管材料、工程设备的过程中所需要的各项费用，包括采购费、仓储费、工地保管费、仓储损耗。

工程设备是指构成或计划构成永久工程一部分的机电设备、金属结构设备、仪器装置及其他类似的设备和装置。

（三）施工机具使用费

施工机具使用费是指施工作业所发生的施工机械、仪器仪表使用费或其租赁费。

（1）施工机械使用费，以施工机械台班耗用量乘以施工机械台班单价表示，施工机械台班单价应由下列七项费用组成：

①折旧费，指施工机械在规定的使用年限内，陆续收回其原值的费用。

②大修理费，指施工机械按规定的大修理间隔台班进行必要的大修理，以恢复其正常功能所需的费用。

③经常修理费，指施工机械除大修理以外的各级保养和临时故障排除所需的费用，包括为保障机械正常运转所需替换设备与随机配备工具附具的摊销和维护费用，机械运转中日常保养所需润滑与擦拭的材料费用及机械停滞期间的维护和保养费用等。

④安拆费及场外运费，安拆费指施工机械（大型机械除外）在现场进行安装与拆卸所需的人工、材料、机械和试运转费用以及机械辅助设施的折旧、搭设、拆除等费用；场外运费指施工机械整体或分体自停放地点运至施工现场或由一施工地点运至另一施工地点的运输、装卸、辅助材料及架线等费用。

⑤人工费，指机上司机（司炉）和其他操作人员的人工费。

⑥燃料动力费，指施工机械在运转作业中所消耗的各种燃料及水、电等费用。

⑦税费，指施工机械按照国家规定应缴纳的车船使用税、保险费及年检费等。

（2）仪器仪表使用费，指工程施工所需使用的仪器仪表的摊销及维修费用。

（四）企业管理费

企业管理费是指建筑安装企业组织施工生产和经营管理所需的费用。内容包括：

（1）管理人员工资，是指按规定支付给管理人员的计时工资、奖金、津贴、补贴、加班加点工资及特殊情况下支付的工资等。

（2）办公费，是指企业管理办公用的文具、纸张、账表、印刷、邮电、书报、办公软件、现场监控、会议、水电、烧水和集体取暖降温（包括现场临时宿舍取暖降温）等费用。

（3）差旅交通费，是指职工因公出差、调动工作的差旅费、住勤补助费，市内交通费和误餐补助费，职工探亲路费，劳动力招募费，职工退休、退职一次性路费，工伤人员就医路费，工地转移费以及管理部门使用的交通工具的油料、燃料等费用。

（4）固定资产使用费，是指管理和试验部门及附属生产单位使用的属于固定资产的房屋、设备、仪器等的折旧、大修、维修或租赁费。

（5）工具用具使用费，是指企业施工生产和管理使用的不属于固定资产的工具、器具、家具、交通工具和检验、试验、测绘、消防用具等的购置、维修和摊销费。

（6）劳动保险和职工福利费，是指由企业支付的职工退职金，按规定支付给离休干部的经费，集体福利费，夏季防暑降温、冬季取暖补贴，上下班交通补贴等。

（7）劳动保护费，是企业按规定发放的劳动保护用品的支出，如工作服、手套、防暑降温饮料以及在有碍身体健康的环境中施工的保健费用等。

（8）检验试验费，是指施工企业按照有关标准规定，对建筑以及材料、构件和建筑安装物进行一般鉴定、检查所发生的费用，包括自设试验室进行试验所耗用的材料等费用，不包括新结构、新材料的试验费，对构件做破坏性试验及其他特殊要求检验试验的费用和建设单位委托检测机构进行检测的费用，对此类检测发生的费用，由建设单位在工程建设其他费用中列支。但对施工企业提供的具有合格证明的材料进行检测不合格的，该检测费用由施工企业支付。

（9）工会经费，是指企业按《中华人民共和国工会法》规定的全部职工工资总额比例计提的工会经费。

（10）职工教育经费，是指按职工工资总额的规定比例计提，企业为职工进行专业技术和职业技能培训，专业技术人员继续教育、职工职业技能鉴定、职业资格认定以及根据需要对职工进行各类文化教育所发生的费用。

（11）财产保险费，是指施工管理用财产、车辆等的保险费用。

（12）财务费，是指企业为施工生产筹集资金或提供预付款担保、履约担保、职工工资支付担保等所发生的各种费用。

（13）税金，是指企业按规定缴纳的房产税、车船使用税、土地使用税、印花税、城市维护建设税、教育费附加、地方教育附加等。

（14）其他，包括技术转让费、技术开发费、投标费、业务招待费、绿化费、广告费、公证费、法律顾问费、审计费、咨询费、保险费等。

（五）利润

利润是指施工企业完成所承包工程获得的盈利。

（六）规费

规费是指按国家法律、法规规定，由省级政府和省级有关权力部门规定必须缴纳或计取的费用。内容包括：

（1）社会保险费。

①养老保险费，是指企业按照规定标准为职工缴纳的基本养老保险费。

②失业保险费，是指企业按照规定标准为职工缴纳的失业保险费。

③医疗保险费，是指企业按照规定标准为职工缴纳的基本医疗保险费。

④生育保险费，是指企业按照规定标准为职工缴纳的生育保险费。

⑤工伤保险费，是指企业按照规定标准为职工缴纳的工伤保险费。

（2）住房公积金，是指企业按规定标准为职工缴纳的住房公积金。

（七）税金

税金是指国家税法规定的应计入建筑安装工程造价内的增值税。

实战演练

[2024 真题・单选] 按费用构成要素划分，下列费用中，属于建筑安装工程费中企业管理费的是（　　）。

A. 养老保险费　　　　B. 工伤保险费

C. 劳动保护费　　　　D. 高空作业津贴

[解析] 企业管理费是指建筑安装企业组织施工生产和经营管理所需的费用。内容包括：①管理人员工资；②办公费；③差旅交通费；④固定资产使用费；⑤工具用具使用费；⑥劳动保险和职工福利费；⑦劳动保护费；⑧检验试验费；⑨工会经费；⑩职工教育经费；⑪财产保险费；⑫财务费；⑬税金；⑭其他。选项 A、B 属于规费，选项 D 属于人工费。

[答案] C

[2023 真题・单选] 根据我国现行建筑安装工程费用项目组成的相关规定，企业按规定标准为职工缴纳的基本医疗保险费应计入建筑安装工程费用中的（　　）。

A. 人工费　　　　B. 措施项目费

C. 企业管理费　　　　D. 规费

[解析] 规费是指按国家法律、法规规定，由省级政府和省级有关权力部门规定必须缴纳或计取的费用，包括社会保险费和住房公积金。社会保险费包括：①养老保险费；②失业保险费；③医疗保险费；④生育保险费；⑤工伤保险费。

[答案] D

[2022 真题・单选] 因执行国家或社会义务，按计时工资标准支付给从事建筑安装工程施工生产工人的工资，属于建筑安装工程人工费中的（　　）。

A. 奖金　　　　B. 特殊情况下支付的工资

C. 津贴、补贴　　　　D. 加班加点工资

[解析] 特殊情况下支付的工资，是指根据国家法律、法规和政策规定，因病、工伤、产假、计划生育假、婚丧假、事假、探亲假、定期休假、停工学习、执行国家或社会义务等原因按计时工资标准或计时工资标准的一定比例支付的工资。

[答案] B

[2021 真题·单选] 施工企业按规定标准发放的工作服、手套、防暑降温饮料等发生的费用，属于建筑安装工程费中的（　　）。

A. 津贴补贴　　B. 劳动保护费

C. 特殊情况下支付的工资　　D. 劳动保险费

[解析] 劳动保护费，是企业按规定发放的劳动保护用品的支出，如工作服、手套、防暑降温饮料以及在有碍身体健康的环境中施工的保健费用等。

[答案] B

[2021 真题·单选] 下列施工中发生的与材料有关的费用，属于建筑安装工程费中材料费的是（　　）。

A. 对原材料进行一般鉴定、检查所发生的费用

B. 原材料在运输装卸过程中不可避免的损耗

C. 施工机械场外运输所需的辅助材料费

D. 机械设备日常保养所需的材料费用

[解析] 材料费是指施工过程中耗费的原材料、辅助材料、构配件、零件、半成品或成品、工程设备的费用。内容包括：①材料原价，是指材料、工程设备的出厂价格或商家供应价格；②运杂费，是指材料、工程设备自来源地运至工地仓库或指定堆放地点所发生的全部费用；③运输损耗费，是指材料在运输装卸过程中不可避免的损耗；④采购及保管费，是指为组织采购、供应和保管材料、工程设备的过程中所需要的各项费用，包括采购费、仓储费、工地保管费、仓储损耗。

[答案] B

[2020 真题·单选] 下列费用项目中，属于施工企业管理费的是（　　）。

A. 生产工人津贴　　B. 短期借款利息支出

C. 已完工程保护费　　D. 劳动保护费

[解析] 企业管理费是指建筑安装企业组织施工生产和经营管理所需的费用。内容包括：管理人员工资、办公费、差旅交通费、固定资产使用费、工具用具使用费、劳动保险和职工福利费、劳动保护费、检验试验费、工会经费、职工教育经费、财产保险费、财务费、税金、其他。

[答案] D

[2020 真题·单选] 施工企业为建筑安装施工人员支付的失业保险费属于建筑安装工程费中的（　　）。

A. 规费　　B. 人工费

C. 措施费　　D. 企业管理费

[解析] 规费是指按国家法律、法规规定，由省级政府和省级有关权力部门规定必须缴纳或计取的费用，包括社会保险费和住房公积金。社会保险费包括：①养老保险费；②失业保险费；③医疗保险费；④生育保险费；⑤工伤保险费。

[答案] A

[2020 真题 · 单选] 从事建筑安装工程施工生产的工人，工伤期间的工资属于人工费中的（　　）。

A. 特殊情况支付的工资　　B. 计时工资

C. 津贴、补贴　　D. 加班加点工资

[解析] 特殊情况下支付的工资，是指根据国家法律、法规和政策规定，因病、工伤、产假、计划生育假、婚丧假、事假、探亲假、定期休假、停工学习、执行国家或社会义务等原因按计时工资标准或计时工资标准的一定比例支付的工资。

[答案] A

[2019 真题 · 单选] 为保障施工机械正常运转所需的随机配备工具附具的摊销和维护费用，属于施工机具使用费中的（　　）。

A. 折旧费　　B. 经常修理费

C. 施工仪器使用费　　D. 安拆费

[解析] 经常修理费，指施工机械除大修理以外的各级保养和临时故障排除所需的费用，包括为保障机械正常运转所需替换设备与随机配备工具附具的摊销和维护费用，机械运转中日常保养所需润滑与擦拭的材料费用及机械停滞期间的维护和保养费用等。

[答案] B

[2019 真题 · 单选] 施工企业为从事危险作业的建筑安装施工人员缴纳的工伤保险费应计入建筑安装工程造价的（　　）。

A. 人工费　　B. 措施费

C. 规费　　D. 企业管理费

[解析] 规费包括社会保险费和住房公积金，其中社会保险费包括养老保险费、失业保险费、医疗保险费、生育保险费、工伤保险费。

[答案] C

[2017 真题 · 单选] 施工企业购买施工现场用安全帽的费用应从（　　）列支。

A. 人工费　　B. 材料费

C. 施工机具使用费　　D. 企业管理费

[解析] 企业管理费中的劳动保护费，是企业按规定发放的劳动保护用品的支出，如工作服、手套、防暑降温饮料以及在有碍身体健康的环境中施工的保健费用等。

[答案] D

[2024 真题 · 多选] 按费用构成要素划分，下列费用中，应计入建筑安装工程材料费的有（　　）。

A. 材料采购费

B. 材料运杂费

C. 材料在运输装卸过程中不可避免的损耗费

D. 施工机械日常维修保养的材料费

E. 对材料进行一般鉴定和检查的费用

[解析] 材料费是指施工过程中耗费的原材料、辅助材料、构配件、零件、半成品或成品、工程设备的费用。内容包括：①材料原价，是指材料、工程设备的出厂价格或商家供应价格；②运杂费，是指材料、工程设备自来源地运至工地仓库或指定堆放地点所发生的全部费用；③运输损耗费，是指材料在运输装卸过程中不可避免的损耗；④采购及保管费，是指为组织采购、供应和保管材料、工程设备的过程中所需要的各项费用，包括采购费、仓储费、工地保管费、仓储损耗。

[答案] ABC

[2023 真题 · 多选] 下列费用中，属于建筑安装工程规费的有（　　）。

A. 职工福利费　　　　B. 工伤保险费

C. 劳动保护费　　　　D. 职工教育经费

E. 养老保险费

[解析] 规费是指按国家法律、法规规定，由省级政府和省级有关权力部门规定必须缴纳或计取的费用，包括社会保险费和住房公积金。社会保险费包括：①养老保险费；②失业保险费；③医疗保险费；④生育保险费；⑤工伤保险费。

[答案] BE

[2022 真题 · 多选] 下列费用中，属于施工企业管理费的有（　　）。

A. 施工人员工资性津贴　　　　B. 职工集体福利费

C. 施工现场场地清理费　　　　D. 劳动保护费

E. 工程点交费

[解析] 企业管理费是指建筑安装企业组织施工生产和经营管理所需的费用。内容包括：管理人员工资、办公费、差旅交通费、固定资产使用费、工具用具使用费、劳动保险和职工福利费、劳动保护费、检验试验费、工会经费、职工教育经费、财产保险费、财务费、税金、其他。

[答案] BD

二、建筑安装工程费用项目组成按造价形成划分

建筑安装工程费按工程造价形成划分，由分部分项工程费、措施项目费、其他项目费、规费、税金组成，分部分项工程费、措施项目费、其他项目费包含人工费、材料费、施工机具使用费、企业管理费和利润。其费用组成如图 3-1-4 所示。

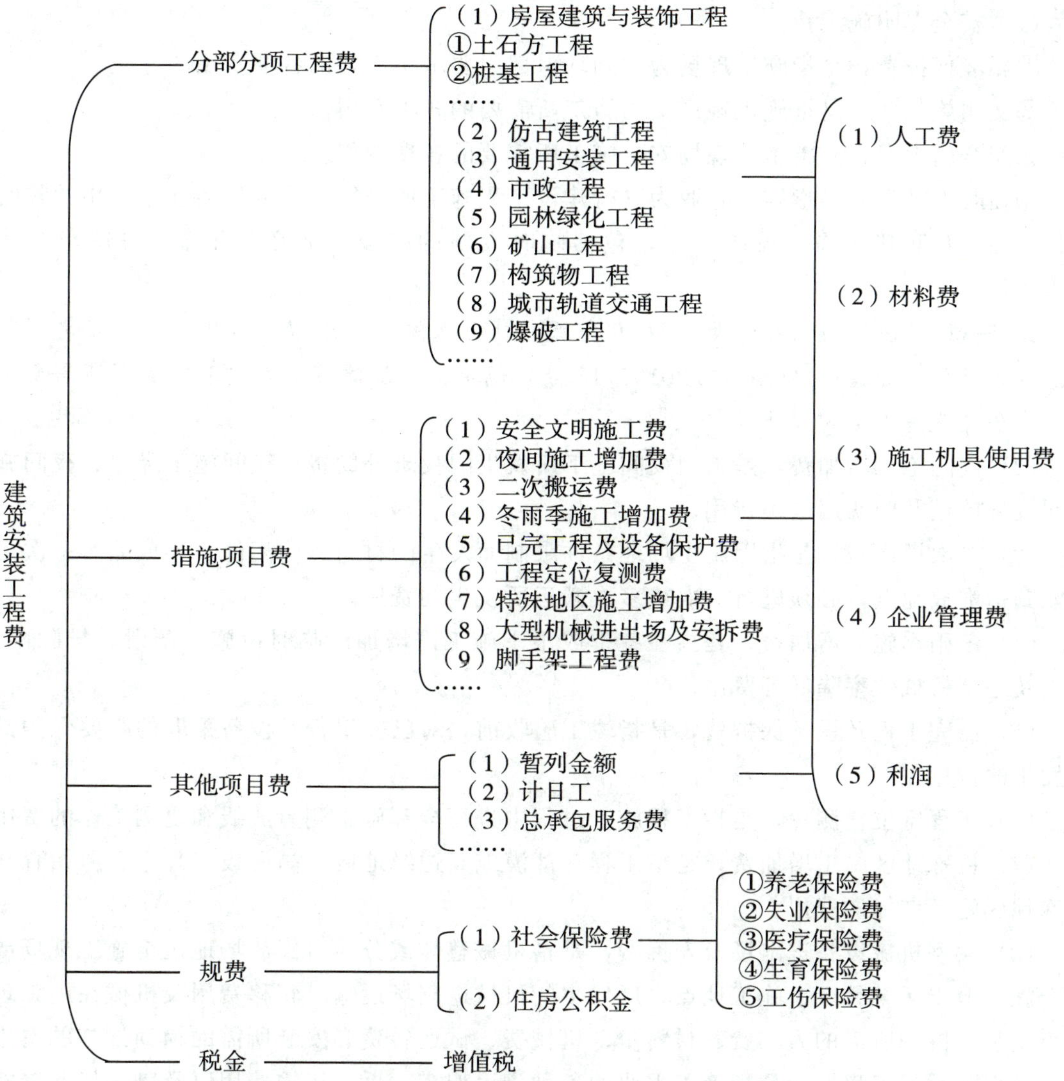

图 3-1-4　建筑安装工程费用项目组成（按造价形成划分）

（一）分部分项工程费

分部分项工程费是指各专业工程的分部分项工程应予列支的各项费用。

(1) 专业工程，指按现行国家计量规范划分的房屋建筑与装饰工程、仿古建筑工程、通用安装工程、市政工程、园林绿化工程、矿山工程、构筑物工程、城市轨道交通工程、爆破工程等各类工程。

(2) 分部分项工程，指按现行国家计量规范对各专业工程划分的项目，如房屋建筑与装饰工程划分的土石方工程、地基处理与桩基工程、砌筑工程、钢筋及钢筋混凝土工程等。

各类专业工程的分部分项工程划分见现行国家或行业计量规范。

（二）措施项目费

措施项目费是指为完成建设工程施工，发生于该工程施工前和施工过程中的技术、生活、安全、环境保护等方面的费用。内容包括：

(1) 安全文明施工费。

①环境保护费，是指施工现场为达到环保部门要求所需要的各项费用。

②文明施工费，是指施工现场文明施工所需要的各项费用。

③安全施工费，是指施工现场安全施工所需要的各项费用。

④临时设施费，是指施工企业为进行建设工程施工所必须搭设的生活和生产用的临时建筑物、构筑物和其他临时设施费用，包括临时设施的搭设、维修、拆除、清理费或摊销费等。

➤ **注意：**《住房和城乡建设部 人力资源和社会保障部关于印发〈建筑工人实名制管理办法（试行）〉的通知》（建市〔2019〕18 号）规定，实施建筑工人实名制管理所需费用可列入安全文明施工费和管理费。

(2) 夜间施工增加费，是指因夜间施工所发生的夜班补助费、夜间施工降效、夜间施工照明设备摊销及照明用电等费用。

(3) 二次搬运费，是指因施工场地条件限制而发生的材料、构配件、半成品等一次运输不能到达堆放地点，必须进行二次或多次搬运所发生的费用。

(4) 冬雨季施工增加费，是指在冬季或雨季施工需增加的临时设施、防滑、排除雨雪，人工及施工机械效率降低等费用。

(5) 已完工程及设备保护费，是指竣工验收前，对已完工程及设备采取的必要保护措施所发生的费用。

(6) 工程定位复测费，是指工程施工过程中进行全部施工测量放线和复测工作的费用。

(7) 特殊地区施工增加费，是指工程在沙漠或其边缘地区、高海拔、高寒、原始森林等特殊地区施工增加的费用。

(8) 大型机械设备进出场及安拆费，是指机械整体或分体自停放场地运至施工现场或由一个施工地点运至另一个施工地点，所发生的机械进出场运输、转移费用及机械在施工现场进行安装、拆卸所需的人工费、材料费、机械费、试运转费和安装所需的辅助设施的费用。

(9) 脚手架工程费，是指施工需要的各种脚手架搭、拆、运输费用以及脚手架购置费的摊销（或租赁）费用。

措施项目及其包含的内容详见各类专业工程的现行国家或行业计量规范。

（三）其他项目费

(1) 暂列金额，是指建设单位在工程量清单中暂定并包括在工程合同价款中的一笔款项。用于施工合同签订时尚未确定或者不可预见的所需材料、工程设备、服务的采购，施工中可能发生的工程变更、合同约定调整因素出现时的工程价款调整以及发生的索赔、现场签证确认等的费用。

(2) 计日工，是指在施工过程中，施工企业完成建设单位提出的施工图纸以外的零星项目或工作所需的费用。

(3) 总承包服务费，是指总承包人为配合、协调建设单位进行的专业工程发包，对建设单位自行采购的材料、工程设备等进行保管以及施工现场管理、竣工资料汇总整理等服务所需的费用。

（四）规费

参考标题一的相应内容。

（五）税金

参考标题一的相应内容。

实战演练

［2024 真题 · 单选］施工现场设立安全警示标志、修建现场围挡所需的费用应列入（　　）。

A. 措施项目费　　B. 分部分项工程费

C. 暂列金额　　D. 总承包服务费

［解析］安全文明施工费包括：①环境保护费，是指施工现场为达到环保部门要求所需要的各项费用；②文明施工费，是指施工现场文明施工所需要的各项费用；③安全施工费，是指施工现场安全施工所需要的各项费用；④临时设施费，是指施工企业为进行建设工程施工所必须搭设的生活和生产用的临时建筑物、构筑物和其他临时设施费用，包括临时设施的搭设、维修、拆除、清理费或摊销费等。

［答案］A

［2023 真题 · 单选］塔式起重机自停放地点运至施工现场的运输、拆卸、安装的费用属于建筑安装工程费中的（　　）。

A. 措施项目费　　B. 施工机具使用费

C. 分部分项工程费　　D. 其他项目费

［解析］措施项目费中的大型机械设备进出场及安拆费，是指机械整体或分体自停放场地运至施工现场或由一个施工地点运至另一个施工地点，所发生的机械进出场运输、转移费用及机械在施工现场进行安装、拆卸所需的人工费、材料费、机械费、试运转费和安装所需的辅助设施的费用。

［答案］A

［2020 真题 · 单选］将塔式起重机自停放地点运至施工现场的运输、拆卸、安装的费用属于（　　）。

A. 施工机具使用费

B. 二次搬运费

C. 固定资产使用费

D. 大型机械设备进出场及安拆费

［解析］大型机械设备进出场及安拆费，是指机械整体或分体自停放场地运至施工现场或由一个施工地点运至另一个施工地点，所发生的机械进出场运输、转移费用及机械在施工现场进行安装、拆卸所需的人工费、材料费、机械费、试运转费和安装所需的辅助设施的费用。

［答案］D

[2020 真题 · 单选] 建筑工人实名制管理费应计入（　　）。

A. 规费　　B. 其他项目费

C. 措施项目费　　D. 分部分项工程费

[解析]《住房和城乡建设部 人力资源和社会保障部关于印发〈建筑工人实名制管理办法（试行）〉的通知》（建市〔2019〕18 号）规定，实施建筑工人实名制管理所需费用可列入安全文明施工费和管理费。安全文明施工费属于措施项目费。

[答案] C

[2019 真题 · 单选] 根据《建设工程工程量清单计价规范》，总承包为配合、协调业主进行专业工程发包所需的费用，在投标报价时应计入（　　）。

A. 总承包服务费　　B. 企业管理费

C. 措施项目费　　D. 暂列金额

[解析] 总承包服务费，是指总承包人为配合、协调建设单位进行的专业工程发包，对建设单位自行采购的材料、工程设备等进行保管以及施工现场管理、竣工资料汇总整理等服务所需的费用。

[答案] A

[2018 真题 · 多选] 按照造价形成划分的建筑安装工程费用中，暂列金额主要用于（　　）。

A. 施工中可能发生的工程变更的费用

B. 总承包人为配合发包人进行专业工程发包产生的服务费用

C. 施工合同签订时尚未确定的工程设备采购的费用

D. 工程施工中合同约定调整因素出现时工程价款调整的费用

E. 在高海拔特殊地区施工增加的费用

[解析] 暂列金额，是指建设单位在工程量清单中暂定并包括在工程合同价款中的一笔款项。用于施工合同签订时尚未确定或者不可预见的所需材料、工程设备、服务的采购，施工中可能发生的工程变更、合同约定调整因素出现时的工程价款调整以及发生的索赔、现场签证确认等的费用。选项 B 属于其他项目费中的总承包服务费，选项 E 属于措施项目费中的特殊地区施工增加费。

[答案] ACD

知识点 4 工程建设其他费用构成及计算

工程建设其他费用应包括项目建设管理费、建设用地费、可行性研究费、研究试验费、勘察设计费、环境影响评价费、劳动安全卫生评价费、场地准备及临时设施费、引进技术和引进设备其他费、工程保险费、联合试运转费、特殊设备安全监督检验费、市政公用设施配套费、专利及专有技术使用费、生产准备及开办费等。

一、项目建设管理费

项目建设管理费是指项目建设单位从项目筹建之日起至办理竣工财务决算之日止发生的

管理性质的支出，包括不在原单位发工资的工作人员工资及相关费用、办公费、办公场地租用费、差旅交通费、劳动保护费、工具用具使用费、固定资产使用费、招募生产工人费、技术图书资料费（含软件）、业务招待费、施工现场津贴、竣工验收费和其他管理性质开支。

政府设立（或授权）、政府招标产生的代建制项目，代建管理费由同级财政部门根据代建内容和要求，按照不高于《基本建设项目建设成本管理规定》项目建设管理费标准核定，计入项目建设成本。实行代建制管理的项目，一般不得同时列支代建管理费和项目建设管理费，确需同时发生的，两项费用之和不得高于《基本建设项目建设成本管理规定》的项目建设管理费限额。

建设地点分散、点多面广以及使用新技术、新工艺等的项目，代建管理费确需超过《基本建设项目建设成本管理规定》确定的开支标准的，行政单位和使用财政资金建设的事业单位中央项目，应当事前报项目主管部门审核批准，并报财政部备案；地方项目，由同级财政部门确定审核批准的要求和程序。

代建管理费核定和支付应当与工程进度、建设质量结合，与代建内容、代建绩效挂钩，实行奖优罚劣。同时满足按时完成项目代建任务、工程质量优良、项目投资控制在批准概算总投资范围3个条件的，可以支付代建单位利润或奖励资金，代建单位利润或奖励资金一般不得超过代建管理费的10%，需使用财政资金支付的，应当事前报同级财政部门审核批准；未完成代建任务的，应当扣减代建管理费。

二、建设用地费

建设用地费是指建设单位取得土地所发生的费用，包括征地补偿费、拆迁补偿费和土地出让金等。

（1）征地补偿费包括土地补偿费、青苗补偿费和地上附着物补偿费、安置补助费、耕地开垦费和森林植被恢复费、生态补偿与压覆矿产资源补偿费、其他补偿费。

（2）拆迁补偿费包括拆迁补偿金和迁移补偿费。

（3）土地出让金。以出让等有偿使用方式取得国有土地使用权的建设单位，按照国务院规定的标准和办法，缴纳土地使用权出让金等土地有偿使用费和其他费用后，方可使用土地。土地使用权出让金为用地单位向国家支付的土地所有权收益，出让金标准一般参考城市基准地价并结合其他因素制定。基准地价是指在城镇规划区范围内，对不同级别的土地或者土地条件相当的均质地域，按照商业、居住、工业等用途分别评估的，并由市、县以上人民政府公布的国有土地使用权的平均价格。

三、可行性研究费

可行性研究费是指在工程项目投资决策阶段，对有关建设方案、技术方案或生产经营方案进行的技术经济论证，以及编制、评审可行性研究报告等所需的费用。

四、研究试验费

研究试验费是指为建设项目提供或验证设计参数、数据、资料等进行必要的研究试验，以及按设计规定在建设过程中必须进行试验、验证所需的费用，包括自行或委托其他部门的专题研究、试验所需的人工费、材料费、试验设备及仪器使用费等。这项费用按照设计单位根据本工程项目的需要提出的研究试验内容和要求计算。在计算时要注意不应包括以下项目：

(1) 应由科技三项费用（即新产品试制费、中间试验费和重要科学研究补助费）开支的项目。

(2) 应在建筑安装费用中列支的施工企业对建筑材料、构件和建筑物进行一般鉴定、检查所发生的费用及技术革新的研究试验费。

(3) 应由勘察设计费或工程费用开支的项目。

五、勘察设计费

(1) 勘察费是指工程勘察机构接受委托，提供收集已有资料、现场踏勘、制定勘察纲要，进行测绘、勘探、取样、试验、测试、检测、监测等勘察作业，以及编制工程勘察文件和岩土工程设计文件等服务收取的费用。

(2) 设计费是为建设项目提供初步设计文件、施工图设计文件、非标准设备设计文件、施工图预算文件、竣工图文件、设备采购技术服务等所需的费用。

六、环境影响评价费

环境影响评价费是指为全面、详细评价建设项目对环境可能产生的污染或造成的重大影响而编制环境影响报告书（含大纲）、环境影响报告表和评估等所需的费用，以及在建设项目竣工验收阶段进行环境保护验收调查和环境监测、编制环境保护验收报告所需的费用。

七、劳动安全卫生评价费

劳动安全卫生评价费是为了保障劳动者的安全和健康，对工作环境、生产过程、设备设施等进行安全卫生评价所产生的费用。该费用涵盖安全评价、职业卫生评价、环境和设备检测、咨询和培训以及报告编制等多个方面，旨在通过系统的评价和改进措施，降低生产经营活动中的安全和健康风险。

八、场地准备及临时设施费

（一）场地准备及临时设施费的内容

(1) 建设项目场地准备费是指为使工程项目的建设场地达到开工条件，由建设单位组织进行的场地平整和地上余留设施拆除清理等准备工作而发生的费用。

(2) 建设单位临时设施费是指建设单位为满足施工建设需要而提供的未列入工程费用的临时水、电、路、通信、气、热等其他工程费用和临时仓库等建（构）筑物的搭设、维修、拆除、摊销费用，以及建设期间的租赁费用。

（二）场地准备及临时设施费的计算

(1) 场地准备及临时设施应尽量与永久性工程统一考虑。建设场地的大型土石方工程应计入工程费用中的总图运输费用中。

(2) 新建项目的场地准备及临时设施费应根据实际工程量估算，或按工程费用的比例计算。改扩建项目一般只计拆除清理费。其计算公式为

$$场地准备及临时设施费=工程费用\times费率+拆除清理费$$

(3) 发生拆除清理费时可按新建同类工程造价或主材费、设备费的比例计算。凡可回收材料的拆除工程采用以料抵工方式冲抵拆除清理费。

(4) 此项费用不包括已列入建筑安装工程费用中的施工单位临时设施费用。

九、引进技术和引进设备其他费

引进技术和引进设备其他费是指在引进国外技术和设备过程中，除了直接购买技术和设备本身的费用之外，还有技术转让、培训、咨询、安装调试、运输保险、税费等一系列相关的辅助费用。这些费用旨在确保引进的技术和设备能够顺利落地并正常运行，从而提升引进方的技术水平和生产能力。

十、工程保险费

工程保险费是指在建设期内对建筑工程、安装工程和设备，以及工程质量潜在风险等进行投保所需的费用，包括建筑安装工程一切险、进口设备财产险和工程质量潜在缺陷险等。工程保险费是为转移工程项目建设的意外风险而发生的费用，不同的建设项目可根据工程特点选择投保险种。

根据不同的工程类别，分别以其建筑、安装工程费乘以建筑、安装工程保险费费率计算。民用建筑（住宅楼、综合性大楼、商场、旅馆、医院、学校）占建筑工程费的2‰～4‰；其他建筑（工业厂房、仓库、道路、码头、水坝、隧道、桥梁、管道等）占建筑工程费的3‰～6‰；安装工程（农业、工业、机械、电子、电器、纺织、矿山、石油、化学及钢铁工业、钢结构桥梁）占建筑工程费的3‰～6‰。

十一、联合试运转费

联合试运转费是指建设项目在交付生产前按照批准的设计文件所规定的工程质量标准和技术要求，进行整个生产线或装置的负荷联合试运转、局部联动试车所发生的净支出费用（试运转支出大于收入的差额部分费用）。费用内容包括试运转所需材料、燃料及动力消耗费，低值易耗品、其他物料消耗费，机械使用费，联合试运转人员工资，施工单位参加试运转人员的人工费，专家指导费以及必要的工业炉烘炉费；不包括应由设备安装工程费用开支的调试费及试车费用。

十二、特殊设备安全监督检验费

特殊设备安全监督检验费是指对在施工现场安装的列入国家特种设备范围内的设备（设施）进行检验、检测和监督检查所发生的应列入项目开支的费用。

特种设备包括锅炉、压力容器、压力管道、消防设备、燃气设备、起重设备、电梯、安全阀等特殊设备和设施。

十三、市政公用设施配套费

市政公用设施配套费是指在城市建设和开发过程中，为了确保新建项目能够顺利接入和使用市政公用设施，由开发单位或建设单位向政府或相关部门缴纳的费用。这些费用用于建设和维护市政公用设施，支持城市基础设施的完善和发展，从而提升城市的综合承载能力和居民的生活质量。

十四、专利及专有技术使用费

（1）专利及专有技术使用费的主要内容如下：

①工艺包费，设计及技术资料费，有效专利、专有技术使用费，技术保密费和技术服务费等。

②商标权、商誉和特许经营权费。

③软件费等。

（2）在计算专利及专有技术使用费时应注意以下问题：

①按专利使用许可协议和专有技术使用合同的规定计列。

②专有技术的界定应以省、部级鉴定批准为依据。

③项目投资中只计需在建设期支付的专利及专有技术使用费。协议或合同规定在生产期支付的使用费应在生产成本中核算。

④一次性支付的商标权、商誉及特许经营权费按协议或合同规定计列。协议或合同规定在生产期支付的商标权或特许经营权费应在生产成本中核算。

十五、生产准备及开办费

生产准备及开办费是指在建设期内，建设单位为保证项目正常生产而发生的人员培训费、提前进厂费，以及投产使用必备的办公、生活家具用具及工器具、生产家具等的购置费用。

（1）生产人员培训费的费用内容为：生产人员的培训费和学习资料费，以及异地培训发生的住宿费、伙食补助费、交通费等。

（2）生产人员提前进厂费的费用内容为：生产单位人员为熟悉工艺流程、设备性能、生产管理等，提前进厂参与工艺设备、电气、仪表安装调试等生产准备工作而发生的人工费和社会保障费用。

（3）办公及生活家具用具购置费的费用内容为：为保证建设项目初期正常生产（或营业、使用）所必须购置的办公、生活家具用具等的费用。

（4）工器具及生产家具购置费的费用内容为：为保证建设项目初期正常生产所必须购置的第一套不够固定资产标准的设备、仪器、工卡模具、器具等的费用。

生产准备及开办各项费用的计算，新建项目按设计定员为基数，改扩建项目按新增设计定员为基数。

实战演练

［2024 真题・单选］下列费用属于工程建设其他费用中联合试运转费的是（　　）。

A. 试运转过程中因施工质量原因发生的处理费用

B. 单台设备调试费用

C. 试运转过程中因设备缺陷发生的处理费用

D. 施工单位参加试运转人员的人工费

［解析］联合试运转费包括试运转所需材料、燃料及动力消耗费，低值易耗品、其他物料消耗费，机械使用费，联合试运转人员工资，施工单位参加试运转人员的人工费，专家指导费以及必要的工业炉烘炉费；不包括应由设备安装工程费用开支的调试费及试车费用。

［答案］D

[2022 真题补 · 单选] 为建设项目提供和验证设计参数，以及按设计规定在施工中必须进行试验所需的费用属于（　　）。

A. 专项评价费　　B. 勘察设计费

C. 设备检验费　　D. 研究试验费

[解析] 研究试验费是指为建设项目提供或验证设计参数、数据、资料等进行必要的研究试验，以及按设计规定在建设过程中必须进行试验、验证所需的费用。

[答案] D

[2021 真题 · 单选] 发包人为验证某结构构件的安全性，要求承包人对结构件进行破坏性试验发生的费用属于（　　）。

A. 研究试验费　　B. 固定资产使用费

C. 施工机具校验费　　D. 检验试验费

[解析] 研究试验费是指为建设项目提供或验证设计参数、数据、资料等进行必要的研究试验，以及按设计规定在建设过程中必须进行试验、验证所需的费用，包括自行或委托其他部门的专题研究、试验所需的人工费、材料费、试验设备及仪器使用费等。这项费用按照设计单位根据本工程项目的需要提出的研究试验内容和要求计算。在计算时要注意不应包括以下项目：①应由科技三项费用（即新产品试制费、中间试验费和重要科学研究补助费）开支的项目；②应在建筑安装费用中列支的施工企业对建筑材料、构件和建筑物进行一般鉴定、检查所发生的费用及技术革新的研究试验费；③应由勘察设计费或工程费用开支的项目。

[答案] A

[2019 真题 · 单选] 下列费用中，属于工程建设其他费用中的联合试运转费的是（　　）。

A. 试运转过程中所需的专家指导费

B. 试运转过程中因施工质量原因发生的处理费用

C. 单台设备调试及试车费用

D. 试运转过程中因设备缺陷发生的处理费用

[解析] 联合试运转费是指建设项目在交付生产前按照批准的设计文件所规定的工程质量标准和技术要求，进行整个生产线或装置的负荷联合试运转、局部联动试车所发生的净支出费用（试运转支出大于收入的差额部分费用）。费用内容包括试运转所需材料、燃料及动力消耗费，低值易耗品、其他物料消耗费，机械使用费，联合试运转人员工资，施工单位参加试运转人员的人工费，专家指导费以及必要的工业炉烘炉费；不包括应由设备安装工程费用开支的调试费及试车费用。

[答案] A

[2019 真题 · 单选] 某建设项目的工程费用为 1 500 万元，工程建设其他费用为 200 万元，场地准备及临时设施费按工程费用的 5% 计算，预计项目完工后拆除工程产生的清理费用为 20 万元，拆除工程可收回材料作价 5 万元。则该项目的场地准备及临时设施费为（　　）万元。

A. 70　　B. 90　　C. 75　　D. 100

[解析] 场地准备及临时设施费＝工程费用×费率＋拆除清理费＝1 500×5%＋20－5＝90（万元）。

[答案] B

[2018 真题·单选] 关于工程建设其他费用中场地准备及临时设施费的说法，正确的是（　　）。

A. 新建项目的场地准备及临时设施费应根据实际工程量估算，或按工程费用的比例计算

B. 场地准备费是由承包人组织进行场地平整等准备工作而发生的费用

C. 临时设施费是由承包人为满足工程建设需要搭建临时建筑物的费用

D. 场地准备及临时设施费应考虑大型土石方工程费用

[解析] 建设项目场地准备费是指为使工程项目的建设场地达到开工条件，由建设单位组织进行的场地平整和地上余留设施拆除清理等准备工作而发生的费用，选项B错误。临时设施费是指建设单位为满足施工建设需要而提供的未列入工程费用的临时水、电、路、通信、气、热等其他工程费用和临时仓库等建（构）筑物的搭设、维修、拆除、摊销费用，以及建设期间的租赁费用，选项C错误。建设场地的大型土石方工程应计入工程费用中的总图运输费用中，选项D错误。

[答案] A

[2018 真题·单选] 在施工过程中承包人按发包人和设计方要求，对构件做破坏性试验的费用应在（　　）中列支。

A. 承包人的措施项目费

B. 承包人的企业管理费

C. 发包人的工程建设其他费用

D. 发包人的企业管理费

[解析] 工程建设其他费用中的研究试验费是指为建设项目提供或验证设计参数、数据、资料等进行必要的研究试验，以及按设计规定在建设过程中必须进行试验、验证所需的费用，包括自行或委托其他部门的专题研究、试验所需的人工费、材料费、试验设备及仪器使用费等。这项费用按照设计单位根据本工程项目的需要提出的研究试验内容和要求计算。在计算时要注意不应包括以下项目：①应由科技三项费用（即新产品试制费、中间试验费和重要科学研究补助费）开支的项目；②应在建筑安装费用中列支的施工企业对建筑材料、构件和建筑物进行一般鉴定、检查所发生的费用及技术革新的研究试验费；③应由勘察设计费或工程费用开支的项目。

[答案] C

[2024 真题·多选] 下列费用中，属于工程建设其他费用的有（　　）。

A. 生态补偿费

B. 施工工人临时宿舍建设费

C. 环境影响评价费

D. 场地准备费

E. 生产准备费

[解析] 施工工人临时宿舍建设费属于建筑安装工程费中的措施项目费。

[答案] ACDE

[2022 真题·多选] 下列费用中，属于工程建设其他费用中联合试运转费的有（　　）。

A. 生产单位提前进场参加设备调试的人员工资

B. 生产职工培训费

C. 施工单位参加试运转人员的人工费

D. 试运转所需低值易耗品费用

E. 交付生产前发生的必要工业炉烘炉费

[解析] 联合试运转费是指建设项目在交付生产前按照批准的设计文件所规定的工程质量标准和技术要求，进行整个生产线或装置的负荷联合试运转、局部联动试车所发生的净支出费用（试运转支出大于收入的差额部分费用）。费用内容包括试运转所需材料、燃料及动力消耗费，低值易耗品、其他物料消耗费，机械使用费，联合试运转人员工资，施工单位参加试运转人员的人工费，专家指导费以及必要的工业炉烘炉费；不包括应由设备安装工程费用开支的调试费及试车费用。

[答案] CDE

[2021 真题·多选] 关于联合试运转费的说法，正确的有（　　）。

A. 不发生试运转或试运转收入大于费用支出的工程，不列联合试运转费

B. 当联合试运转收入小于试运转支出时，联合试运转费＝联合试运转费用支出－联合试运转收入

C. 联合试运转费包括在试运转中暴露出来的因施工原因发生的处理费用

D. 联合试运转费包括单台设备的调试费用

E. 联合试运转支出包括施工单位参加试运转人员的人工费、专家指导费

[解析] 联合试运转费是指建设项目在交付生产前按照批准的设计文件所规定的工程质量标准和技术要求，进行整个生产线或装置的负荷联合试运转、局部联动试车所发生的净支出费用（试运转支出大于收入的差额部分费用）。费用内容包括试运转所需材料、燃料及动力消耗费，低值易耗品、其他物料消耗费，机械使用费，联合试运转人员工资，施工单位参加试运转人员的人工费，专家指导费以及必要的工业炉烘炉费；不包括应由设备安装工程费用开支的调试费及试车费用。

[答案] ABE

知识点 5 预备费计算

一、基本预备费

(一) 基本预备费的内容

基本预备费是指在投资估算或工程概算阶段预留的，由于工程实施中不可预见的工程变更及洽商、一般自然灾害处理、地下障碍物处理、超规超限设备运输等而可能增加的费用，又称工程建设不可预见费。基本预备费一般由以下四部分构成：

(1) 工程变更及洽商费用，包括：在批准的初步设计范围内，技术设计、施工图设计及

施工过程中所增加的工程费用；设计变更、工程变更、材料代用、局部地基处理等增加的费用。

（2）一般自然灾害处理费用，指一般自然灾害造成的损失和预防自然灾害所采取的措施费用。实行工程保险的工程项目，该费用应适当降低。

（3）不可预见的地下障碍物处理费用。

（4）超规超限设备运输增加的费用。

（二）基本预备费的计算

基本预备费以工程费用和工程建设其他费用二者之和为计取基础，乘以基本预备费费率进行计算。

基本预备费＝（工程费用＋工程建设其他费用）×基本预备费费率

基本预备费费率的取值应执行国家及有关部门的规定。

二、价差预备费

（一）价差预备费的内容

价差预备费是指为在建设期内利率、汇率或价格等因素的变化而预留的可能增加的费用，又称价格变动不可预见费。价差预备费的内容包括人工、设备、材料、施工机具的价差费，利率、汇率调整等增加的费用。

（二）价差预备费的计算

价差预备费一般根据国家规定的投资综合价格指数，以估算年份价格水平的投资额为基数，采用复利方法计算。其计算公式为

$$PF=\sum_{t=1}^{n}I_t\left[(1+f)^m(1+f)^{0.5}(1+f)^{t-1}-1\right]$$

式中　PF——价差预备费；

n——建设期年份数；

I_t——建设期中第 t 年的静态投资计划额，包括工程费用、工程建设其他费用及基本预备费；

f——年涨价率，政府部门有规定的按规定执行，没有规定的由可行性研究人员预测；

m——建设前期年限（从编制估算到开工建设）。

【例题 2】某建设项目建筑安装工程费为 5 000 万元，设备购置费为 3 000 万元，工程建设其他费用为 2 000 万元，已知基本预备费费率为 5%，项目建设前期年限为 1 年，建设期为 3 年，各年投资计划额为：第 1 年完成投资的 20%，第 2 年完成投资的 60%，第 3 年完成投资的 20%。年均投资价格上涨率为 6%，求建设项目建设期间价差预备费。（计算结果保留 1 位小数）

解：基本预备费＝（5 000＋3 000＋2 000）×5%＝500（万元）

静态投资＝5 000＋3 000＋2 000＋500＝10 500（万元）

建设期第 1 年完成投资＝10 500×20%＝2 100（万元）

第 1 年价差预备费为：$PF_1=I_1\left[(1+f)(1+f)^{0.5}-1\right]\approx 191.8$（万元）

第 2 年完成投资＝10 500×60％＝6 300（万元）

第 2 年价差预备费为：$PF_2=I_2[(1+f)(1+f)^{0.5}(1+f)-1]\approx 987.9$（万元）

第 3 年完成投资＝10 500×20％＝2 100（万元）

第 3 年价差预备费为：$PF_3=I_3[(1+f)(1+f)^{0.5}(1+f)^2-1]\approx 475.1$（万元）

所以，建设期的价差预备费为：191.8＋987.9＋475.1＝1 654.8（万元）。

实战演练

[2022 真题补·单选] 建设项目总投资组成中的基本预备费可用于（　　）。

A. 建设期内材料价格上涨增加的费用

B. 设计变更及施工过程中可能增加工程量的费用

C. 因施工质量不合格返工增加的费用

D. 因业主方拖欠工程款增加的承包方借款利息

[解析] 基本预备费是指在投资估算或工程概算阶段预留的，由于工程实施中不可预见的工程变更及洽商、一般自然灾害处理、地下障碍物处理、超规超限设备运输等而可能增加的费用，又称工程建设不可预见费。

[答案] B

[2017 真题·单选] 在建设工程项目总投资组成中的基本预备费主要是为（　　）而预留的。

A. 建设期内材料价格上涨增加的费用

B. 因施工质量不合格返工增加的费用

C. 设计变更增加工程量的费用

D. 因业主方拖欠工程款增加的承包商贷款利息

[解析] 基本预备费是指在投资估算或工程概算阶段预留的，由于工程实施中不可预见的工程变更及洽商、一般自然灾害处理、地下障碍物处理、超规超限设备运输等而可能增加的费用，又称工程建设不可预见费。

[答案] C

[2016 真题·单选] 某建设工程项目建筑安装工程费为 2 000 万元，设备及工器具购置费为 800 万元，工程建设其他费用为 300 万元，基本预备费费率为 8％，该项目的基本预备费为（　　）万元。

A. 160　　B. 184

C. 248　　D. 224

[解析] 基本预备费＝（工程费用＋工程建设其他费用）×基本预备费费率＝（设备及工器具购置费＋建筑安装工程费＋工程建设其他费用）×基本预备费费率＝（800＋2 000＋300）×8％＝248（万元）。

[答案] C

［2015 真题·单选］某项目建筑安装工程费、设备工器具购置费合计为 7 000 万元，建设期 2 年，分期投入 4 000 万元和 3 000 万元。建设期内预计年平均价格总水平上浮率为 5%，建设期贷款利息为 735 万元。工程建设其他费用为 400 万元。基本预备费费率为 10%，流动资金为 800 万元，则该项目的静态投资为（　　）万元。

A. 8 948.5　　B. 8 140

C. 8 940　　D. 9 748.5

［解析］建设投资可以分为静态投资部分和动态投资部分。其中，静态投资包括工程费用、工程建设其他费用和基本预备费。题中的基本预备费没有直接给出，根据公式"基本预备费＝(工程费用＋工程建设其他费用）×基本预备费费率"，可得出基本预备费＝（7 000＋400）×10%＝740（万元），则该项目的静态投资＝7 000＋400＋740＝8 140（万元）。

［答案］B

知识点 6 增值税计算

一、纳税人

在中华人民共和国境内销售服务、无形资产或者不动产的单位和个人，为增值税纳税人，应当按照《营业税改征增值税试点实施办法》（财税〔2016〕36 号）缴纳增值税，不缴纳营业税。

单位以承包、承租、挂靠方式经营的，承包人、承租人、挂靠人（以下统称承包人）以发包人、出租人、被挂靠人（以下统称发包人）名义对外经营并由发包人承担相关法律责任的，以该发包人为纳税人。否则，以承包人为纳税人。

纳税人分为一般纳税人和小规模纳税人。应税行为的年应征增值税销售额超过财政部和国家税务总局规定标准的纳税人为一般纳税人，未超过规定标准的纳税人为小规模纳税人。

二、增值税税率

为完善增值税制度，《财政部 税务总局关于调整增值税税率的通知》（财税〔2018〕32 号）及《关于深化增值税改革有关政策的公告》（财政部 税务总局 海关总署公告 2019 年第 39 号）先后调整了增值税税率（表 3-1-1）。

表 3-1-1　一般纳税人增值税税率

序号	增值税纳税行业		增值税税率
1	销售或进口一般货物（另有列举的货物除外）		13%
	提供服务	提供加工、修理修配劳务	
		提供有形动产租赁服务	

续表

序号	增值税纳税行业		增值税税率
2	销售或进口货物	粮食等农产品、食用植物油、食用盐	9%
		自来水、暖气、冷气、热水、煤气、石油液化气、天然气、沼气、居民用煤炭制品	
		图书、报纸、杂志、音像制品、电子出版物	
		饲料、化肥、农药、农机、农膜	
		国务院规定的其他货物	
	销售（提供）服务	转让土地使用权、销售不动产、提供不动产租赁、提供建筑服务、提供交通运输服务、提供邮政服务、提供基础电信服务	
3	销售（转让）无形资产	技术、商标、著作权、商誉、自然资源使用权（不含土地使用权）和其他权益性无形资产	6%
4	出口货物（国务院另有规定的除外）		0
	提供服务	国际运输服务、航天运输服务	
		向境外单位提供的完全在境外消费的相关服务	
		财政部和国家税务总局规定的其他服务	

三、应纳税额计算

纳税人销售货物、劳务、服务、无形资产、不动产（以下统称应税销售行为），应纳税额为当期销项税额抵扣当期进项税额后的余额。应纳税额计算公式为

应纳税额＝当期销项税额－当期进项税额

销项税额＝销售额×税率

当期销项税额小于当期进项税额不足抵扣时，其不足部分可以结转下期继续抵扣。

纳税人购进货物、劳务、服务、无形资产、不动产支付或者负担的增值税额，为进项税额。

下列进项税额准予从销项税额中抵扣：

（1）从销售方取得的增值税专用发票上注明的增值税额。

（2）从海关取得的海关进口增值税专用缴款书上注明的增值税额。

（3）自境外单位或者个人购进劳务、服务、无形资产或者境内的不动产，从税务机关或者扣缴义务人取得的代扣代缴税款的完税凭证上注明的增值税额。

准予抵扣的项目和扣除率的调整，由国务院决定。

纳税人购进货物、劳务、服务、无形资产、不动产，取得的增值税扣税凭证不符合法律、行政法规或者国务院税务主管部门有关规定的，其进项税额不得从销项税额中抵扣。

下列项目的进项税额不得从销项税额中抵扣：

（1）用于简易计税方法的计税项目、免征增值税项目、集体福利或者个人消费的购进货物、劳务、服务、无形资产和不动产。

（2）非正常损失的购进货物，以及相关的劳务和交通运输服务。

(3) 非正常损失的在产品、产成品所耗用的购进货物（不包括固定资产）、劳务和交通运输服务。

(4) 国务院规定的其他项目。

四、小规模纳税人应纳税额简易计算办法

小规模纳税人发生应税销售行为，实行按照销售额和增值税征收率计算应纳税额的简易办法，并不得抵扣进项税额。应纳税额计算公式为：

应纳税额＝销售额×增值税征收率

小规模纳税人的标准由国务院财政、税务主管部门规定。

小规模纳税人增值税征收率为3%，国务院另有规定的除外。

小规模纳税人以外的纳税人应当向主管税务机关办理登记。具体登记办法由国务院税务主管部门制定。

五、建筑业增值税计算办法

（一）建筑业增值税的两种计算方法

建筑安装工程费用的增值税是指国家税法规定应计入建筑安装工程造价内的增值税销项税额。增值税的计税方法，包括一般计税方法和简易计税方法。一般纳税人发生应税行为适用一般计税方法计税，小规模纳税人发生应税行为适用简易计税方法计税。

1. 一般计税方法

当采用一般计税方法时，建筑业增值税税率为9%。增值税销项税额计算公式为

增值税销项税额＝税前造价×9%

税前造价为人工费、材料费、施工机具使用费、企业管理费、利润和规费之和，各费用项目均以不包含增值税可抵扣进项税额的价格计算。

2. 简易计税方法

简易计税方法的应纳税额，是指按照销售额和增值税征收率计算的增值税额，不得抵扣进项税额。当采用简易计税方法时，建筑业增值税征收率为3%。增值税计算公式为

增值税＝税前造价×3%

税前造价为人工费、材料费、施工机具使用费、企业管理费、利润和规费之和，各费用项目均以包含增值税进项税额的含税价格计算。

（二）建筑服务行业关于营改增的相关政策

根据《财政局 税务总局关于全面推开营业税改征增值税试点的通知》（财税〔2016〕36号）的附件“营业税改征增值税试点有关事项的规定”，建筑服务行业关于营改增的相关政策如下：

(1) 一般纳税人以清包工方式提供的建筑服务，可以选择适用简易计税方法计税。以清包工方式提供建筑服务，是指施工方不采购建筑工程所需的材料或只采购辅助材料，并收取人工费、管理费或者其他费用的建筑服务。

(2) 一般纳税人为甲供工程提供的建筑服务，可以选择适用简易计税方法计税。甲供工程，是指全部或部分设备、材料、动力由工程发包方自行采购的建筑工程。

（3）一般纳税人为建筑工程老项目提供的建筑服务，可以选择适用简易计税方法计税。

建筑工程老项目，是指：①《建筑工程施工许可证》注明的合同开工日期在 2016 年 4 月30 日前的建筑工程项目。②未取得《建筑工程施工许可证》的，建筑工程承包合同注明的开工日期在 2016 年 4 月 30 日前的建筑工程项目。

（4）一般纳税人跨县（市）提供建筑服务，适用一般计税方法计税的，应以取得的全部价款和价外费用为销售额计算应纳税额。纳税人应以取得的全部价款和价外费用扣除支付的分包款后的余额，按照 2% 的预征率在建筑服务发生地预缴税款后，向机构所在地主管税务机关进行纳税申报。

（5）一般纳税人跨县（市）提供建筑服务，选择适用简易计税方法计税的，应以取得的全部价款和价外费用扣除支付的分包款后的余额为销售额，按照 3% 的征收率计算应纳税额。纳税人应按照上述计税方法在建筑服务发生地预缴税款后，向机构所在地主管税务机关进行纳税申报。

（6）试点纳税人中的小规模纳税人（即小规模纳税人）跨县（市）提供建筑服务，应以取得的全部价款和价外费用扣除支付的分包款后的余额为销售额，按照 3% 的征收率计算应纳税额。纳税人应按照上述计税方法在建筑服务发生地预缴税款后，向机构所在地主管税务机关进行纳税申报。

六、纳税地点

增值税纳税地点如下：

（1）固定业户应当向其机构所在地或者居住地主管税务机关申报纳税。总机构和分支机构不在同一县（市）的，应当分别向各自所在地的主管税务机关申报纳税；经财政部和国家税务总局或者其授权的财政和税务机关批准，可以由总机构汇总向总机构所在地的主管税务机关申报纳税。

（2）非固定业户应当向应税行为发生地主管税务机关申报纳税；未申报纳税的，由其机构所在地或者居住地主管税务机关补征税款。

（3）其他个人提供建筑服务，销售或者租赁不动产，转让自然资源使用权，应向建筑服务发生地、不动产所在地、自然资源所在地主管税务机关申报纳税。

（4）扣缴义务人应当向其机构所在地或者居住地主管税务机关申报缴纳扣缴的税款。

实战演练

［2021 真题·单选］ 采用简易计税方法计算建筑业增值税应纳税额时，增值税征收率为（　　）。

A. 6%　　B. 9%

C. 3%　　D. 13%

［解析］ 当采用简易计税方法时，建筑业增值税征收率为 3%。

［答案］ C

［2018 真题·多选］计算一般纳税人增值税应纳税额时，不得从销项税额中抵扣的进项税额有（　）。

A. 从海关取得的海关进口增值税专用缴款书上注明的增值税额

B. 非正常损失的购进材料的发票上标明的增值税额

C. 非正常损失的在产品耗用的购进材料的进项税额

D. 用于集体福利购进货物的专用发票上标明的进项税额

E. 从销售方取得的增值税专用发票上注明的增值税额

［解析］下列项目的进项税额不得从销项税额中抵扣：①用于简易计税方法计税项目、免征增值税项目、集体福利或者个人消费的购进货物、劳务、服务、无形资产和不动产；②非正常损失的购进货物，以及相关的劳务和交通运输服务；③非正常损失的在产品、产成品所耗用的购进货物（不包括固定资产）、劳务和交通运输服务；④国务院规定的其他项目。

［答案］BCD

知识点 7 建设期利息与流动资金计算

一、建设期利息

建设期利息是指在建设期内发生的为工程项目筹措资金的融资费用及债务资金利息。

根据建设期资金用款计划，在总贷款分年均衡发放前提下，建设期利息的计算可按当年借款在年中支用考虑，即当年借款按半年计息、上年借款按全年计息。其计算公式为

$$q_j = \left(P_{j-1} + \frac{1}{2}A_j\right) \cdot i$$

式中 q_j——建设期第 j 年应计利息；

P_{j-1}——建设期第（$j-1$）年年末累计贷款本金与利息之和；

A_j——建设期第 j 年贷款金额；

i——年利率。

利用国外贷款的利息计算中，年利率应综合考虑贷款协议中向贷款方加收的手续费、管理费、承诺费，以及国内代理机构向贷款方收取的转贷费、担保费和管理费等。

【例题 3】某新建项目，建设期为 3 年，分年均衡进行贷款，第 1 年贷款 200 万元，第 2 年贷款 400 万元，第 3 年贷款 500 万元，年利率为 12%，建设期内利息只计不支付，求建设期利息。(计算结果保留两位小数)

解：在建设期内，各年利息计算如下：

$q_1 = 1/2 \times 200 \times 12\% = 12$（万元）

$q_2 =$（$200 + 12 + 1/2 \times 400$）$\times 12\% = 49.44$（万元）

$q_3 =$（$200 + 12 + 400 + 49.44 + 1/2 \times 500$）$\times 12\% \approx 109.37$（万元）

所以，建设期利息 $= q_1 + q_2 + q_3 = 12 + 49.44 + 109.37 = 170.81$（万元）。

二、流动资金

流动资金指为进行正常生产运营，用于购买原材料、燃料，支付工资及其他运营费用等

所需的周转资金。在可行性研究阶段用于财务分析时计为全部流动资金，在初步设计及以后阶段用于计算“项目报批总投资”或“项目概算总投资”时计为铺底流动资金。

铺底流动资金是指生产经营性建设项目为保证投产后正常的生产运营所需，并在项目资本金中筹措的自有流动资金。一般铺底流动资金按流动资金的30%计算，也可按其他方法计算。

流动资金估算一般采用分项详细估算法，个别情况或者小型项目可采用扩大指标估算法。

（1）分项详细估算法。流动资金的显著特点是在生产过程中不断周转，其周转额的大小与生产规模及周转速度直接相关。分项详细估算法是根据项目的流动资产和流动负债，估算项目所占用流动资金的方法。其中，流动资产的构成要素一般包括存货、库存现金、应收账款和预付账款；流动负债的构成要素一般包括应付账款和预收账款。流动资金等于流动资产和流动负债的差额，其计算公式为

流动资金＝流动资产－流动负债

流动资产＝应收账款＋预付账款＋存货＋库存现金

流动负债＝应付账款＋预收账款

流动资金本年增加额＝本年流动资金－上年流动资金

进行流动资金估算时，首先计算各类流动资产和流动负债的年周转次数，然后再分项估算占用资金额。

（2）扩大指标估算法，是根据现有同类企业的实际资料，求得各种流动资金率指标，亦可依据行业或部门给定的参考值或经验确定比率，将各类流动资金率乘以相对应的费用基数来估算流动资金。一般常用的基数有营业收入、经营成本、总成本费用和建设投资等，究竟采用何种基数依行业习惯而定。年流动资金额计算公式为

年流动资金额＝年费用基数×各类流动资金率

扩大指标估算法简便易行，但准确度不高，适用于项目建议书阶段的估算。

➤ **重点提示：** 估算流动资金时应注意以下问题：

（1）在采用分项详细估算法时，应根据项目实际情况分别确定库存现金、应收账款、预付账款、存货、应付账款和预收账款的最低周转天数，并考虑一定的保险系数。因为最低周转天数减少，将增加周转次数，从而减少流动资金需用量，所以，必须切合实际地选用最低周转天数。对于存货中的外购原材料和燃料，要分品种和来源，考虑运输方式和运输距离，以及占用流动资金的比重大小等因素确定最低周转天数。

（2）流动资金属于长期性（永久性）流动资产，流动资金的筹措可通过长期负债和资本金（一般要求占30%）的方式解决。流动资金一般要求在投产前一年开始筹措，为简化计算，可规定在投产的第一年开始按生产负荷安排流动资金需用量。其借款部分按全年计算利息，流动资金利息应计入生产期间财务费用，项目计算期末收回全部流动资金（不含利息）。

（3）用扩大指标估算法计算流动资金，可能需以经营成本及其中的某些科目为基数，因此实际上流动资金估算应在经营成本估算之后进行。

（4）在不同生产负荷下的流动资金，应按不同生产负荷所需的各项费用金额，根据上述公式分别估算，而不能直接按照100%生产负荷下的流动资金乘以生产负荷百分比求得。

实战演练

[2024 真题·单选] 某项目建设期为 2 年，共向银行借款 30 000 万元，借款年利率为 4.5%。第 1 年和第 2 年借款比例分别为 45% 和 55%。假设借款在各年内均衡使用，建设期内只计息不付息。则编制设计概算时，该项目建设期利息总和为（　　）万元。

A. 1 296.169　　B. 607.500

C. 992.419　　D. 1 984.838

[解析] 第 1 年应计利息＝30 000×45%×1/2×4.5%＝303.75（万元），第 2 年应计利息＝（30 000×45%＋303.75＋30 000×55%×1/2）×4.5%＝992.418 75（万元），该项目建设期利息总和＝303.75＋992.418 75≈1 296.169（万元）。

[答案] A

[2022 真题·单选] 某项目建设期为 2 年，共向银行借款 20 000 万元，借款年有效利率为 6%。第 1 年和第 2 年借款比例分别为 45% 和 55%。借款在各年内均衡使用，建设期内只计息不付息。则编制设计概算时，该项目建设期利息总和为（　　）万元。

A. 1 156.2　　B. 600.0

C. 886.2　　D. 1 772.4

[解析] 第 1 年应计利息＝20 000×45%×1/2×6%＝270（万元），第 2 年应计利息＝（20 000×45%＋270＋20 000×55%×1/2）×6%＝886.2（万元），该项目建设期利息总和＝270＋886.2＝1 156.2（万元）。

[答案] A

[2022 真题补·单选] 某建设项目，建设期为 2 年，向银行借款 2 000 万元，第 1 年、第 2 年分别借款 1 000 万元，借款在各年内均衡使用，按年复利计息，年有效利率为 5%，建设期内只计息不付息，则估算的建设期利息总和为（　　）万元。

A. 76.25　　B. 126.25

C. 200.00　　D. 101.25

[解析] 第 1 年应计利息＝1 000×1/2×5%＝25（万元），第 2 年应计利息＝（1 000＋25＋1 000×1/2）×5%＝76.25（万元），该项目建设期利息总和＝25＋76.25＝101.25（万元）。

[答案] D

[2020 真题·单选] 某新建项目，建设期为 3 年，共向银行借款 1 300 万元，其中第 1 年借款 700 万元，第 2 年借款 600 万元，借款在各年内均衡使用，年利率为 6%，建设期每年计息，但不还本付息，则第 3 年应计的借款利息为（　　）万元。

A. 0　　B. 82.94

C. 85.35　　D. 104.52

[解析] 第 1 年应计利息＝700×1/2×6%＝21（万元），第 2 年应计利息＝（700＋21＋600×1/2）×6%＝61.26（万元）；第 3 年应计利息＝（700＋21＋600＋61.26）×6%≈82.94（万元）。

［答案］B

［2018 真题 · 单选］某项目建设期为 2 年，共向银行借款 10 000 万元，借款年利率为 6%。第 1 年和第 2 年借款比例均为 50%，借款在各年内均衡使用，建设期内只计息不付息。则编制投资估算时，该项目建设期利息总和为（　　）万元。

A. 609　　B. 459

C. 450　　D. 300

［解析］第 1 年应计利息＝5 000×1/2×6%＝150（万元），第 2 年应计利息＝（5 000＋150＋5 000×1/2）×6%＝459（万元），该项目建设期利息总和＝150＋459＝609（万元）。

［答案］A

［2017 真题 · 单选］某工程项目，建设期为 2 年，共向银行借款 5 000 万元，其中第 1 年借入 2 000 万元，第 2 年借入 3 000 万元，年利率均为 6%，借款在各年内均衡使用，建设期内只计息不付息，则建设期第 2 年应计利息为（　　）万元。

A. 300.0　　B. 273.6

C. 213.6　　D. 180.0

［解析］第 1 年应计利息＝2 000×1/2×6%＝60（万元），第 2 年应计利息＝（2 000＋60＋3 000×1/2）×6%＝213.6（万元）。

［答案］C

第二节　工程计价依据

《住房和城乡建设部关于进一步推进工程造价管理改革的指导意见》（建标〔2014〕142 号）提出，不仅要健全市场决定工程造价制度，为“企业自主报价、竞争形成价格”提供制度保障，还要“以工程量清单为核心，构建科学合理的工程计价依据体系”。2020 年 7 月，《住房和城乡建设部办公厅关于印发〈工程造价改革工作方案〉的通知》（建办标〔2020〕38 号）提出，坚持市场在资源配置中起决定性作用，正确处理政府与市场的关系，通过改进工程计量和计价规则、完善工程计价依据发布机制、加强工程造价数据积累、强化建设单位造价管控责任、严格施工合同履约管理等措施，推行清单计量、市场询价、自主报价、竞争定价的工程计价方式，进一步完善工程造价市场形成机制。

知识点 1　工程造价管理标准体系与工程定额体系

一、工程造价管理标准体系

工程造价管理标准体系是为了规范和指导工程造价管理工作，确保工程项目的经济性、合理性和科学性而制定的一系列标准和规范，其可以分为国家标准、行业标准、地方标准、企业标准、国际标准等。

（一）国家标准

国家标准是指由国家标准化管理委员会发布的，具有强制性或推荐性的标准。以下是一些常见的国家标准。

（1）《建设工程工程量清单计价标准》（GB/T 50500—2024）（以下简称《计价标准》），该标准规定了建设工程工程量清单的编制方法和计价规则，是工程造价管理的重要依据。

（2）《建筑工程施工质量验收统一标准》（GB 50300—2013），该标准规定了建筑工程施工质量的验收标准和方法，对工程造价的确定和控制具有重要影响。

（3）《建设工程项目管理规范》（GB/T 50326—2017），该规范对建设工程项目管理的全过程进行了系统规定，包括项目策划、设计、施工、验收等环节。

（4）《工程造价术语标准》（GB/T 50875—2013），该标准旨在规范和统一工程造价领域的术语和定义，确保工程造价管理工作的科学性、准确性和一致性。

（5）《建设工程造价咨询规范》（GB/T 51095—2015），该规范旨在规范建设工程造价咨询活动，明确造价咨询服务的内容、程序和要求，确保造价咨询服务的质量和公正性。

（二）行业标准

行业标准是指由各行业主管部门发布的，适用于特定行业的标准。以下是一些常见的行业标准。

（1）《建筑工程施工组织设计规范》（GB/T 50502—2009），该规范规定了建筑工程施工组织设计的编制方法和内容，对工程造价的控制具有指导意义。

（2）《建筑安装工程费用项目组成》（建标〔2013〕44 号），该标准规定了建筑安装工程费用的项目组成和计算方法，是工程造价管理的重要参考。

（3）《市政工程工程量计算标准》（GB/T 50857—2024），该标准规定了市政工程工程量清单的编制方法和计价规则，适用于市政工程造价管理。

（4）《水利工程设计概（估）算编制规定》（水总〔2024〕323 号），该规定旨在规范和统一水利工程设计概算和估算的编制方法和程序，为水利工程项目的投资决策、资金筹措、施工管理等提供了可靠依据。

（5）《公路工程建设项目投资估算编制办法》（JTG 3820—2018），该办法旨在规范和统一公路工程建设项目投资估算的编制方法和程序，确保投资估算的科学性、合理性和准确性。

（三）地方标准

地方标准是指由各省、市、自治区发布的，适用于本地区的标准。以下是一些常见的地方标准。

（1）《北京市建设工程造价管理暂行规定》，该办法对北京市建设工程造价管理的各个环节进行了详细规定，包括工程量清单编制、合同管理、结算审核等。

（2）《上海市建设工程造价咨询标准》，该规定对上海市建设工程造价管理的全过程进行了系统规定，包括项目立项、设计、施工、验收等环节。

（3）《河北省房屋建筑和市政基础设施工程造价指数编制标准》，内容包括定额、费用标准、取费标准等，是编制工程预算、结算、决算的依据。

（4）《四川省建设工程工程量清单计价定额》规定的造价信息，包括材料价格、人工费、机械费等，为造价编制提供了参考。

（四）企业标准

企业标准是由各建设单位或施工企业根据自身实际情况制定的，适用于本企业的标准。以下是一些常见的企业标准类型。

（1）《××公司建设工程造价管理手册》，这类手册对××公司建设工程造价管理的各个环节进行了详细规定，包括工程量清单编制、合同管理、结算审核等内容。

（2）《××集团工程项目成本控制标准》，这类标准对××集团工程项目的成本控制进行了系统规定，包括项目策划、设计、施工、验收等环节。

（五）国际标准

国际标准是指由国际标准化组织（ISO）等国际机构发布的，适用于国际工程项目的标准。以下是一些常见的国际标准。

（1）ISO 9000　质量管理系列标准，该系列标准为工程项目的质量管理提供了指导，对工程造价的确定和控制具有重要影响。

（2）ISO 14000　环境管理系列标准，该系列标准为工程项目的环境管理提供了指导，对工程造价的确定和控制具有重要影响。

（3）FIDIC 合同条件，该系列标准是国际上广泛使用的工程合同范本，分别适用于不同类型的工程项目，对国际工程造价管理具有重要参考价值。

二、工程定额体系

工程定额是指在正常施工条件下完成规定计量单位的合格建筑安装工程所消耗的人工、材料、施工机具台班（水利行业用“台时”作为施工机具工作量的计算单位）、工期天数及相关费率等的数量标准。工程定额是一个综合概念，是建设工程造价计价和管理中各类定额的总称，包括许多种类，可以按照不同的原则和方法对其进行分类。

（一）按定额反映的生产要素消耗内容分类

按定额反映的生产要素消耗内容，可以把工程定额划分为劳动消耗定额、材料消耗定额和机具消耗定额三种。

1. 劳动消耗定额

劳动消耗定额简称劳动定额（又称人工定额），是指在正常的施工技术和组织条件下，完成规定计量单位合格建筑安装产品所消耗的人工工日的数量标准。劳动定额的主要表现形式是时间定额，但同时也表现为产量定额。时间定额与产量定额互为倒数。

2. 材料消耗定额

材料消耗定额简称材料定额，是指在正常的施工技术和组织条件下，完成规定计量单位的合格的建筑安装产品所消耗的原材料、成品、半成品、构配件、燃料以及水、电等动力资源的数量标准。

3. 机具消耗定额

机具消耗定额由机械消耗定额与仪器仪表消耗定额组成。机械消耗定额是以一台机械的一个工作台班为计量单位，所以又称机械台班定额。机械消耗定额是指在正常的施工技术和组织条件下，完成规定计量单位合格建筑安装产品所消耗的施工机械台班的数量标准。机械消耗定额的主要表现形式是机械时间定额，同时也以产量定额表现。施工仪器仪表消耗定额的表现形式与机械消耗定额类似。

（二）按定额的编制程序和用途分类

按定额的编制程序和用途，可以把工程定额分为施工定额、预算定额、概算定额、概算指标、投资估算指标五种。

1. 施工定额

施工定额是完成一定计量单位的某一施工过程或基本工序所需消耗的人工、材料和施工机具台班的数量标准。施工定额是施工企业（建筑安装企业）为组织生产和加强管理在企业内部使用的一种定额，属于企业定额。施工定额是以某一施工过程或基本工序为研究对象，表示生产产品数量与生产要素消耗综合关系的定额。为适应组织生产和管理的需要，施工定额是工程定额中分项最细、定额子目最多的一种定额，也是工程定额中的基础性定额。

2. 预算定额

预算定额是在正常的施工条件下，完成一定计量单位合格分项工程或结构构件所需消耗的人工、材料、施工机具台班的数量及其费用标准。预算定额是一种计价性定额。从编制程序上看，预算定额是以施工定额为基础综合扩大编制而成的，同时它也是编制概算定额的基础。

3. 概算定额

概算定额是完成单位合格扩大分项工程或扩大结构构件所需消耗的人工、材料和施工机具台班的数量及其费用标准，是一种计价性定额。概算定额是编制扩大初步设计概算、确定建设项目投资额的依据。概算定额的项目划分粗细与扩大初步设计的深度相适应，一般是在预算定额的基础上综合扩大编制而成的，每一概算定额都包含了数项预算定额。

4. 概算指标

概算指标是以单位工程为对象，反映完成一个规定计量单位建筑安装产品的经济指标。概算指标是概算定额的扩大与合并，是以更为扩大的计量单位来编制的工程定额。概算指标的内容包括人工、材料、机具台班三个基本部分，同时还包括分部工程量及单位工程的造价，是一种计价性定额。

5. 投资估算指标

投资估算指标是以建设项目、单项工程、单位工程为对象，反映建设总投资及其各项费用构成的经济指标。它是在项目建议书和可行性研究阶段编制投资估算、计算投资金额时使用的一种定额，其概略程度与可行性研究阶段相适应。投资估算指标往往根据历史的预、决算和价格变动等资料编制，但其编制基础仍然离不开预算定额、概算定额。

上述各种定额的相互联系如表 3-2-1 所示。

表 3-2-1　各种定额的相互联系

项目	施工定额	预算定额	概算定额	概算指标	投资估算指标
对象	施工过程或基本工序	分项工程或结构构件	扩大的分项工程或扩大的结构构件	单位工程	建设项目、单项工程、单位工程

续表

项目	施工定额	预算定额	概算定额	概算指标	投资估算指标
用途	编制施工预算	编制施工图预算	编制扩大初步设计概算	编制初步设计概算	编制投资估算
项目划分	最细	细	较粗	粗	很粗
定额水平	平均先进	平均			
定额性质	生产性定额	计价性定额			

（三）按专业分类

由于工程建设涉及众多的专业，不同专业所含的内容也不同，因此就确定人工、材料和施工机具台班消耗的数量标准的工程定额来说，也需按不同的专业分别进行编制和执行。

1. 建筑工程定额

建筑工程定额按专业对象分为建筑及装饰工程定额、房屋修缮工程定额、市政工程定额、铁路工程定额、公路工程定额、矿山井巷工程定额、水利建筑工程定额、内河航运水工建筑工程定额等。

2. 安装工程定额

安装工程定额按专业对象分为电气设备安装工程定额、机械设备安装工程定额、热力设备安装工程定额、通信设备安装工程定额、化学工业设备安装工程定额、工业管道安装工程定额、工艺金属结构安装工程定额、水利水电设备安装工程定额、内河航运设备安装工程定额等。

上述各种定额虽然适用于不同的情况，但是它们是一个互相联系的、有机的整体，在实际工作中可以配合使用。

实战演练

［2024 真题 · 单选］按编制用途分类，工程定额分为（　　）。

A. 全国统一定额、行业定额、地区统一定额、企业定额

B. 施工定额、预算定额、概算定额、概算指标、投资估算指标

C. 建筑工程定额、设备安装工程定额、工器具定额、工程建设其他费定额

D. 人工消耗定额、材料消耗定额、施工机具台班消耗定额

［解析］按定额的编制程序和用途，可以把工程定额分为施工定额、预算定额、概算定额、概算指标、投资估算指标五种。

［答案］B

［2020 真题 · 单选］下列定额中，属于施工企业内部使用，以工序为对象编制的定额是（　　）。

A. 预算定额　　B. 概算定额

C. 费用定额　　D. 施工定额

［解析］施工定额是施工企业（建筑安装企业）为组织生产和加强管理在企业内部使用的一种定额，属于企业定额。施工定额是以某一施工过程或基本工序为研究对象，表示生产产品数量与生产要素消耗综合关系的定额。

［答案］D

［2018 真题·单选］在合理的劳动组织和正常的施工条件下，所有班组完成某单位合格分项工程的时间消耗均不超过 1 个工日，其中个别班组可以在 0.50 工日完成，多数班组经过努力可以在 0.80 工日完成。则编制施工定额时，人工消耗宜为（　　）工日。

A. 1.00　　B. 0.80　　C. 0.77　　D. 0.50

［解析］施工定额的定额水平为平均先进水平。所谓平均先进水平是指，在正常施工条件下，企业多数员工经过努力能够达到和超过的水平。

［答案］B

知识点 2 人工、材料与施工机具台班消耗量确定

一、人工定额消耗量确定

人工定额，是指在正常施工技术和合理劳动组织的条件下生产单位合格产品所需消耗的工作时间，或在一定的工作时间内应该生产的产品数量。

（一）工人工作时间消耗的分类

工人在工作班内消耗的工作时间，按其消耗的性质分为必需消耗的时间和损失时间两大类。

1. 必需消耗的时间

必需消耗的时间是工人在正常施工条件下，完成一定数量合格产品所必需消耗的时间，它是制定定额的主要依据。必需消耗的工作时间包括有效工作时间、休息时间和不可避免的中断时间。

（1）有效工作时间是从生产效果来看与产品生产直接相关的时间消耗，包括基本工作时间、辅助工作时间、准备与结束工作时间。

①基本工作时间，是工人完成基本工作所消耗的时间，也就是完成一定产品的施工工艺过程所消耗的时间。

②辅助工作时间，是为保证基本工作能顺利完成所做的辅助性工作所消耗的时间。在辅助工作时间里，不能使产品的形状、大小、性质或位置发生变化。

③准备与结束工作时间，是执行任务前或任务完成后所消耗的工作时间。

（2）休息时间，是工人在工作过程中为恢复体力所必需的短暂休息的时间消耗。这种时间是为了保证工人精力充沛地进行工作，所以在定额时间中必须计算。休息时间的长短和劳动条件有关，劳动繁重而紧张、劳动条件差（如高温）则休息时间需要长一些。

（3）不可避免的中断时间，是指由施工工艺特点引起的工作中断所消耗的时间。与施工工艺特点有关的工作中断时间应包括在定额时间内，但应尽量缩短此项时间消耗；与施工工艺特点无关的工作中断所消耗的时间是由于劳动组织不合理引起的，属于损失时间，不能计入定额时间。

2. 损失时间

损失时间是和产品生产无关，而与施工组织和技术上的缺点有关、与工人在施工过程中

的个人过失或某些偶然因素有关的时间消耗。损失时间包括多余和偶然工作、停工、违背劳动纪律所造成的损失时间。

（1）多余和偶然工作的时间损失，包括多余工作和偶然工作引起的工时损失。多余工作，是工人进行了任务以外的而又不能增加产品数量的工作。偶然工作，是工人在任务外进行的工作，但能获得一定产品。

（2）停工时间，是工作班内停止工作造成的工时损失。停工时间按其性质可分为施工本身造成的停工时间和非施工本身造成的停工时间两种。

①施工本身造成的停工时间，是指由于施工组织不善、材料供应不及时、工作面准备工作差、工作地点组织不良等情况引起的停工时间，拟定定额时不予考虑。

②非施工本身造成的停工时间，是指由于气候条件以及水源、电源中断引起的停工时间，拟定定额时应给予合理的考虑。

（3）违背劳动纪律所损失的工作时间，是指工人在工作班开始和午休后的迟到、午饭前和工作班结束前的早退、擅自离开工作岗位、工作时间内聊天或办私事等造成的工时损失，因个别工人违背劳动纪律导致其他工人无法工作的时间损失也包括在内。此项工时损失不应允许存在，拟定定额时不予考虑。

工人工作时间消耗的分类见表 3-2-2。

表 3-2-2 工人工作时间消耗的分类

时间性质		时间分类构成	
工人工作时间	必需消耗的时间	有效工作时间	基本工作时间
			辅助工作时间
			准备与结束工作时间
		休息时间	—
		不可避免的中断时间	—
	损失时间	多余和偶然工作时间	多余工作时间
			偶然工作时间
		停工时间	施工本身造成的停工时间
			非施工本身造成的停工时间
		违背劳动纪律所损失的工作时间	—

（二）人工定额的编制方法

人工定额的编制方法主要有技术测定法、统计分析法、经验估算法、比较类推法等。其中技术测定法是我国建筑安装工程编制人工定额的基本方法。

（1）技术测定法，是一种细致、科学的调查研究方法，是在深入施工现场的条件下，根据合理先进的技术条件、组织条件和施工方法，对施工过程中各工序工作时间的各个组成部分进行实地观测，分别测定每一工序的工时消耗，对测定的资料进行分析计算，并参考以往数据，经过科学整理、分析以测定定额的一种方法。

（2）经验估算法，是根据经验丰富的工人、施工技术人员和定额员的实践经验，并参考有关技术资料，结合施工图纸、施工工艺、施工技术组织条件和操作方法等，通过分析、讨论和估算以测定定额的一种方法。

(3) 统计分析法，是整理过去一定时期内实际施工的同类工程和生产同类产品工程的实际工时消耗和生产产品数量的统计资料（施工任务书、考勤报表和其他有关资料），结合当前生产技术组织条件，经过分析、对比、研究来制定定额的一种方法。

(4) 比较类推法，又称典范定额法，它是以精确测定优质同类工序或产品的定额，经过分析，推出同类中相邻工序或产品定额的方法。

(三) 人工定额的表现形式

人工定额以时间定额或产量定额表现。

(1) 时间定额。时间定额就是某种专业、某种技术等级的工人班组或个人，在合理的劳动组织和合理使用材料的条件下，完成单位合格产品所必需的工作时间，包括准备与结束时间、基本工作时间、辅助工作时间、不可避免的中断时间及工人必需的休息时间。时间定额以工日为单位，每一工日按 8 h 计算。其计算方法如下：

$$单位产品时间定额（工日）=\frac{1}{每工日产量}$$

或

$$单位产品时间定额（工日）=\frac{小组成员工日数总和}{机械台班产量}$$

(2) 产量定额。产量定额就是在合理的劳动组织和合理使用材料的条件下，某种专业、某种技术等级的工人班组或个人在单位工日中所应完成的合格产品的数量。其计算方法如下：

$$每工日产量定额=\frac{1}{单位产品时间定额（工日）}$$

产量定额的计量单位有 m、m^2、m^3、t、块、根、件、扇等。

时间定额与产量定额互为倒数，即

$$时间定额\times产量定额=1$$

实战演练

[2023 真题 · 单选] 下列人工定额制定方法中，属于技术测定法的是（　　）。

A. 统计分析法　　B. 写实记录法

C. 比较类推法　　D. 经验估计法

[解析] 人工消耗定额的编制方法主要有技术测定法、统计分析法、经验估算法、比较类推法等。采用排除法，可确定选项 B 正确。

[答案] B

[2022 真题 · 单选] 施工企业编制人工定额时，应区分工人工作必需消耗的时间和损失时间，下列工人工作时间中，属于必需消耗的时间的是（　　）。

A. 工人偶然违背劳动纪律造成的损失时间　　B. 材料供应不及时造成的停工时间

C. 劳动组织不合理引起的停工时间　　D. 工人手工操作的辅助工作时间

［解析］必需消耗的工作时间包括有效工作时间、休息时间和不可避免的中断时间。有效工作时间包括基本工作时间、辅助工作时间、准备与结束工作时间。

［答案］D

［2022 真题补 · 单选］编制人工定额时，工人工作结束后必要的整理工作时间应计入（　　）。

A. 多余和偶然的工作时间　　B. 有效工作时间

C. 不可避免的中断时间　　D. 休息时间

［解析］有效工作时间包括基本工作时间、辅助工作时间、准备与结束工作时间。准备与结束工作时间是执行任务前或任务完成后所消耗的工作时间。

［答案］B

［2018 真题 · 单选］编制人工定额时，人工定额工作时间中应予以合理考虑的情况是（　　）。

A. 由于水源或电源终端引起的停工时间

B. 由于工程技术人员和工人差错引起的工时损失

C. 由于劳动组织不合理导致工作中断所消耗的时间

D. 由于材料供应不及时引起的停工时间

［解析］非施工本身造成的停工时间，是指由于气候条件以及水源、电源中断引起的停工时间，拟定定额时应给予合理的考虑。

［答案］A

［2024 真题 · 多选］编制人工定额时，下列工人工作时间中，属于必需消耗的时间的有（　　）。

A. 偶然的多余工作时间　　B. 基本工作时间

C. 辅助工作时间　　D. 准备与结束工作时间

E. 不可避免的中断时间

［解析］必需消耗的时间是工人在正常施工条件下，完成一定数量合格产品所必需消耗的时间，它是制定定额的主要依据。必需消耗的工作时间包括有效工作时间、休息时间和不可避免的中断时间。有效工作时间是从生产效果来看与产品生产直接相关的时间消耗，包括基本工作时间、辅助工作时间、准备与结束工作时间。

［答案］BCDE

［2023 真题 · 多选］编制人工定额时，应计入定额时间的有（　　）。

A. 由于劳动组织不合理导致工作中断所占用的时间

B. 准备与结束工作时间

C. 工人必需的休息时间

D. 不可避免的中断时间

E. 由于材料供应不及时引起的停工时间

[解析] 准备与结束工作时间、工人必需的休息时间、不可避免的中断时间，属于必需消耗的工作时间，应计入定额时间。

[答案] BCD

[2021 真题·多选] 编制人工定额时，工人必需消耗的工作时间包括（　　）。

A. 多余和偶然工作时间
B. 休息时间
C. 辅助工作时间
D. 施工本身造成的停工时间
E. 准备与结束工作时间

[解析] 工人必需消耗的工作时间，包括有效工作时间、休息时间和不可避免的中断时间。有效工作时间包括基本工作时间、辅助工作时间、准备与结束工作时间。

[答案] BCE

[2020 真题·多选] 编制人工定额时，下列时间属于工人在工作班内必需消耗的时间的有（　　）。

A. 辅助工作时间
B. 准备与结束工作时间
C. 材料供应不及时引起的停工时间
D. 工人在工作过程中恢复体力所必需的休息时间
E. 施工组织不善造成的停工时间

[解析] 工人必需消耗的工作时间，包括有效工作时间、休息时间和不可避免的中断时间。有效工作时间包括基本工作时间、辅助工作时间、准备与结束工作时间。

[答案] ABD

二、材料定额消耗量确定

材料定额是指在合理和节约使用材料的前提下，生产单位合格产品所必须消耗的建筑材料（包括半成品、配件、燃料、水、电等）的数量标准。建筑材料是建筑安装企业进行生产活动，完成建筑产品的物资条件。建筑工程的原材料（包括半成品、成品等）品种繁多，耗用量大，在一般工业与民用建筑工程中，材料消耗占工程成本的60%～70%。材料定额的任务就在于通过利用定额这个经济杠杆对材料消耗进行控制和监督，以达到降低物资消耗和工程成本的目的。

（一）材料定额的组成

（1）根据施工生产的工艺要求，建筑安装材料分为非周转性材料和周转性材料两大类。非周转性材料亦称直接性材料，是指在建筑工程施工中一次性消耗并直接构成工程实体的材料，如砖、砂、石、钢筋、水泥等。周转性材料是指在施工过程中能多次使用、周转的工具型材料，如各种模板、活动支架、脚手架、支撑等。

（2）根据施工中材料的消耗方式，可分为必需消耗的材料和损失的材料两类。下面主要介绍必需消耗的材料。

必需消耗的材料，是指在合理用料的条件下，生产合格产品所需消耗的材料，包括直接用于建筑工程的材料、不可避免的施工废料和不可避免的材料损耗。直接用于建筑工程的材料数量，称为材料净用量；不可避免的施工废料和材料损耗数量，称为材料损耗量。用公式表示如下：

材料总耗用量＝材料净用量＋材料损耗量

材料损耗量是不可避免的损耗，如场内运输及场内堆放在允许范围内不可避免的损耗、加工制作中的合理损耗及施工操作中的合理损耗等。材料损耗量一般用损耗率表示，损耗率可通过观测和统计确定，不同材料损耗率不同。材料损耗量用公式表示如下：

材料损耗量＝材料净用量×材料损耗率

为合理考核工程消耗，加强现场施工管理，材料定额中的损耗包括场内运输及场内堆放在允许范围内不可避免的损耗、加工制作中的合理损耗及施工操作中的合理损耗等。场外运输损耗、现场仓库保管损耗等不包括在定额内，而计入材料预算价格。

（二）非周转性材料的消耗量

非周转性材料消耗量的计算通常有以下 4 种方法：

1. 理论计算法

理论计算法，是根据施工图和建筑构造要求，用理论计算公式计算出产品的材料净用量的方法。这种方法较适合于不易产生损耗，且容易确定废料的材料消耗量的计算。

（1）1 m^3砖砌体材料消耗量的计算公式如下：

$$砖净用量（块）=\frac{墙厚砖数\times 2}{墙厚\times（砖长+灰缝）\times（砖厚+灰缝）}$$

$$砖消耗量=砖净用量\times（1+砖损耗率）$$

$$砂浆消耗量（m^3）=（1-砖净用量\times 每块砖体积）\times（1+损耗率）$$

每块标准砖体积＝0.24×0.115×0.053＝0.001 462 8 m^3，灰缝为 0.01 m。

（2）100 m^2块料面层材料消耗量的计算。块料面层一般指瓷砖、锦砖、预制水磨石、大理石等。计算公式如下：

$$块料面层净用量=\frac{100}{（块料长+灰缝）\times（块料宽+灰缝）}$$

$$块料面层消耗量=面层净用量\times（1+损耗率）$$

2. 测定法

根据试验情况和现场测定的资料数据确定材料的净用量。

3. 图纸计算法

根据选定的图纸，计算各种材料的体积、面积、延长米或重量。

4. 经验法

根据历史同类项目的经验进行估算。

（三）周转性材料的消耗量

1. 周转性材料的定义

周转性材料是指在施工过程中不是一次消耗完，而是多次使用、逐渐消耗、不断补充的工具性材料。常见的周转性材料有生产预制钢筋混凝土构件用的模具，现浇混凝土及钢筋混凝土工程用的模板，搭设脚手架用的脚手杆、跳板，挖土方工程用的挡土板、护桩等。周转性材料消耗定额，应当按照多次使用、分期摊销的方法进行计算，即周转性材料在材料定额中以摊销量表示。

2. 周转性材料摊销量计算

周转性材料消耗一般与下列 4 个因素有关：

（1）第一次制造时的材料消耗（一次使用量）。

（2）每周转使用一次材料的损耗（第二次使用时需要补充）。

（3）周转使用次数。

（4）周转材料的最终回收及其回收折价。

定额中周转材料消耗量指标，应当用一次使用量和摊销量两个指标表示。一次使用量是指周转材料在不重复使用时的一次使用量，供施工企业组织施工用；摊销量是指周转材料使用时，应分摊到每一计量单位结构构件的周转材料消耗量，供施工企业成本核算或投标报价使用。

实战演练

[2018 真题 · 单选] 关于周转性材料消耗及其定额的说法，正确的是（　　）。

A. 定额中周转材料消耗量应采用一次性使用量和摊销量两个指标表示

B. 周转性材料消耗量只与周转性材料一次使用量和周转次数相关

C. 施工企业成本核算或投标报价时应采用周转性材料的一次使用量指标

D. 周转性材料的周转使用次数越多，则每周转使用一次材料的损耗越大

[解析] 周转性材料消耗一般与下列 4 个因素有关：①第一次制造时的材料消耗（一次使用量）；②每周转使用一次材料的损耗（第二次使用时需要补充）；③周转使用次数；④周转材料的最终回收及其回收折价。故选项 B、D 错误。摊销量是指周转材料使用时，应分摊到每一计量单位结构构件的周转材料消耗量，供施工企业成本核算或投标报价使用，选项 C 错误。

[答案] A

[2017 真题 · 多选] 编制工程周转性材料消耗定额时，影响周转性材料消耗的因素有（　　）。

A. 周转材料的制造工艺

B. 周转使用次数

C. 周转材料的最终回收及其回收折价

D. 周转材料补损的难易程度

E. 每周转使用一次材料的损耗

[解析] 周转性材料消耗一般与下列 4 个因素有关：①第一次制造时的材料消耗（一次使用量）；②每周转使用一次材料的损耗（第二次使用时需要补充）；③周转使用次数；④周转材料的最终回收及其回收折价。

[答案] BCE

三、施工机具台班定额消耗量确定

施工机具台班定额消耗量包括施工机械台班定额消耗量和仪器仪表台班定额消耗量，二者的确定方法大体相同，本部分主要介绍施工机械台班定额消耗量的确定。

（一）施工机械工作时间消耗的分类

在机械化施工过程中，对工作时间消耗的分析和研究，除了要对工人工作时间的消耗进行分类研究之外，还需要分类研究施工机械工作时间的消耗。施工机械工作时间的消耗，按其性质也分为必需消耗的时间和损失时间两大类，如图 3-2-1 所示。

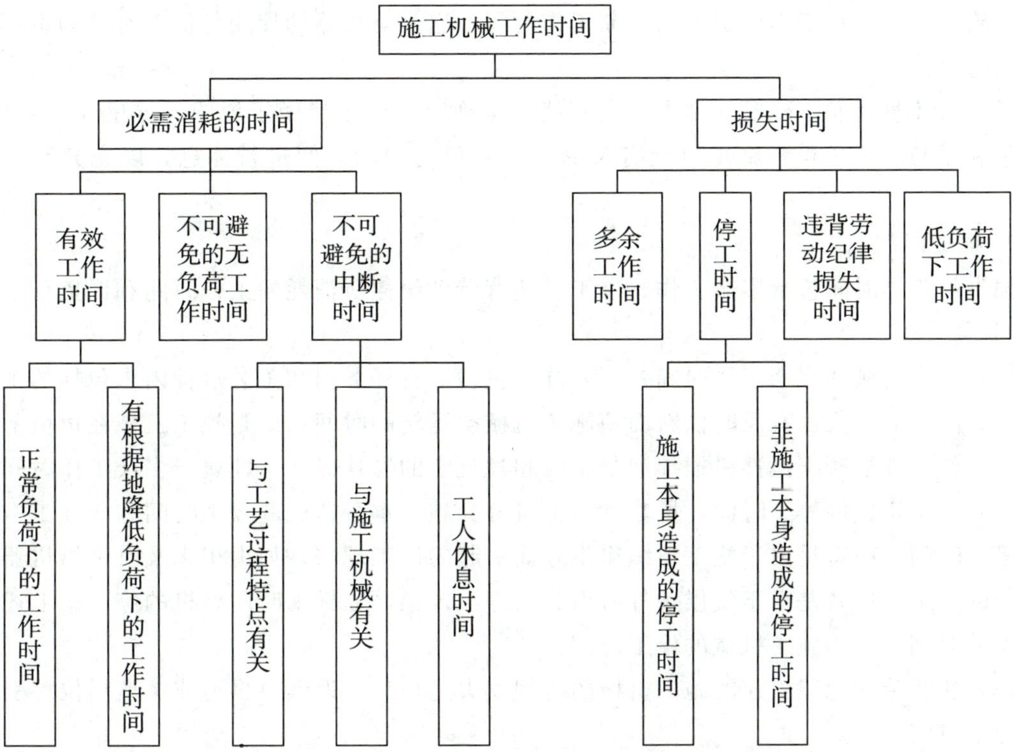

图 3-2-1 机器工作时间分类

1. 必需消耗的时间

必需消耗的工作时间包括有效工作时间、不可避免的无负荷工作时间和不可避免的中断时间三项时间消耗。

（1）有效工作时间是机器直接用于生产或提供劳务的时间，包括正常负荷下的工作时间、有根据地降低负荷下的工作时间。

①正常负荷下的工作时间是施工机械在与施工机械说明书规定的额定负荷相符的情况下进行工作的时间。

②有根据地降低负荷下的工作时间是在个别情况下由于技术原因，施工机械在低于其计算负荷下工作的时间。例如，汽车运输重量轻而体积大的货物时，不能充分利用汽车的载重吨位，因而不得不降低负荷工作。

（2）不可避免的无负荷工作时间是由施工过程和机械结构的特点造成的机械无负荷工作时间。例如，筑路机在工作区末端调头等，就属于此项工作时间的消耗。

（3）不可避免的中断工作时间是与工艺过程特点、施工机械的使用和保养、工人休息有关的中断时间。

①与工艺过程特点有关的不可避免的中断工作时间，有循环和定期两种。循环的不可避

免的中断时间，是在机器工作的每一个循环中重复一次的时间消耗，如汽车装货和卸货时的停车。定期的不可避免的中断时间，是经过一定时期重复一次的时间消耗，如把灰浆泵由一个工作地点转移到另一工作地点时的工作中断。

②与施工机械有关的不可避免的中断工作时间是由于工人进行准备与结束工作或辅助工作时，施工机械停止工作而引起的中断工作时间。它是与机器的使用与保养有关的不可避免的中断时间。

③工人休息时间，标题一“人工定额消耗量确定”中已经做了说明。这里要注意的是，应尽量利用与工艺过程和施工机械有关的不可避免的中断时间进行休息，以充分利用工作时间。

2. 损失时间

损失的工作时间包括多余工作、停工、违背劳动纪律所消耗的工作时间和低负荷下的工作时间。

（1）施工机械的多余工作时间，一是施工机械进行任务内和工艺过程内未包括的工作而延续的时间，如工人没有及时供料而使施工机械空运转的时间；二是施工机械在负荷下所做的多余工作，如混凝土搅拌机搅拌混凝土时超过规定的搅拌时间，即属于多余工作时间。

（2）施工机械的停工时间，按其性质也可分为施工本身造成的停工时间和非施工本身造成的停工时间。前者是由于施工组织得不好而引起的停工现象，如由于未及时供给机器燃料而引起的停工。后者是由于气候条件所引起的停工现象，如暴雨时压路机的停工。上述停工中延续的时间，均为施工机械的停工时间。

（3）违背劳动纪律引起的施工机械的时间损失是指工人迟到、早退或擅离岗位等引起的机器停工时间。

（4）低负荷下的工作时间是由于工人或技术人员的过错所造成的施工机械在降低负荷的情况下工作的时间。例如，工人装车的砂石数量不足引起的汽车在降低负荷的情况下工作所延续的时间。此项工作时间不能作为计算施工机械台班定额的基础。

（二）施工机械台班定额消耗量的确定

1. 确定机械 1 h 纯工作正常生产率

机械纯工作时间，就是指机械的必需消耗时间。机械 1 h 纯工作正常生产率，就是在正常施工组织条件下，具有必需的知识和技能的技术工人操纵机械 1 h 的生产率。

根据机械工作特点的不同，机械 1 h 纯工作正常生产率的确定方法，也有所不同。

（1）对于循环动作机械，确定机械 1 h 纯工作正常生产率的计算公式如下：

$$\text{机械一次循环的正常延续时间}=\sum(\text{循环各组成部分正常延续时间})-\text{交叠时间}$$

$$\text{机械 1 h 纯工作循环次数}=\frac{60\times60\ (\text{s})}{\text{一次循环的正常延续时间}}$$

机械 1 h 纯工作正常生产率＝机械 1 h 纯工作正常循环次数×一次循环生产的产品数量

（2）对于连续动作机械，确定机械 1 h 纯工作正常生产率要根据机械的类型和结构特征，以及工作过程的特点来进行。其计算公式如下：

$$\text{连续动作机械 1 h 纯工作正常生产率}=\frac{\text{工作时间内生产的产品数量}}{\text{工作时间（h）}}$$

工作时间内生产的产品数量和工作时间的消耗，要通过多次现场观察和机械说明书来取得数据。

2. 确定施工机械的时间利用系数

确定施工机械的时间利用系数，是指机械在一个台班内的纯工作时间与工作班延续时间之比。机械的时间利用系数和机械在工作班内的工作状况有着密切的关系，所以，要确定机械的时间利用系数，首先要拟定机械工作班的正常工作状况，保证合理利用工时。机械时间利用系数的计算公式如下：

$$\text{机械时间利用系数}=\frac{\text{机械在一个工作班内纯工作时间}}{\text{一个工作班延续时间（8 h）}}$$

3. 计算施工机械台班定额

计算施工机械台班定额是编制工作的最后一步。在确定了机械正常工作条件、机械 1h 纯工作正常生产率和机械时间利用系数之后，采用下列公式计算施工机械的产量定额，即

施工机械台班产量定额＝机械 1 h 纯工作正常生产率×工作班纯工作时间

或

施工机械台班产量定额＝机械 1 h 纯工作正常生产率×工作班延续时间×机械时间利用系数

【例题 4】某工程现场采用出料容量 500 L 的混凝土搅拌机，每一次循环中，装料、搅拌、卸料、中断需要的时间分别为 1 min、3 min、1 min、1 min，机械时间利用系数为 0.9，求该机械的台班产量定额。

解：该搅拌机一次循环的正常延续时间＝1＋3＋1＋1＝6（min）＝0.1（h）

该搅拌机 1 h 纯工作循环次数＝1/0.1＝10（次）

该搅拌机 1 h 纯工作正常生产率＝10×500＝5 000（L）＝5（m^3）

该搅拌机台班产量定额＝5×8×0.9＝36（m^3/台班）

实战演练

［2023 真题·单选］下列施工机械工时消耗中，属于必需消耗的工作时间的是（　　）。

A. 施工本身造成的停工时间　　B. 多余工作时间

C. 不可避免的无负荷工作时间　　D. 低负荷下的工作时间

［解析］必需消耗的工作时间包括有效工作时间、不可避免的无负荷工作时间和不可避免的中断时间三项时间消耗。而有效工作时间又包括正常负荷下的工作时间、有根据地降低负荷下的工作时间。

［答案］C

［2021 真题·单选］筑路机在工作区末端调头所消耗的时间，属于施工机械工作时间中的（　　）。

A. 有效工作时间　　B. 多余工作时间

C. 低负荷下的工作时间　　D. 不可避免的无负荷工作时间

［解析］不可避免的无负荷工作时间是由施工过程和机械结构的特点造成的机械无负荷工作时间。例如，筑路机在工作区末端调头等，就属于此项工作时间的消耗。

［答案］D

［2020 真题・单选］下列机械工作时间中，属于必需消耗的时间的是（　　）。

A. 不可避免的无负荷工作时间　　B. 低负荷下工作时间

C. 多余工作和停工的时间　　D. 施工本身造成的停工时间

［解析］必需消耗的工作时间包括有效工作时间、不可避免的无负荷工作时间和不可避免的中断时间三项时间消耗。而有效工作时间又包括正常负荷下的工作时间、有根据地降低负荷下的工作时间。

［答案］A

［2017 真题・单选］编制压路机台班使用定额时，属于必需消耗的时间的是（　　）。

A. 施工组织不好引起的停工时间　　B. 压路机在工作区末端调头时间

C. 压路机操作人员擅离岗位引起的停工时间　　D. 暴雨时压路机的停工时间

［解析］不可避免的无负荷工作时间是由施工过程和机械结构的特点造成的机械无负荷工作时间。例如，筑路机在工作区末端调头等，就属于此项工作时间的消耗。

［答案］B

［2019 真题・多选］下列机械工作时间中，属于机械工作必需消耗的时间的有（　　）。

A. 不可避免的无负荷工作时间　　B. 多余工作时间

C. 有效工作时间　　D. 低负荷下工作时间

E. 非施工本身造成的停工时间

［解析］必需消耗的工作时间包括有效工作时间、不可避免的无负荷工作时间和不可避免的中断时间三项时间消耗。而有效工作时间又包括正常负荷下的工作时间、有根据地降低负荷下的工作时间。

［答案］AC

知识点 3　人工、材料与施工机具台班单价确定

一、人工日工资单价的确定

人工日工资单价是指施工企业平均技术熟练程度的生产工人在每工作日（国家法定工作时间内）按规定从事施工作业应得的日工资总额。

（一）人工日工资单价的计算方法

（1）年平均每月法定工作日。由于人工日工资单价是每一个法定工作日的工资总额，因此需要对年平均每月法定工作日进行计算。其计算公式如下：

$$年平均每月法定工作日=\frac{全年日历日-法定假日}{12}$$

上式中的法定假日指双休日和法定节假日。

（2）人工日工资单价的计算。确定了年平均每月法定工作日后，将工资总额进行分摊，

即形成人工日工资单价。其计算公式如下：

$$人工日工资单价=\frac{生产工人平均月工资（计时、计件）+平均月（奖金+津贴、补贴+特殊情况下支付的工资）}{年平均每月法定工作日}$$

（3）人工日工资单价的管理。工程造价管理机构应通过市场调查，根据工程项目的技术要求，参考实物工程人工单价，综合分析确定人工日工资单价，最低人工日工资单价不得低于工程所在地人力资源和社会保障部门所发布的最低工资标准：普工 1.3 倍、一般技工 2 倍、高级技工 3 倍。

工程计价定额不可只列一个综合日工资单价，应根据工程项目技术要求和工种差别适当划分多种人工日工资单价，确保各分部工程人工费的合理构成。

（二）人工日工资单价的影响因素

影响人工日工资单价的因素很多，归纳起来有以下 5 个方面：

（1）社会平均工资水平。建筑安装工人人工日工资单价必然和社会平均工资水平趋同。社会平均工资水平取决于经济发展水平。由于经济的增长，社会平均工资也会增长，人工日工资单价随之提高。

（2）消费价格指数。消费价格指数的提高会迫使人工日工资单价提高，以减少生活水平的下降，或维持原来的生活水平。消费价格指数的变动取决于物价的变动，尤其取决于消费品及服务价格水平的变动。

（3）人工日工资单价的组成内容。例如，《关于印发〈建筑安装工程费用项目组成〉的通知》（建标〔2013〕44 号）将职工福利费和劳动保护费从人工日工资单价中删除，这也必然引起人工日工资单价的变化。

（4）劳动力市场供需变化。劳动力市场如果需求大于供给，人工日工资单价就会提高；供给大于需求，市场竞争激烈，人工日工资单价就会下降。

（5）政府推行的社会保障和福利政策也会影响人工日工资单价。

实战演练

［2019 真题·多选］ 关于建筑安装工程人工费中日工资单价的说法，正确的有（　　）。

A. 日工资单价是施工企业技术最熟练的生产工人在每工作日应得的工资总额

B. 工程造价管理机构应参考项目实物工程人工单价综合分析确定日工资单价

C. 最低日工资单价不得低于工程所在地人力资源和社会保障部门发布的最低工资标准

D. 企业投标报价时应自主确定日工资单价

E. 工程计价定额中应根据项目技术要求和工种差别划分多种日工资单价

［解析］ 人工日工资单价是指施工企业平均技术熟练程度的生产工人在每工作日（国家法定工作时间内）按规定从事施工作业应得的日工资总额，选项 A 错误。工程造价管理机构应通过市场调查，根据工程项目的技术要求，参考实物工程人工单价，综合分析确定人工日工资单价，最低人工日工资单价不得低于工程所在地人力资源和社会保障部门所发布的最低工资标准：普工 1.3 倍、一般技工 2 倍、高级技工 3 倍。选项 C、D 错误。

［答案］ BE

二、材料单价的确定

（一）材料单价的计算方法

1. 材料原价

材料原价是指国内采购材料的出厂价格，国外采购材料抵达买方边境、港口或车站并交纳完各种手续费、税费（不含增值税）后形成的价格。在确定原价时，凡同一种材料因来源地、交货地、供货单位、生产厂家不同，而有几种价格（原价）时，根据不同来源地供货数量比例，采取加权平均的方法确定其综合原价。计算公式如下：

$$加权平均原价=\frac{K_1C_1+K_2C_2+\cdots+K_nC_n}{(K_1+K_2+\cdots+K_n)}$$

式中　K_1，K_2，…，K_n——各不同供应地点的供应量或各不同使用地点的需要量；

C_1，C_2，…，C_n——各不同供应地点的原价。

若材料供货价格为含税价格，则材料原价应以购进货物适用的税率（13%或9%）或征收率（3%）扣除增值税进项税额。

2. 材料运杂费

材料运杂费是指国内采购材料自来源地、国外采购材料自到岸港运至工地仓库或指定堆放地点发生的费用（不含增值税），含外埠中转运输过程中所发生的一切费用和过境、过桥费用，包括调车和驳船费、装卸费、运输费及附加工作费等。

同一品种的材料有若干个来源地，应采用加权平均的方法计算材料运杂费。其计算公式如下：

$$加权平均运杂费=\frac{K_1T_1+K_2T_2+\cdots+K_nT_n}{K_1+K_2+\cdots+K_n}$$

式中　K_1，K_2，…，K_n——各不同供应点的供应量或各不同使用地点的需求量；

T_1，T_2，…，T_n——各不同运距的运费。

若运输费用为含税价格，则需要按“两票制”或“一票制”分别调整。

（1）“两票制”支付方式。所谓“两票制”材料，是指材料供应商就收取的货物销售价款和运杂费向建筑业企业分别提供货物销售和交通运输两张发票的材料。在这种方式下，运杂费以接受交通运输与服务适用税率9%扣除增值税进项税额。

（2）“一票制”支付方式。所谓“一票制”材料，是指材料供应商就收取的货物销售价款和运杂费合计金额向建筑业企业仅提供一张货物销售发票的材料。在这种方式下，运杂费采用与材料原价相同的方式扣除增值税进项税额。

3. 运输损耗费

在材料的运输中应考虑一定的场外运输损耗费用，这是指材料在运输装卸过程中不可避免的损耗。运输损耗费的计算公式如下：

运输损耗费＝（材料原价＋运杂费）×运输损耗率（%）

4. 采购及保管费

采购及保管费是指组织采购、供应和保管材料过程中所需要的各项费用，包括采购费、仓储费、工地保管费和仓储损耗。

采购及保管费一般按照材料到库价格以费率取定。采购及保管费计算公式如下：

采购及保管费＝材料运到工地仓库价格×采购及保管费费率（%）

或

采购及保管费＝（材料原价＋运杂费＋运输损耗费）×采购及保管费费率（%）

综上所述，材料单价的一般计算公式为

材料单价＝（供应价格＋运杂费）×［1＋运输损耗率（%）］×［1＋采购及保管费费率（%）］

由于我国幅员辽阔，建筑材料产地与使用地点的距离各地差异很大，采购、保管、运输方式也不尽相同，因此材料单价原则上按地区范围编制。

（二）材料单价的影响因素

（1）市场供需变化。材料原价是材料单价中最基本的组成。市场供大于求时价格就会下降；反之，价格就会上升，从而影响材料单价的涨落。

（2）材料生产成本的变动直接导致材料单价的波动。

（3）流通环节的多少和材料供应体制也会影响材料单价。

（4）运输距离和运输方法的改变会影响材料运输费用的增减，从而影响材料单价。

（5）国际市场行情会对进口材料单价产生影响。

实战演练

［2024 真题·单选］某建筑材料出厂价为 4 000 元/t，运输费用为 100 元/t，运输损耗率为 1%，采购保管费费率为 2%，以上数据均不含增值税。该材料（不含增值税）单价为（　　）元/t。

A. 4 120.80　　B. 4 141.00

C. 4 223.82　　D. 4 182.00

［解析］材料单价＝（供应价格＋运杂费）×［1＋运输损耗率（%）］×［1＋采购及保管费费率（%）］＝（4 000＋100）×（1＋1%）×（1＋2%）＝4 223.82（元/t）。

［答案］C

［2018 真题·单选］施工企业采购的某建筑材料出厂价为 3 500 元/t，运费为 400 元/t，运输损耗率为 2%，采购保管费费率为 5%，则计入建筑安装工程材料费的该建筑材料单价为（　　）元/t。

A. 4 176.9　　B. 4 173.0

C. 3 748.5　　D. 3 745.0

［解析］材料单价＝（供应价格＋运杂费）×［1＋运输损耗率（%）］×［1＋采购及保管费费率（%）］＝（3 500＋400）×（1＋2%）×（1＋5%）＝4 176.9（元/t）。

［答案］A

三、施工机械台班单价的确定

施工机械台班单价是指一台施工机械，在正常运转条件下一个工作班中所发生的全部费用，每台班按 8 h 工作制计算。正确制定施工机械台班单价是合理确定和控制工程造价的重要方面。

施工机械划分为12个类别：土石方及筑路机械、桩工机械、起重机械、水平运输机械、垂直运输机械、混凝土及砂浆机械、加工机械、泵类机械、焊接机械、动力机械、地下工程机械和其他机械。

施工机械台班单价由7项费用组成，分别为折旧费、检修费、维护费、安拆费及场外运费、人工费、燃料动力费和其他费用。

（一）折旧费的组成及确定

折旧费是指施工机械在规定的耐用总台班内，陆续收回其原值的费用。台班折旧费的计算公式如下：

$$台班折旧费=\frac{机械预算价格\times（1-残值率）}{耐用总台班}$$

1. 机械预算价格

（1）国产施工机械的预算价格按照机械原值、相关手续费和一次运杂费以及车辆购置税之和计算。

①机械原值应按下列途径询价、采集：编制期施工企业购进施工机械的成交价格；编制期施工机械展销会发布的参考价格；编制期施工机械生产厂、经销商的销售价格；其他能反映编制期施工机械价格水平的市场价格。

②相关手续费和一次运杂费应按实际费用综合取定，也可按其占施工机械原值的百分率确定。

③车辆购置税应按下式计算

$$车辆购置税=计取基数\times车辆购置税税率$$

其中，计取基数=机械原值+相关手续费和一次运杂费。车辆购置税税率应按编制期国家有关规定计算。

（2）进口施工机械的预算价格按照到岸价、关税、消费税、相关手续费和国内一次运杂费、银行财务费、车辆购置税之和计算。

①进口施工机械原值应按“到岸价+关税”取定，到岸价应按编制期施工企业签订的采购合同、外贸与海关等部门的有关规定及相应的外汇汇率计算取定。其原值应为不含标准配置以外的附件及备用零配件的价格。

②关税、消费税及银行财务费应执行编制期国家有关规定，并参照实际发生的费用计算，也可按其占施工机械原值的百分率取定。

③相关手续费和国内一次运杂费应按实际费用综合取定，也可按其占施工机械原值的百分率确定。

④车辆购置税应按下式计算

$$车辆购置税=计税价格\times车辆购置税税率$$

其中，计税价格=到岸价+关税+消费税，车辆购置税税率应按编制期国家有关规定计算。

2. 残值率

残值率是指机械报废时回收其残余价值占施工机械预算价格的百分比。残值率应按编制期国家有关规定确定：目前各类施工机械均按5%计算。

3. 耐用总台班

耐用总台班指施工机械从开始投入使用至报废前使用的总台班数。耐用总台班应按相关技术指标取定。

年工作台班指施工机械在一个年度内使用的台班数量。年工作台班应在编制期制度工作日基础上扣除检修、维护天数并考虑机械利用率等因素综合取定。

机械耐用总台班的计算公式为

$$机械耐用总台班=折旧年限\times年工作台班=检修间隔台班\times检修周期$$

检修间隔台班是指机械自投入使用起至第一次检修止或自上一次检修后投入使用起至下一次检修止，应达到的使用台班数。

检修周期是指机械在正常的施工作业条件下，其寿命期（即耐用总台班）按规定的检修次数划分为若干个周期。其计算公式为

$$检修周期=检修次数+1$$

（二）检修费的组成及确定

检修费是指施工机械在规定的耐用总台班内，按规定的检修间隔进行必要的检修，以恢复其正常功能所需的费用。台班检修费是机械使用期限内全部检修费之和在每个台班中的分摊额，其金额取决于一次检修费、检修次数和耐用总台班的数量，计算公式为

$$台班检修费=\frac{一次检修费\times检修次数}{耐用总台班}\times除税系数$$

（1）一次检修费，是指施工机械一次检修发生的工时费、配件费、辅料费、油燃料费等。一次检修费应以施工机械的相关技术指标和参数为基础，结合编制期市场价格综合确定。也可按其占预算价格的百分率取定。

（2）检修次数，是指施工机械在其耐用总台班内的检修次数。检修次数应按施工机械的相关技术指标取定。

（3）除税系数，是指考虑一部分检修可以购买委外检修服务，从而需扣除维护费中包括的增值税进项税额，其计算公式为：

$$除税系数=自行检修比例+委外检修比例/（1+税率）$$

自行检修比例、委外检修比例是指施工机械自行检修、委托专业修理修配部门检修占检修费的比例。具体比值应结合本地区（部门）施工机械检修实际综合取定。税率按增值税修理修配劳务适用税率计取。

（三）维护费的组成及确定

维护费是指施工机械在规定的耐用总台班内，按规定的维护间隔进行各级维护和临时故障排除所需的费用，包括保障机械正常运转所需替换设备与随机配备工具附具的摊销和维护费用、机械运转及日常保养维护所需润滑与擦拭的材料费用及机械停滞期间的维护费用等。各项费用分摊到台班中，即为维护费。其计算公式为

$$台班维护费=\frac{\sum(各级维护一次费用\times除税系数\times各级维护次数)+临时故障排除费}{耐用总台班}$$

当维护费计算公式中各项数值难以确定时，也可按下式计算

$$台班维护费=台班检修费\times K$$

式中　K——维护费系数，指维护费占检修费的百分数。

（1）各级维护一次费用应按施工机械的相关技术指标，结合编制期市场价格综合取定。

（2）各级维护次数应按施工机械的相关技术指标取定。

（3）临时故障排除费可按占各级维护费用之和的百分数取定。

（4）替换设备及工具附具台班摊销费应按施工机械的相关技术指标，结合编制期市场价格综合取定。

（5）除税系数可按下式计算

$$除税系数=自行维护比例+委外维护比例/（1+税率）$$

自行维护比例、委外维护比例是指施工机械自行维护、委托专业修理修配部门维护占维护费的比例。具体比值应结合本地区（部门）施工机械维护实际综合取定。税率按增值税修理修配劳务适用税率计取。

（四）安拆费及场外运费的组成和确定

安拆费指施工机械在现场进行安装与拆卸所需的人工、材料、机械和试运转费用以及机械辅助设施的折旧、搭设、拆除等费用；场外运费指施工机械整体或分体自停放地点运至施工现场或由一施工地点运至另一施工地点的运输、装卸、架线及辅助材料等费用。

安拆费及场外运费根据施工机械不同分为计入台班单价、单独计算和不需计算三种情况。

（1）安拆简单、移动需要起重及运输机械的轻型施工机械，其安拆费及场外运费计入台班单价。台班安拆费及场外运费计算公式如下：

$$台班安拆费及场外运费=\frac{一次安拆费及场外运费\times 年平均安拆次数}{年工作台班}$$

①一次安拆费应包括施工现场机械安装和拆卸一次所需的人工费、材料费、机械费、安全监测部门的检测费及试运转费。

②一次场外运费应包括运输、装卸、回程及辅助材料等费用。

③年平均安拆次数按施工机械的相关技术指标，结合具体情况综合确定。

④运输距离均按平均值 30 km 计算。

（2）单独计算的情况包括：

①安拆复杂、移动需要起重及运输机械的重型施工机械，其安拆费及场外运费单独计算。

②利用辅助设施移动的施工机械，其辅助设施（包括轨道和枕木等）的折旧、搭设和拆除等费用可单独计算。

③自升式塔式起重机、施工电梯安拆费的超高起点及其增加费，各地区、部门可根据具体情况确定。

（3）不需计算的情况包括：

①不需安拆的施工机械，不计算一次安拆费。

②不需相关机械辅助运输的自行移动机械，不计算场外运费。

③固定在车间的施工机械，不计算安拆费及场外运费。

（五）人工费的组成及确定

人工费指机上司机（司炉）和其他操作人员的人工费。台班人工费可按下式计算

$$台班人工费=人工消耗量\times(1+\frac{年制度工作日-年工作台班}{年工作台班})\times人工单价$$

（1）人工消耗量指机上司机（司炉）和其他操作人员工日消耗量。

（2）年制度工作日应执行编制期国家有关规定。

（3）人工单价应执行编制期工程造价管理机构发布的信息价格。

（六）燃料动力费的组成和确定

燃料动力费是指施工机械在运转作业中所耗用的燃料及水、电等费用。台班燃料动力费的计算公式为

$$台班燃料动力费=\sum(台班燃料动力消耗量\times燃料动力单价)$$

（1）燃料动力消耗量应根据施工机械技术指标等参数及实测资料综合确定。其计算公式为

$$台班燃料动力消耗量=(实测数\times4+定额平均值+调查平均值)/6$$

（2）燃料动力单价应执行编制期工程造价管理机构发布的不含税信息价格。

（七）其他费用的组成和确定

其他费用是指施工机械按照国家规定应缴纳的车船税、保险费及检测费等。台班其他费的计算公式为

$$台班其他费=\frac{年车船税+年保险费+年检测费}{年工作台班}$$

（1）年车船税、年检测费应执行编制期国家及地方政府有关部门的规定。

（2）年保险费应执行编制期国家及地方政府有关部门强制性保险的规定，非强制性保险不应计算在内。

四、施工仪器仪表台班单价的组成和确定

施工仪器仪表划分为 7 个类别：自动化仪表及系统、电工仪器仪表、光学仪器、分析仪表、试验机、电子和通信测量仪器仪表、专用仪器仪表。

施工仪器仪表台班单价由 4 项费用组成，分别为折旧费、维护费、校验费、动力费。施工仪器仪表台班单价中的费用组成不包括检测软件的相关费用。

（一）折旧费

施工仪器仪表台班折旧费是指施工仪器仪表在耐用总台班内，陆续收回其原值的费用。其计算公式如下：

$$台班折旧费=\frac{施工仪器仪表原值\times(1-残值率)}{耐用总台班}$$

（1）施工仪器仪表原值应按以下方法取定：

①对从施工企业采集的成交价格，各地区、部门可结合本地区、部门实际情况，综合确

定施工仪器仪表原值。

②对从施工仪器仪表展销会采集的参考价格或从施工仪器仪表生产厂、经销商采集的销售价格，各地区、部门可结合本地区、部门实际情况，测算价格调整系数取定施工仪器仪表原值。

③对类别、名称、性能规格相同而生产厂家不同的施工仪器仪表，各地区、部门可根据施工企业实际购进情况，综合取定施工仪器仪表原值。

④对进口与国产施工仪器仪表性能规格相同的，应以国产为准取定施工仪器仪表原值。

⑤进口施工仪器仪表原值应按编制期国内市场价格取定。

⑥施工仪器仪表原值应按不含一次运杂费和采购保管费的价格取定。

（2）残值率指施工仪器仪表报废时回收其残余价值占施工仪器仪表原值的百分比。残值率应按国家有关规定取定。

（3）耐用总台班指施工仪器仪表从开始投入使用至报废为止累计的工作总台班数量。耐用总台班应按相关技术指标取定。

$$耐用总台班=年工作台班\times 折旧年限$$

①年工作台班指施工仪器仪表在一个年度内使用的台班数量。

$$年工作台班=年制度工作日\times 年使用率$$

年制度工作日应按国家规定制度工作日执行，年使用率应按实际使用情况综合取定。

②折旧年限指施工仪器仪表逐年计提折旧费的年限。折旧年限应按国家有关规定取定。

（二）维护费

施工仪器仪表台班维护费是指施工仪器仪表各级维护、临时故障排除所需的费用及为保证仪器仪表正常使用所需备件（备品）的维护费用。其计算公式如下：

$$台班维护费=\frac{年维护费}{年工作台班}$$

年维护费指施工仪器仪表在一个年度内发生的维护费用。年维护费应按相关技术指标，结合市场价格综合取定。

（三）校验费

施工仪器仪表台班校验费是指施工仪器仪表按国家与地方政府规定进行标定与检验的费用。其计算公式如下：

$$台班校验费=\frac{年校验费}{年工作台班}$$

年校验费指施工仪器仪表在一个年度内发生的校验费用。年校验费应按相关技术指标取定。

（四）动力费

施工仪器仪表台班动力费是指施工仪器仪表在施工过程中所耗用的电费。其计算公式如下：

$$台班动力费=台班耗电量\times 电价$$

（1）台班耗电量应根据施工仪器仪表的不同类别，按相关技术指标综合取定。

（2）电价应执行编制期工程造价管理机构发布的信息价格。

实战演练

[2024 真题·单选] 计算施工机械台班单价时，已知施工机械预算价格为 48 万元，预计使用年限为 10 年，年平均工作 220 个台班，残值率为 5%，该机械台班折旧费为（　　）元/台班。

A. 207.27　　B. 218.18

C. 229.09　　D. 229.67

[解析] 机械台班折旧费＝机械预算价格×（1－残值率）/耐用总台班＝[48×10 000×(1－5%)]/(10×220)≈207.27（元/台班）。

[答案] A

[2024 真题·单选] 下列施工机械的相关费用中，应计入施工机械台班单价的是（　　）。

A. 安拆简单、移动需要起重机运输的轻型施工机械的安拆费及场外运费

B. 施工电梯的安拆费

C. 利用辅助设施移动的施工机械，其辅助设施的折旧、搭设和拆除费用

D. 自升式塔式起重机的安拆费及场外运费

[解析] 施工机械台班单价由 7 项费用组成，分别为折旧费、检修费、维护费、安拆费及场外运费、人工费、燃料动力费和其他费用。安拆费及场外运费根据施工机械不同分为计入台班单价、单独计算和不需计算三种类型。选项 B 属于不需计算的情况，选项 C、D 属于单独计算的情况。

[答案] A

[2023 真题·单选] 某施工机械预算价格为 140 万元，折旧年限为 12 年（按年限平均折旧），残值率为 5%，年平均工作 260 个台班，该机械台班折旧费为（　　）元/台班。

A. 448.72　　B. 5 115.38

C. 5 384.62　　D. 426.28

[解析] 该机械台班折旧费＝机械预算价格×（1－残值率）/耐用总台班＝[140×10 000×(1－5%)]/(12×260)≈426.28（元/台班）。

[答案] D

[2022 真题·单选] 某施工机械预算价格为 50 万元，假定全部为固定资产原值，折旧年限为 10 年，年平均工作 225 个台班，残值率为 5%，按年限平均法计算，该机械台班折旧费为（　　）元/台班。

A. 211　　B. 222

C. 2 110　　D. 2 220

[解析] 机械台班折旧费＝机械预算价格×（1－残值率）/耐用总台班＝[50×10 000×(1－5%)]/(10×225)≈211（元/台班）。

[答案] A

[2019 真题改编·单选] 某施工机械预算价格为 65 万元，预算残值率为 3%，折旧年限为 5 年（年限平均法折旧），每年工作 250 个台班。折旧年限内预计每年检修 1 次，每次费用为 3 万元。机械台班人工费为 130 元，台班燃料动力费为 15 元，台班车船税费为 10 元，不计台班安拆费及场外运输费和维护费，则该机械台班单价为（　　）元。

A. 649.40　　B. 754.40

C. 795.00　　D. 779.40

[解析] 施工机械台班单价由 7 项费用组成，分别为折旧费、检修费、维护费、安拆费及场外运费、人工费、燃料动力费和其他费用。台班折旧费＝机械预算价格×（1－残值率）/耐用总台班＝[65×10 000×（1－3%）]/（5×250）＝504.4（元/台班）。台班检修费＝一次检修费×检修次数/耐用总台班＝（3×10 000×5）/（5×250）＝120（元/台班）。机械台班单价＝504.4＋120＋130＋15＋10＝779.4（元）。

[答案] D

知识点 4 预算定额、概算定额与概算指标

一、预算定额

（一）预算定额的概念

预算定额，也称消耗量定额，是指根据合理的施工组织设计，按照正常施工条件制定的生产一个规定计量单位的合格工程产品（即生产单位合格质量的工程构造要素），所需人工、材料、施工机具台班的社会平均消耗数量标准。预算定额是计算建筑安装产品价格的基础。

（二）预算定额的作用

（1）预算定额是编制施工图预算，确定建筑安装工程造价的基础。

（2）预算定额是编制施工组织设计的依据。

（3）预算定额是工程结算的依据。

（4）预算定额是施工单位进行经济分析的依据。预算定额规定的物化劳动和劳动消耗指标，是施工单位在生产经营中允许消耗的最高标准。施工单位不仅应将预算定额作为评价企业工作的重要标准，还应将其作为力争实现的成本控制目标。施工单位可根据预算定额对施工中的人工、材料、施工机具的消耗情况进行具体分析，以便找出并克服低功效、高消耗的薄弱环节，从而提高竞争能力。

（5）预算定额是编制概算定额的基础。概算定额是在预算定额基础上综合扩大编制而成的。

（6）预算定额是合理编制招标标底、招标报价的基础。随着市场经济体制改革的全面推进，预算定额的指令性作用日益削弱，但预算定额本身的科学性和权威性决定其对于企业编制个别成本报价的指导性作用仍然存在，所以，预算定额依旧是企业编制招标标底及投标报价的基本依据。

（三）预算定额的编制原则

为保证预算定额的质量、充分发挥预算定额的作用，在编制工作中应该遵循以下原则：

（1）按社会平均水平确定预算定额。

（2）简明适用。

（3）坚持统一性和差别性相结合。所谓统一性，就是从规范全国统一市场计价行为出发，国务院建设行政主管部门归口管理计价定额的制定规划和组织实施，并负责全国统一定额的制定或修订及颁发有关工程造价管理的规章制度等。所谓差别性，就是在统一性的基础上，各部门和省、自治区、直辖市主管部门在自己的管辖范围内，根据本部门和地区的具体情况，制定部门和地区性定额、补充性制度和管理方法，以适应我国幅员辽阔，地区间部门发展不平衡和差异大的实际情况。

（四）预算定额的编制依据

（1）现行劳动定额和施工定额。

（2）现行的设计规范、施工及验收规范、质量评定标准和安全操作规程等文件。

（3）具有代表性的典型工程施工图及有关标志图。

（4）新技术、新结构、新工艺和新材料，以及科学实验、技术测定和经济分析等有关最新科学技术资料。

（5）现行的工人工资标准、材料预算价格和施工机具台班费用等有关价格资料。

（6）有关科学试验、技术测定的统计分析资料。该类资料是确定定额水平的重要依据。

（7）现行的预算定额、材料预算价格及有关文件规定等，包括过去定额编制过程中积累的基础资料。这些资料也是编制预算定额的依据和参考。

（五）预算定额中消耗量的确定

1. 人工消耗量的确定

预算定额中人工消耗量是指完成一定计量单位的分项工程或结构构件所必需的各种用工量，包括基本用工和其他用工。

（1）基本用工，指完成分项工程的主要用工量。例如，砌筑各种墙体工程的砌砖、调制砂浆及运输砖和砂浆的用工量。预算定额是一项综合性定额，由组成分项工程内容的各工序综合而成。因此，它包括的工程内容比较多，如墙体砌筑工程包括门窗洞口、附墙烟囱、垃圾道、墙垛、各种形式的砖碹等，其用工量比砌筑一般墙体的用工量多。需要另外增加的用工也属于基本用工内容。

（2）其他用工，是辅助基本用工消耗的工日，包括超运距用工、辅助用工和人工幅度差用工 3 种。

人工消耗量指标的构成如图 3-2-2 所示。

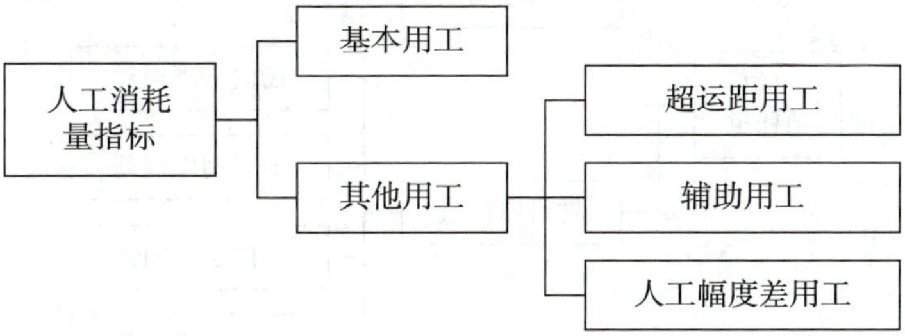

图 3-2-2　人工消耗指标的构成

①超运距用工。超运距是指预算定额中取定的材料及半成品的场内水平运距超过劳动定

第三章

额规定的水平距离的部分，即

超运距＝预算定额取定的运距－劳动定额已包括的运距

超运距用工是指完成材料及半成品的场内水平超运距部分所增加的用工。

②辅助用工，是指劳动定额不包括而在预算定额内又必须考虑的用工。如机械土方工程配合、材料加工（包括洗石子、筛沙子、淋石灰膏等）、模板整理等用工。

③人工幅度差用工。人工幅度差是指预算定额与劳动定额由于定额水平不同而产生的差异，它是劳动定额作业时间之外，预算定额内应考虑的、在正常施工条件下所发生的各种工时损失。人工幅度差包括的内容如图 3-2-3 所示。

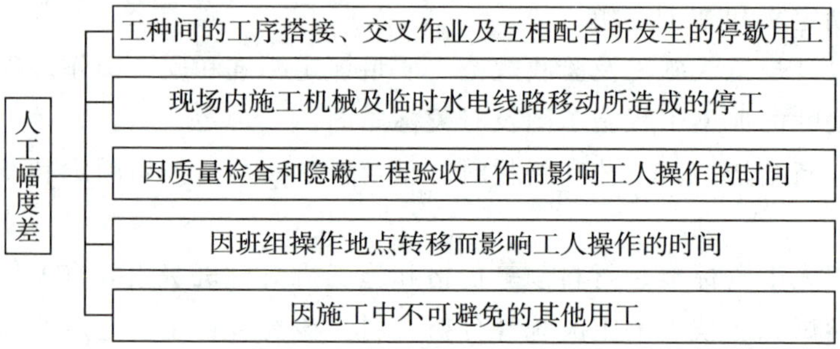

图 3-2-3　人工幅度差包括的内容

人工幅度差的计算公式如下：

人工幅度差＝（基本用工＋超运距用工＋辅助用工）×人工幅度差系数

人工幅度差系数一般取 10%～15%。

2. 材料消耗量的确定

预算定额中的材料消耗量是指完成单位合格产品所必需消耗的材料数量。材料按用途分类，可分为主要材料、次要材料、零星材料和周转材料四类，如图 3-2-4 所示。

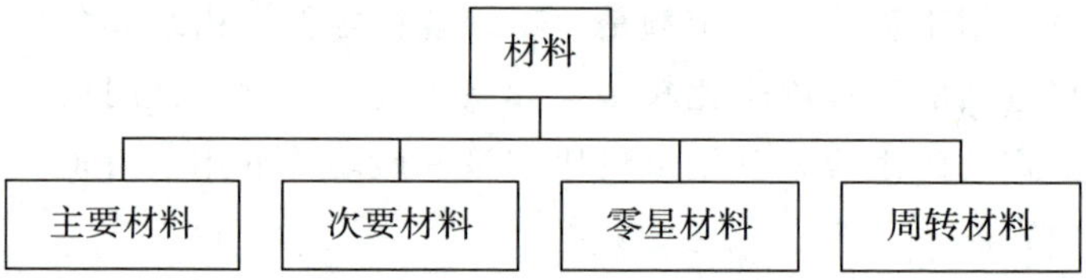

图 3-2-4　材料按用途的分类

预算定额中的材料消耗量指标由材料净用量和材料损耗量构成。如图 3-2-5 所示。

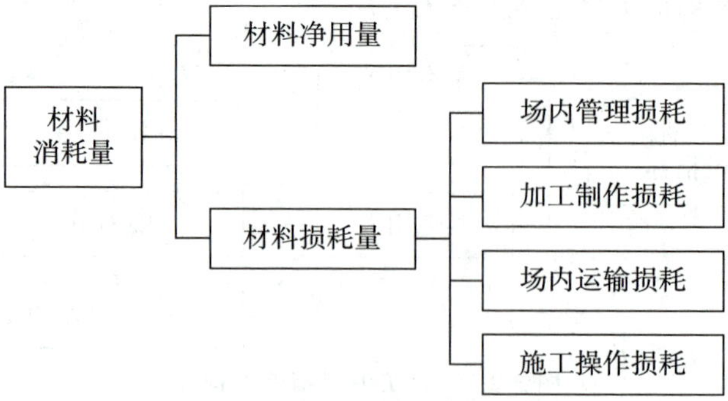

图 3-2-5　预算定额中材料消耗量指标的构成

3. 机械台班消耗量的确定

预算定额中的施工机具台班消耗量是指在正常施工条件下，生产单位合格产品（分部分项工程或结构构件）必须消耗的某种型号施工机具的台班数量。此处主要介绍机械台班消耗量的计算。

（1）机械台班消耗量。预算定额中机械台班消耗量是指在正常施工条件下，生产单位合格产品必须消耗的施工机械的台班数量。机械台班消耗量指标一般是在施工定额的基础上，再考虑一定的机械幅度差进行计算，即

机械台班消耗量＝施工定额机械台班消耗量＋机械幅度差

（2）机械幅度差。机械幅度差是指机械台班消耗定额中未包括的，而机械在合理的施工组织条件下不可避免的损失时间，其包括的内容如图 3-2-6 所示。

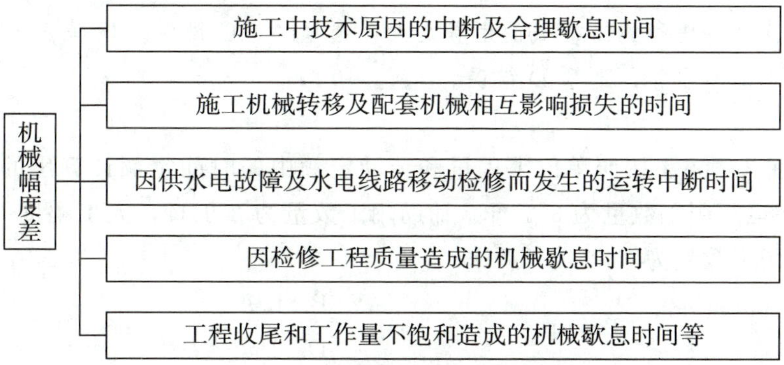

图 3-2-6　机械幅度差包括的内容

机械幅度差的计算公式如下：

机械幅度差＝施工定额机械台班消耗量×机械幅度差系数

因此

预算定额机械台班消耗量＝施工定额机械台班消耗量×（1＋机械幅度差系数）

（六）预算定额基价的确定

预算定额基价即“预算价格”，是完成一定计量单位的分项工程或结构构件所需要的人工费、材料费和施工机具使用费之和，如图 3-2-7 所示。

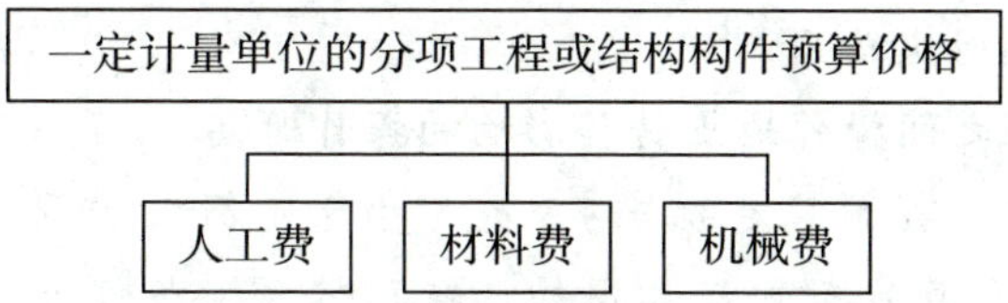

图 3-2-7　分项工程预算价格的构成

其计算公式如下：

一定计量单位的分项工程或结构构件的预算价格＝人工费＋材料费＋机械费

其中

人工费＝工日消耗量×日工资单价

材料费＝$\sum$（材料消耗量×材料单价）

机械费＝$\sum$（台班消耗量×台班单价）

由此可见，工程造价费用的多少，除取决于预算定额中工、料、机的消耗量，还取决于日工资单价、材料单价和台班单价。

实战演练

[2024 真题·单选] 关于预算定额基价编制的说法，正确的是（　　）。

A. 预算定额基价应包括人工费、材料费、施工机具使用费、管理费和风险费

B. 以全国统一或地区通用的预算定额或基础定额，确定人工、材料、机械台班的消耗量

C. 预算定额基价中的单价含有增值税进项税额

D. 预算定额基价一般通过单位估价表来确定单价，用于直接编制施工预算

[解析] 预算定额基价即"预算价格"，是完成一定计量单位的分项工程或结构构件所需要的人工费、材料费和施工机械使用费之和，选项 A、C 错误。根据表 3-2-1，预算定额用于直接编制施工图预算，选项 D 错误。

[答案] B

[2019 真题·单选] 按照单位工程量和劳动定额中的时间定额计算出的基本用工数量为 15 工日，超运距用工数量为 3 工日，辅助用工数量为 2 工日，人工幅度差系数为 10%，则人工幅度差用工数量为（　　）工日。

A. 1.5　　B. 1.7

C. 1.8　　D. 2.0

[解析] 人工幅度差 =（基本用工 + 超运距用工 + 辅助用工）× 人工幅度差系数 =（15+3+2）×10%=2（工日）。

[答案] D

[2022 真题补·多选] 确定预算定额人工消耗量指标时，人工幅度差用工包括的内容有（　　）。

A. 为加快施工进度而进行夜间施工的用工

B. 隐蔽工程验收等工程质量检查影响的操作时间

C. 施工过程中工种之间交叉作业造成的不可避免的修复、清理等用工

D. 施工现场清扫临时道路用工

E. 现场内单位工程之间操作地点转移影响的操作时间

[解析] 人工幅度差是指预算定额与劳动定额由于定额水平不同而产生的差异，它是劳动定额作业时间之外，预算定额内应考虑的、在正常施工条件下所发生的各种工时损失。人工幅度差包括的内容有：①工种间的工序搭接、交叉作业及互相配合所发生的停歇用工；②现场内施工机械及临时水电线路移动所造成的停工；③质量检查和隐蔽工程验收工作而影响工人操作的时间；④班组操作地点转移而影响工人操作的时间；⑤施工中不可避免的其他用工。

[答案] BCE

二、概算定额

（一）概算定额的概念

概算定额又称扩大结构定额，它规定了完成一定计量单位的扩大结构构件或扩大分项工程的人工、材料、施工机具台班消耗量的数量标准，它是在预算定额的基础上综合、合并而成的，因此概算定额与综合预算定额在性质上具有相同的特征。概算定额表达的主要内容、主要方式及基本使用方法都与综合预算定额相近。

概算定额的计算公式如下：

概算定额基准价＝定额单位人工费＋定额单位材料费＋定额单位施工机具费

＝概算定额人工消耗量×人工工资单价＋Σ（概算定额材料消耗量×材料预算价格）＋Σ（概算定额施工机具消耗量×机具台班费用单价）

概算定额的内容和深度是以预算定额为基础的综合与扩大，概算定额与预算定额的不同之处在于项目划分和综合扩大程度上的差异。同时，由于概算定额综合了若干分项工程的预算定额，因此概算定额工程量计算和概算表的编制都比编制施工图预算简化了很多。概算定额主要用于设计概算的编制。

编制概算定额时，应考虑规划、设计、施工各阶段的要求。概算定额与预算定额应保持一致水平，即在正常条件下反映大多数企业的设计、生产及施工管理水平。

（二）概算定额的作用

（1）概算定额是初步设计阶段（扩大初步设计阶段）编制概算的主要依据。

（2）概算定额是对设计项目进行技术经济分析比较的基础资料之一。

（3）概算定额是建设工程主要材料计划编制的依据。

（4）概算定额是控制施工图预算的依据。

（5）概算定额是施工企业在准备施工期间编制施工组织总设计或总规划时对生产要素提出需求量计划的依据。

（6）概算定额是工程结束后，进行竣工决算和评价的依据。

（三）概算定额的编制原则

概算定额的编制应该贯彻社会平均水平和简明适用的原则。由于概算定额和预算定额都是工程计价的依据，所以应符合价值规律并反映现阶段大多数企业的设计、生产及施工管理水平，但在概算定额水平与预算定额水平之间应保留必要的幅度差。概算定额在合并预算定额时不得遗漏或增加项目，以保证其严密性和正确性。概算定额务必简明、准确和适用。

（四）概算定额的编制依据

概算定额的编制依据因其使用范围不同而不同。其编制依据一般有以下几种：

（1）相关的国家和地区文件。

（2）现行的设计规范、施工验收技术规范和各类工程预算定额、施工定额。

（3）具有代表性的标准设计图纸和其他设计资料。

（4）有关的施工图预算及有代表性的工程决算资料。

（5）现行的人工日工资单价标准、材料单价、机具台班单价及其他的价格资料。

（五）概算定额与预算定额的关系

（1）概算定额是一种计价性定额，其主要作用是作为编制设计概算的依据。而对设计概算进行编制和审核是我国目前控制工程建设投资的主要方法，因此概算定额也是我国目前控制工程建设投资的主要依据。

（2）概算定额是一种社会标准，在涉及国有资本投资的工程建设领域，同样具有技术经济法规的性质，其定额水平一般取社会平均水平。

（3）概算定额是在预算定额或综合预算定额的基础上综合扩大编制而成的计价性定额，不论从定额的形式、数据结构，还是从定额的标定对象、消耗量水平来看，都与综合预算定额基本相同。

（4）概算定额与预算定额的相同之处在于，它们都是以建（构）筑物各个结构部分和分部分项工程为单位表示的，定额标定对象均为扩大了的分项工程或结构构件；定额消耗量的内容也包括人工、材料和施工机具台班三个基本部分；概算定额表达的主要内容、主要方式及基本使用方法都与预算定额相近。

（5）概算定额与预算定额的不同之处在于项目划分和综合扩大程度上的差异，此外，概算定额主要用于设计概算的编制，而预算定额还可以作为编制施工图预算的依据。由于概算定额综合了若干分项工程的预算定额，因此概算定额工程量计算和概算表的编制都比编制施工图预算简化了很多。

（六）概算定额手册的组成

概算定额手册通常由文字说明和定额项目表组成。文字说明包括总说明和各分部说明。总说明中主要说明定额的编制目的、编制依据、适用范围、定额作用、使用方法、取费计算基础以及其他有关规定等。各分部说明中主要阐述本分部综合分项工程内容、使用方法、工程量计算规则以及其他有关规定等。

（1）总说明：主要介绍概算定额的作用、编制依据、编制原则、适用范围、有关规定等内容。

（2）建筑面积计算规则：规定了计算建筑面积的范围、计算方法，不计算建筑面积的范围等。建筑面积是分析建筑工程技术经济指标的重要数据，现行建筑面积的计算规则是由国家统一规定的。

（3）册章节说明：册章节说明（又称各章分部说明）主要是对本章定额运用、界限划分、工程量计算规则、调整换算规定等内容进行说明。

（4）概算定额项目表：定额项目表是概算定额的核心，它反映了一定计量单位扩大结构（构件）或扩大分项工程的概算单价，以及主要材料消耗量的标准。

（5）附录、附件：附录一般列在概算定额手册的后面，包括砂浆、混凝土配合比表，各种材料、机械台班造价表等有关资料，供定额换算、编制施工作业计划等使用。

三、概算指标

（一）概算指标的概念

概算指标是以每 100 m^2 建筑面积、每 1 000 m^3 建筑体积或每座构筑物为计量单位，规定人工、材料、机具及造价的定额指标。同时，概算指标还列出了各结构分部的工程量及单位工程（以体积计或以面积计）的造价。例如，每 1 000 m^3 房屋或构筑物、每 1 000 m 管道或道路、每座小型独立构筑物所需要的劳动力、材料和机械台班的消耗数量等。

（二）概算指标的作用

概算指标的作用与概算定额类似，在设计深度不够的情况下，往往用概算指标来编制初步设计概算。因为概算指标是概算定额的进一步扩大与综合，所以依据概算指标来估算投资就更为简便，但精确度却也随之降低。建筑工程概算指标的作用有以下 4 点：

（1）概算指标是初步设计阶段编制建筑工程设计概算的依据。这是指在没有条件计算工程量时只能使用概算指标。

（2）概算指标是设计单位在建筑方案设计阶段，进行方案设计技术经济分析和估算的依据。

（3）概算指标在建设项目可行性研究阶段，编制项目投资估算的依据。

（4）概算指标是建设项目规划阶段，估算投资和计算资源需要量的依据。

（三）概算指标的表现形式

按具体内容和表示方法的不同，概算指标一般有综合指标和单项指标两种形式。综合指标是以一种类型的建筑物或构筑物为研究对象，以建筑物或构筑物的体积或面积为计量单位，综合了该类型范围内各种规格单位工程的造价和消耗量指标而形成的，它不是反映具体工程的指标，而是一类工程的综合指标，是一种概括性较强的指标。单项指标则是一种以典型的建筑物或构筑物为分析对象的概算指标，仅仅反映某一具体工程的资源消耗情况。

（四）概算指标的组成内容

概算指标的组成内容一般分为文字说明和列表形式两部分，此外还包括必要的附录。

（1）总说明和分册说明，内容一般包括概算指标的编制范围、编制依据、分册情况、指标包括的内容、指标未包括的内容、指标的使用方法、指标允许调整的范围及调整方法等。

（2）列表形式包括：

①建筑工程的列表形式。房屋建筑、构筑物一般是以建筑面积、建筑体积、“座”“个”等为计算单位，附以必要的示意图，示意图画出建筑物的轮廓示意或单线平面图，列出综合指标“元/m”或“元/m^3”，自然条件（如地耐力、地震烈度等），建筑物的类型、结构形式及各部位结构主要特点，主要工程量等。

②安装工程的列表形式。设备以“t”或“台”为计算单位，也可以设备购置费或设备原价的百分比（%）表示。工艺管道一般以“t”为计算单位；通信电话站安装以“站”为计算单位。安装工程通常要求列出指标编号、项目名称、规格、综合指标（元/计算单位），一般还要列出其中的人工费，必要时还要列出主要材料费、辅材费。

知识点 5 工程造价指标与指数

一、工程造价指标

（一）工程造价指标的概念

工程造价指标是指建设工程整体或局部在某一时间、地域一定计量单位的造价水平或人、材、机消耗量的数值。

（二）工程造价指标的分类

工程造价指标可以按照不同的分类标准进行分类。

（1）按照工程造价指标层级的不同，工程造价指标可分为总投资指标和投资明细指标。

①总投资指标是以建设项目为单位计算的总金额、总指标，是建设项目全部费用的指标。总投资指标应分别计算各类费用得出单位造价、造价占比并汇总。

②投资明细指标是由多个单位工程或多个层级子项逐项计算得出同层级的单位造价、造价占比，及由多个单位工程或多个层级子项汇总成单项工程的单位造价、造价占比，以及由多个单项工程汇总成建设项目的单位造价、造价占比等。

（2）按照用途的不同，工程造价指标可以分为工程经济指标、工程量指标、工料价格指标与消耗量指标。

①工程经济指标是按工程建筑面积、体积、长度、功能性单位或自然计量单位计算得出的全费用单位指标、相关单位指标、造价占比等。其中相关单位指标是指组成单项或单位工程的不同层级子项（可细化至分部分项工程）的工程经济指标。

②工程量指标是按工程建筑面积、体积、长度、功能性单位或自然计量单位计算得出的工程实体主要构件或要素的工程量、单位指标、相关单位指标等。

③工料价格与消耗量指标是按工程建筑面积、体积、长度、功能性单位或自然计量单位计算得出的生产过程中消耗的工日用量、材料用量及对应单价、合价的单位指标、造价占比等。单位工程或分部分项工程单位指标的工、料、机及设备占比也可以通过编制单位工程工料价格指标进行辅助分析。

（三）工程造价指标的测算

1. 注意事项

（1）数据的真实性。用于测算指标的数据，无论是整体数据还是局部数据，必须都是采集的实际工程数据。实际工程数据是指完成工程造价计价成果的实际工程计价数据，包括建设工程投资估算、设计概算、最高投标限价、合同价、工程结算、竣工决算等。

（2）符合时间要求。工程造价指标的时间应符合下列规定：

①投资估算、设计概算、最高投标限价应采用成果文件编制完成日期。

②合同价应采用工程开工日期。

③工程结算、竣工决算应采用工程竣工日期。

（3）根据工程特征进行测算。按照工程造价指标层级，工程特征包括建设项目特征信息和单项工程特征信息。

①建设项目特征信息是以建设项目为单位，针对建设项目的共性内容、通用内容进行描述。对于房屋建筑工程而言，通常包括基本信息和面积信息两部分。基本信息中的工程特征分类（民用建筑、工业建筑或构筑物），项目所在地，造价类型（投资估算、设计概算、最高投标限价、投标报价、合同价、工程结算、竣工决算等）以及建筑安装造价是否含税为必须描述的项目特征；其余可选择描述的特征包括变化率、开竣工日期、工程承包模式、资金来源等。面积信息中必须描述的项目特征主要是建筑面积，其余可选择描述的项目特征包括

红线内室外面积、人防建筑面积、停车场面积等。

②单项工程特征信息是以单项工程为单位，对单项工程的基本信息、工程专业信息、计价信息进行描述。对于房屋建筑工程而言，可包括通用特征信息和分类特征信息两部分。

2. 测算方法

工程造价指标测算方法主要包括数据统计法、典型工程法和汇总计算法。

(1) 数据统计法。当工程造价数据的样本数量达到数据采集最少样本数量时，应使用数据统计法测算工程造价指标，所获取的样本应具有相同或类似的工程特征信息。

(2) 典型工程法。工程造价数据样本数量达不到指标测算最少样本数量要求时，工程造价指标应采用典型工程法测算。

典型工程造价数据也宜采用样本数据，并且要求典型工程的特征必须与指标描述保持一致。在计算时，应将典型工程各构成数据，包括构成的人工、材料、机具等分部分项费用以及措施费、规费、税金数据调整至相应平均水平，然后再计算各类工程造价指标。

(3) 汇总计算法。当需要采用下一层级造价指标汇总计算上一层级造价指标时，应采用汇总计算法。

汇总计算法计算工程造价指标时，应采用加权平均计算法，权重为指标对应的总建设规模。汇总计算法采用的下一层级造价指标宜采用数据统计法得出的各类工程造价指标。

(四) 工程造价指标的作用

(1) 作为对已完或在建工程进行造价分析的依据。

(2) 作为拟建类似项目工程计价的重要依据。

(3) 作为反映同类工程造价变化规律的基础资料。

二、工程造价指数

(一) 工程造价指数的概念

指数是用来统计、研究社会经济现象数量变化幅度和趋势的一种特有的分析方法和手段。指数有广义和狭义之分。广义的指数指反映社会经济现象变动与差异程度的相对数，如产值指数、产量指数、出口额指数等。而从狭义上说，指数是用来综合反映社会经济现象复杂总体数量变动状况的相对数。所谓复杂总体，是指数量上不能直接加总的总体。例如，不同的产品和商品，有不同的使用价值和计量单位，不同商品的价格也以不同的使用价值和计量单位为基础，这些都是不同度量的事物，是不能直接相加的。但通过狭义的指数就可以反映不同度量的事物所构成的特殊总体的变动或差异程度，如物价总指数、成本总指数等。

(二) 工程造价指数的编制意义

在建筑市场供求和价格水平发生经常性波动的情况下，工程造价及其各组成部分也处于不断变化之中，这不仅使不同时期的工程在“量”与“价”两方面都失去可比性，也给合理确定和有效控制造价造成了困难。根据工程建设的特点，编制工程造价指数是解决这些问题的最佳途径。以合理方法编制的工程造价指数，不仅能够较好地反映工程造价的变动趋势和变化幅度，而且可用以剔除价格水平变化对造价的影响，正确反映建筑市场的供求关系和生产力发展水平。

工程造价指数是一定时期的建设工程造价相对于某一固定时期工程造价的比值，即以某一设定值为参照得出的同比例数值，用来反映一定时期价格变化对工程造价的影响程度，是调整工程造价价差的依据。工程造价指数反映了报告期与基期相比的价格变动趋势，利用它来研究实际工作中的下列问题很有意义：

（1）可以利用工程造价指数分析价格变动趋势及其原因。

（2）可以利用工程造价指数预计宏观经济变化对工程造价的影响。

（3）工程造价指数是工程发承包双方进行工程估价和结算的重要依据。

（三）工程造价指数的分类

工程造价指数分为人、材、机市场价格指数，单项工程造价指数，工程造价综合指数。

（1）人、材、机市场价格指数，其中包括了反映各类工程的人工费、材料费、施工机具使用费报告期价格对基期价格的变化程度的指标。可利用人、材、机市场价格指数研究主要单项价格变化的情况及其发展变化的趋势。其计算过程可以简单表示为报告期价格与基期价格之比。

（2）单项工程造价指数，主要是指按照不同专业类别划分的各类单项工程造价指数。与单项工程造价指标的分类类似，单项工程造价指数也可划分为房屋建筑与装饰工程、仿古建筑工程、通用安装工程、市政工程、园林绿化工程、矿山工程、构筑物工程、城市轨道交通工程和爆破工程等造价指数。

（3）造价指数工程造价综合指数，通常按照地区进行编制，即将不同专业的单项工程造价指数进行加权汇总后，反映该地区某一时期内工程造价的综合变动情况。

第三节　设计概算与施工图预算

设计概算与施工图预算是工程造价的两个重要阶段性成果。设计概算是在初步设计阶段，对工程总投资的预计；施工图预算是在施工图设计完成后，对工程造价的详细测算。

知识点 1　设计概算编制

一、设计概算的概念

设计概算是在初步设计（或扩大初步设计）阶段，设计单位根据初步设计（或扩大初步设计）图纸、概算定额或概算指标、材料价格、费用定额和有关取费规定，对拟建工程进行概略的费用计算。它是初步设计文件的重要组成部分，是初步设计阶段计算建筑物、构筑物的造价以及从筹建至交付使用所发生的全部建设费用的文件。根据国家有关规定，建设工程在初步设计阶段，必须编制设计概算；在报批设计文件的同时，必须要报批设计概算；施工图设计，也必须按照批准的初步设计及其设计概算进行。设计概算由设计单位编制。

二、设计概算的编制依据

（1）经批准的可行性研究报告。其内容包括项目建设必要性、市场分析、项目建设条件及选址、建设方案、环保、劳动安全、项目组织与劳动定员、项目建设实施计划、投资估算与资金筹措、效益分析与评价等。

（2）经批准的建设项目设计任务书。其内容包括建设目的、建设规模、建设理由、建设布局、建设内容、建设进度、建设投资、产品方案和原材料来源地等。只有根据设计任务书编制的设计概算，其成果才能作为建设工程项目的建设投资限额。

（3）经批准的投资估算文件。对于国有投资项目，投资估算是设计概算的最高额度标准，设计概算不得突破投资估算，否则要按规定重新报批。

（4）建设场地的自然条件、经济条件资料以及总平面图。

（5）初步设计项目一览表。

（6）有关合同、协议等资料。

（7）有关税收和规划费用等资料。

（8）初步设计或扩大初步设计图纸和说明书。

（9）现行的概算定额、概算指标。

（10）设备价格资料。

（11）地区材料价格、工资标准。

（12）有关部门颁布的现行的取费标准和费用定额。其内容包括各种费用、取费标准、计算范围、材差系数等，编制设计概算必须符合建设项目主管部门制定的基本原则。

三、设计概算的作用

（1）设计概算是编制建设项目投资计划，确定和控制建设项目投资的依据。国家规定没有获得批准的初步设计及其设计概算的建设工程，不得列入年度固定资产投资计划。经批准的项目设计概算投资额，是工程建设控制投资的最高限额。如果设计概算超过投资估算的10% 以上，则要修正设计概算。

（2）设计概算是控制施工图设计和施工图预算的依据。设计单位必须按批准的初步设计和总概算进行施工图设计。施工图预算不得突破设计概算，否则要修改初步设计，重新编制修正概算。

（3）设计概算是衡量设计方案经济合理性和选择最佳设计方案的依据。设计概算是设计方案技术经济合理性的反映，设计单位据此对不同设计方案进行技术与经济的合理性比较，以确定最佳设计方案。

（4）设计概算是工程造价管理及编制招标标底和投标报价的依据。招标人编制招标控制价应以设计概算为评定标准。投标人编制投标报价应以设计概算为控制依据，并以投标报价与设计概算间的裕度在投标竞争中取胜。

（5）设计概算是考核建设项目投资效果的依据。通过对比设计概算与竣工决算，就可以分析和考核投资效果的好坏。

（6）设计概算是签订承包合同和贷款合同的依据。承包人进行工程承包施工，发包人支付工程价款，双方签订合同和合同价款的多少，都是以设计概算为依据的，其总承包价款不得超过设计概算的投资总额。

四、设计概算的内容

设计概算包括单位工程概算、单项工程综合概算和建设项目总概算三级。若干个单位工程概算和其他工程费用文件汇总后，成为单项工程综合概算；若干个单项工程综合概算汇总后，成为建设项目总概算。综合概算和总概算，仅是一种归纳和汇总性文件，而最基本、最主要的设计概算文件仍是单位工程概算。

（1）单位工程概算是确定一个单位工程所需建设费用的文件，它是单项工程综合概算的组成部分。单位工程概算按其性质又可分为建筑工程概算和设备及安装工程概算两大类。建筑工程概算的内容包括土建工程概算、给水排水工程概算、采暖通风工程概算、空调工程概算、电气照明工程概算、弱电工程概算、特殊构筑物工程概算等。设备及安装工程概算的内容包括机械设备及安装工程概算、电气设备及安装工程概算、工器具及生产家具购置费概算等。

（2）单项工程综合概算是确定一个单项工程所需建设费用的文件，它由单项工程中的各单位工程概算汇总编制而成，是建设项目总概算的组成部分。单项工程综合概算的内容包括单位建筑工程概算、单位设备及安装工程概算、工程建设其他费用概算。当建设项目仅有一个单项工程时忽略此项概算，而仅编制单位工程概算和建设项目总概算，即二级概算形式。

（3）建设项目总概算是确定一个建设项目从筹建项目至竣工验收所需全部建设费用的文件，它是由各单项工程综合概算，工程建设其他费用概算，预备费、建设期贷款利息概算，投资方向调节税概算和生产或经营性项目铺底流动资金概算等汇总而成。

五、设计概算的编制方法

（一）单位工程概算的编制方法

一般情况下，施工图预算造价不允许超过设计概算造价，以使设计概算起到控制施工图预算的作用。单位工程概算的编制是一项重要的工作，既要保证它的及时性，又要保证它的正确性。单位工程概算一般有三种编制方法：①根据概算定额进行编制；②根据概算指标进行编制；③根据类似工程预算进行编制。

1. 根据概算定额进行编制

单位工程概算编制依据包括初步设计或扩大初步设计的图纸资料和说明书、概算定额、概算费用指标、施工条件和施工方法。

应用概算定额编制单位工程概算的方法，与应用预算定额编制单位工程施工图预算的方法基本相同，概算书所用表式与预算书表式亦基本相同。两者的不同之处在于设计概算项目划分较施工图预算粗略。前者是把施工图预算中的若干个项目合并为一项，并且采用概算工程量计算规则。应用概算定额编制概算，其编制对象必须是设计达到一定深度的设计图纸。图纸对建筑、结构、构造应有明确的规定，内容比较齐全、完善，令使用者能够按照初步设计的平面、立面、剖面图纸，计算出地面、墙身、门窗和屋面等扩大分项工程项目的工程量。该法编制精度高，是编制设计概算的常用方法。应用概算定额编制设计概算的具体步骤如下：

（1）熟悉设计图纸，了解设计意图、施工条件和施工方法。

（2）列出建筑工程设计图中各分部分项工程的项目名称，并计算其工程量。工程量计算应按概算定额中规定的工程量计算规则进行，并将各分项工程量按概算定额编号顺序填入工程概算表内。

(3) 确定各分部分项工程项目的概算定额单价（基价）和工料消耗指标。工程量计算完毕后，按照概算定额中分部分项工程项目的顺序核查概算定额的相应项目，将项目名称、定额编号、工程量及其计量单位、定额基准价和人工及材料消耗量指标分别填入工程概算表和工料分析表中的相应栏内。

(4) 计算各分部分项工程工程量清单费用。

(5) 计算措施项目费用。

(6) 计算其他项目费用。

(7) 计算规费。

(8) 计算税金。

(9) 计算总价。工程总价等于建筑安装工程费加上工程建设其他费用和预备费。

(10) 编写概算编制说明。

2. 根据概算指标进行编制

概算指标一般是以建筑面积为单位，以整幢建筑物为对象而编制的技术经济指标。它的数据均来自各种已建建筑物的预算或竣工结算资料，用其建筑面积除以各种人工、材料等消耗量得出。概算指标通常是每幢建筑物每 100 m^2 建筑面积表示的价值或工料消耗量，因此，它比概算定额更为扩大、综合，所以按其编制的设计概算比按概算定额编制的设计概算更加简化，精确度也要比用概算定额编制的设计概算低一些，是一种对工程造价估算的方法。但由于采用概算指标的编制速度快，能满足时间紧迫的要求，该法仍有一定的实用价值。在初步设计阶段编制设计概算，如已有初步设计图纸，则可根据初步设计图纸、设计说明和概算指标，按设计的要求、条件和结构特征（如结构类型、基础、内外墙、楼板、屋架；建筑外形、层数、层高、檐高、屋面、地面、门窗、建筑装饰等），查阅概算指标中相同类型建筑物的简要说明和结构特征来编制设计概算；如无初步设计图纸无法计算工程量或在可行性研究阶段只具有轮廓方案，也可用概算指标来编制设计概算。具体编制方法如下：

(1) 直接套用概算指标编制设计概算。如果拟建工程项目在设计上与概算指标中的某建筑物相符，则可直接套用指标进行编制。当概算指标规定了土建工程每百平方米或每平方米的人工及主要材料消耗量时，具体步骤及计算公式如下：

①根据概算指标中的人工工日数及现行工资标准计算人工费。

每平方米建筑面积人工费＝概算指标人工工日数×地区日工资标准

②根据概算指标中的主要材料数量及现行材料预算价格计算材料费。

每平方米建筑面积主要材料费＝$\sum$（主要材料用量×地区材料预算价格）

③按求得的主要材料费及其他材料费占主要材料费的百分比，求出其他材料费。

每平方米建筑面积其他材料费＝每平方米建筑面积主要材料费×其他材料费的比例

④施工机械使用费在概算指标中一般是用“元”或占直接费的百分比表示，直接按概算指标规定计算。

⑤按求得的人工费、材料费、机械费，求出直接费。

每平方米建筑面积直接费＝人工费＋主要材料费＋其他材料费＋机械费

⑥按求得的直接费及地区现行取费标准，求出间接费、税金等其他费用及材料价差。

⑦将直接费和其他费用相加，得出概算单价。

每平方米建筑面积概算单价＝直接费＋间接费＋材料价差＋税金

⑧将概算单价和建筑面积相乘，得出概算价值。

设计工程概算价值＝设计工程建筑面积×每平方米建筑面积概算单价

（2）概算指标的修正。随着建筑技术的发展及新结构、新技术、新材料的应用，工程设计也在不断发展，因此在套用概算指标时，设计的内容不可能完全符合概算指标中所规定的结构特征。此时，就不能简单地按照类似的概算指标套算，而必须根据实际差异，对其中某一项或某几项不符合设计要求的内容分别加以修正，经修正后的概算指标方可使用。概算指标修正计算公式如下：

单位建筑面积修正概算指标＝原概算指标单价－换出结构构件单价＋换入结构构件单价

换出（或换入）结构构件单价＝换出（或换入）结构构件工程量×相应的概算定额单价

设计内容与概算指标规定不符时需要修正概算指标，其目的是保证概算价值的正确性。具体编制步骤如下：

①根据概算指标求出每平方米建筑面积的直接费。

②根据求得的直接费，算出与拟建工程不符的结构构件的价值。

③将换入结构构件工程量与相应概算定额单价相乘，得出拟建工程所需要的结构构件价值。

④将每平方米建筑面积的直接费，减去与拟建工程不符的结构构件价值，加上拟建工程所需要的结构构件价值，即为修正后的每平方米建筑面积的直接费。

⑤求得修正后的每平方米建筑面积的直接费后，就可按照“直接套用概算指标”编制出单位工程概算。

3. 根据类似工程预算进行编制

根据类似工程预算编制是利用技术条件与拟建工程相类似的已完工程或在建工程的工程造价资料来编制拟建工程设计概算的方法。它适用于拟建工程初步设计与已完工程或在建工程的设计相类似又没有可用的概算指标的情况，但必须对建筑结构差异和价差进行调整。建筑结构差异的调整方法与概算指标修正的调整方法相同。类似工程造价的价差调整一般有两种方法：

（1）类似工程造价资料有具体的人工、材料、机械台班的用量时，可按类似工程造价资料中的工日数量、主要材料用量、机械台班用量乘以拟建工程所在地的人工单价、主要材料预算价格、机械台班单价，计算出直接费，再乘以当地的综合费率，即可得出造价指标。

（2）类似工程造价资料只有人工、材料、机械台班费用和其他直接费、现场经费、间接费时，可按下式调整

$$D=AK$$

$$K=a\%K_1+b\%K_2+c\%K_3+d\%K_4+e\%K_5+f\%K_6$$

式中 D——类似工程单方预算造价；

A——拟建工程单方概算造价；

$a\%$、$b\%$、$c\%$、$d\%$、$e\%$、$f\%$——类似工程预算的人工费、材料费、机械台班费、

第三章

其他直接费、现场经费、间接费占预算造价的比重，$a\%$=类似工程人工费（或工资标准）/类似工程预算造价×100%，$b\%$、$c\%$、$d\%$、$e\%$、$f\%$类同；

K_1、K_2、K_3、K_4、K_5、K_6——拟建工程地区与类似工程预算造价在人工费、材料费、机械台班费、其他直接费、现场经费和间接费之间的差异系数，K_1=类似工程预算的人工费（或工资标准）/拟建工程概算人工费（或地区工资标准），K_2、K_3、K_4、K_5、K_6类同。

（二）设备及安装工程设计概算的编制方法

设备及安装工程概算主要包括设备购置费概算及设备安装费概算两大部分。

1. 设备购置费概算的编制方法

设备购置费由设备原价及设备运杂费两项组成。

（1）设备原价是指国产标准设备、国产非标准设备和进口设备的原价。国产标准设备原价可根据设备型号、规格、性能、材质及附带的配件内容向制造厂咨询现行产品出厂价格，或按有关主管部门规定逐项计算。国产非标准设备原价可根据设备的类别、性质、质量、材质等，按设备单位重量（t）规定的估价指标计算。进口设备原价可按设备抵达买方边境港口或车站，且交完税后形成的价格计算。

（2）设备运杂费是指除设备原价之外的关于设备采购、运输、包装及仓库保管等支出的费用总和。设备运杂费按有关主管部门规定的费率计算，计算公式为

设备运杂费=设备原价×设备运杂费费率（%）

2. 设备安装费概算的编制方法

设备安装费概算应根据初步设计的深度和要求的明确程度确定计算方法。

（1）预算单价法。当初步设计深度满足要求，有详细完备的清单时，可直接按安装工程预算定额单价编制设备安装工程概算。用该法编制的概算精度较高。

（2）扩大单价法。当初步设计深度不够，设备清单不完备时，可采用主体设备、成套设备的综合扩大安装单价编制设备安装工程概算。

（3）设备价值百分比法。当初步设计深度不够，只有设备出厂价格，无详细的设备规格、重量时，则其设备安装费可按占设备费的百分比（费率）来计算。该百分比（费率）由有关主管部门规定。设备安装费的计算公式为

设备安装费=设备原价×安装费费率（%）

（4）综合吨位法。当初步设计提供的设备清单完备，有设备规格和重量时，可采用综合吨位法编制概算，其综合吨位指标由有关主管部门确定。设备安装费的计算公式为

设备安装费=设备吨重×每吨设备安装费指标

（三）单项工程综合概算的编制方法

单项工程综合概算由各专业的单位工程概算所组成，它是确定单项工程建设费用的综合性文件。其内容包括编制说明、单位工程概算表、主要建筑材料表、综合概算表等。

（1）编制说明的主要内容包括工程概况、编制依据、编制方法、主要设备（机械和电气设备等）和主要建材（钢材、木材、水泥等）的数量，以及其他有关问题的说明。

（2）单项工程综合概算表是根据该单项工程所辖范围的各单位工程概算的基础资料，按国家有关主管部门所规定的统一表格格式进行编制的。其综合概算表的项目内容组成如下：

①民用建筑概算，由一般土建工程、给水排水工程、采暖工程、通风工程、电气照明工程等概算组成。

②工业建筑概算，由建筑工程和设备及安装工程两大部分概算组成。

建筑工程概算，包括一般土建工程、给水排水工程、采暖工程、通风工程、电气照明工程、工业管道工程、构筑物工程等概算。

设备及安装工程概算，包括机械设备及安装工程、电气设备及安装工程两部分概算。

当建设项目只有一个单项工程时，单项工程综合概算还应包括工程建设其他费用、建设期贷款利息、预备费和固定资产投资方向调节税等费用项目，作为建设项目总概算。

（3）综合概算的费用组成：①建筑工程费用；②设备及安装工程费用；③工具、器具和生产家具购置费。

（四）建设项目总概算的编制方法

建设项目总概算是确定整个建设项目，从投资筹建到竣工交付使用，所预支的全部建设费用的总文件，由各个单项工程综合概算、工程建设其他费用、建设期贷款利息、预备费、固定资产投资方向调节税、经营性项目铺底流动资金概算等汇总编制而成。

1. 建设项目总概算的编制内容

（1）工程概况：说明建设项目的工程性质、工程特点、建设规模、建设范围、建设周期、建设地点、建设条件、生产品种及场外工程主要情况等。

（2）编制依据：说明设计文件依据、采用概算定额或概算指标依据、材料概算价格依据、各种费用标准依据等。

（3）编制方法：说明设计总概算采用的是概算定额还是概算指标或其他方法。

（4）投资分析：主要分析各项投资的比例，与类似工程相比较，分析其投资高低的原因；说明该工程设计是否经济合理。

（5）主要设备和材料数量：说明建筑安装工程主要建材（钢材、木材、水泥等）和主要设备（机械设备、电气设备等）的数量。

（6）其他需要说明的有关问题。

2. 总概算表的编制步骤

（1）在总概算表中，将各个单项工程的工程项目名称及其各项数值分别填入相应栏内，然后按各栏分别汇总（小计）。

（2）在总概算表中，将工程建设其他费用中的工程费用名称及其各项数值分别填入相应栏内，然后按各栏分别汇总（小计）。

（3）以前面两项数值相加［即（1）＋（2）］后的总额为基础，按取费标准计算预备费、建设期利息、铺底流动资金等，并填入表中相应栏内。

（4）计算回收金额。回收金额是指在整个工程建设过程中所获得的各种收入。将计算出的回收金额数值填入表中相应栏内。

（5）计算总概算价值。将计算的数值填入表中相应栏内。

（6）计算技术经济指标。将计算的数值填入表中相应栏内。

（7）投资分析。计算出各项工程的费用投资占总投资额的比例，并填入表中相应栏内。

实战演练

［2024 真题・单选］对于初步设计达到一定深度，建筑结构比较明确，可以计算工程量的建筑工程，编制设计概算时宜采用的方法是（　　）。

A. 概算指标法　　B. 类似工程预算法

C. 概算定额法　　D. 预算定额法

［解析］应用概算定额编制概算，其编制对象必须是设计达到一定深度的设计图纸。图纸对建筑、结构、构造应有明确的规定，内容比较齐全、完善，令使用者能够按照初步设计的平面、立面、剖面图纸，计算出地面、墙身、门窗和屋面等扩大分项工程项目的工程量。

［答案］C

［2023 真题・单选］利用概算定额法编制单位建筑工程概算的工作有：①确定分部分项工程概算定额基价；②列出分部分项工程并计算工程量；③计算企业管理费、利润、规费和税金；④计算单位工程概算造价；⑤计算各分部分项工程工程量清单费用。编制步骤正确的是（　　）。

A. ②①③⑤④　　B. ①②③⑤④　　C. ①②⑤③④　　D. ②①⑤③④

［解析］应用概算定额编制设计概算的具体步骤如下：①熟悉设计图纸，了解设计意图、施工条件和施工方法。②列出建筑工程设计图中各分部分项工程的项目名称，并计算其工程量。工程量计算应按概算定额中规定的工程量计算规则进行，并将各分项工程量按概算定额编号顺序填入工程概算表内。③确定各分部分项工程项目的概算定额单价（基价）和工料消耗指标。④计算各分部分项工程工程量清单费用。⑤计算措施项目费用。⑥计算其他项目费用。⑦计算规费。⑧计算税金。⑨计算总价。工程总价等于工程建筑安装工程费加上工程建设其他费用和预备费。⑩编写概算编制说明。

［答案］D

［2022 真题・单选］某拟建砖混结构工程，结构特征与概算指标相比，仅外墙装饰面不同。概算指标中，外墙面为水泥砂浆抹面，单价为 8.75 元/m^2，每平方米建筑面积消耗量为 0.62 m^2；拟建工程外墙为贴釉面砖，单价为 41.50 元/m^2，每平方米建筑面积消耗量为 0.84 m^2，已知概算指标为 508 元/m^2，则该拟建工程修正后的概算指标为（　　）元/m^2。

A. 467.72　　B. 537.44　　C. 502.58　　D. 542.86

［解析］该拟建工程修正后的概算指标＝单位建筑面积修正概算指标＝原概算指标单价－换出结构构件单价＋换入结构构件单价＝原概算指标单价－换出结构构件工程量×相应的概算定额单价＋换入结构构件工程量×相应的概算定额单价＝508－8.75×0.62＋41.50×0.84≈537.44（元/m^2）。

［答案］B

[2022 真题补·单选] 某建设项目拟采用 50 台国产非标准设备，设备出厂价格预计为 5 万元/台。已知设备运杂费费率为 8%，设备安装费费率为 20%，该项目设备及安装工程概算为（　　）万元。

A. 270　　B. 300

C. 324　　D. 320

[解析] 设备及安装工程概算费用由设备购置费和安装工程费组成。设备购置费＝50×5×（1＋8%）＝270（万元）。设备安装费＝50×5×20%＝50（万元）。故设备及安装工程概算＝270＋50＝320（万元）。

[答案] D

[2021 真题·单选] 某新建住宅的建筑面积为 4 000 m^2，按概算指标和地区材料预算价格计算出一般土建工程单位造价为 1 304 元/m^2（其中人、料、机费用为 900 元/m^2）。按当地造价管理部门规定，企业管理费费率为 8%；规费以人、料、机和企业管理费之和为计算基础，规费费率为 15%；利润率为 7%；增值税税率为 9%。由于土建工程与概算指标相比结构构件有部分变更，变更后每 100 m^2 土建工程的人、料、机费用比概算指标对应部分的费用增加 3 000 元，则修正后的土建工程单位造价为（　　）元/m^2。

A. 1 070　　B. 1 155

C. 1 236　　D. 1 347

[解析] 首先将有变更部分的概算指标更换，题目中直接给出了更换的基数与金额，基数为人、料、机费用，金额增加 3 000 元，但是 3 000 元是针对每 100 m^2 的土建工程，故 1 m^2 人、料、机费用增加 3 000/100＝30（元），故在原人、料、机费用 900 元/m^2 的基础上，新的人、料、机费用为 930 元/m^2。以 930 元/m^2 为基数，计算企业管理费、规费、利润和增值税，修正后的土建工程单位造价＝930×（1＋8%）×（1＋15%）×（1＋7%）×（1＋9%）≈1 347（元/m^2）。

[答案] D

[2020 真题·单选] 利用概算定额编制单位工程概算的工作有：①计算单位工程的措施费；②列出分项工程并计算工程量；③计算企业管理费、利润、规费和税金；④确定分部分项工程的概算定额单价；⑤计算单位工程概算造价。编制步骤正确的是（　　）。

A. ④②①⑤③　　B. ②④①③⑤

C. ①②③④⑤　　D. ④①②③⑤

[解析] 应用概算定额编制设计概算的具体步骤如下：①熟悉设计图纸，了解设计意图、施工条件和施工方法。②列出建筑工程设计图中各分部分项工程的项目名称，并计算其工程量。工程量计算应按概算定额中规定的工程量计算规则进行，并将各分项工程量按概算定额编号顺序填入工程概算表内。③确定各分部分项工程项目的概算定额单价（基价）和工料消耗指标。④计算各分部分项工程工程量清单费用。⑤计算措施项目费用。⑥计算其他项目费用。⑦计算规费。⑧计算税金。⑨计算总价。工程总价等于工程建筑安装工程费加上工程建设其他费用和预备费。⑩编写概算编制说明。

[答案] B

[2020 真题改编·单选] 非经营性建设工程项目总概算的完整组成是（　　）。

A. 单项工程综合概算、工程建设其他费用概算、预备费概算、建设期贷款利息

B. 单位工程概算、设备及安装单位工程概算和工程建设其他费用概算

C. 单位工程概算、设备及安装单位工程概算、工程建设其他费用概算和预备费概算

D. 单项工程综合概算、工程建设其他费用概算、预备费概算、资金筹措费概算和铺底流动资金概算

[解析] 建设项目总概算是确定整个建设项目，从投资筹建到竣工交付使用，所预支的全部建设费用的总文件，由各个单项工程综合概算、工程建设其他费用、建设期贷款利息、预备费、固定资产投资方向调节税、经营性项目铺底流动资金概算等汇总编制而成。非经营性建设工程项目无流动资金。

[答案] A

[2019 真题·单选] 某建设项目的建筑面积为 10 000 m^2，按类似工程概算指标计算的一般土建工程单位概算造价为 1 158.84 元/m^2（其中人、料、机费用为 800 元/m^2），项目所在地建筑安装工程企业管理费费率为 8%，按人、料、机和企业管理费计算的规费费率为 15%，利润率为 7%，增值税税率为 9%。与类似工程概算指标规定的结构特征比较，该项目结构有部分变更，换出结构构件中每 100 m^2 的人、料、机费用为 12 450 元，换入结构构件中每 100 m^2 的人、料、机费用为 15 800 元，人、料、机费用均不包含增值税可抵扣进项税额。则该项目一般土建工程修正后的概算单价为（　　）元/m^2。

A. 833.50　　B. 1 207.36

C. 1 192.34　　D. 1 316.84

[解析] 该项目一般土建工程修正后的概算指标=单位建筑面积修正概算指标=原概算指标单价－换出结构构件单价＋换入结构构件单价=原概算指标单价－换出结构构件工程量×相应的概算定额单价＋换入结构构件工程量×相应的概算定额单价=（800－12 450/100＋15 800/100）×（1＋8%）×（1＋15%）×（1＋7%）×（1＋9%）≈1 207.36（元/m^2）。

[答案] B

[2024 真题·多选] 某公立医院建设项目包括住院楼、科研楼、门诊楼等单项工程，关于该医院建设项目总概算的说法，正确的有（　　）。

A. 总概算应不含价差预备费概算　　B. 总概算等于各单项工程综合概算之和

C. 总概算应包含项目前期工作费　　D. 总概算应采用二级概算形式编制

E. 总概算表应反映静态投资和动态投资两部分

[解析] 建设项目总概算是确定整个建设项目，从投资筹建到竣工交付使用，所预支的全部建设费用的总文件，由各个单项工程综合概算、工程建设其他费用、建设期贷款利息、预备费、固定资产投资方向调节税、经营性项目铺底流动资金概算等汇总编制而成。当建设项目仅有一个单项工程时采用二级概算形式。

[答案] CE

[2023 真题改编·多选] 设备安装工程概算的编制方法有（   ）。

A. 估算指标法　　B. 预算单价法
C. 类似工程经验法　　D. 综合吨位法
E. 扩大单价法

[解析] 设备安装费概算应根据初步设计的深度和要求的明确程度确定计算方法：①预算单价法；②扩大单价法；③设备价值百分比法；④综合吨位法。

[答案] BDE

[2020 真题·多选] 当设备清单不完备时，编制设备安装工程概算采用的方法有（   ）。

A. 生产能力指数法　　B. 扩大单价法
C. 预算单价法　　D. 设备价值百分比法
E. 类似工程预算法

[解析] 设备安装费概算应根据初步设计的深度和要求的明确程度确定计算方法：①预算单价法。当初步设计深度满足要求，有详细完备的清单时，可直接按安装工程预算定额单价编制设备安装工程概算。②扩大单价法。当初步设计深度不够，设备清单不完备时，可采用主体设备、成套设备的综合扩大安装单价编制设备安装工程概算。③设备价值百分比法。当初步设计深度不够，只有设备出厂价格，无详细的设备规格、重量时，则其设备安装费可按占设备费的百分比（费率）来计算。④综合吨位法。当初步设计提供的设备清单完备，有设备规格和重量时，可采用综合吨位指标法编制概算。

[答案] BD

知识点 2 施工图预算编制

一、施工图预算的概念

施工图预算，即单位工程施工图预算书，是在施工图设计完成后，根据已批准的施工图纸、地区预算定额（单位估价表）或计价定额，并结合施工组织设计或施工方案，以及地区或行业统一规定的各行业专业工程的工程量计算规则、地区费用标准、材料预算价格等进行编制的预算造价，是确定单位建筑工程预算造价的技术经济文件。施工图预算也称设计预算。

二、施工图预算的编制依据

（1）施工图纸及其说明。施工图纸及其说明，是编制施工图预算的主要工作对象和依据。施工图纸必须经过建设、设计和施工单位共同会审确定后才能着手进行预算编制，如此预算编制工作既能顺利地开展，又可避免不必要的返工计算。

（2）现行预算定额或地区计价表（定额）。现行建筑与装饰工程计价表（定额），是编制预算的基础资料，编制施工图预算，从划分分部分项工程到计算分项工程量，都必须以建筑与装饰工程计价表为标准和依据。地区计价表是根据现行预算定额、地区工人工资标准、施工机械台班使用单价和材料预算价格表、利润和管理费等编制的，地区计价表是预算定额在该地区的具体表现形式，也是该地区编制施工图预算直接的基础资料。按照地区计价表，可以直接查出工程项目所需的人工费、材料费、机械台班使用费、利润、管理费及分部分项工程的综合单价。

(3) 施工组织设计或施工方案。施工组织设计或施工方案是建筑工程施工中的重要文件，它对工程施工方法、施工机械选择、材料构件的加工和堆放地点都有明确的规定。这些资料直接影响计算工程量和选套预算单价。

(4) 费用计算规则及取费标准。各省、市、自治区都有各自的建筑工程费用计算规则和各项取费标准，它是计算工程造价的重要依据。

(5) 预算工作手册和建材五金手册。各种预算工作手册和建材五金手册上载有各种构件工程量及钢材重量等，是工具性资料，可供计算工程量和工料分析参考。

(6) 批准的初步设计及设计概算。设计概算是拟建工程确定投资的最高限额，一般预算价值不得超过概算价值，否则要调整初步设计。

(7) 地区人工工资、材料及机械台班预算价格。计价表（定额）中的工资标准仅限计价表（定额）编制时的工资水平，在实际编制预算时应结合当时当地的相应工资单价予以调整。同样，在一段时期内，材料价格和机械费都可能产生很大变动，必须按照当地规定调整价差。

(8) 造价管理部门发布的工程造价信息或市场价格信息。

(9) 招标文件、施工承包合同。招标文件中有关承包范围、结算方式、包干系数的确定和价差调整等。

(10) 施工场地的勘察测量、自然条件和施工条件资料。

三、施工图预算的作用

(一) 施工图预算对投资方的作用

(1) 施工图预算是设计阶段控制工程造价的重要环节，是控制施工图设计不突破设计概算的重要指标。

(2) 施工图预算是控制造价及合理使用资金的依据。施工图预算确定的预算造价是工程的计划成本，投资方按施工图预算造价筹集建设资金，合理安排建设资金计划，确保建设资金的有效使用，保证项目建设顺利进行。

(3) 施工图预算是确定工程最高投标限价的依据。在设置最高投标限价的情况下，最高投标限价通常是在施工图预算的基础上考虑工程的特殊施工措施、工程质量要求、目标工期、招标工程范围以及自然条件等因素编制而成的。

(4) 施工图预算可以作为确定合同价款、拨付工程进度款及办理工程结算的基础。

(二) 施工图预算对施工企业的作用

(1) 施工图预算是建筑施工企业投标报价的基础。在激烈的建筑市场竞争中，建筑施工企业在施工图预算的基础上，结合企业定额和采取的投标策略，确定投标报价。

(2) 施工图预算是建筑工程预算包干和签订施工合同的依据。在采用总价合同的情况下，施工单位通过与建设单位协商，可在施工图预算的基础上，考虑设计或施工变更后可能发生的费用与其他风险因素，增加一定系数作为工程造价一次性包干价。同样，施工单位与建设单位签订施工合同时，其中工程价款的相关条款也以施工图预算为依据。

(3) 施工图预算是施工企业安排调配施工力量、组织材料供应的依据。施工企业在施工前，可以根据施工图预算的工、料、机分析，编制资源计划，组织材料、机具、设备和劳动力供应，并编制进度计划，统计完成的工作量，进行经济核算并考核经营成果。

（4）施工图预算是施工企业控制工程成本的依据。根据施工图预算确定的中标价格是施工企业收取工程款的依据，企业只有合理利用各项资源，采取先进技术和管理方法，将成本控制在施工图预算价格以内，才能获得良好的经济效益。

（三）施工图预算对其他方面的作用

（1）对于工程咨询单位而言，客观、准确地为委托方编制完毕施工图预算，不仅体现其水平、素质和信誉，而且强化了投资方对工程造价的控制，有利于节省投资，提高建设项目的投资效益。

（2）对于工程造价管理部门而言，施工图预算是编制工程造价指标指数、构建建设工程造价数据库的数据资源，也是合理确定工程造价、审定工程最高投标限价的依据。

（3）在履行合同的过程中发生经济纠纷时，施工图预算是有关仲裁、管理、司法机关按照法律程序处理、解决问题的依据。

实战演练

［2023 真题改编 · 多选］关于施工图预算对施工单位的作用，下列说法正确的有（　　）。

A. 可作为确定最高投标限价的依据

B. 可作为确定投标报价的参考依据

C. 可作为安排调配施工力量的依据

D. 可作为控制工程成本的依据

E. 可作为安排建设资金计划的依据

［解析］施工图预算对施工企业的作用：①施工图预算是建筑施工企业投标报价的基础；②施工图预算是建筑工程预算包干和签订施工合同的依据；③施工图预算是施工企业安排调配施工力量、组织材料供应的依据；④施工图预算是施工企业控制工程成本的依据。

［答案］BCD

［2018 真题改编 · 多选］关于施工图预算对建设单位作用的说法，正确的有（　　）。

A. 是确定建设项目筹资方案的依据

B. 是施工图设计阶段确定建设工程项目造价的依据

C. 是编制进度计划，统计完成工程量的依据

D. 是确定工程最高投标限价的依据

E. 可以作为拨付工程进度款及办理结算的基础

［解析］施工图预算对投资方的作用：①施工图预算是设计阶段控制工程造价的重要环节，是控制施工图设计不突破设计概算的重要指标；②施工图预算是控制造价及合理使用资金的依据；③施工图预算是确定工程最高投标限价的依据；④施工图预算可以作为确定合同价款、拨付工程进度款及办理工程结算的基础。

［答案］BDE

四、施工图预算的内容

施工图预算包括单位工程预算、单项工程综合预算和建设项目总预算 3 个级次。首先要

编制单位工程预算；然后汇总各单位工程预算，形成单项工程综合预算；最后再汇总各单项工程综合预算，便是建设项目总预算。

施工图预算根据建设项目实际情况可采用三级预算编制或二级预算编制形式。当建设项目有多个单项工程时，应采用三级预算编制形式，三级预算编制形式由建设项目总预算、单项工程综合预算、单位工程预算组成。当建设项目只有一个单项工程时，应采用二级预算编制形式，二级预算编制形式由建设项目总预算和单位工程预算组成。

采用三级预算编制形式的施工图预算文件包括封面、签署页及目录、编制说明、总预算表、综合预算表、单位工程预算表、附件等内容。采用二级预算编制形式的施工图预算文件包括封面、签署页及目录、编制说明、总预算表、单位工程预算表、附件等内容。

单位工程预算，包括建筑工程预算和设备及安装工程预算两大部分。建筑工程预算又分为一般土建工程预算、给排水工程预算、暖通工程预算、电气照明工程预算、构筑物工程预算、工业管道工程预算等；设备及安装工程预算，又再分为机械设备及安装工程预算和电气设备及安装工程预算。

单位工程预算的编制内容，必须反映该单位工程的各分部分项工程（项目）名称、定额（项目）编号、工程数量、综合单价、合价（分项工程费）以及工料分析；反映单位工程的分部分项工程费、措施项目费、其他项目费、规费以及税金。此外，还应有“综合单价分析”。

实战演练

[2020 真题 · 单选] 某建设项目只有一个单项工程，关于该项目施工图预算编制要求的说法，正确的是（　　）。

A. 应采用三级预算编制形式

B. 应采用二级预算编制形式

C. 不需编制施工图预算

D. 只需编制建设项目总预算和单项工程综合预算

[解析] 当建设项目只有一个单项工程时，应采用二级预算编制形式，二级预算编制形式由建设项目总预算和单位工程预算组成。

[答案] B

[2018 真题改编 · 单选] 关于施工图预算编制内容和要求的说法，正确的是（　　）。

A. 施工图总预算应控制在已批准的设计总概算投资额以内

B. 当建设项目只有一个单项工程时，则不需要编制建设项目总预算

C. 单位工程预算编制依据的定额应为企业定额

D. 建设项目总预算由组成该建设项目的各个单项工程综合预算组成

[解析] 当建设项目只有一个单项工程时，应采用二级预算编制形式，二级预算编制形式由建设项目总预算和单位工程预算组成，选项 B 错误。单位工程预算的编制依据为现行预算定额或地区计价表（定额），选项 C 错误。建设项目总预算由组成该建设项目的各个单项工程综合预算，以及经计算的工程建设其他费用、预备费和建设期利息及铺底流动资金汇总而成，选项 D 错误。

[答案] A

五、施工图预算的编制方法

（一）单位工程预算的编制方法

以房屋建筑工程为例，单位工程预算包括建筑工程费、安装工程费和设备及工器具购置费。建筑安装工程费用常用计算方法有实物量法和单价法，其中单价法分为工料单价法（定额单价法或定额工料单价法）和全费用综合单价法。

实物量法是依据施工图纸和预算定额的项目划分及工程量计算规则，先计算出分项工程量，然后套用预算定额（或企业定额）来编制施工图预算的方法。

工料单价法是用事先编制好的分项工程的单位估价表来编制施工图预算的方法。全费用综合单价法是指根据招标人按照国家统一的工程量计算规则提供的工程数量，采用全费用综合单价的形式编制施工图预算的方法。在单价法中，使用较多的还是工料单价法。

下面以房屋建筑工程为例，介绍实物量法和工料单价法。

1. 实物量法

用实物量法编制单位工程预算，就是以根据施工图计算的各分项工程量分别乘以预算定额（或企业定额）中人工、材料、施工机具台班的定额消耗量，分类汇总得出该单位工程所需的全部人工、材料、施工机具台班消耗数量，然后乘以当时当地人工工日单价、各种材料单价、施工机械台班单价、施工仪器仪表台班单价，求出相应的直接费。在此基础上，通过取费的方式计算企业管理费、利润、规费和税金等费用。实物量法编制施工图预算的公式如下：

单位工程直接费＝综合工日消耗量×综合工日单价＋$\sum$（各种材料消耗量×相应材料单价）＋$\sum$（各种施工机械消耗量×相应施工机械台班单价）＋$\sum$（各施工仪器仪表消耗量×相应施工仪器仪表台班单价）

单位工程预算造价＝单位工程直接费＋企业管理费＋利润＋规费＋税金

实物量法的计算步骤如下：

（1）准备资料、熟悉施工图纸。

①收集编制施工图预算的编制依据，包括预算定额或企业定额，取费标准，当时当地人工、材料、施工机具市场价格等。

②熟悉施工图等基础资料。熟悉施工图纸、有关的通用标准图、图纸会审记录、设计变更通知等资料，并检查施工图纸是否齐全、尺寸是否清楚，了解设计意图，掌握工程全貌。

③了解施工组织设计和施工现场情况。全面分析各分项工程，充分了解施工组织设计和施工方案，如工程进度、施工方法、人员使用、材料消耗、施工机械、技术措施等内容，注意影响费用的关键因素；核实施工现场情况，包括工程所在地地质、地形、地貌等情况，工程实地情况、当地气象资料、当地材料供应地点及运距等情况；了解工程布置、地形条件、施工条件、料场开采条件、场内外交通运输条件等。

（2）列项并计算工程量。按照预算定额（或企业定额）子目将单位工程划分为若干分项工程，按照施工图纸尺寸和定额规定的工程量计算规则进行工程量计算。一般借助工程计价软件，通过建模的方式由软件系统自动计算工程量，点选适合的定额，以确保软件系统对工程的计量是按预算定额中规定的工程量计算规则进行；计量单位应与定额中相应的分项工程的计量单位保持一致；输入系统的原始数据应以施工图纸上的设计尺寸及有关数据为准，注意分项子目不能重复列项计算，也不能漏项少算。

（3）套用预算定额（或企业定额），计算人工、材料、机具台班消耗量。将预算定额（或企业定额）所列单位分项工程人工工日、材料、施工机具台班的消耗数量，分别乘以各分项工程的工程量，统计汇总出完成各分项工程所需消耗的各类人工工日、各类材料和各类施工机具台班数量。此步骤也通过计价软件进行统计计算。

（4）计算并汇总直接费。调用当时当地人工工资单价、材料预算单价、施工机械台班单价、施工仪器仪表台班单价，分别乘以人工、材料、机具台班消耗量，汇总即得到单位工程直接费。

（5）计算其他各项费用，汇总造价。根据规定的税率、费率和相应的计取基础，分别计算企业管理费、利润、规费和税金。将上述所有费用汇总即可得到单位工程预算造价。与此同时，计算工程的技术经济指标，如单方造价等。

（6）复核、填写封面、编制说明。检查人工、材料、机具台班的消耗量计算是否准确，有无漏算、重算或多算；检查采用的人工、材料、机具台班实际价格是否合理。封面应写明工程编号、工程名称、预算总造价和单方造价等，撰写编制说明，将封面、编制说明、预算费用汇总表、人材机实物量汇总表、工程预算分析表等按顺序编排并装订成册，便完成了单位施工图预算的编制工作。

2. 工料单价法

工料单价法采用的分项工程单价为工料单价，将各分项工程量乘以对应分项工程单价后的合计值汇总后，再计取企业管理费、利润、规费和税金，汇总各项费用得到单位工程的施工图预算造价。工料单价法中的单价一般采用单位估价表中的各分项工程工料单价（定额基价）。工料单价法的计算公式如下：

单位工程预算造价＝（Σ分项工程量×分项工程工料单价）＋企业管理费＋利润＋规费＋税金

工料单价法的计算步骤如下：

（1）准备工作。本步骤与实物量法基本相同，不同的是需要收集适用的单位估价表，定额中已含有定额基价的则无须单位估价表。

（2）列项并计算工程量。本步骤与实物量法相同。

（3）套用定额单价，计算直接费。核对工程量计算结果后，套用单位估价表中的工料单价（或定额基价），用工料单价乘以工程量得出合价，汇总合价得到单位工程直接费。套用工料单价时，若分项工程的主要材料品种与单位估价表（或预算定额）中所列材料不一致，需要按实际使用材料价格换算工料单价后再套用，分项工程施工工艺条件与单位估价表（或定额）不一致而造成人工、机具的数量增减时，需要调整用量后再套用。

（4）编制工料分析表。依据单位估价表（或定额），将各分项工程对应的定额项目表中每项材料和人工的定额消耗量分别乘以该分项工程工程量，得到该分项工程工料消耗量，将各分项工程工料消耗量按类别加以汇总，得出单位工程人工、材料的消耗数量。

（5）计算主材费并调整直接费。许多定额项目基价为不完全价格，即未包括主材费用在内。因此还应单独计算出主材费，计算完成后将主材费的价差并入人、材、机费用合计。主材费按当时当地的市场价格计取。由于工料单价法采用的是事先编制好的单位估价表，其价格水平不能代表预算编制时的价格水平，一般需采用调价系数或指数进行调价，将价差并入直接费费用合计。

（6）按计价程序计取其他费用，并汇总造价。本步骤与实物量法相同。

（7）复核，填写封面、编制说明。本步骤与实物量法相同。

3. 实物量法与工料单价法的区别

工料单价法与实物量法首尾部分的步骤基本相同，所不同的主要是中间两个步骤。

（1）实物量法套用的是预算定额（或企业定额）人工工日、材料、施工机具台班消耗量，工料单价法套用的是单位估价表中的工料单价或定额基价。

（2）实物量法采用的是当时当地的各类人工工日、材料、施工机具台班的实际单价，工料单价法采用的单位估价表或定额编制时期的各类人工工日、材料、施工机具台班单价，需要用调价系数或指数进行调整。

（二）单项工程综合预算的编制方法

单项工程综合预算造价由组成该单项工程的各个单位工程预算造价汇总而成。

（三）建设项目总预算的编制方法

建设项目总预算由组成该建设项目的各个单项工程综合预算，以及经计算的工程建设其他费用、预备费和建设期利息及铺底流动资金汇总而成。

实战演练

[2024 真题 · 单选] 采用实物量法编制施工图预算的工作包括：①计算工程量；②套用消耗定额，计算人、材、机消耗量；③计算其他各项费用并汇总造价；④计算并汇总人、材、机费用；⑤准备资料、熟悉施工图纸。上述工作正确的步骤是（　　）。

A. ⑤→④→①→②→③　　B. ⑤→①→③→②→④

C. ①→②→④→③→⑤　　D. ⑤→①→②→④→③

[解析] 实物量法的计算步骤如下：①准备资料、熟悉施工图纸；②列项并计算工程量；③套用预算定额（或企业定额），计算人工、材料、机具台班消耗量；④计算并汇总直接费；⑤计算其他各项费用，汇总造价；⑥复核、填写封面、编制说明。

[答案] D

[2024 真题 · 单选] 采用定额单价法编制单位工程施工图预算，套用定额单价计算人、材、机费用时，若某分项工程的主要材料品种与定额单价中规定材料不一致，则应采取的处理方式是（　　）。

A. 直接套用定额单价　　B. 按实际使用材料价格换算定额单价

C. 调量不换价　　D. 编制补充定额单价

[解析] 工料单价法又称定额单价法或定额工料单价法。采用工料单价法时，若分项工程的主要材料品种与单位估价表（或预算定额）中所列材料不一致，需要按实际使用材料价格换算工料单价后再套用。

[答案] B

[2023 真题·单选] 关于采用实物量法与定额单价法编制施工图预算的说法，正确的是（　　）。

A. 实物量法与定额单价法在计算人、料、机费用及汇总方法方面完全相同

B. 实物量法编制的预算相对于定额单价法工作量更小、编制过程更快捷

C. 实物量法编制的预算相对于定额单价法更能准确反映实际价格

D. 实物量法与定额单价法均适用于市场经济条件波动较大的情况

[解析] 工料单价法（定额单价法）与实物量法首尾部分的步骤基本相同，所不同的主要是中间两个步骤：①实物量法套用的是预算定额（或企业定额）人工工日、材料、施工机具台班消耗量，工料单价法套用的是单位估价表中的工料单价或定额基价；②实物量法采用的是当时当地的各类人工工日、材料、施工机具台班的实际单价，工料单价法采用的单位估价表或定额编制时期的各类人工工日、材料、施工机具台班单价，需要用调价系数或指数进行调整。实物量法与定额单价法在计算人、料、机费用及汇总方法方面不相同，选项 A 错误。工料单价法与实物量法首尾部分的步骤基本相同，工作量大小无差别，选项 B 错误。实物量法采用的是当时当地的价格，更适用于市场经济条件波动较大的情况，选项 D 错误。

[答案] C

[2022 真题·单选] 采用定额单价法和实物量法编制施工图预算的主要区别是（　　）。

A. 计算人工费、材料费和施工机械使用费的方法不同

B. 计算工程量的方法不同

C. 计算企业管理费的方法不同

D. 计算其他税费的程序不同

[解析] 实物量法套用的是预算定额（或企业定额）人工工日、材料、施工机具台班消耗量，工料单价法（定额单价法）套用的是单位估价表中的工料单价或定额基价。

[答案] A

[2019 真题·单选] 编制施工图预算时，按各分项工程的工程量套取预算定额中人、料、机消耗量指标，并按类相加求取单位工程人、料、机消耗总量，再采用当时当地的人工、材料和机械台班实际价格计算汇总人、料、机费用的方法是（　　）。

A. 定额单价法　　　　B. 工程量清单综合单价法

C. 全费用综合单价法　　　　D. 实物量法

[解析] 用实物量法编制单位工程施工图预算，就是以根据施工图计算的各分项工程量分别乘以预算定额（或企业定额）中人工、材料、施工机具台班的定额消耗量，分类汇总得出该单位工程所需的全部人工、材料、施工机具台班消耗数量，然后乘以当时当地人工工日单价、各种材料单价、施工机械台班单价、施工仪器仪表台班单价，求出相应的直接费。

[答案] D

[2018 真题 · 单选] 实物量法编制施工图预算时采用的人工、材料、机械的单价应为（　　）。

A. 项目所在地定额基价中的价格　　B. 预测的项目建设期的市场价格

C. 当时当地的实际价格　　D. 定额编制时的市场价格

[解析] 实物量法采用的是当时当地的各类人工工日、材料、施工机具台班的实际单价。

[答案] C

知识点 3 设计概算与施工图预算的审查

一、设计概算的审查

（一）设计概算审查的意义

（1）有利于落实工程建设计划，合理确定工程造价，提高经济效益。

（2）有利于保证建设材料和物资的供应准确性，加速工程建设的进度。

（3）有利于施工单位端正经营思想，加强经济核算，提高经营管理水平。

（4）有利于监督财务拨款。工程拨款和结算，必须以设计概算为依据。如果没有准确的设计概算，就不能有效地实现对财务拨款的监督，也不能正确地组织工程项目的经济活动。

（5）有利于促进设计概算编制单位严格执行国家有关概算的编制规定和费用标准，从而提高设计概算的编制质量。

（6）有利于合理分配投资资金，加强投资计划管理，有效控制工程造价。

（二）设计概算的审查内容

（1）审查概算编制依据。审查概算编制采用的概算定额或概算指标的结构特征和工程量是否与初步设计相符，材料、设备的价格和各项取费标准是否符合国家或地区的规定。

（2）审查设计文件。审查设计文件所包括的设计内容是否完整，设计项目有无遗漏或多列，工程项目是否按照设计要求确定；审查总图布置是否紧凑合理，是否符合生产或生活需要；审查总图占地面积是否与规划指标相符，用地有无多征、早征情况等。

（3）审查概算编制作风。审查概算编制是否实事求是，有无弄虚作假、高估冒算，造价是否过高或留有“活口”。

（4）审查概算编制方法、项目工程量和单价。审查概算编制方法及计算表、工程量计算方法和采用的定额单价是否正确，工程项目有无漏项或重项。

（5）审查材料价差。审查时应注意实际（市场）价格与定额预算价格之间的价差。

（6）审查各项费用。审查概算所列项目费用是否准确齐全，概算投资是否是工程项目从筹建到竣工交付的全部建设费用。审查其他各项费用（如土地征购费、障碍物清除费、青苗赔偿费、施工机构搬迁费、大型机械进退场费等）的计算是否符合国家和地区的有关规定。不属于工程建设范围的费用不得列入，无规定者要根据情况核实后，方可列入。

（7）审查造价计算程序。注意设计概算造价的计算程序是否符合当地现行的规定。

（8）审查概算单位造价和技术经济指标。审查概算中的单位造价或概算指标的单位造价，将其与已建工程类似预算的单位造价或国家颁发的控制指标进行比较，检查是否符合。同时，审查概算技术经济指标有无错误，是否合理或超过国家控制数字。通常可与同类工程的技术经济指标进行对比，查找、分析高低的原因。

（9）审查填写项目。审查有关建设单位、工程名称、建筑面积、建设规模、建筑结构、建筑标准、概算造价以及编制日期等项目是否填写完整和清楚，是否符合设计规定。

（三）设计概算的审查步骤

根据国家有关规定，在报批初步设计的同时要报批设计概算。因此，审查设计概算必须与审查初步设计同时进行。一般情况下，应当由建设、计划主管部门或建设单位的主管部门，组织建设单位、设计单位和建设银行等有关部门，采用会审的方式联合进行审查。审查步骤如下：

（1）掌握数据和收集资料。根据批准的项目可行性研究报告，了解建设项目的建设规模、设计能力、工艺流程、自身建设条件及外部配合条件等。在审查前要弄清设计概算编制的依据、组成内容和编制方法，收集概算定额、概算指标、预算定额、现行费用标准和其他有关文件资料等。

（2）调查研究，了解情况。当对上述数据和资料有疑问时（包括随着建筑技术的发展而出现的新情况、新问题），必须做必要的调查研究。这既可解决资料、数据中所存在的疑问，又可了解同类建设项目的建设规模、工艺流程，设计是否经济合理，概算采用的定额、指标、费用标准是否符合现行规定，有无扩大规模、多估投资或预留缺口等情况，以便及时掌握第一手资料，方便审查。

（3）分析技术经济指标。在调查研究、掌握数据资料的基础上，利用概算定额、概算指标或有关的其他技术经济指标，与已建同类型工程的设计概算进行对比分析（如设计概算的占地面积、建筑面积、结构类型、建设条件、投资比例、生产规模、造价指标、费用构成等方面与已建同类型工程的概算做分析对比），从而找出差距，提供审查线索。

（4）进行审查。根据工程项目投资规模的大小，组成会审小组进行“会审”定案，或分头“单审”，再由主管部门定案。

（5）整理资料。对已通过审查的工程项目设计概算要进行认真整理，以便积累有关数据及技术经济指标资料，为今后修订概算定额、概算指标和审查同类型工程设计概算提供有效的参考数据。

（四）设计概算的审查方法

采用适当方法对设计概算进行审查，是确保审查质量、提高审查效率的关键。常用的审查方法有以下 5 种：

（1）对比分析法：通过对比分析建设规模，建设标准，概算编制内容和编制方法，人、材、机单价等，发现设计概算存在的主要问题和偏差。

（2）主要问题复核法：对审查中发现的主要问题以及有较大偏差的设计进行复核，对重要、关键设备和生产装置或投资较大的项目进行复查。

（3）查询核实法：对一些关键设备和设施、重要装置、引进工程图纸不全、难以核算的较大投资进行多方查询核对，逐项落实。

（4）分类整理法：对审查中发现的问题和偏差，对照单项工程、单位工程的顺序目录分类整理，汇总核增或核减的项目及金额，最后汇总审核后的总投资及增减投资额。

（5）联合会审法：在设计单位自审、承包单位初审、咨询单位评审、邀请专家预审、审批部门复审等层层把关后，由有关单位和专家共同审核。

实战演练

［2024 真题·单选］审查设计概算时，审查人对部分关键设备投资向设备供应部门征求意见的方法属于（　　）。

A. 对比分析法　　B. 类似工程法

C. 联合会审法　　D. 查询核实法

［解析］查询核实法：对一些关键设备和设施、重要装置以及引进工程图纸不全、难以核算的较大投资进行多方查询核对，逐项落实。

［答案］D

［2016 真题·单选］审查设计概算时，对一些关键设备和设施、重要装置、引进工程图纸不全、难以核算的较大投资宜采用的审查方法是（　　）。

A. 对比分析法　　B. 筛选审查法

C. 查询核实法　　D. 标准预算审查法

［答案］C

［解析］查询核实法：对一些关键设备和设施、重要装置以及引进工程图纸不全、难以核算的较大投资进行多方查询核对，逐项落实。

二、施工图预算的审查

（一）施工图预算的审查内容

审查施工图预算是落实工程造价的一个有力措施，是建设单位与施工单位进行工程拨款和工程结算的准备工作。因此，审查工作必须认真细致，严格执行国家的有关规定，从而不断提高施工图预算的编制质量，核实工程造价、落实投资计划。

1. 审查工程量

（1）要抓重点审查。对一些占投资造价比重大的、易出差错的分项工程要有重点地认真复核。对建筑工程施工图预算中的工程量，可根据编制单位的工程量计算表，并对照施工图纸尺寸进行审查，主要审查其工程量是否有漏算、重复和错算。审查工程量时，要抓住那些占预算价值比例较大的重点项目进行。例如，对砖石工程，钢筋混凝土工程，金属工程，木结构工程，屋、楼、地面工程等分部工程，应做详细核对。同时，要注意各分项工程或构配件的名称、规格、计量单位和数量是否与设计要求及施工规定相符合，小数点有没有点错位置等。审查工程量时，要求审查人员必须熟悉设计图纸、预算定额和工程量计算规则。

（2）要有针对性地审查。针对具体的工程内容，进行有针对性的审查。

2. 审查预算单价

（1）审查预算书中的单价是否正确。应着重审查预算书中所列的工程名称、种类、规格、计量单位与预算定额或计价表中所列的内容是否一致。一致时才能套用，错套单价会影响直接费的准确度。

（2）审查换算单价。预算定额规定允许换算部分的分项工程单价，应根据定额中的分部分项说明、附注和有关规定进行换算；预算定额规定不允许换算部分的分项工程单价则不得强调工程特殊或其他原因而任意加以换算。

（3）审查补充单价。对于某些采用新结构、新技术、新材料的工程，在定额中确实缺少这些项目而编制补充单价的，应审查其分项工程的项目和工程量是否属实，补充的单价是否合理与准确，补充单价的工料分析是根据工程测算数据还是估算数据确定的。

3. 审查直接费

决定直接费的主要因素是各分部分项工程量及相应的预算单价。因此，审查直接费，也就是审查直接费部分的整个预算表，即根据已经审查过的分项工程量和预算单价，审查单价套用是否准确，有无套错和应换算的单价是否已换算，以及换算是否正确等。直接费是各项应取费用的计算基础，审查时务必细心、认真，逐项地计算。审查时应注意：

（1）预算表中所列的各分项工程名称、内容、做法、规格及计量单位与计价表中所规定的内容是否相符。

（2）预算表中是否有错列已包括在定额内的项目，从而出现重复多算的情况；或因漏列项目而少算直接费的情况。

4. 审查间接费

依据施工单位的企业性质、工程规模和承包方式的不同，间接费有按直接费计算的，也有以人工费为基础进行计算的。因此，主要审查以下内容：

（1）使用间接费定额时，是否符合地区规定，有无集体企业套用全民企业取费标准。

（2）各种费用的计算基础是否符合规定。

（3）各种费用的费率是否按规定的工程类别计算。

（4）利润是否按指导性标准计取，没有计取资格的施工单位不应计取。

（5）各种间接费用项目是否正确合理，是否计算了不应计算的项目。

（6）单项取费与综合取费有无重复计算情况。

（7）工程类别是否根据结构类型、檐高、层数、建筑面积、跨度等指标确定。如果一个单位工程内包含有混凝土构件厂制作的混凝土构件、金属加工厂制作的钢结构构件等，这些工程的间接费应根据各地区的具体规定计取。

5. 审查工料分析

（1）审查各分部分项工程的单位用工、用料是否符合定额规定。

（2）审查单位工程总用工、用料是否正确，总用工量与总人工费是否一致。

（3）审查应该换算或调整的材料是否换算或调整，换算或调整方法是否正确。

6. 审查人工、材料、施工机械的价差计算

由于人工、材料和机械台班单价会随市场价格的波动而变化，对使用定额单价编制的预算需要另行调整价差。审查时应注意：

（1）人工费调整方法是否符合规定，当地规定的现行工资单价与定额相差多少。

（2）材料价差调整方法是否符合规定，所采用的实际价格（或指导价）是否符合当地市场行情或规定，材料的产地、名称、品种、规格、等级是否与价格相符，材料用量是否正确等。

(3) 机械台班费调整方法是否符合规定，预算中考虑的进场大型施工机械的机械名称、品牌规格、施工能力是否合理；是否正确地选用系数法综合调整或按单项机械逐一调整。

7. 审查税金

税金以按建筑工程造价计算程序计算出的不含税工程造价作为计算基础。审查时应注意：

(1) 计算基础是否完整。

(2) 纳税人所在地的地点确定是否正确。

(3) 税金率选用是否正确（按纳税人所在地而定）。

(二) 施工图预算的审查方法

1. 全面审查法

全面审查法又称逐项审查法，是指按预算定额顺序或施工的先后顺序，逐一进行，全部审查。其优点是全面、细致，审查的质量高；缺点是工作量大，审查时间较长。这种方法适用于设计较简单、工程量较少的工程，或由编制预算技术力量薄弱的施工单位承包的工程。

2. 标准预算审查法

标准预算审查法是指对于利用标准图纸或通用图纸施工的工程，先集中力量编制标准预算，然后以此为标准对施工图预算进行审查。其优点是审查时间较短，审查效果好；缺点是应用范围较小。

3. 分组计算审查法

分组计算审查法是指将相邻且有一定内在联系的项目编为一组，审查某个分项工程量，并利用不同分项工程之间的相互关系判断其他几个分项工程量的准确性。其优点是可加快工程量审查的速度，缺点是审查的精度较差。

4. 对比审查法

对比审查法是指用已完工程的预结算或虽未建成但已审查修正的工程预结算对比审查拟建类似工程的施工图预算。其优点是审查速度快，但需要具有较为丰富的相关工程数据库作为开展工作的基础。

5. 筛选审查法

筛选审查法也属于一种对比方法，即对数据加以汇集、优选、归纳，建立基本值，并以基本值为准进行筛选，对于未被筛下去的，即不在基本值范围内的数据进行较为详尽的审查。其优点是便于掌握，审查速度较快；缺点是有局限性，较适用于住宅工程或不具备全面审查条件的工程项目。

6. 重点抽查法

重点抽查法是指抓住工程预算中的重点环节和部分进行审查。其优点是重点突出，审查时间较短，审查效果较好；不足之处是对审查人员的专业素质要求较高，在审查人员经验不足或了解情况不够的情况下，极易判断失误，严重影响审查结论的准确性。

7. 利用手册审查法

利用手册审查法是指将工程常用的构配件事先整理成预算手册，按手册对照审查。

8. 分解对比审查法

分解对比审查法是指将一个单位工程按直接费和间接费进行分解，然后再将直接费按工种和分部工程进行分解，分别与审定的标准预结算进行对比分析。

实战演练

[2024 真题 · 单选] 进行施工图预算审查时，对于工程量小、工艺较简单的工程，按定额顺序或施工顺序，对各项工程细目逐项详细审查的方法属于（　　）。

A. 标准预算审查法　　B. 对比审查法

C. 筛选审查法　　D. 全面审查法

[解析] 全面审查法又称逐项审查法，是指按预算定额顺序或施工的先后顺序，逐一进行，全部审查。其优点是全面、细致，审查的质量高；缺点是工作量大，审查时间较长。这种方法适用于设计较简单、工程量较少的工程，或由编制预算技术力量薄弱的施工单位承包的工程。

[答案] D

[2023 真题 · 单选] 某拟建工程与已完工程地上部分的建设条件和设计完全相同，但地下部分不同。审查拟建工程施工图预算的地上部分最适宜采用的方法是（　　）。

A. 标准预算审查法　　B. 筛选审查法

C. 分组计算审查法　　D. 对比审查法

[解析] 对比审查法是指用已完工程的预结算或虽未建成但已审查修正的工程预结算对比审查拟建类似工程的施工图预算。其优点是审查速度快，但需要具有较为丰富的相关工程数据库作为开展工作的基础。

[答案] D

[2021 真题 · 单选] 有 10 项采用通用图纸施工的单位工程，上部结构和做法完全相同，但因地质条件差异其基础部分均有局部改变，审查这些工程上部结构的施工图预算时，宜采用的方法是（　　）。

A. 标准预算审查法　　B. 分组计算审查法

C. 对比审查法　　D. 重点抽查法

[解析] 标准预算审查法是指对于利用标准图纸或通用图纸施工的工程，先集中力量编制标准预算，然后以此为标准对施工图预算进行审查。其优点是审查时间较短，审查效果好；缺点是应用范围较小。

[答案] A

[2020 真题 · 单选] 施工图预算审查中，若工程条件相同，用已完工程的预算审核拟建工程预算的方法属于（　　）。

A. 对比审查法　　B. 标准预算审查法

C. 筛选审查法　　D. 分组计算审查法

[解析] 对比审查法是指用已完工程的预结算或虽未建成但已审查修正的工程预结算对比审查拟建类似工程的施工图预算。其优点是审查速度快，但需要具有较为丰富的相关工程数据库作为开展工作的基础。

[答案] A

[2019 真题·单选] 拟建工程与已完工程预算采用同一施工图，但基础部分和现场施工条件不同，则施工图预算审查时对相同部分审查宜采用的方法是（　　）。

A. 筛选审查法　　B. 重点抽查法

C. 分组计算审查法　　D. 对比审查法

[解析] 对比审查法是指用已完工程的预结算或虽未建成但已审查修正的工程预结算对比审查拟建类似工程的施工图预算。其优点是审查速度快，但需要具有较为丰富的相关工程数据库作为开展工作的基础。

[答案] D

[2018 真题·单选] 拟建工程与在建工程预算采用同一施工图，但两者基础部分和现场施工条件不同，进行审查拟建工程施工图预算时，为提高效率，对其与在建工程相同部分宜采用的方法是（　　）。

A. 全面审查法　　B. 分组计算审查法

C. 对比审查法　　D. 标准预算审查法

[解析] 对比审查法是指用已完工程的预结算或虽未建成但已审查修正的工程预结算对比审查拟建类似工程施工图预算。其优点是审查速度快，但同时需要具有较为丰富的相关工程数据库作为开展工作的基础。

[答案] C

第四节　工程量清单计价

工程量清单计价是一种工程计价方式，是通过列出工程项目中所有分部分项工程的具体数量和单价，从而计算出工程总造价的方法。本节主要介绍工程量清单计价原理、工程量清单编制、最高投标限价编制、投标报价编制、合同价款约定。

知识点 1　工程量清单计价原理

一、工程量清单计价的范围和作用

工程量清单是指建设工程的分部分项工程项目、措施项目、其他项目和税金项目的名称和相应数量等的明细清单。根据此清单计价的方式称为工程量清单计价。

（一）工程量清单计价的范围

工程量清单计价适用于建设工程施工发承包及实施阶段的计价活动，其他的计价活动可参照应用。使用财政资金或国有资金投资的建设工程，应按国家及行业工程量计算标准编制工程量清单，采用工程量清单计价；非使用财政资金或国有投资的建设工程，宜按国家及行业工程量计算标准编制工程量清单，采用工程量清单计价。

国有资金（含国家融资资金）投资的项目包括全部使用国有资金投资或国有资金投资为主的工程建设项目。

（1）国有资金投资的工程建设项目包括：

①使用各级财政预算资金的项目。

②使用纳入财政管理的各种政府性专项建设资金的项目。

③使用国有企事业单位自有资金，并且国有资产投资者实际拥有控制权的项目。

(2) 国家融资资金投资的工程建设项目包括：

①使用国家发行债券所筹资金的项目。

②使用国家对外借款或者担保所筹资金的项目。

③使用国家政策性贷款的项目。

④国家授权投资主体融资的项目。

⑤国家特许的融资项目。

(3) 国有资金为主的工程建设项目是指国有资金占投资总额50%以上，或虽不足50%但国有资金投资者实质上拥有控股权的工程建设项目。

(二) 工程量清单计价的作用

1. 提供平等竞争的条件

如采用施工图预算来投标报价，由于设计图纸的缺陷，不同施工企业的人员理解不一，计算出的工程量也不同，报价就更相去甚远，也容易产生纠纷。而工程量清单报价就为投标者提供了一个平等竞争的条件，相同的项目内容、数量和质量要求是投标人投标的基础，同时，投标人根据自身的实力来填报不同的单价。投标人的这种自主报价，使得企业的优势体现到投标报价中，可在一定程度上规范建筑市场秩序，确保工程质量。

2. 满足市场经济条件下竞争的需要

招投标过程就是竞争的过程，招标人提供工程量清单，投标人根据自身情况确定综合单价，利用单价与工程量逐项计算每个项目的合价，再分别填入工程量清单表内，计算出投标总价。于是单价成了决定性的因素，定高了不能中标，定低了又要承担过大的风险。单价的高低直接取决于企业管理水平和技术水平的高低，这种局面促成了企业整体实力的竞争，有利于我国建设市场的快速发展。

3. 有利于提高工程计价效率，能真正实现快速报价

采用工程量清单计价方式，避免了传统计价方式下招标人与投标人在工程量计算上的重复工作，各投标人以招标人提供的工程量清单为统一平台，结合自身的管理水平和施工方案进行报价，促进了各投标人企业定额的完善和工程造价信息的积累与整理，体现了现代工程建设中快速报价的要求。

4. 有利于工程款的拨付和工程造价的最终结算

中标后，业主要与中标单位签订施工合同，中标价就是确定合同价的基础，投标清单上的单价就成了拨付工程款的依据。业主根据施工企业完成的工程量，可以很容易地确定进度款的拨付额。工程竣工后，根据设计变更工程量增减等，业主也很容易确定工程的最终造价，可在某种程度上减少业主与施工单位之间的纠纷。

5. 有利于业主对投资的控制

如采用现在的施工图预算形式，业主对因设计变更、工程量的增减所引起的工程造价变化不敏感，往往等到竣工结算时才知道这些变化对项目投资的影响有多大，但此时常常为时

已晚。而采用工程量清单报价的方式则可对投资变化一目了然，在要进行设计变更时，能马上知道它对工程造价的影响，业主就能根据投资情况来决定是否变更，或进行方案比较以寻求最恰当的处理方法。

实战演练

[2022 真题 · 单选] 工程量清单为投标人的投标竞争提供了一个平等和共同的基础，其理由在于（　　）。

A. 投标人均应按工程量清单列出的项目不加修改地投标

B. 工程量清单列出的工程项目内容、数量和质量要求是投标人竞争的共同基础

C. 投标人均按工程量清单中确定的计量规划计算工程量

D. 工程量清单中的项目和综合单价是投标人平等竞争的基础和依据

[解析] 招标工程量清单是由招标人负责编制，将要求投标人完成的工程项目及其相应工程实体数量全部列出，为投标人提供拟建工程的基础信息。这样，在建设工程的招标投标中，投标人的竞争活动就有了一个共同的基础，其机会是均等的。

[答案] B

[2021 真题 · 单选] 工程量清单作为清单计价的基础，主要用于建设工程的（　　）。

A. 决策阶段和设计阶段　　B. 设计阶段和招投标阶段

C. 施工阶段和运营使用阶段　　D. 发承包阶段和实施阶段

[解析] 工程量清单计价适用于建设工程发承包及实施阶段的计价活动。

[答案] D

二、工程量清单计价方式

（1）分部分项工程项目清单、措施项目清单中，按单价计价方式计价的，应按其工程数量乘以相应的综合单价计算该工程量清单项目的价格；按总价计价方式计价的，应以项为单位计算其清单项目价格。分部分项工程项目清单计价宜采用单价计价方式，措施项目清单计价宜采用总价计价方式。

（2）分部分项工程项目清单的综合单价应为不含增值税的材料采购供应及相关安装单价，包括完成相应清单项目受下列因素影响而发生的费用：

①满足国家及行业有关技术标准规范等要求所需的费用。

②总价合同中出现工程量清单缺陷所需的费用。

③完成符合完工交付要求的相应清单项目必要的施工任务及其不可或缺的辅助工作所需的费用。

④因施工工程序、施工条件、环境气候等因素影响所引起的费用。

⑤合同约定及《建设工程工程量清单计价标准》（GB/T 50500—2024）第 3.3 节规定的范围与幅度内的风险费用。

（3）材料暂估价项目综合单价中的主材价格，应按招标工程量清单提供的材料暂估价计取。

（4）发包人提供材料、承包人负责安装的清单项目，其清单项目综合单价应包括承包人

自身应承担的安装损耗，但不包括发包人提供材料的价格，以及按《计价标准》附录 G.1 中表 G.1.1“发包人提供材料一览表”的约定由发包人承担的损耗费用和相应的总承包服务费用；发包人提供材料且材料供应方负责安装，而承包人不负责安装但提供配合及协调服务的，工程量清单不应列项，也不计算其综合单价，但应在其他项目清单中计算其相应的总承包服务费用。

（5）措施项目清单中的安全生产措施费应按国家及省级、行业主管部门的相关规定计价。

（6）措施项目清单计价应符合招标文件、合同文件的要求和相关工程国家及行业工程量计算标准的措施项目列项及其工作内容的有关规定，包括履行合同责任和义务、全面完成工程所发生的包括但不限于下列的费用：

①工地内及附近临时设施、临时用水、临时用电、通风排气及其他同类费用。

②在地下空间（地下室、暗室、库内、洞内等）、高层或超高层建筑、有害身体健康的环境、恶劣气温气候、冬雨季、交叉作业等环境下进行施工所需的措施费用。

③施工中的材料堆放场地整理、工程用水加压、施工雨（污）水排除、建筑施工及生活垃圾外运及消纳（已列入拆除和修缮工程分部分项工程项目清单除外）、成品保护、完工清洁和清场退场等费用。

④满足政府主管部门有关安全生产措施要求所需的费用，包括执行其要求引起的相关安全生产措施费用。

⑤除按照《计价标准》第 8.3.2 条、第 8.3.4 条规定的措施项目费用可调整外，完成暂列金额清单项目所需的措施费用。

⑥承包人为履行合同责任和义务所发生的其他措施费用。

（7）其他项目清单中的专业工程暂估价可采用总价计价方式计价，以项计算其价格；暂列金额、总承包服务费可采用费率或总价计价方式计价，以其计价基础乘以费率或以项计算清单项目价格；计日工可采用《计价标准》第 3.2.1 条规定的单价计价方式计价。

（8）暂列金额、专业工程暂估价应按招标工程量清单提供的相应金额填报投标价。

（9）总承包服务费应为完成招标文件、合同约定的总承包人承担总承包服务相关合同责任的相应清单项目不含增值税的价格，包括总承包人对发包人提供材料的供货人、专业工程暂估价的专业分包人（承包人实施的除外）和发包人直接发包的专业工程分包人履行管理、协调及配合责任等所需的服务费用。

（10）计日工综合单价应为完成相应清单项目单位数量不含增值税的价格，包括随时、少量完成相关计日工项目所需的费用。计日工清单项目合价可依据计日工清单项目数量乘以综合单价计算。

（11）增值税应以分部分项工程项目清单、措施项目清单、其他项目清单（专业工程暂估价除外）的合计金额作为计算基础，乘以政府主管部门规定的增值税税率计算税金。

三、工程量清单计价风险

（1）建设工程的施工发承包，应在招标文件、合同中明确计量与计价的风险内容及其范围，不得采用无限风险、所有风险或类似语句约定工程计量与计价中的风险内容及范围。

（2）下列事项引起的计量与计价风险应由发包人承担，承包人的投标报价可不考虑，发包人应按《计价标准》第 8 章的相关规定及时调整相应的合同价款。事项影响工期变化，并符合合同约定工期调整的，应调整合同工期。因承包人原因引起工期延误及其费用增加（减少）的，应按《计价标准》第 8 章的相关规定执行。

①采用单价合同的工程，发包人提供的除措施项目清单外的项目清单存在工程量清单缺陷。

②发包人提供的工程项目原始数据和基准资料错误。

③发包人批准的工程变更。

④发包人要求的赶工、提前竣工、停工或暂缓施工。

⑤法律法规与政策性变化。

⑥超出招标文件规定的承包人应承担的风险范围和幅度，以及《计价标准》第 8.7 节规定的市场物价变动应予调整的物价变化范围和波动幅度。

⑦其他应当由发包人承担责任的事项。

（3）下列事项引起的计量与计价风险应由承包人承担，承包人在投标报价中应予考虑，因其引起的合同价格和（或）工期变化应视为已包含在合同总价及合同工期内，除合同另有约定外，合同价格和工期不应予调整。因发包人原因引起工期延误，按合同约定应予批准工期延长和（或）其引起的费用增加（减少）的，应按《计价标准》的相关规定执行。

①措施项目清单的准确性及完整性。

②采用总价合同的工程，已标价工程量清单存在的缺陷（单价计价的暂定数量清单项目除外），以及承包人为完成总价合同中合同图纸及合同规范所要求的工程、国家及行业工程量计算标准中工作内容说明的所有工作所需费用。

③采用单价合同的工程，承包人为完成工程量清单及其项目特征所说明的工程、国家及行业工程量计算标准中工作内容说明的所有工作所需费用。

④承包人因自身原因引起实施方案变化引起的费用调整。

⑤承包人因施工机具使用、施工技术应用以及组织管理水平等自身原因造成的施工费用增加。

⑥承包人因自身原因引起的赶工、停工或暂缓施工。

⑦未超出招标文件、合同约定物价变化范围和波动幅度的市场物价变动。

⑧其他应当由承包人承担责任的事项。

（4）工程价款未按约定的时间或（和）支付比例支付，造成合同价款调整的，应按《计价标准》的相关规定由责任方承担。

（5）合同约定因物价变化应予调整价格的项目，由于市场物价波动影响合同价格的，合同价格应按下列规定做相应的调整：

①因人工、主要材料价格波动影响合同价格的，发承包双方应按《计价标准》附录 A 的方法之一调整合同价格。采用《计价标准》附录 A.1 价格指数调差法的，发承包双方应明确合同价格中人工费、主要材料费等可调因子的权重或金额、波动幅度和价格指数的确定

规则。发承包双方可在合同中约定价格指数的来源或确定规则，及综合单价的调整规则和其价格指数的确定方式。采用《计价标准》附录 A.2 价格信息调差法的，发承包双方应明确合同价格中可调价人工、主要材料等可调因子的数量计算方式、波动幅度和价格信息的来源及确定规则。

②发承包双方应明确可调价的主要材料范围，并按《计价标准》附录 G.2 的规定填写表 G.2.1-1“承包人提供可调价主要材料表一”或表 G.2.1-2“承包人提供可调价主要材料表二”作为合同附件。可调价主要材料的价格波动幅度及调整办法，可按《计价标准》第 8 章的规定执行。

③施工机具使用费因其燃料价格波动而允许调整其燃料动力费的，可按①、②规定的主要材料调差方法调整。

④综合单价的人工费、材料费、施工机具使用费的燃料动力费价差调整应计取增值税，不应计取管理费、利润。

(6) 合同未约定因物价变化应予调整价款的清单项目，当市场物价异常波动超出合同约定幅度，或合同未约定物价波动幅度，但市场物价异常波动且有经验的承包人不能预见的，发承包双方可按《计价标准》的规定调整受异常波动物价变化影响的相关清单项目价款，费用可由发承包双方合理分摊。

(7) 承包人投标时所报措施项目施工方案应被认为是合理可行，并符合实际施工要求的，其措施项目费用包干计价，承包人应承担自身调整施工方案所引起的措施项目费用增加的风险。除工程变更、暂列金额中未能完全预见或详细说明的工程，以及发包人原因引起承包人提供的措施项目发生延期使用、拆改、增加、重复提供相关措施项目而增加其措施项目费用的应按《计价标准》的相关规定调整外，其他不做调整。

(8) 发生工程量清单缺陷、暂列金额、暂估价、总承包服务费、计日工、物价变化、法律法规及政策性变化、工程变更、新增工程、工程索赔等影响合同价款调整事项的，应按《计价标准》的规定调整合同价格。

(9) 完成合同签订的工程，价款支付前需要重新计量与计价的，合同价格应按《计价标准》的规定计算调整。但承包人按合同要求对合同图纸进行施工深化设计引起深化图纸与合同图纸存在差异的，除合同另有约定或发包人另有要求外，合同价格不应做调整。

四、合同选择与要求

(1) 建设工程的施工合同可采用单价合同、总价合同、成本加酬金合同等。

(2) 发包人可根据工程的招标图纸设计深度、技术难度、建设规模、项目实施计划及工程量清单编制时间、计价风险等因素，选择采用单价合同或总价合同。

(3) 紧急抢险、救灾或特别复杂的工程宜采用成本加酬金合同。

(4) 实行招标的工程，合同价格应由发承包双方依据招标文件和投标文件在合同中约定，合同约定不得背离招标文件中关于工程范围、工期、价款、质量等实质性内容。

(5) 采用单价合同的工程，合同总价应包括按招标文件规定完成合同工程的工程量清单所需的全部费用。工程量清单中的分部分项工程项目清单存在缺陷的，应按照《计价标准》

的规定调整合同价格。已标价工程量清单应作为合同文件的组成部分，合同单价可用于合同价格调整的计价，但已标价工程量清单中以项计价的分部分项工程项目清单和措施项目清单，应按《计价标准》中总价合同的相关规定计价。

(6) 采用总价合同的工程，合同总价应包括按招标文件规定完成合同图纸及合同规范要求的合同工程所需的全部费用。已标价工程量清单仅反映合同总价的价格构成，出现工程量清单缺陷的，其价格应视为已包含在合同总价中。已标价工程量清单的单价可作为合同文件的组成部分，按合同约定应用于工程变更、新增工程等合同价格调整的计价。如总价合同的工程量清单中存在以暂定数量单价计价的项目，其清单项目应按《计价标准》中单价合同的相关规定计价。

(7) 采用成本加酬金合同的工程，合同总价为暂定价，应依据招标文件、合同约定的计价规定和发包人发出的施工图纸、相关工程国家及行业工程量计算标准，按实确定工程项目及其数量，乘以其项目成本单价，计算合同工程成本，并按合同的约定计算相应酬金及增值税后调整合同总价。

实战演练

[2022 真题·单选] 因突发新冠疫情，某施工单位接受政府有关部门委托，需在 15 d 之内建设一座方舱医院，该项目合同计价方式宜采用（　　）。

A. 固定总价合同　　B. 固定单价合同

C. 可调单价合同　　D. 成本加酬金合同

[解析] 紧急抢险、救灾或特别复杂的工程宜采用成本加酬金合同。

[答案] D

五、发包人提供材料

(1) 建设工程存在发包人提供材料的，发包人应在招标文件中明确发包人提供材料的名称、档次、规格型号、交货方式及地点，并在招标工程量清单的项目特征中对发包人提供材料予以描述。

(2) 发包人应在招标文件中明确发包人提供材料的有效损耗率，其相应有效损耗率可按类似工程同类项目材料损耗率合理确定，并按《计价标准》附录 G.1 的规定填写表 G.1.1 “发包人提供材料一览表”，表 G.1.1 中的材料数量应根据招标图纸和相关工程国家及行业工程量计算标准规定计算。

(3) 合同履行过程中，因承包人原因引起实际领用数量超过单价合同的施工图纸计算的实际数量或总价合同的合同图纸计算的合理数量及合同约定的材料有效损耗时，超出部分的材料费用应由承包人承担。发包人可按相应供货合同的单价计算确定超领数量的材料费用，并从承包人完成合同工程的施工过程结算或竣工结算的价款中扣除。因发包人实际提供材料的规格型号与招标文件中规定的规格型号不同而引起材料实际损耗率超出有效损耗率的，超出部分应由发包人承担。

(4) 负责安装发包人提供材料的承包人应根据工程进度计划制订发包人提供材料的交货计划并报发包人，承包人应协助发包人协调供货人按计划提供相应材料至合同约定的交货地点并完成卸货，交货时承包人应与供货人办理交货验收手续。发包人提供材料需要承包人提供协助协调、材料保管等相应服务的，发生的费用应由发包人承担，可在总承包服务费中计取。

(5) 发包人提供的材料（如规格型号、质量）不符合合同要求及不满足交货计划，或由于发包人原因发生交货日期延误、交货地点及交货方式变更等情况的，承包人应协助发包人协调供货人将不符合合同要求的材料撤出现场，并按交货计划提供符合合同要求的材料，如引起承包人工期延长的，应按《计价标准》的相关规定合理延长承包人受影响的工期，并赔偿承包人的损失，包括利润。

(6) 发包人要求合同中约定为发包人提供的材料变更为承包人负责采购的，发包人应征得承包人的书面同意，承包人有权对其变更提出合理反对意见。如承包人接受其变更，承包人应按工程进度计划负责变更材料的采购及供应，如合同总价中已计取发包人提供材料的协助协调、保管及提供相应服务的总承包服务费的，应按《计价标准》的规定予以扣减。变更材料价格可通过发承包双方共同招标采购或市场询价确定，相应分部分项工程项目清单变更后的综合单价计算公式如下：

综合单价＝合同单价＋已确认材料价格×（1＋损耗率）×（1＋管理费费率）×（1＋利润率）

式中 合同单价——已标价工程量清单中的安装单价；

损耗率——可按《计价标准》第 3.6.2 条的规定确定；

管理费费率、利润率——可按清单项目综合单价分析表中的取费费率计取。

六、承包人提供材料

(1) 除合同约定由发包人提供的材料外，合同工程所需的材料应由承包人提供。承包人提供的材料应符合合同图纸及合同规范的要求，并由承包人负责采购、运输和保管。

(2) 承包人应按合同约定和工程进度计划，在订购材料前将其提供的主要材料的质量证明文件及其供货人、品种、型号规格、实物样品（如需要）等提交给发包人确认，在获得发包人确认后可进行相关材料的采购。

(3) 发包人可对承包人按合同约定提供的未安装或已安装至合同工程的材料进行检测，若经检测相关材料不符合合同约定的质量标准，承包人应及时采取措施整改，承包人应承担检测所发生的费用和由此引起的损失及修复工程的费用，受影响的工期不予延长。若经检测相关材料符合合同约定的质量标准，发包人应承担由此增加的费用和（或）工期延误，由此引起的承包人的损失和修复工程所发生的费用可按《计价标准》的规定计算。

(4) 发包人要求将合同中约定由承包人提供的材料变更为发包人提供的，发包人应征得承包人的书面同意，承包人有权对其变更提出合理反对意见。如承包人接受其变更，相关费用调整应符合下列规定：

①相关工程量清单项目综合单价中包含的材料费及其采购保管费等应予扣除，综合单价中所含的其他费用不做调整，扣除后的清单项目单价应为该清单项目的安装综合单价，合同总价中包含的扣除价款的增值税应予以扣减。

②发包人应按《计价标准》的相关规定，向承包人支付该材料变更为发包人提供而需要

承包人协助协调、材料保管等相应服务的总承包服务费及增值税。

七、工程量清单计价的基本程序

工程量清单计价主要发生在工程的发承包和实施阶段，工程量清单计价的过程可以分为两个环节，即工程量清单的编制和工程量清单的应用，工程量清单的编制程序如图 3-4-1 所示，工程量清单的应用过程如图 3-4-2 所示。

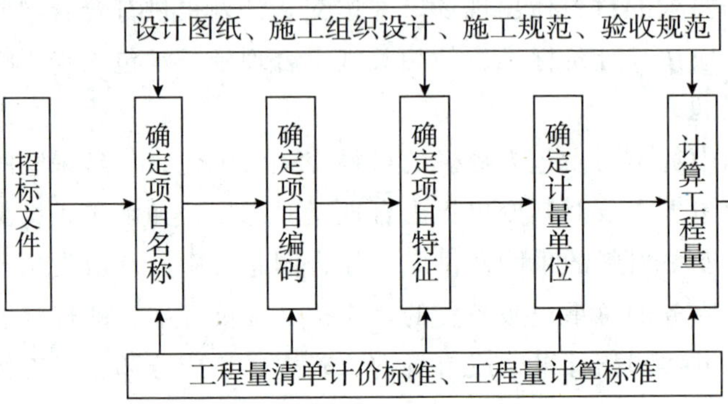

图 3-4-1 工程量清单的编制程序

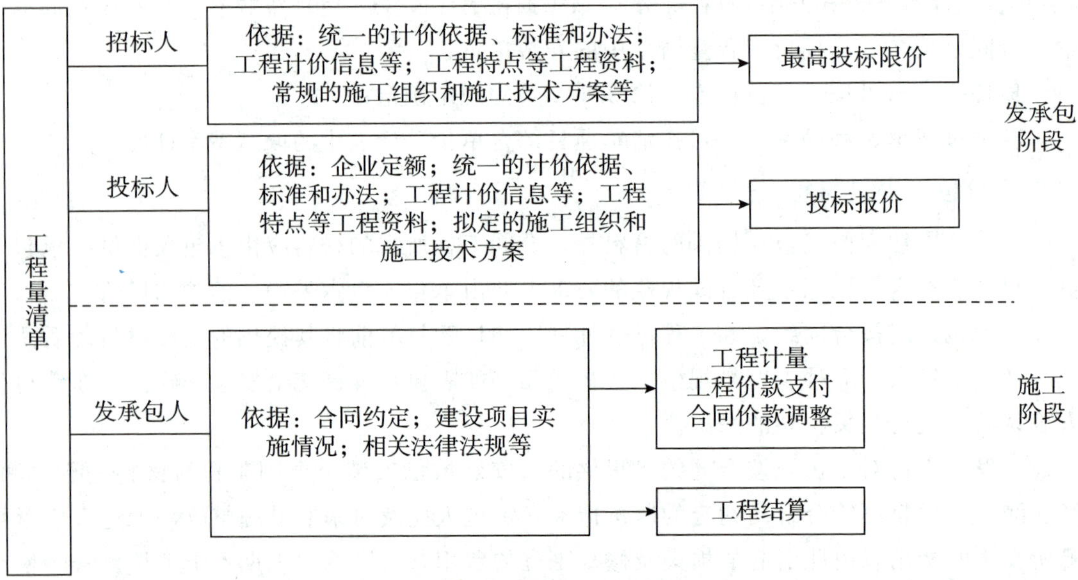

图 3-4-2 工程量清单的应用过程

工程量清单计价的基本原理可以描述为：按照工程量清单计价标准规定，在各相应专业工程工程量计算标准规定的清单项目设置和工程量计算规则基础上，针对具体工程的设计图纸和施工组织设计计算出各个清单项目的工程量，根据规定的方法计算出综合单价，并汇总各清单合价得出工程总价。

$$分部分项工程费=\Sigma（分部分项工程量\times相应分部分项工程综合单价）$$

$$措施项目费=\Sigma各措施项目费$$

$$其他项目费=暂列金额+暂估价+计日工+总承包服务费$$

$$单位工程造价=分部分项工程费+措施项目费+其他项目费+税金$$

第三章

单项工程造价＝∑单位工程造价

建设项目总造价＝∑单项工程造价

上式中，综合单价是指完成一个规定清单项目所需的人工费、材料费、施工机具使用费、管理费、利润以及一定范围内的风险费用，不包括增值税。风险费用是隐含于已标价工程量清单综合单价中，用于化解发承包双方在工程合同中约定的风险内容和范围的费用。

工程量清单计价活动涵盖施工招标、合同管理以及竣工交付全过程，主要包括编制招标工程量清单、最高投标限价、投标报价，确定合同价，工程计量与价款支付，合同价款的调整，工程结算和工程计价纠纷处理等活动。

实战演练

[2024 真题·单选] 已知招标工程量清单中挖土方工程量为 5 000 m^3，投标人根据施工方案确定的挖土方工程量为 5 600 m^3，经测算，投标人完成该土方工程的人、材、机费用之和为 275 500 元，管理费取人、材、机费用之和的 10%，利润取人、材、机费用及管理费之和的 6%。不考虑其他因素，该土方工程报价的综合单价应为（　　）元/m^3。

A. 55.10　　B. 57.36

C. 60.61　　D. 64.25

[解析] 综合单价是指完成一个规定清单项目所需的人工费、材料费、施工机具使用费、管理费、利润以及一定范围内的风险费用。其工程量应采用工程量清单中的工程量，即综合单价＝275 500×（1＋10%）×（1＋6%）/5 000≈64.25（元/m^3）。

[答案] D

[2023 真题·单选] 已知招标工程量清单中挖土方的工程量为 3 000 m^3，其投标人在考虑工作面和放坡后，预计挖土方量为 3 600 m^3，经测算，完成该挖土方的人工费为 40 000 元，材料费为 2 000 元，施工机具使用费为 140 000 元，管理费取人、料、机费用之和的 10%，利润取人、料、机费用及管理费之和的 6%。不考虑其他因素，该分项工程报价的综合单价应为（　　）元/m^3。

A. 53.89　　B. 70.74　　C. 58.95　　D. 66.73

[解析] 综合单价是指完成一个规定清单项目所需的人工费、材料费、施工机具使用费、管理费、利润以及一定范围内的风险费用。其工程量应采用工程量清单中的工程量，即综合单价＝(40 000＋2 000＋140 000) ×（1＋10%）×（1＋6%）/3 000≈70.74（元/m^3）。

[答案] B

[2022 真题·单选] 某工程项目的土方工程采用机械挖土方、人工运输和机械运输，招标工程量清单中的挖土方数量为 4 000 m^3，投标人根据拟采用的施工方案计算的挖土方数量为 7 500 m^3，余土外运，投标人估算的机械挖土方费用为 130 000 元，人工运土费用为 30 000 元，机械运土费用为 50 000 元，管理费取人、料、机费用之和的 15%，利润取人、料、机与管理费之和的 6%。不考虑其他因素，投标人报价时挖土方综合单价为（　　）元/m^3。

A. 34.13　　B. 64.00　　C. 39.62　　D. 63.53

[解析] 综合单价是指完成一个规定清单项目所需的人工费、材料费、施工机具使用费、管理费、利润以及一定范围内的风险费用。其工程量应采用工程量清单中的工程量，即综合单价＝（130 000＋30 000＋50 000）×（1＋15%）×（1＋6%）/4 000≈64（元/m^3）。

[答案] B

[2021 真题改编·单选] 根据《计价标准》，下列投标报价计算公式中，正确的是（　　）。

A. 措施项目费＝∑（措施项目工程量×措施项目综合单价）

B. 分部分项工程费＝∑（分部分项工程量×分部分项工程综合单价）

C. 其他项目费＝暂列金额＋暂估价＋计日工＋总承包服务费＋规费

D. 单位工程报价＝分部分项工程费＋措施项目费＋其他项目费

[解析] 分部分项工程费＝∑（分部分项工程量×相应分部分项工程综合单价）；措施项目费＝∑各措施项目费；其他项目费＝暂列金额＋暂估价＋计日工＋总承包服务费；单位工程造价＝分部分项工程费＋措施项目费＋其他项目费＋税金；单项工程造价＝∑单位工程造价；建设项目总造价＝∑单项工程造价。

[答案] B

[2021 真题·单选] 已知招标工程量清单中土方工程量为 2 000 m^3，某投标人根据施工方案确定的土方工程量为 3 800 m^3，根据测算，完成该土方工程的人工费为 50 000 元，机械费为 40 000 元，材料费为 10 000 元，管理费按照人、料、机费用之和的 10%计取，利润按人、料、机费用以及管理费之和的 6%计取。其他因素均不考虑，则该土方工程的投标综合单价为（　　）元/m^3。

A. 58.30　　B. 30.53

C. 30.68　　D. 58.00

[解析] 综合单价是指完成一个规定清单项目所需的人工费、材料费、施工机具使用费、管理费、利润以及一定范围内的风险费用。其工程量应采用工程量清单中的工程量，即综合单价＝（50 000＋40 000＋10 000）×（1＋10%）×（1＋6%）/2 000＝58.3（元/m^3）。

[答案] A

[2019 真题改编·单选] 根据《计价标准》，某招标工程量清单中挖沟槽土方的工程量为 2 600 m^3，投标人在考虑工作面和放坡后，预计开挖土方量为 5 090 m^3，运输土方量为 1 925 m^3，人、料、机及管理费、利润合价为 118 200 元。不考虑其他因素，则该分项工程的工程量清单综合单价为（　　）元/m^3。

A. 16.85　　B. 45.46

C. 23.22　　D. 61.40

[解析] 综合单价是指完成一个规定清单项目所需的人工费、材料费、施工机具使用费、管理费、利润以及一定范围内的风险费用，不包括增值税。其工程量应采用工程量清单中的工程量，即综合单价＝118 200/2 600≈45.46（元/m^3）。

[答案] B

[2021 真题改编·多选]《计价标准》中分部分项工程的综合单价除包括人、料、机费用外，还包括（　　）。

A. 利润　　B. 一定范围内的风险费用

C. 规费　　D. 管理费

E. 税金

[解析] 综合单价是指完成一个规定清单项目所需的人工费、材料费、施工机具使用费、管理费、利润以及一定范围内的风险费用，不包括增值税。

[答案] ABD

[2020 真题改编·多选] 与全费用综合单价相比，现行《计价标准》中分部分项工程的综合单价中没有涵盖的项目有（　　）。

A. 管理费　　B. 税金

C. 利润　　D. 规费

E. 风险费用

[解析] 综合单价是指完成一个规定清单项目所需的人工费、材料费、施工机具使用费、管理费、利润以及一定范围内的风险费用，不包括增值税。

[答案] BD

知识点 2 工程量清单编制

一、工程量清单编制的一般规定

工程量清单一般包括招标工程量清单和已标价工程量清单。已标价工程量清单是基于招标工程量清单由投标人或受其委托具有相应资质的工程造价咨询人编制的，其项目编码、项目名称、项目特征、计量单位、工程量必须与招标工程量清单一致。此处主要介绍招标工程量清单编制的一般规定。

（1）招标工程量清单应由具有编制能力的招标人或受其委托具有相应资质的工程造价咨询人或招标代理人编制。

（2）招标工程量清单必须作为招标文件的组成部分，其准确性和完整性由招标人负责。

（3）招标工程量清单是工程量清单计价的基础，应作为编制招标控制价、投标报价，计算工程量、工程索赔等的依据之一。

（4）招标工程量清单应以单位（项）工程为单位编制，应由分部分项工程量清单、措施项目清单、其他项目清单和税金项目清单组成。

（5）编制工程量清单应依据以下资料：

①《计价标准》和相关工程国家及行业工程量计算标准。

②国家及省级、行业建设主管部门颁发的工程计量与计价相关规定，以及根据工程需要补充的工程量计算规则。

③招标文件、拟订的合同条款及其相关资料。

④工程招标图纸及其相关资料。

⑤与建设工程有关的技术标准规范。

⑥施工现场情况、相关地勘水文资料、工程特点及交付标准。

⑦其他相关资料。

实战演练

[2024 真题·单选] 招标工程量清单必须作为招标文件的组成部分，其准确性和完整性由（　　）负责。

A. 工程造价咨询人　　B. 招标人

C. 投标人　　D. 招标代理人

[解析] 招标工程量清单应由具有编制能力的招标人或受其委托具有相应资质的工程造价咨询人或招标代理人编制。招标工程量清单必须作为招标文件的组成部分，其准确性和完整性由招标人负责。

[答案] B

[2023 真题·单选] 关于工程量清单编制的说法，正确的是（　　）。

A. 招标工程量清单必须由招标人自行编制

B. 清单项目的工程量计算规则由清单编制人自主确定

C. 招标工程量清单应以分部工程为单位编制

D. 名称相同但特征不同的清单项目应分别列项

[解析] 招标工程量清单应由具有编制能力的招标人或受其委托具有相应资质的工程造价咨询人或招标代理人编制，选项 A 错误。清单项目的工程量计算规则应符合各专业相应的工程量计算规则，选项 B 错误。招标工程量清单应以单位（项）工程为单位编制，选项 C 错误。

[答案] D

[2023 真题改编·多选] 下列资料中，属于招标工程量清单编制依据的有（　　）。

A. 招标文件　　B. 施工现场情况

C. 交付标准　　D. 地勘水文资料

E. 企业定额

[解析] 编制工程量清单应依据以下资料：①《计价标准》和相关工程国家及行业工程量计算标准；②国家及省级、行业建设主管部门颁发的工程计量与计价相关规定，以及根据工程需要补充的工程量计算规则；③招标文件、拟订的合同条款及其相关资料；④工程招标图纸及其相关资料；⑤与建设工程有关的技术标准规范；⑥施工现场情况、相关地勘水文资料、工程特点及交付标准；⑦其他相关资料。

[答案] ABCD

二、分部分项工程项目清单编制

分部分项工程项目清单应载明项目编码、项目名称、项目特征、计量单位和工程量。分部分项工程项目清单必须根据各专业工程工程量计算标准规定的项目编码、项目名称、项目特征、计量单位和工程量计算规则进行编制。其格式见表 3-4-1。在分部分项工程项目清单的编制过程中，由招标人负责前六项内容填列，金额部分在编制最高投标限价或投标报价时填列。

表 3-4-1 分部分项工程项目清单计价表

工程名称： 标段： 第 页 共 页

序号	项目编码	项目名称	项目特征描述	计量单位	工程量	金额/元	
						综合单价	合价
本页小计							
合计							

（一）项目编码

项目编码是分部分项工程和措施项目清单名称的阿拉伯数字标识。清单项目编码以五级编码设置，用 12 位阿拉伯数字表示。第一级、第二级、第三级、第四级编码为全国统一，即 1～9 位应按工程量计算标准附录的规定设置；第五级即 10～12 位为清单项目编码，应根据拟建工程的工程量清单项目名称设置，不得有重号，这 3 位清单项目编码由招标人针对招标工程项目具体编制，并应自 001 起顺序编制。

各级编码代表的含义如下：

（1）第一级表示工程量计算标准代码（分 2 位）。

（2）第二级表示专业工程顺序码（分 2 位）。

（3）第三级表示分部工程顺序码（分 2 位）。

（4）第四级表示分项工程项目名称顺序码（分 3 位）。

（5）第五级表示工程量清单项目名称顺序码（分 3 位）。

以房屋建筑与装饰工程为例，工程量清单项目编码结构如图 3-4-3 所示。

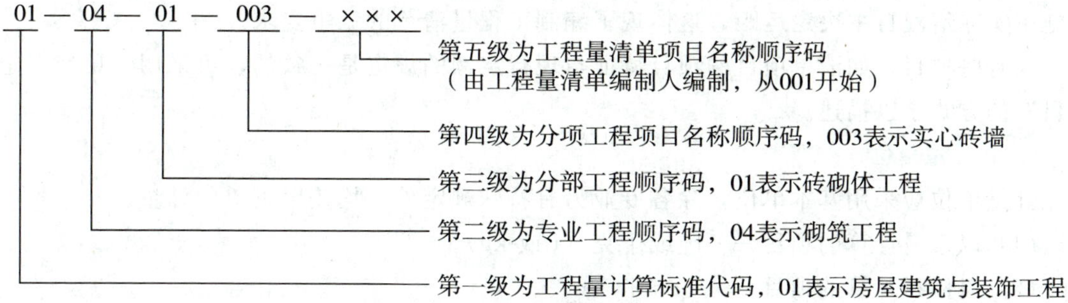

图 3-4-3 工程量清单项目编码结构

当同一标段（或合同段）的一份工程量清单中含有多个单位工程且工程量清单是以单位工程为编制对象时，在编制工程量清单时应特别注意项目编码 10～12 位的设置不得有重码。

（二）项目名称

清单项目名称是工程量清单中表示各分部分项工程清单项目的名称。它必须体现工程实体，反映工程项目的具体特征；设置项目名称的最基本的原则是准确。

《房屋建筑与装饰工程工程量计算标准》（GB/T 50854—2024）附录A至附录R中的“项目名称”为分项工程项目名称，是以“工程实体”命名的。在编制分部分项工程项目清单时，清单项目名称的确定有两种方式：一是完全按照标准的项目名称不变；二是以《房屋建筑与装饰工程工程量计算标准》（GB/T 50854—2024）附录中的项目名称为基础，考虑项目的规格、型号、材质等特征要求，结合拟建工程的实际情况，对附录中的项目名称进行适当的调整或细化，使其能够反映影响工程造价的主要因素。这两种方式都是可行的，应针对具体项目而定。

（三）项目特征

清单项目特征是确定一个清单项目综合单价不可缺少的重要依据，在编制分部分项工程项目清单时，必须对项目特征进行准确、全面的描述。但有些项目特征用文字往往又难以准确和全面地描述。因此，为了达到规范、简捷、准确、全面描述项目特征的要求，项目特征应按相关工程国家计量标准规定，结合拟建工程的实际情况予以描述。清单项目特征不同的项目应分别列项。清单项目特征主要涉及项目的自身特征（材质、型号、规格、品牌），项目的工艺特征，以及对项目施工方法可能产生影响的特征。

（1）必须描述的内容如下：

①涉及正确计量的内容必须描述。

②涉及结构要求的内容必须描述。

③涉及材质要求的内容必须描述。

（2）可不详细描述的内容如下：

①无法准确描述的可不详细描述。

②施工图纸、标准图集标注明确的，可不再详细描述。对这类项目，其项目特征描述可直接采用“详见××图集××页××号及节点大样”的方式。这样，便于发承包双方形成一致的理解，省时省力，因此，描述项目特征时应尽量采用该方法。

③有些项目可不详细描述。如取、弃土运距，清单编制人很难决定，应由投标人根据工程施工实际情况自主决定运距，这体现了编制工程量清单的竞争要求。

④有些项目，如清单项目的项目特征与现行定额的规定是一致的，可采用“见××定额项目”的方式予以描述。

（四）计量单位

计量单位应采用基本单位，除各专业另有特殊规定外，均按以下单位计量：

（1）以重量计算的项目——吨或千克（t或kg）。

（2）以体积计算的项目——立方米（m^3）。

（3）以面积计算的项目——平方米（m^2）。

（4）以长度计算的项目——米（m）。

（5）以自然计量单位计算的项目——个、套、块、樘、组、台等。

（6）没有具体数量的项目——宗、项等。

各专业有特殊计量单位的，再另外加以说明，当计量单位有两个或两个以上时，应根据所编工程量清单项目的特征要求，选择最适宜表现该项目特征且方便计量的单位。

计量单位的有效位数应遵守下列规定：

（1）以“t”为单位，应保留三位小数，第四位小数四舍五入。

（2）以“m^3”“m^2”“m”为单位，应保留两位小数，第三位小数四舍五入。

（3）以“个”“根”“座”“套”“孔”“榀”等为单位，应取整数。

（五）工程量

工程量主要通过工程量计算规则计算得到。工程量计算规则是指对清单项目工程量计算的规定。除另有说明外，所有清单项目的工程量应以实体工程量为准，并以完成后的净值计算；投标人投标报价时，应在单价中考虑施工中的各种损耗和需要增加的工程量。

根据现行工程量清单计价与工程量计算标准的规定，专业工程工程量计算可以分为房屋建筑与装饰工程、仿古建筑工程、通用安装工程、市政工程、园林绿化工程、构筑物工程、矿山工程、城市轨道交通工程、爆破工程九大类。

（六）补充项目

随着工程建设中新材料、新技术、新工艺等的不断涌现，实际工程中可能会出现工程量计算标准附录所列的工程量清单项目未包含的项目。在编制工程量清单时，当出现工程量计算标准附录中未包括的清单项目时，编制人应做补充。在编制补充项目时应注意以下三方面：

（1）补充项目的编码应按工程量计算标准的规定确定。补充项目的编码由工程量计算标准的代码与B和3位阿拉伯数字组成，并应从001起顺序编制。例如，房屋建筑与装饰工程如需补充项目，则其编码应从01B001起顺序编制，同一招标工程的项目不得重码。

（2）在工程量清单中应附补充项目的项目名称、项目特征、计量单位、工程量计算规则和工作内容。

（3）将编制的补充项目报省级或行业工程造价管理机构备案。

实战演练

［2023真题改编·单选］根据《计价标准》，招标工程量清单的项目编码中，表示专业工程顺序码的是第（　　）位。

A. 1、2　　B. 3、4

C. 5、6　　D. 7、8、9

［解析］项目编码各级编码代表的含义如下：①第一级表示工程量计算标准代码（分2位，第1、2位）；②第二级表示专业工程顺序码（分2位，第3、4位）；③第三级表示分部工程顺序码（分2位，第5、6位）；④第四级表示分项工程项目名称顺序码（分3位，第7、8、9位）；⑤第五级表示工程量清单项目名称顺序码（分3位，第10、11、12位）。

［答案］B

[2019 真题 · 单选] 编制招标工程量清单时，有两种不同截面的现浇混凝土矩形柱，一种是 400 mm×400 mm，另一种是 600 mm×400 mm，混凝土强度均为 C30，其余特征相同，则在编制清单时这两个矩形柱的清单项目应（　　）。

A. 合并列项，项目名称为“矩形柱”，在项目特征中注明混凝土强度

B. 分别列项，项目名称均为“现浇混凝土矩形柱”，在项目特征中注明截面尺寸

C. 分别列项，一个项目名称为“C30 现浇混凝土矩形柱 400×400”，另一个项目名称为“C30 现浇混凝土矩形柱 600×400”

D. 合并列项，项目名称为“矩形柱（400×400，600×400）”，工程数量一栏给出合并后的工程量

[解析] 清单项目名称是工程量清单中表示各分部分项工程清单项目的名称。它必须体现工程实体，反映工程项目的具体特征；设置项目名称的最基本的原则是准确。可以《房屋建筑与装饰工程工程量计算标准》（GB/T 50854—2024）附录中的项目名称为基础，考虑项目的规格、型号、材质等特征要求，结合拟建工程的实际情况，对附录中的项目名称进行适当的调整或细化，使其能够反映影响工程造价的主要因素。不同规格的构件应根据其规格分别列项命名。

[答案] C

[2017 真题改编 · 单选] 根据《计价标准》，某分部分项工程的项目编码为 01—02—03—004—005，其中“004”这一级编码的含义是（　　）。

A. 工程分类顺序码

B. 清单项目顺序码

C. 分部工程顺序码

D. 分项工程项目名称顺序码

[解析] 项目编码各级编码代表的含义如下：①第一级表示工程量计算标准代码（分 2 位）；②第二级表示专业工程顺序码（分 2 位）；③第三级表示分部工程顺序码（分 2 位）；④第四级表示分项工程项目名称顺序码（分 3 位）；⑤第五级表示工程量清单项目名称顺序码（分 3 位）。

[答案] D

[2022 真题 · 多选] 下列属于工程量清单项目特征涉及的内容有（　　）。

A. 项目的工程量

B. 项目施工方法

C. 项目的材质

D. 项目的规格、型号

E. 项目的工艺特征

[解析] 清单项目特征主要涉及项目的自身特征（材质、型号、规格、品牌），项目的工艺特征，以及对项目施工方法可能产生影响的特征。

[答案] CDE

[2021 真题 · 多选] 分部分项工程项目清单中项目特征描述通常包括（　　）。

A. 项目的管理模式

B. 项目的材质、规格

C. 项目的工艺特征

D. 项目的组织方式

E. 可能对项目施工方法产生影响的特征

[解析] 清单项目特征主要涉及项目的自身特征（材质、型号、规格、品牌），项目的工艺特征，以及对项目施工方法可能产生影响的特征。

[答案] BCE

[2020 真题改编 · 多选] 根据《计价标准》，关于项目特征的说法，正确的有（ ）。

A. 分部分项工程量清单的项目特征是确定综合单价的重要依据

B. 项目特征主要涉及项目的自身特征、工艺特征及对项目施工方法可能产生影响的特征

C. 项目名称相同、项目特征不同的清单项目应分别列项

D. 项目特征是指构成分部分项工程量清单项目、措施项目自身价值的本质特征

E. 项目特征应根据计算标准的项目特征进行统一描述，招标人不应根据拟建项目实际情况更改项目特征的描述

[解析] 为了达到规范、简捷、准确、全面描述项目特征的要求，项目特征应按相关工程国家计量标准规定，结合拟建工程的实际情况予以描述，选项 E 错误。

[答案] ABCD

三、措施项目清单编制

（一）措施项目概念

措施项目是指为完成工程项目施工，发生于该工程施工准备和施工过程中的技术、生活、安全、环境保护等方面的项目。

措施项目清单应根据相关专业现行工程量计算标准的规定编制，并应根据拟建工程的实际情况列项。

（二）措施项目清单的类别

措施项目的发生与使用时间、施工方法或者两个以上的工序相关，如安全文明施工，夜间施工，非夜间施工照明，二次搬运，冬雨季施工，地上、地下设施和建筑物的临时保护设施，已完工程及设备保护等。但是有些措施项目可以计算工程量，如脚手架工程，混凝土模板及支架（撑），垂直运输，超高施工增加，大型机械设备进出场及安拆，施工排水、降水等，这类措施项目按照分部分项工程项目清单的方式采用综合单价计价更有利于措施费的确定和调整。措施项目中可以计算工程量的项目（单价措施项目）宜采用分部分项工程项目清单的方式编制，列出项目编码、项目名称、项目特征、计量单位和工程量（表 3-4-1）；不能计算工程量的项目（总价措施项目），以“项”为计量单位进行编制（表 3-4-2）。

表 3-4-2 总价措施项目清单计价表

工程名称： 标段： 第 页 共 页

序号	项目编码	项目名称	计算基础	费率/%	金额/元	调整费率/%	调整后金额/元	备注
		安全生产措施费						
		夜间施工增加费						
		二次搬运费						

续表

序号	项目编码	项目名称	计算基础	费率/%	金额/元	调整费率/%	调整后金额/元	备注
		冬雨季施工增加费						
		已完工程及设备保护费						
		……						
合计								

编制人（造价人员）： 复核人（造价工程师）：

（三）编制措施项目清单时应该考虑的因素

措施项目清单的编制应考虑多种因素，除了工程本身的因素外，还要考虑水文、气象、环境、安全和施工企业的实际情况。具体而言，措施项目清单的设置，需要考虑以下几方面：

（1）参考拟建工程的常规施工技术方案，以确定大型机械设备进出场及安拆、混凝土模板及支架、脚手架、施工排水、施工降水、垂直运输、组装平台等项目。

（2）参考拟建工程的常规施工组织设计，以确定环境保护、安全文明施工、临时设施、材料的二次搬运等项目。

（3）参阅相关的施工规范与工程验收规范，以确定施工方案没有表述的但为实现施工规范与工程验收规范要求而必须发生的技术措施。

（4）确定设计文件中不足以写进施工方案，但要通过一定的技术措施才能实现的内容。

（5）确定招标文件中提出的某些需要通过一定的技术措施才能实现的要求。

（四）编制措施项目清单应注意的事项

（1）措施项目清单为可调整清单（即开口清单），投标人对招标文件中所列措施项目，可根据企业自身特点和工程实际情况做适当的变更增加。

（2）投标人要对拟建工程可能发生的措施项目和措施费用做通盘考虑，清单计价一经报出，即被认为是包括了所有应该发生的措施项目的全部费用。如果报出的清单中没有列项，且施工中又必须发生的项目，业主有权认为其已经综合在分部分项工程量清单的综合单价中，将来措施项目发生时投标人不得以任何借口提出索赔与调整。

实战演练

［2022 真题・单选］关于招标工程量清单中措施项目清单设置的说法，正确的是（　　）。

A. 需适应投标企业的资质等级、规模和采取的特殊施工方案

B. 需考虑拟建工程施工现场可能出现的零星工作

C. 可参考拟建工程的常规施工组织设计和施工技术方案

D. 不考虑设计文件中不足以写进施工方案但要通过技术措施才能实现的内容

[解析] 措施项目清单的编制应考虑多种因素，除了工程本身的因素外，还要考虑水文、气象、环境、安全和施工企业的实际情况。具体而言，措施项目清单的设置，需要考虑以下几方面：①参考拟建工程的常规施工技术方案，以确定大型机械设备进出场及安拆、混凝土模板及支架、脚手架、施工排水、施工降水、垂直运输、组装平台等项目；②参考拟建工程的常规施工组织设计，以确定环境保护、安全文明施工、临时设施、材料的二次搬运等项目；③参阅相关的施工规范与工程验收规范，以确定施工方案没有表述的但为实现施工规范与工程验收规范要求而必须发生的技术措施；④确定设计文件中不足以写进施工方案，但要通过一定的技术措施才能实现的内容；⑤确定招标文件中提出的某些需要通过一定的技术措施才能实现的要求。

[答案] C

[2020 真题・单选] 投标人可以根据需要自行增加列项的清单是（　　）。

A. 措施项目清单　　B. 分部分项工程量清单

C. 其他项目清单　　D. 规费、税金清单

[解析] 措施项目清单为可调整清单（即开口清单），投标人对招标文件中所列措施项目，可根据企业自身特点和工程实际情况作适当的变更增加。

[答案] A

[2018 真题改编・单选] 根据《计价标准》，某工程项目设计文件中的部分工作内容不足以写进施工方案，但要通过一定的技术手段才能实现。此情况在编制工程量清单时，应列入（　　）。

A. 分部分项工程项目清单　　B. 措施项目清单

C. 其他项目清单　　D. 规费项目清单

[解析] 措施项目清单的编制应考虑多种因素，除了工程本身的因素外，还要考虑水文、气象、环境、安全和施工企业的实际情况。具体而言，措施项目清单的设置，需要考虑以下几方面：①参考拟建工程的常规施工技术方案，以确定大型机械设备进出场及安拆、混凝土模板及支架、脚手架、施工排水、施工降水、垂直运输、组装平台等项目；②参考拟建工程的常规施工组织设计，以确定环境保护、安全文明施工、临时设施、材料的二次搬运等项目；③参阅相关的施工规范与工程验收规范，以确定施工方案没有表述的但为实现施工规范与工程验收规范要求而必须发生的技术措施；④确定设计文件中不足以写进施工方案，但要通过一定的技术措施才能实现的内容；⑤确定招标文件中提出的某些需要通过一定的技术措施才能实现的要求。

[答案] B

[2020 真题改编・多选] 根据《计价标准》，关于措施项目清单编制的说法，正确的有（　　）。

A. 编制总价措施项目清单时应列出项目编码、项目名称，并按照现行计量标准的规定计算其工程量，不需要列出计量单位和项目特征

B. 环境保护、安全文明施工和材料的二次搬运等措施项目清单应根据工程本身的因素列项，不需考虑不同施工企业的实际情况

C. 编制单价措施项目清单时应列出项目编码、项目名称、项目特征和计量单位，并按现行计量标准的规定计算其工程量

D. 不同承包人对于同一工程可能采用的施工措施不完全一致，因此措施项目清单应允许承包人根据拟建工程的实际情况列项

E. 参考拟建工程的常规施工技术方案，以确定大型机械设备进出场及安拆、混凝土模板和脚手架等措施项目

[解析] 措施项目中可以计算工程量的项目（单价措施项目）宜采用分部分项工程项目清单的方式编制，列出项目编码、项目名称、项目特征、计量单位和工程量；不能计算工程量的项目（总价措施项目），以"项"为计量单位进行编制，选项 A 错误。措施项目清单的编制应考虑多种因素，除了工程本身的因素外，还要考虑水文、气象、环境、安全和施工企业的实际情况，选项 B 错误。

[答案] CDE

四、其他项目清单编制

其他项目清单是指除分部分项工程项目清单、措施项目清单所包含的内容以外，因招标人的特殊要求而发生的与拟建工程有关的其他费用项目和相应数量的清单。工程建设标准的高低、工程的复杂程度、工程的工期长短、工程的组成内容、发包人对工程管理的要求等都直接影响其他项目清单的具体内容。其他项目清单包括暂列金额、暂估价（包括材料暂估单价及专业工程暂估价）、计日工和总承包服务费。其他项目清单宜按照表 3-4-3 的格式编制，出现未包含在表格内容的项目，可根据工程实际情况补充。

表 3-4-3　其他项目清单计价表

序号	项目名称	暂估（暂定）金额/元	结算（确定）金额/元	调整金额±/元	备注
1	暂列金额				详见表 3-4-4
2	专业工程暂估价				详见表 3-4-5
3	计日工				详见表 3-4-6
4	总承包服务费				详见表 3-4-7
5	合同中约定的其他项目				
合计					—

（一）暂列金额

暂列金额是指招标人在工程量清单中暂定并包括在合同价款中的一笔款项，用于施工合同签订时尚未确定或者不可预见的所需材料、设备、服务的采购，施工中可能发生的工程变更、合同约定调整因素出现时的工程价款调整以及发生的索赔、现场签证确认等的费用。

1. 暂列金额的相关规定

（1）暂列金额为招标人所有，只有需使用暂列金额的情形按照合同约定程序实际发生后，才能成为中标人的应得金额，纳入合同结算价款中。扣除实际发生金额后的暂列金额余

额属于招标人所有。

(2) 设立暂列金额并不能保证合同结算价格就不会出现超过已签约合同价的情况，结算价是否超出已签约合同价完全取决于对暂列金额预测的准确性，以及工程建设过程是否出现了其他事先未预测到的事件。

2. 暂列金额的编制

为保证工程施工建设的顺利实施，应针对施工过程中可能出现的各种不确定因素对工程造价的影响，在招标控制价中估算一笔暂列金额。暂列金额可根据工程的复杂程度、设计深度、工程环境条件（包括地质、水文、气候条件等）进行估算，一般可按分部分项工程费和措施项目费的10%～15%列计。暂列金额应依据表3-4-4编制。暂列金额明细表应由招标人填写，不能详列时可只列暂定金额总额，投标人应将上述暂列金额计入投标总价中。

表3-4-4　暂列金额明细表

序号	项目名称	计算基础	费率/%	暂定金额/元	确定金额/元	调整金额±/元	备注
1	合同价格调整暂列金额						
2	未确定工程暂列金额						
2.1							
3	未确定服务暂列金额						
3.1							
4	未确定其他暂列金额						
4.1							
本页小计		—	—				—
合　计		—	—				—

注：1. 本表由招标人填写"暂定金额"总额，采用费率计价方式计算暂定金额的，应分别填写"计算基础""费率"，并计算填写"暂定金额"；采用总价计价方式计算暂定金额的，可直接填写"暂定金额"。

2. 投标人应按上述暂定金额填写并计入投标总价。

3. 结算时应按合同约定计算并填写"确定金额"。

(二) 暂估价

暂估价是指招标人在工程量清单中提供的用于支付必然发生但暂时不能确定价格的材料、工程设备以及专业工程的金额。

1. 暂估价的相关规定

(1) 暂估价类似于FIDIC合同条款中的"Prime Cost Items"，在招标阶段预见肯定要发生，只是因为标准不明确或需要由专业承包人完成，暂时无法确定其价格或金额。

(2) 为了便于合同管理和计价，需要纳入工程量清单项目综合单价中的暂估价最好只是材料费，以方便投标人组价。专业工程暂估价一般应是综合暂估价，包括除规费、税金以外的管理费、利润等。

2. 暂估价的编制

暂估价包括材料暂估单价和专业工程暂估价。材料暂估单价应根据工程造价信息或参照市场价格估算，列出明细表；专业工程暂估价应分不同专业，按有关计价规定估算列出明细表，如表 3-4-5。

表 3-4-5　专业工程暂估价明细表

序号	专业工程名称	暂估金额/元			确认金额/元			调整金额±/元	备注
		不含税价格	增值税	含税价格	不含税价格	增值税	含税价格		
		A_1	B_1	C_1	A_2	B_2	C_2	$D=C_2-C_1$	
本页小计									—
合计									—

注：本表“暂估金额”由招标人填写，投标人应按“暂估金额”填写并计入投标总价。结算时应按合同约定的价格填写“确认金额”。

(三) 计日工

计日工是指在施工过程中，承包人完成发包人提出的施工图纸以外的零星项目或工作，按合同中约定的综合单价计价的一种方式。

1. 计日工的相关规定

(1) 计日工适用的零星工作一般是指合同约定之外的或者因变更而产生的、工程量清单中没有相应项目的额外工作，尤其是那些时间不允许事先商定价格的额外工作。计日工为额外工作和变更的计价提供了一个方便快捷的途径。

(2) 计日工以完成零星工作所消耗的人工工时、材料数量、机械台班进行计量，并按照计日工表中填报的适用项目的单价进行计价支付。

(3) 编制工程量清单时，计日工表中的人工应按工种，材料和机械应按规格、型号详细列项。其中人工、材料、机械数量，应由招标人根据工程的复杂程度、工程设计质量的优劣及设计深度等因素，按照经验来估算一个比较贴近实际的数量，并作为暂定量写到计日工表中，纳入有效投标竞争，以期获得合理的计日工单价。

(4) 理论上讲，计日工单价水平一定是高于工程量清单的价格水平的，一是计日工往往适用于一些突发性的额外工作，缺少计划性，客观上造成超出常规的额外投入；二是对计日工招标人往往忽略给出一个暂定的工程量，无法纳入有效招标竞争。

2. 计日工的编制

计日工应列出项目名称、计量单位和暂估数量。计日工表应依据表 3-4-6 编制。

表 3-4-6 计日工表

工程名称： 标段： 第 页 共 页

编号	计日工名称	单位	暂定数量	实际数量	综合单价/元	合价/元		调整金额±/元
						暂定	实际	
						A_1	A_2	$B=A_2-A_1$
一	人工							
1								
2								
3								
4								
人工小计								
二	材料							
1								
2								
3								
4								
材料小计								
三	施工机具							
1								
2								
3								
4								
施工机具小计								
总计								

注：1. 本表计日工名称、暂定数量应由招标人填写。编制最高投标限价时，单价应由招标人按有关计价规定确定；编制投标报价时，单价应由投标人自主报价，并按暂定数量计算合价计入投标总价中。

2. 工程结算时，应按发承包双方确认的实际数量计量合价。

(四) 总承包服务费

总承包服务费是指总承包人为配合、协调发包人进行的专业工程分包，对发包人自行采购的设备、材料等进行保管以及施工现场管理、竣工资料汇总整理等服务所需的费用。

1. 总承包服务费的相关规定

(1) 只有当工程采用总承包模式时，才会发生总承包服务费。

(2) 招标人应当预计该项费用并按投标人的投标报价向投标人支付该项费用。

2. 总承包服务费的编制

总承包服务费应列出服务项目及其内容等。总承包服务费计价表应依据表 3-4-7 编制。

表 3-4-7 总承包服务费计价表

工程名称： 标段： 第 页 共 页

序号	项目名称	计算基础	费率/%	金额/元	确认计算基础	结算金额/元	调整金额±/元	备注
		A_1	B	C_1	A_2	C_2	$D=C_2-C_1$	
1	发包人提供材料							

续表

序号	项目名称	计算基础	费率/%	金额/元	确认计算基础	结算金额/元	调整金额±/元	备注
		A_1	B	C_1	A_2	C_2	$D=C_2-C_1$	
2	专业分包工程							
3	直接发包的专业工程							
本页小计								—
合 计								—

注：1. 本表项目名称、服务内容应由招标人填写。

2. 编制最高投标限价及投标报价时，采用费率计价方式计算总承包服务费的，应分别填写“计算基础 A_1”“费率 B”，并计算填写“金额 C_1”，$C_1=A_1\times B$；采用总价计价方式计算总承包服务费的，可直接填写“金额 C_1”。

3. 编制结算时，采用费率计价方式计算总承包服务费的，应填写“确认计算基础 A_2”，并计算填写“结算金额 C_2”，$C_2=A_2\times B$；采用总价计价方式计算总承包服务费的，可直接填写“结算金额 C_2”。

实战演练

[2023 真题·单选] 编制工程量清单时，应列入其他项目清单的是（　　）。

A. 特殊地区施工增加费　　B. 社会保险费

C. 材料暂估单价　　D. 工程定位复测费

[解析] 其他项目清单包括暂列金额、暂估价（包括材料暂估单价及专业工程暂估价）、计日工和总承包服务费。

[答案] C

[2022 真题改编·单选] 根据《计价标准》，关于其他项目清单编制的说法，正确的是（　　）。

A. 其他项目清单中应列出总承包服务费

B. 暂估价应列出材料暂估价和工程设备暂估价，不考虑专业工程暂估价

C. 暂列金额一般应尽可能列高，以避免在实际中超出该数量

D. 计日工应按照招标工程的复杂程度估算一个数量，该数量一般要比实际低

[解析] 暂估价包括材料暂估单价和专业工程暂估价，选项 B 错误。暂列金额可根据工程的复杂程度、设计深度、工程环境条件（包括地质、水文、气候条件等）进行估算，一般可按分部分项工程费和措施项目费的 10%～15% 列计，选项 C 错误。理论上讲，计日工单价水平一定是高于工程量清单的价格水平的。一是计日工往往适用于一些突发性的额外工作，缺少计划性，客观上造成超出常规的额外投入；二是对计日工招标人往往忽略给

出一个暂定的工程量，无法纳入有效投标竞争，选项 D 错误。

［答案］A

［2021 真题·单选］编制其他项目清单时，关于计日工表中的材料和机械列项要求的说法，正确的是（　　）。

A. 材料和机械仅按实际使用数量列项

B. 材料和机械应按规格、型号详细列项

C. 材料应按使用数量详细列项，机械应按类别粗略列项

D. 材料应按供应厂家详细列项，机械应按型号粗略列项

［解析］编制工程量清单时，计日工表中的人工应按工种，材料和机械应按规格、型号详细列项。

［答案］B

［2021 真题改编·单选］根据《计价标准》，关于暂列金额的说法，正确的是（　　）。

A. 暂列金额应由投标人根据招标工程量清单列出的内容和要求估算

B. 暂列金额应包括在签约合同价内，属承包人所有

C. 暂列金额不能用于施工中发生的工程变更的费用支出

D. 暂列金额可用于施工过程中索赔、现场签证的费用支出

［解析］暂列金额是指招标人在工程量清单中暂定并包括在合同价款中的一笔款项，选项 A 错误。暂列金额为招标人所有，选项 B 错误。暂列金额用于施工合同签订时尚未确定或者不可预见的所需材料、设备、服务的采购，施工中可能发生的工程变更、合同约定调整因素出现时的工程价款调整以及发生的索赔、现场签证确认等的费用，选项 C 错误。

［答案］D

［2018 真题·单选］工程总承包人按照合同的约定对招标人依法单独发包的专业工程承包人提供了现场垂直运输设备，由此发生的费用属于（　　）。

A. 现场管理费　　B. 企业管理费　　C. 暂列金额　　D. 总承包服务费

［解析］总承包服务费是指总承包人为配合、协调发包人进行的专业工程分包，对发包人自行采购的设备、材料等进行保管以及施工现场管理、竣工资料汇总整理等服务所需的费用。

［答案］D

五、税金项目清单编制

税金项目主要是指增值税。出现《计价标准》未列的项目，应根据税务部门的规定列项。增值税计价表见表 3-4-8。

表 3-4-8　增值税计价表

序号	项目名称	计算基础说明	计算基础	税率/%	金额/元
合计					

知识点 3 最高投标限价编制

最高投标限价是指根据国家或省级建设行政主管部门颁发的有关计价依据和办法，及拟订的招标文件和招标工程量清单，结合工程具体情况发布的招标工程的最高投标价格。根据住房和城乡建设部颁布的《建筑工程施工发包与承包计价管理办法》（住建部令第 16 号）的规定，国有资金投资的建筑工程招标的，应当设有最高投标限价；非国有资金投资的建筑工程招标的，可以设有最高投标限价或者招标标底。

一、编制最高投标限价的规定

（1）国有资金投资的工程建设项目应实行工程量清单招标，招标人应编制最高投标限价，并应当拒绝高于最高投标限价的投标报价，即投标人的投标报价若超过公布的最高投标限价，则其投标应被否决。

（2）最高投标限价应由具有编制能力的招标人或受其委托的工程造价咨询人编制。工程造价咨询人不得同时接受招标人和投标人对同一工程的最高投标限价和投标报价的编制。

（3）最高投标限价应当依据工程量清单、工程计价有关规定和市场价格信息等编制，并不得进行上浮或下调。招标人应当在招标文件中公布最高投标限价的总价，以及各单位工程的分部分项工程费、措施项目费、其他项目费和税金。

（4）最高投标限价超过批准的概算时，招标人应将其报原概算审批部门审核。这是由于我国对国有资金投资项目的投资控制实行的是设计概算审批制度，国有资金投资的工程原则上不能超过批准的设计概算。同时，招标人应将最高投标限价报工程所在地的工程造价管理机构备查。

（5）投标人经复核认为招标人公布的最高投标限价未按照《计价标准》的规定进行编制的，应在最高投标限价公布后 5 d 内向招标投标监督机构和工程造价管理机构投诉。工程造价管理机构受理投诉后，应立即对最高投标限价进行复查，组织投诉人、被投诉人或其委托的最高投标限价编制人等单位人员对投诉问题逐一核对。工程造价管理机构应当在受理投诉的 10 d 内完成复查，特殊情况下可适当延长，并作出书面结论通知投诉人、被投诉人及负责该工程招标投标监督的招标投标管理机构。当最高投标限价复查结论与原公布的最高投标限价误差大于 3% 时，应责成招标人改正。当重新公布最高投标限价时，若重新公布之日起至原投标截止期不足 15 d，应延长投标截止期。

（6）招标人应将最高投标限价及有关资料报送工程所在地或有该工程管辖权的行业管理部门工程造价管理机构备查。

实战演练

[2021 真题改编·单选] 根据《计价标准》，关于使用国有资金投资的工程项目最高投标限价的说法，正确的是（　　）。

A. 最高投标限价是所有投标人的最高投标限价

B. 最高投标限价可以根据需要在开标时适当上调或者下浮

C. 最高投标限价必须由工程造价咨询人编制，不得由招标人自行编制

D. 最高投标限价性质与标底相同，必须保密

第三章

［解析］最高投标限价应当依据工程量清单、工程计价有关规定和市场价格信息等编制，并不得进行上浮或下调，选项B错误。最高投标限价应由具有编制能力的招标人或受其委托的工程造价咨询人编制，选项C错误。招标人应当在招标文件中公布最高投标限价的总价，以及各单位工程的分部分项工程费、措施项目费、其他项目费和税金，选项D错误。

［答案］A

［2022真题·多选］关于工程项目最高投标限价的说法，正确的有（　　）。

A. 使用国有资金的工程项目招标时，招标人必须编制最高投标限价

B. 最高投标限价在开标现场公布，不能上浮或下调

C. 最高投标限价由具有编制能力的招标人自行编制，不得委托第三方编制

D. 国有资金投资的工程项目其最高投标限价原则上不能超过批准的投资概算

E. 投标人的投标报价高于最高投标限价的，其投标应予否决

［解析］最高投标限价应当依据工程量清单、工程计价有关规定和市场价格信息等编制，并不得进行上浮或下调。招标人应当在招标文件中公布最高投标限价的总价，选项B错误。最高投标限价应由具有编制能力的招标人或受其委托的工程造价咨询人编制，选项C错误。

［答案］ADE

二、最高投标限价的编制依据

最高投标限价的编制依据是指在编制最高投标限价时进行工程量计量，价格确认，工程计价的有关参数、率值的确定等工作时所需的基础性资料。

最高投标限价的编制依据主要包括：

（1）《计价标准》和相关工程国家及行业工程量计算标准。

（2）招标文件（包括招标工程量清单、合同条款、招标图纸、技术标准规范等）及其补遗、澄清或修改。

（3）国家及省级、行业建设主管部门颁发的工程计量与计价相关规定，以及根据工程需要补充的工程量计算规则。

（4）与招标工程相关的技术标准规范。

（5）工程特点及交付标准、地勘水文资料、现场情况。

（6）合理施工工期及常规施工工艺、顺序。

（7）工程价格信息及造价资讯、工程造价数据及指数。

（8）其他相关资料。

三、最高投标限价的编制程序

建设工程的最高投标限价反映的是单位工程费用，各单位工程费用由分部分项工程费、措施项目费、其他项目费和税金组成。招标人最高投标限价计价程序见表3-4-9。

表 3-4-9　招标人最高投标限价计价程序（投标人投标报价计价程序）表

工程名称：　　　　　　　　　　　　　　标段：　　　　　　　　　　　　第　页　共　页

序号	汇总内容	计算方法	金额/元
1	分部分项工程	按计价规定计算/（自主报价）	
1.1			
1.2			
2	措施项目	按计价规定计算/（自主报价）	
2.1	其中：安全生产措施费	按规定标准估算/（按规定标准计算）	
3	其他项目		
3.1	其中：暂列金额	按计价规定估算/（按招标文件提供金额计列）	
3.2	其中：专业工程暂估价	按计价规定估算/（按招标文件提供金额计列）	
3.3	其中：计日工	按计价规定估算/（自主报价）	
3.4	其中：总承包服务费	按计价规定估算/（自主报价）	
4	税金	（人工费＋材料费＋施工机具使用费＋企业管理费＋利润）×增值税税率	
最高投标限价（投标报价）		合计＝1＋2＋3＋4	

注：本表适用于单位工程最高投标限价（投标报价），如无单位工程划分，单项工程也使用本表。

（一）分部分项工程费的编制

分部分项工程费应根据招标文件中的分部分项工程项目清单及有关要求，按照《计价标准》的有关规定确定综合单价计价。

1. 综合单价的组价过程

最高投标限价的分部分项工程费应由各单位工程的招标工程量清单中给定的工程量乘以其相应综合单价汇总而成。综合单价应按照招标人发布的分部分项工程项目清单的项目名称、工程量、项目特征描述，依据工程所在地区的工程计价依据和标准或工程造价指标进行组价确定。

首先，依据提供的工程量清单和施工图纸，确定工程量清单所组价的子项名称，并计算出相应的工程量。

其次，依据工程造价政策规定或信息价确定其对应组价子项的人工、材料、施工机具台班单价。

再次，在考虑风险因素确定管理费率和利润率的基础上，按规定程序计算出所组价子项的合价。

最后，将若干项所组价的子项合价相加并考虑未计价材料费，将其结果除以工程量清单项目工程量，便得到工程量清单项目综合单价，未计价材料费（包括暂估单价的材料费）应计入综合单价。

2. 综合单价中的风险因素

为使最高投标限价与投标报价所包含的内容一致，综合单价中应包括招标文件中要求投标人所承担的风险内容及其范围（幅度）产生的风险费用。

（1）对于技术难度较大和管理复杂的项目，可考虑一定的风险费用，并纳入综合单价中。

（2）对于工程设备、材料价格的市场风险，应依据招标文件的规定、工程所在地或行业工程造价管理机构的有关规定，以及市场价格趋势考虑一定率值的风险费用，纳入综合单价中。

（3）税金等法律、法规、规章和政策变化的风险和人工单价等风险费用不应纳入综合单价。

（二）措施项目费的编制

（1）措施项目费中的安全生产措施费应当按照国家或省级、行业建设主管部门的规定标准计价，该部分不得作为竞争性费用。

（2）措施项目应按招标文件中提供的措施项目清单确定，措施项目分为以“量”计算和以“项”计算两种。对于可计量的措施项目，以“量”计算，即按其工程量用与分部分项工程项目清单相同的方式确定综合单价；对于不可计量的措施项目，则以“项”为单位，采用费率法按有关规定综合取定，采用费率法时需确定某项费用的计费基数及其费率，结果应包括除税金以外的全部费用。

（三）其他项目费的编制

1. 暂列金额

暂列金额由招标人根据工程特点、工期长短，根据有关计价规定进行估算，一般可按分部分项工程费的10%～15%列计。

2. 暂估价

暂估价中的材料暂估单价应按照工程造价管理机构发布的工程造价信息中的单价计算，工程造价信息未发布的，其单价参考市场价格估算；暂估价中的专业工程暂估价应分不同专业，按有关计价规定估算。

3. 计日工

在编制最高投标限价时，计日工中的人工单价和施工机械台班单价应按省级、行业建设主管部门或其授权的工程造价管理机构公布的单价计算；材料应按工程造价管理机构发布的工程造价信息中的材料单价计算，工程造价信息未发布单价的材料，其价格应按市场调查确定的单价计算。

4. 总承包服务费

总承包服务费应按照省级或行业建设主管部门的规定计算，在计算时可参考以下标准：

（1）招标人仅要求对分包的专业工程进行总承包管理和协调时，按分包的专业工程估算造价的1.5%计算。

（2）招标人要求对分包的专业工程进行总承包管理和协调，并同时要求提供配合服务时，根据招标文件中列出的配合服务内容和提出的要求，按分包的专业工程估算造价的3%～5%计算。

（3）招标人自行供应材料、设备的，按招标人供应材料、设备价值的1%计算。

（四）税金的编制

税金必须按国家或省级、行业建设主管部门的规定计算，不得作为竞争性费用。

四、异议和修正

（1）投标人经复核认为招标人公布的最高投标限价未按招标文件的要求和国家及行业有关规定进行编制或存在不合理的，可在规定时间内以书面形式向招标人提出异议。

（2）招标人应在规定的时间内对投标人的异议作出答复。招标人不在规定的时间内回复，或投标人在得到招标人的异议回复后，认为最高投标限价仍然未按招标文件的要求和国家及行业有关规定进行编制或存在不合理的，可在投标截止前规定时间内向有关行政监督管理部门反映。

（3）如最高投标限价经有关行政监督管理部门复查，其结论与原公布的最高投标限价偏差较大的，招标人应做出说明并对其不合理内容进行修订。

（4）招标人根据最高投标限价复查结论需要修订及重新公布最高投标限价的，应按政府主管部门相关要求和程序重新公布。

实战演练

［2024 真题改编・单选］ 编制某教学楼工程最高投标限价的数据如下：建筑面积为 12 000 m^2，建筑工程、安装工程、装饰装修工程分部分项工程费指标分别为 1 800 元/m^2、500 元/m^2、1 200 元/m^2。其中，定额人工费占分部分项工程费的 15%；措施费以分部分项工程费为计算基数，费率为 10%；其他项目费合计为 900 万元；增值税税率为 9%。以上数据均不含增值税进项税额。该工程的最高投标限价为（　　）万元。

A. 6 016.800　　B. 5 608.200

C. 6 657.720　　D. 6 859.152

［解析］ 分部分项工程费＝（1 800＋500＋1 200）×12 000＝42 000 000（元）＝4 200（万元）。措施项目费＝4 200×10%＝420（万元），其他项目费为 900 万元，增值税＝（4 200＋420＋900）×9%＝496.8（万元），该工程的最高投标限价＝4 200＋420＋900＋496.8＝6 016.8（万元）。

［答案］ A

［2023 真题・单选］ 关于最高投标限价编制的说法，正确的是（　　）。

A. 暂估价应采用基准日期的市场平均价格

B. 计算总承包服务费时，不考虑招标人是否自行供应材料和设备

C. 编制措施项目费时，针对无法计算工程量的措施项目，可以以“项”为单位计价，但不包括规费和税金

D. 综合单价应包括由招标人承担的风险费用

［解析］ 暂估价中的材料暂估单价应按照工程造价管理机构发布的工程造价信息中的单价计算，工程造价信息未发布的，其单价参考市场价格估算；暂估价中的专业工程暂估价应分不同专业，按有关计价规定估算，选项 A 错误。计算总承包服务费时，招标人自行供应材料、设备的，按招标人供应材料、设备价值的 1%计算，选项 B 错误。综合单价中应包括招标文件中要求投标人所承担的风险内容及其范围（幅度）产生的风险费用，选项 D 错误。

［答案］ C

[2023真题改编·单选] 编制某项目最高投标限价的数据如下：建筑分部分项工程费为5 000万元，安装分部分项工程费为2 400万元，装饰装修分部分项工程费为3 000万元，其中定额人工费占分部分项工程费用的25%，措施项目费以分部分项工程费为计费基础，费率合计11%，其他项目费合计900万元。以上费用均不含增值税进项税额。增值税税率为9%，该项目的最高投标限价为（ ）万元。

A. 12 756.00　　B. 13 692.00

C. 13 563.96　　D. 14 138.04

[解析] 分部分项工程费＝5 000＋2 400＋3 000＝10 400（万元），措施项目费＝10 400×11%＝1 144（万元），其他项目费为900万元，增值税＝（10 400＋1 144＋900）×9%＝1 119.96（万元），最高投标限价＝10 400＋1 144＋900＋1 119.96＝13 563.96（万元）。

[答案] C

[2022真题改编·单选] 根据《计价标准》，编制某办公楼的最高投标限价，相关数据为：建筑分部分项工程费为2 400万元（不含增值税进项税额），安装分部分项工程费为1 200万元（不含增值税进项税额），装饰装修分部分项工程费为900万元（不含增值税进项税额），其中定额人工费占分部分项工程费的15%，措施项目费以分部分项工程费为计费基础，其中安全文明施工费费率为4%，其他措施项目费费率合计1%，其他项目费合计900万元（不含增值税进项税额），增值税税率为9%，则该项目的最高投标限价合计为（ ）万元。

A. 6 131.250　　B. 4 725.000

C. 5 625.000　　D. 5 719.500

[解析] 分部分项工程费＝2 400＋1 200＋900＝4 500（万元），措施项目费＝4 500×（4%＋1%）＝225（万元），其他项目费为900万元，增值税＝（4 500＋225＋900）×9%＝506.25（万元），该项目的最高投标限价＝4 500＋225＋900＋506.25＝6 131.25（万元）。

[答案] A

知识点4 投标报价编制

投标报价是投标人投标时响应招标文件要求所报出的，在已标价工程量清单中标明的总价，它是依据招标工程量清单所提供的工程数量，计算综合单价与合价后所形成的。

一、投标报价的一般规定

（1）投标报价应由投标人或受其委托的工程造价咨询人编制。

（2）投标人可依据《计价标准》的规定自主确定投标报价，并应对已标价工程量清单填报价格的一致性及合理性负责，承担不合理报价及总价合同的工程量清单缺陷等风险。

（3）投标人的投标报价不得低于成本价，且不得高于招标人公布的最高投标限价。

（4）投标人应在接收招标文件后，在规定时间内根据招标文件说明的工程特点及合同要求复查招标文件中计划工期的可行性及其风险与影响，对计划工期存有疑问或异议的，应按招标文件的规定以书面形式提请招标人澄清或修正。投标人对计划工期或招标人澄清、修正后的计划工期无疑问或无异议的，投标人应根据自身的实施方案、施工技术、管理水平、合同履约风险及专业分包工程工期等合理确定投标工期并投标报价。投标工期不得超过招标人的计划工期或澄清、修正的计划工期。

（5）投标人应在接收招标文件后，在规定时间内根据工程特点、合同要求及现场踏勘情况，复查措施项目清单列项的完整性和适用性。如投标人对措施项目清单有疑问或异议的，可按招标文件的规定以书面形式提请招标人澄清或修正，若投标人认为需要增加措施项目的，可在措施项目中补充列项及报价，并对措施项目清单的准确性和完整性负责。

（6）采用单价合同的招标工程，投标人应在接收招标文件后，在规定时间内对招标工程量清单的分部分项工程项目清单进行复核。如投标人对分部分项工程项目清单有疑问或异议的，应按招标文件的规定以书面形式提请招标人澄清，招标人核实后做出修正的，投标人应按修正后的分部分项工程项目清单进行投标报价。无论投标人是否已提出疑问或异议，分部分项工程项目清单的完整性和准确性都由招标人负责，清单项目或修正后（如有）的清单项目存在工程量清单缺陷的，应按《计价标准》的规定调整相关价款及合同总价。

（7）采用总价合同的招标工程，投标人应在接收招标文件后，在规定时间内对招标工程量清单进行复核。如投标人对工程项目清单有疑问或异议的，应按招标文件的规定以书面形式提请招标人澄清，招标人核实后做出修正的，投标人应按修正后的工程量清单进行报价。如投标人经复核认为招标工程量清单及其修正后（如有）的分部分项工程项目清单存在工程量清单缺陷的，可在已标价工程量清单的分部分项工程项目清单中进行补充完善及报价，并对已标价分部分项工程项目清单的完整性和准确性负责。无论投标人是否已提出疑问、异议，或按已修正后的工程量清单报价，或对分部分项工程项目清单做出补充完善及报价，除招标工程量清单说明为暂定数量的单价计价分部分项工程项目清单外，合同价格不应因存在工程量清单缺陷而调整。

（8）投标人的投标报价应包括招标文件中规定的由承包人承担范围及幅度内的风险费用。如招标文件中未明确相关风险责任的，投标人应在接收招标文件后，在规定的时间内提请招标人明确，招标人应在规定时间内予以书面答复。

（9）采用单价合同的工程，投标人应按要求完整填报工程量清单中所有清单项目的综合单价及其合价和（或）总价计价项目的价格，且每个清单项目应只填报一个报价，未按要求填报（漏填或未填）综合单价及其合价和（或）清单项目价格的，宜按《计价标准》的规定完成相关的投标报价澄清或说明，相关清单项目报价可视为已包含在投标总价中。

（10）采用总价合同的工程，投标人应按《计价标准》的规定补充完善工程量清单，并完整填报工程量清单中所有清单项目的综合单价及其合价和（或）总价计价项目的价格，且每个清单项目应只填报一个报价，未按要求填报（漏填或未填）综合单价及其合价和（或）清单项目价格的，可按《计价标准》的规定完成相关的投标报价澄清或说明，相关清单项目报价可视为已包含在其他的清单项目中。

（11）投标人的投标总价应与分部分项工程项目清单、措施项目清单、其他项目清单、增值税的合价总额一致。如投标总价与前述合价总额不相符的，应在保持投标总价不变的前提下，按《计价标准》的规定调整已标价工程量清单。

二、投标报价的编制依据

投标报价应根据下列依据编制和复核：

(1)《计价标准》和相关工程国家及行业工程量计算标准。

(2) 招标文件（包括招标工程量清单、合同条款、招标图纸、技术标准规范等）及其补遗、答疑、异议澄清或修正。

(3) 国家及省级、行业建设主管部门颁发的工程计量与计价相关规定，以及根据工程需要补充的工程量计算规则。

(4) 与招标工程相关的技术标准规范等技术资料。

(5) 工程特点及交付标准、地勘水文资料、现场踏勘情况。

(6) 投标人的工程实施方案及投标工期。

(7) 投标人的企业定额、工程造价数据、市场价格信息及价格变动预期、装备及管理水平、造价资讯等。

(8) 其他相关资料。

三、投标报价的编制程序

(一) 分部分项工程费的编制

承包人投标报价中的分部分项工程费和以单价计算的措施项目费应按招标文件中分部分项工程和单价措施项目清单与计价表的特征描述确定综合单价并计算合价。因此确定综合单价是分部分项工程费和单价措施项目清单与计价表编制过程中最主要的内容。综合单价包括完成一个规定清单项目所需的人工费、材料和工程设备费、施工机具使用费、企业管理费、利润，并考虑风险费用的分摊。

分部分项工程费编制时应注意以下五点内容：

(1) 工程量清单中项目特征的描述决定了清单项目的实质，也直接决定了工程的价值，是投标人确定综合单价最重要的依据。在招投标过程中，若出现招标文件中分部分项工程量清单特征描述与设计图纸不符，投标人应以分部分项工程量清单的项目特征描述为准，确定投标报价的综合单价；若施工中施工图纸或设计变更与工程量清单项目特征描述不一致，发、承包双方应按实际施工的项目特征，依据合同约定重新确定综合单价。

(2) 企业定额是施工企业根据本企业具有的管理水平、拥有的施工技术和施工机械装备水平而编制的，完成一个规定计量单位的工程项目所需的人工、材料、施工机具台班的消耗标准，是施工企业内部进行施工管理的标准，也是施工企业投标报价确定综合单价的依据之一。投标企业没有企业定额时，可根据企业自身情况参照消耗量定额进行调整。

(3) 综合单价中的人工费、材料费、机具费是以企业定额的人、料、机消耗量乘以人、料、机的实际价格得出的，因此投标人拟投入的人、料、机等资源的可获取价格直接影响综合单价的高低。

(4) 企业管理费费率可由投标人根据本企业近年的企业管理费核算数据自行测定，也可以参照当地造价管理部门发布的平均参考值。利润率可由投标人根据本企业当前盈利情况、施工水平、拟投标工程的竞争情况及企业当前经营策略自主确定。

(5) 招标文件中要求投标人承担的风险范围及其费用，投标人应在综合单价中予以考虑，通常以风险费率的形式进行计算。风险费率应根据招标人要求结合投标人当前风险控制水平进行定量测算。在施工过程中，当出现的风险内容及其范围（幅度）在招标文件规定的范围（幅度）内时，综合单价不得变动，工程款不做调整。

(二) 措施项目费的编制

招标人在招标文件中列出的措施项目清单是根据一般情况确定的，没有考虑不同投标人的具体情况。因此，投标人投标报价时应根据由自身拥有的施工装备、技术水平和采用的施工方法确定的施工方案，对招标人所列的措施项目进行调整，并确定措施项目费。措施项目中的单价项目，应根据招标文件和招标工程量清单项目中的特征描述确定，按综合单价计算。措施项目中的总价项目金额，应根据招标文件及投标时拟定的施工组织设计或施工方案，按照《计价标准》的规定自主确定。其中，安全文明施工费应按照国家或省级、行业建设主管部门的规定计算，不得作为竞争性费用。

(三) 其他项目费的编制

投标人对其他项目应按下列规定报价：

(1) 暂列金额应按招标工程量清单中列出的金额填写，不得变动。

(2) 材料暂估价应按招标工程量清单中列出的单价计入综合单价，不得更改，材料暂估价不再计入其他项目费；专业工程暂估价应按招标工程量清单中列出的金额填写，不得更改。

(3) 计日工应按招标工程量清单中列出的项目和数量，自主确定综合单价并计算计日工金额。

(4) 总承包服务费应根据招标工程量清单中列出的内容和提出的要求自主确定。

(四) 税金的编制

税金应按国家或省级、行业建设主管部门的规定计算，不得作为竞争性费用。招标工程量清单与计价表中列明的所有需要填写的单价和合价的项目，投标人均应填写且只允许有一个报价。未填写单价和合价的项目，可视为此项费用已包含在已标价工程量清单中其他项目的单价和合价中。当竣工结算时，此项目不得重新组价、调整。

(五) 投标报价的汇总

投标人的投标总价应当与组成工程量清单的分部分项工程费、措施项目费、其他项目费和税金的合计金额相一致，即投标人在响应工程量清单招标的投标报价中，不能进行投标总价优惠（或降价、让利），投标人对投标报价的任何优惠（或降价、让利）均应反映在相应清单项目的综合单价中。

实战演练

[2023 真题·单选] 工程量清单计价模式下，投标人应按照招标工程量清单中列出的金额填写且不得变动的是（　　）。

A. 暂列金额和总承包服务费　　B. 计日工和总承包服务费

C. 暂列金额和专业工程暂估价　　D. 计日工和专业工程暂估价

[解析] 投标人对其他项目应按下列规定报价：①暂列金额应按招标工程量清单中列出的金额填写，不得变动。②材料暂估价应按招标工程量清单中列出的单价计入综合单价，不得更改，材料暂估价不再计入其他项目费；专业工程暂估价应按招标工程量清单中列出的金额填写，不得更改。③计日工应按招标工程量清单中列出的项目和数量，自主确定综合单价并计算计日工金额。④总承包服务费应根据招标工程量清单中列出的内容和提出的要求自主确定。

[答案] C

[2022 真题·单选] 投标报价时，若投标人发现招标工程量清单项目特征描述与施工图纸不符，应以（　　）进行报价。

A. 投标人按规范修正后的项目特征

B. 投标人参照以往完成的实际施工的项目特征

C. 招标文件中的施工图纸

D. 招标工程量清单的项目特征描述

[解析] 在招投标过程中，若出现招标文件中分部分项工程量清单特征描述与设计图纸不符，投标人应以分部分项工程量清单的项目特征描述为准，确定投标报价的综合单价。

[答案] D

[2022 真题改编·单选] 根据《计价标准》，投标报价时必须按国家或省级、行业有关主管部门规定的标准计算，不得作为竞争性费用的是（　　）。

A. 暂列金额、税金

B. 安全文明施工费、税金

C. 暂估价、税金

D. 计日工、安全文明施工费、税金

[解析] 税金应按国家或省级、行业建设主管部门的规定计算，不得作为竞争性费用。措施项目费中的安全文明施工费应按照国家或省级、行业建设主管部门的规定计算，不得作为竞争性费用。

[答案] B

[2018 真题改编·单选] 根据《计价标准》，关于投标人的投标总价编制的说法，正确的是（　　）。

A. 为降低投标总价，投标人可以将暂列金额降至 0

B. 投标总价可在分部分项工程费、措施项目费、其他项目费、税金合计金额上做出优惠

C. 开标前投标人来不及修改标书时，可在投标者致函中给出优惠比例，并将优惠后的总价作为新的投标价

D. 投标人对投标报价的任何优惠均应反映在相应清单项目的综合单价中

[解析] 暂列金额应按招标工程量清单中列出的金额填写，不得变动，选项 A 错误。投标人在响应工程量清单招标的投标报价中，不能进行投标总价优惠（或降价、让利），投标人对投标报价的任何优惠（或降价、让利）均应反映在相应清单项目的综合单价中，选项 B、C 错误。

[答案] D

［2018 真题改编·单选］根据《计价标准》，某工程项目的钢筋由发包人在施工合同中规定与承包人一起招标采购，编制招标工程量清单时，招标人将钢筋暂估价定为 4 200 元/t，已知市场平均价格为 3 650 元/t。若甲投标人自行采购，其采购单价低于市场平均价格，则甲投标人在投标报价时 HR335 钢筋应采用的单价是（　　）。

A. 4 200 元/t　　B. 甲投标人自行采购价格

C. 3 650 元/t　　D. 预计招标采购价格

［解析］材料暂估价应按招标工程量清单中列出的单价计入综合单价，不得更改。

［答案］A

［2024 真题改编·多选］根据《计价标准》，下列费用中，投标人可以自主确定报价的有（　　）。

A. 计日工单价　　B. 专业工程暂估价

C. 总承包服务费　　D. 暂列金额

E. 安全文明施工费

［解析］投标人对其他项目应按下列规定报价：①暂列金额应按招标工程量清单中列出的金额填写，不得变动。②材料暂估价应按招标工程量清单中列出的单价计入综合单价，不得更改，材料暂估价不再计入其他项目费；专业工程暂估价应按招标工程量清单中列出的金额填写，不得更改。③计日工应按招标工程量清单中列出的项目和数量，自主确定综合单价并计算计日工金额。④总承包服务费应根据招标工程量清单中列出的内容和提出的要求自主确定。此外，安全文明施工费应按照国家或省级、行业建设主管部门的规定计算，不得作为竞争性费用。

［答案］AC

［2023 真题·多选］关于投标人进行工程量清单报价的说法，正确的有（　　）。

A. 投标报价不得低于工程成本

B. 暂列金额应根据招标工程量清单列出的金额填写

C. 投标人对投标报价的任何优惠均应反映在相应的综合单价中

D. 暂估价应依据投标人市场询价结果进行填报

E. 投标人应在综合单价中计入招标文件要求其承担的风险费用

［解析］材料暂估价应按招标工程量清单中列出的单价计入综合单价，不得更改，材料暂估价不再计入其他项目费；专业工程暂估价应按招标工程量清单中列出的金额填写，不得更改，选项 D 错误。

［答案］ABCE

［2018 真题改编·多选］某施工企业投标一个单独招标的分部分项工程项目，招标清单工程量为 3 000 m^3。经测算，该分部分项工程直接消耗人、料、机费用（不含增值税进项税额）为 300 万元，管理费为 45 万元，利润为 40 万元，风险费用为 3 万元，措施费（不含增值税进项税额）为 60 万元（其中安全文明施工费为 15 万元），税金为 10 万元。不考虑其他因素，根据《计价标准》，关于该工程投标报价的说法，正确的有（　　）。

A. 综合单价为 1 293.33 元/m^3

B. 为了中标，可将综合单价确定为 990.00 元/m^3

C. 若竞争激烈，标书可将各项费用下调 10%

D. 安全文明施工费应按国家或省级、行业主管部门的规定计算

E. 投标总价为 458.00 万元

［解析］综合单价=（人、料、机费用+管理费+利润+风险费用）/清单工程量=（300+45+40+3）/3 000≈0.129 333（万元/m^3）=1 293.33（元/m^3），选项 A 正确。投标人的投标报价不得低于成本，选项 B 错误。安全文明施工费不可作为竞争性费用，选项 C 错误。安全文明施工费应按国家或省级、行业建设主管部门的规定计算，选项 D 正确。投标总价=分部分项工程费+措施项目费+其他项目费+税金=300+45+40+3+60+10=458（万元），选项 E 正确。

［答案］ADE

［2018 真题改编·多选］根据《计价标准》，关于投标人其他项目费编制的说法，正确的有（　　）。

A. 专业工程暂估价必须按照招标工程量清单中列出的金额填写

B. 材料暂估价由投标人根据市场价格变化自主测算确定

C. 暂列金额应按照招标工程量清单列出的金额填写，不得变动

D. 计日工应按照招标工程量清单列出的项目和数量自主确定各项综合单价

E. 总承包服务费应根据招标人要求提供的服务和现场管理需要自主确定

［解析］材料暂估价应按招标工程量清单中列出的单价计入综合单价，不得更改，选项 B 错误。

［答案］ACDE

知识点 5 合同价款约定

招标文件及发承包双方的合同条款中应明确下列内容，投标人在投标总价及综合单价报价中应考虑其影响：

（1）发承包双方的合同义务、责任。

（2）工程保险的类型、范围、投保责任及保险费用支付。

（3）办理工程保函的类型、保证金金额及相关保函的撤回时间。

（4）工程质量标准，以及主要材料设备要求。

（5）工期变化的适用情况，以及工期奖励与承包人原因造成的误期赔偿费。

（6）人工费的金额或比例、支付方式、支付周期和建筑工人工资专用账户。

（7）预付款的比例或金额、支付时间和扣回方式。

（8）进度款计量、计价、支付的依据、程序、方法、比例、时限。

（9）过程结算的节点和计量、计价、支付的依据、程序、比例、时限。

（10）工程质量保证的方式和金额、预留方式及其时限。

（11）工程量清单缺陷、暂列金额、暂估价、总承包服务费、计日工、物价变化、法律法规及政策性变化、工程变更、工程索赔等合同价款调整的内容、方法、程序、支付及

时限。

（12）违约责任以及发生合同价款争议的解决方式、时间。

（13）竣工结算计量、计价、支付的依据、程序、方法、时限。

（14）与合同履行及工程价款相关的其他事项。

第五节　工程计量与支付

工程计量与支付是指在建设工程实施过程中，对已完成工程量进行测量统计，并据此确定应支付工程款项的过程。本节主要介绍工程计量、合同价格调整、工程变更价款的确定、工程索赔、合同价款期中支付、结算与支付、合同价款争议的解决。

知识点 1　工程计量

一、工程计量的概念与规定

（一）工程计量的概念

所谓工程计量，就是发承包双方根据合同约定，对承包人完成合同工程的数量进行计算和确认的过程。具体地说，工程计量是双方根据设计图纸、技术规范以及施工合同约定的计量方式和计算方法，对承包人已经完成的质量合格的工程实体数量进行测量与计算，并以物理计量单位或自然计量单位进行标识、确认的过程。

对承包人已经完成的合格的工程进行计量并予以确认，是发包人支付工程价款的前提。因此，工程计量不仅是发包人控制施工阶段工程造价的关键环节，也是约束承包人履行合同义务的重要手段。

招标工程量清单中所列的数量，通常是根据设计图纸计算得到的数量，是合同工程的估计工程量。工程施工过程中，通常会出现一些原因导致承包人实际完成工程量与工程量清单中所列工程量不一致，例如，招标工程量清单缺项或项目特征描述与实际不符、工程变更、现场施工条件的变化、现场签证、暂估价中的专业工程发包等。因此，在工程合同价款结算前，必须对承包人履行合同义务所完成的实际工程进行准确的计量。

（二）工程计量的规定

（1）合同工程应以承包人按合同要求已完成且应予计量的工程进行计量。工程数量应按发承包双方约定的相关工程国家及行业工程量计算标准及补充的工程量计算规则计算。

（2）发承包双方应在合同约定的时间节点、工程形象目标节点或工程进度节点进行工程计量。进度款计量可按《计价标准》的规定执行。

（3）合同约定执行物价变化价格调整的分部分项工程项目清单，应按约定的调价周期对相应的已完成工程进行分段计量。

（4）承包人实施的下列工程及工作不应予计量：

①承包人为完成永久工程所实施的临时工程，合同约定应予计量的临时工程除外。

②承包人原因引起的超出合同约定工程范围的工程。

③承包人所完成、但不符合合同图纸及合同规范要求的工程。

④承包人拆除及迁离不符合合同图纸及合同规范要求的工程或工作。

⑤承包人责任造成的其他返工。

(5) 承包人应以书面形式提交相关工程的计量成果给发包人核对，发包人收到承包人的计量成果后应在约定时间内将核对结果以书面形式通知承包人。发包人未在约定时间内提供核对结果的，可视为承包人提交的计量成果已获得发包人认可，除合同另有约定外，承包人提交的该计量成果可作为工程价款的计算依据，但不应作为相关工程已合格交付的依据。

(6) 承包人收到发包人核对结果后应在约定的时间内以书面形式确认，或以书面形式向发包人提交复核结果存在偏差的意见和详细计算资料。承包人提交复核结果意见的，发包人收到后应在约定时间内以书面形式确认，或将复查结果以书面形式通知承包人，发包人未在约定时间内提供复查结果的，可视为承包人提交的复核结果意见已获得发包人认可。如承包人未在约定时间内对发包人核对的结果予以书面确认或提交复核意见的，可视为发包人核对的计量成果已获得承包人认可。除合同另有规定外，发包人提交的核对计量成果可作为工程价款的计算依据。

(7) 发承包双方应在达成一致的相关工程计量成果上签署确认。发承包双方通过核对、复核、复查仍无法达成一致的，可按《计价标准》规定的争议解决方式处理。

(8) 发承包双方签署确认的工程计量成果应作为合同价款调整、工程结算的依据，合同另有约定或发承包双方明确仅作为工程进度款支付依据及工程计量成果为粗略估算的除外。

实战演练

[2018 真题改编·单选] 某土方工程根据《计价标准》签订了单价合同，招标清单中土方开挖工程量为 8 000 m^3，施工过程中承包人采用了放坡的开挖方式，完工计量时，承包人因放坡增加土方开挖量 1 000 m^3，因工作面增加土方开挖量 1 600 m^3，因施工操作不慎塌方增加土方开挖量 500 m^3，则应予结算的土方开挖工程量为（　　）m^3。

A. 11 100　　B. 10 600　　C. 9 000　　D. 8 000

[解析] 因承包人原因造成的超出合同工程范围施工或返工的工程量，发包人不予计量。

[答案] D

二、工程计量的范围与依据

(一) 工程计量的范围

工程计量的范围包括：工程量清单及工程变更所修订的工程量清单的内容；合同文件中规定的各种费用支付项目，如费用索赔、各种预付款、价格调整、违约金等。

(二) 工程计量的依据

工程计量的依据是确保计量工作准确、公正与符合合同要求的关键。工程计量的依据包括：工程量清单及说明，合同图纸、合同条款及有关计量的补充协议，变更单和签证单，技术规范，质量合格证书等。

1. 工程量清单及说明

(1) 工程量清单详细列出了所有需要完成的工程项目，包括每个项目的具体工作内容、数量和单位。清单中的每一项都明确了计量的标准和方法，为现场计量提供直接依据。

（2）工程量清单及说明通常会规定统一的计量标准和方法，确保各方在计量过程中遵循相同的规则，避免因计量方法不同而产生争议。通过详细的说明，可以明确每个项目的计量要求，如测量工具、测量精度等，确保计量工作的科学性和准确性。

（3）工程量清单及说明可以更加明确各方的责任和义务，减少因工程量不清晰而引发的争议和纠纷。若发生争议，工程量清单及说明可以作为解决争议的重要依据，有助于快速达成一致意见。

（4）有了详细的工程量清单，计量人员可以按照清单逐项计量，简化了计量流程，提高了工作效率。同时，工程量清单及说明为工程量的信息化管理奠定了基础，便于数据的整理、分析和存档。

2. 合同图纸、合同条款及有关计量的补充协议

（1）合同图纸详细描述了工程的各项内容和技术要求，是现场计量的重要参考。在施工过程中，若有设计变更，变更后的图纸也应作为计量依据。

（2）合同条款明确规定了计量方法、计量单位、支付条件等内容，是计量工作的基本依据。在合同执行过程中，可能会签订一些补充协议，这些协议也是计量的重要依据。

3. 变更单和签证单

设计变更单记录了设计变更的具体内容和批准情况；现场签证单记录了现场发生的临时变更和处理情况。它们都是影响工程计量的重要文件。

4. 技术规范

国家和行业标准，如《建筑工程施工质量验收统一标准》（GB 50300—2013）、《公路工程质量检验评定标准 第一册 土建工程》（JTG F80/1—2017）。具体项目可根据其技术及工艺适用不同的技术规范和质量标准。

5. 质量合格证书

质量合格证书通常包括材料、设备和施工工艺等方面的合格证明，其作用在于确保所使用的材料和设备符合相关标准和合同要求。质量合格证书在工程计量中具有重要作用，是确保工程质量和计量准确性的关键依据之一。

（1）材料出厂合格证由生产厂家提供，证明材料符合国家或行业标准，如钢筋、水泥、砂石等建筑材料的合格证。第三方检测机构出具的检验报告，可证明验证材料的质量和性能，如混凝土试块强度检验报告。

（2）设备出厂合格证由设备制造商提供，证明设备符合设计和制造标准，如电梯、空调系统等设备的合格证。安装调试报告为设备安装完成后的调试报告，可确保设备正常运行并符合设计要求。

（3）工序验收记录是每道工序完成后的验收记录，目的是确保施工过程符合技术规范和质量标准。隐蔽工程验收记录是对隐蔽工程（如地下管线、基础工程等）进行验收而形成的质量文件，隐蔽验收合格应出具合格证书。

三、工程计量的内容

（一）分部分项工程计量

（1）单价合同的分部分项工程项目清单工程量应按下列规定计算：

①分部分项工程项目清单的单价计价清单项目应依据发包人提供的工程实际施工图纸及颁发和确认的变更指令，按照合同约定的国家及行业工程量计算标准及补充的工程量计算规则进行重新计量，可作为计算分部分项工程项目清单价格的依据。其中，工程变更应按《计价标准》的规定计算工程量，并调整合同价格；依据合同图纸计量的分部分项工程清单项目及其工程量与已标价工程量清单的清单项目及其工程量的差异为工程量清单缺陷，应调整合同价格，但以项计价的分部分项工程清单项目不应重新计量及调整。

②以综合单价形式计价，在分部分项工程项目清单中列属于措施项目的模板等工程及合同约定应予计量的其他措施项目，可按第①项的规定执行。

（2）总价合同的分部分项工程项目清单工程量应按下列规定计算：

①分部分项工程项目清单可不重新计量，合同价格不应因分部分项工程项目清单存在工程量清单缺陷而调整，招标工程量清单中说明为暂定数量、单价计价的分部分项工程清单项目和工程变更可按下文第②项的规定执行。

②合同约定的分部分项工程项目清单工程量为暂定数量的单价计价清单项目，应按单价合同的规定计量。

（3）完成发包人要求的暂列金额项目中所含未能完全预见或详细说明的工程的分部分项工程项目清单，应按单价合同的规定进行计量，该项目清单可作为调整暂列金额价款的依据。

（二）措施项目计量

（1）除合同另有约定及下列规定外，已标价工程量清单的措施项目不应予计量调整：

①安全生产措施费用应按合同约定执行。

②工程变更引起的措施项目变化，应按规定执行。

③工程量清单缺陷引起的措施项目变化，应按规定执行。

④暂列金额项目中所含未能完全预见或详细说明的工程引起的措施项目变化，应按规定执行。

（2）专业工程暂估价已包含其措施项目费用，不应另外计算。

（3）除合同另有约定及用于工程变更、新增工程、工程索赔的暂列金额按规定计量，用于未能完全预见或详细说明的工程按规定计量外，暂列金额的措施项目费已包含在已标价工程量清单的措施项目中，不应另外计量调整。

（三）工程变更计量

（1）工程变更引起的应予计量的工程量，应按合同约定的工程量计算规则、适用的国家及行业工程量计算标准计算。

（2）采用单价合同的工程变更，应按发包人颁发或确认的变更指令及实际施工图纸重新计算分部分项工程清单项目及工程量，并与已纠正工程量清单缺陷的工程量清单项目及其工程量进行比较，确定增减变更项目及其工程量。

（3）采用总价合同的工程变更，应按发包人颁发或确认的变更指令及实际施工图纸，与合同图纸进行比较，差异部分的分部分项工程清单项目即为工程变更项目，应按规定计算变更项目及其工程量。

（4）由工程变更引起的措施项目变化，应按发包人批准的承包人专为工程变更拟定的实施方案或实际发生内容，计算其因工程变更而需要增加投入的施工管理人员、增加搭设的临时设施及其他增加的施工措施工程（工作）量；工程变更引起合同工期变化的，应依据发包人批准的工期延长或缩短的时间按规定计算调整，作为计算变更工程价格的依据。

（四）计日工计量

（1）如承包人认为有关项目或工作不宜按上文规定进行计量的，承包人应在合同约定时间内向发包人提出，发包人应在约定时间内批复。如承包人未在约定时间内提出，应视为承包人放弃按计日工方式进行计量的需求；若发包人未在约定时间内批复，应视为同意承包人按照计日工方式进行计量。

（2）除合同另有约定外，下列工程项目及零星工作可采用计日工计量计价：

①不能依据施工图纸、工程变更及合同约定计量规则进行计量的增加工程或替代工程。

②按发包人要求增加的短工期、零星、有限工程范围、少量工程数量的工程项目。

③极端变化的工作条件引起的非正常操作。

④进行紧急工程引起其他工程损坏的修复。

⑤按发包人要求打开已隐蔽的工程，但相关工程通过检测证明符合合同要求的。

⑥修复其他承包人完成工作后周边受影响工程的费用。

⑦因发包人暂缓（停）工程引起工程延期而必须更换材料的费用。

⑧合同范围外发包人特殊要求的清扫和清场工作。

⑨合同范围外发包人要求的测试运行。

⑩非承包人原因引起的修复和恢复被损坏的微小工程（大规模的损坏恢复应按工程变更规定计量与计价）。

（3）采用计日工计价的任何一项工作，在该项工作实施过程中的每天，承包人应将每天发生计日工内容的下列报表和有关凭证报送给发包人核实：

①工作名称、内容和数量。

②投入该工作所有人员的姓名、工种、级别和耗用工时。

③投入该工作的材料名称、类别、规格、品牌和数量。

④投入该工作的施工机具型号、数量和耗用台班。

⑤发包人要求提交的其他资料和凭证。

（4）任何一项非当天完成的计日工工作持续进行时，承包人应在该项工作实施结束后，在约定的时间内向发包人提交计日工签证报告，内容应包括每天计日工记录的汇总。

（5）发包人应在收到承包人提交报表后的约定时间内以书面形式通知承包人相关的核实结果，并在收到承包人提交的计日工签证报告后，在约定时间内进行复核。如发包人未在约定时限内提供核实结果或复核结果的，应视为承包人提交的报表或计日工签证报告中的内容已获得发包人认可。

(6) 发承包双方应按照共同确认的内容签署相关的计日工确认结果，作为计算相关计日工价格的依据。

(五) 返工工程计量

(1) 工程变更或发包人责任事件引起承包人已完成的部分或全部工程的返工，或引起承包人已采购及已加工的材料报损或报废的，承包人应在合同约定时间内以书面形式向发包人提出返工确认要求，并提供相关的证明资料。承包人未在约定时间内提出相关返工确认要求的，应视为相关工程变更指令或发包人责任事件未造成工程返工或已采购及已加工材料的报损或报废，返工工程量不应计量，相关的费用不应补偿。

(2) 发包人应按约定时间参与承包人完成的返工工程的确认，如发包人未按约定参与返工工程确认且未提出异议的，承包人可与监理人共同完成相关的确认，其确认结果应视为已获得发包人认可。

(3) 发承包双方应在完成确认后签署相关的返工确认单。返工确认单应符合下列规定：

①返工工程的工程量可以按相关的施工图纸或工程变更指令计量的，应在返工确认单中明确用于计算返工工程的施工图纸或变更指令。

②返工工程的工程量不能按相关的施工图纸或工程变更指令计量的，发承包双方应在返工确认单中确定返工的项目及其工程量。

③报损或报废的已采购及已加工材料，发承包双方应在返工确认单中确定其材料的名称、规格、品牌、数量、单价或总价及处理方式。

(4) 发生返工工程的项目应按合同约定明确发承包双方责任，返工引起的相关费用应由责任方承担。属于工程变更或发包人责任原因的，返工确认单内的返工工程项目及其工程量、报损或报废的已采购及已加工材料及其数量，应为相关返工工程的计量工程量，并作为计算返工工程价格的依据；属于承包人责任原因的，返工工程相关工程量不应计量。

(5) 返工工程引起合同工期实质性变化的，应按规定计算相应的措施项目费用。

(六) 新增工程计量

(1) 承包人完成的新增工程可按规定计算其分部分项工程项目清单工程量，作为计算新增工程价款的依据。

(2) 承包人为实施新增工程所发生的措施项目，可按上文“(三) 工程变更计量”中第(4)项的规定计量，作为计算新增工程价款的依据。

知识点 2 合同价格调整

一、一般规定

(1) 合同履行过程发生下列事项，发承包双方可按《计价标准》的规定调整相关合同价款：

①工程量清单缺陷。

②暂列金额。

③暂估价。

④总承包服务费。

⑤计日工。

⑥物价变化。

⑦法律法规及政策性变化。

⑧工程变更。

⑨新增工程。

⑩工程索赔。

⑪发承包双方约定的其他调整事项。

（2）合同履行过程中发生合同价格调整事项的，承包人应按《计价标准》的规定计算价格调整事项的工程量及调整价格，并在约定时间内与相关资料一并提交给发包人核对。

（3）发包人在收到承包人合同价格调整报告及相关资料后应在约定时间内对其进行核实。予以确认的，应书面通知承包人；不予确认的，应将价格调整核对意见书面回复承包人；未确认也未提出核对意见的，应视为承包人提交的合同价格调整报告已被发包人认可。

（4）发包人提出价格调整核对意见的，承包人在收到核对意见后应在约定时间内对其进行复核。予以认可的，应书面通知发包人；不予认可的，应将相关复核意见书面回复发包人；未确认也未提出复核意见的，应视为发包人提出的意见已被承包人认可。

（5）发承包双方对合同价格调整通过核对、复核仍不能达成一致意见的，可按争议解决的相关规定处理。除法律法规规定或合同另有约定外，发承包双方在争议解决期间应继续履行合同义务，直到争议得到解决。

（6）发承包双方应签署确定的合同价格调整相关计量与计价成果文件，作为合同价款支付的依据。经发承包双方确认调整的追加（减）合同价款，应与工程进度款和施工过程结算款同期支付。

（7）工期变化引起的合同价格调整，发承包双方应按《计价标准》的相关规定处理。

（8）发承包双方在合同价格调整事项达成一致后，应按规定计算及调整增值税和合同价格，但专业工程暂估价的增值税应按《计价标准》的相关规定计算。

二、工程量清单缺陷

（1）采用单价合同的工程，应依据《计价标准》的规定，重新计量合同图纸的分部分项工程项目清单的所有清单项目及工程量，并按下列规定调整其与已标价工程量清单存在差异的工程量清单缺陷引起的合同价格：

①工程量清单缺陷引起清单项目变化（项目增减），或清单工程量增加或减少且增减工程量未超过相应清单项目合同清单所含工程量的 15%（含 15%）的，应按单价合同工程变更（详见知识点 3）的规定计算调整合同价格。

➤ **重点提示：** 当 0.85 原工程量≤新工程量≤1.15 原工程量时，相应的合同价格＝新工程量×旧单价。

②工程量清单缺陷引起清单工程量增加或减少，且增减工程量超过相应清单项目合同清单所含工程量的 15%（不含 15%）的，应按单价合同工程变更（详见知识点 3）的规定计算调整合同价格。

➤ **重点提示：**当新工程量＞1.15原工程量时，相应的合同价格＝1.15原工程量×原单价＋（新工程量－1.15原工程量）×新单价；当新工程量＜0.85原工程量时，相应的合同价格＝新工程量×新单价。

（2）采用单价合同的工程，按照第（1）项的规定完成工程量清单缺陷修正的，除安全生产措施项目及上文知识点1“三、工程计量的方法”中“（一）分部分项工程计量”的第（1）项下含的第②项规定的措施项目外，合同清单的措施项目清单及合同工期均不应予调整。

（3）采用总价合同的工程，合同价格及合同工期不应因合同清单缺陷而调整。如存在合同约定的分部分项工程项目清单工程量为暂定数量、单价计价的项目，可按相应规定调整。

实战演练

［2023真题·单选］某采用工程量清单计价的场地平整工程，招标工程量清单中的工程量为8 000 m²。合同约定：场地平整全费用综合单价为11.3元/m²，当实际工程量超过清单中工程数量15%以上时，15%以内部分按原有单价计算，15%以外部分单价调整为10元/m²。工程结束时实际完成的场地平整工程量为10 000 m²。该场地平整工程实际结算价款为（　　）万元。

A. 10.000　　B. 11.040　　C. 11.300　　D. 11.196

［解析］合同约定范围内（未超出15%）的工程款＝8 000×（1＋15%）×11.3＝103 960（元），超过15%以外部分工程量的工程款＝［10 000－8 000×（1＋15%）］×10＝8 000（元），则土方工程款合计＝103 960＋8 000＝111 960（元）＝11.196（万元）。

［答案］D

［2022真题补改编·单选］根据《计价标准》，关于施工条件变化导致的工程量偏差引起的合同价款调整的说法，正确的是（　　）。

A. 当工程量减少15%以上时，减少后剩余部分的工程量综合单价应予调整

B. 当工程量减少不超过20%时，减少后剩余部分的工程量综合单价不予调整

C. 因工程量变化引起的措施项目费一律不予调整

D. 对工程量增加15%以上的部分其综合单价不予调整

［解析］选项B错误，当工程量减少不超过15%时，减少后剩余部分的工程量综合单价不予调整。选项C错误，安全生产措施项目及知识点1“三、工程计量的方法”中“（一）分部分项工程计量”的第（1）项下含的第②项规定的措施项目应予调整。选项D错误，对工程量增加15%以上的部分其综合单价应予调整。

［答案］A

［2021真题·单选］某土方工程招标文件中清单工程量为3 000 m³。合同约定，土方工程综合单价为80元/m³，当实际工程量增加15%以上时，增加部分的工程量综合单价为72元/m³，工程结束实际完成并经发包人确认的土方工程量为3 600 m³，则工程价款为（　　）元。

A. 259 200　　B. 286 800

C. 283 200　　D. 288 000

[解析] 合同约定范围内（未超出15%）的工程量=3 000×（1+15%）=3 450（m^3），小于3 600 m^3，则工程价款分为两部分：合同约定范围内（未超出15%）的工程量按照旧单价计算，超出15%以外的工程量按照新单价计算，即3 450×80+（3 600－3 450）×72=286 800（元）。

[答案] B

[2019真题·单选] 某混凝土工程招标清单工程量为200 m^3，合同约定的综合单价为600元/m^3，当实际完成并经监理工程师确认的工程量超过清单工程量15%时可调整综合单价，调价系数为0.9。施工过程中，因设计变更导致实际工程量为250 m^3。则该混凝土的工程价款为（　　）万元。

A. 12.00　　B. 14.88

C. 14.74　　D. 15.00

[解析] 工程价款分为两部分：合同约定范围内（未超出15%）的工程量按照旧单价计算，超出15%以外的工程量按照新单价计算，即200×（1+15%）×600+［250－200×（1+15%）］×600×0.9=138 000+10 800=148 800（元）=14.88（万元）。

[答案] B

三、暂列金额

（1）合同总价内的暂列金额应由发包人掌握，依据发包人发出的指令使用。

（2）合同总价内的暂列金额用于未能完全预见或详细说明的工程的，发承包双方应根据双方确认的施工图纸计算分部分项工程项目清单工程量，按合同单价计算调整价格；完成相关工程引起措施项目费用变化的，可按《计价标准》中工程变更的规定计算调整。合同价格应按所确定的调整价格与暂列金额的差异进行调整。

（3）合同总价内的暂列金额用于工程合同价格调整的，发承包双方应按《计价标准》的规定计算调整价格，合同价格应按所确定的调整价格与暂列金额的差异进行调整。

（4）发生工程变更、工程索赔而引起措施项目、合同工期变化的，应分别调整措施项目费用和合同工期，合同价格应按所确定的调整价格与暂列金额的差异调整；发生其他用于合同价格调整的暂列金额事件的，合同清单的措施项目费与合同工期均不应予以调整。

（5）在合同履行过程中没有发生暂列金额调整事件的，合同总价包括的暂列金额应在结算时全部扣除；如发生暂列金额调整事件的，发承包双方应按相关规定进行暂列金额调整价格的申报、核实及确定，并支付相应的价款。

实战演练

[2021真题改编·单选] 根据《计价标准》，关于暂列金额的说法，正确的是（　　）。

A. 暂列金额应由投标人根据招标工程量清单列出的内容和要求估算

B. 暂列金额包含在合同总价中，属承包人所有

C. 暂列金额不能用于施工中发生的工程变更的费用支出

D. 暂列金额可用于施工过程中索赔、现场签证的费用支出

［解析］暂列金额是指招标人在工程量清单中暂定并包括在合同价款中的一笔款项，选项 A 错误。合同总价内的暂列金额应由发包人掌握，依据发包人发出的指令使用，选项 B 错误。暂列金额可用于施工中发生的工程变更的费用支出，选项 C 错误。

［答案］D

四、暂估价

（1）工程量清单中给定暂估价的材料和（或）暂估价的专业工程属于依法必须招标的，应以招标确定的材料税前价格和（或）含税专业分包工程价格取代暂估价，调整合同价格。

（2）由发包人作为招标人进行暂估价材料、暂估价专业工程招标的，发包人应承担组织招标工作有关的费用。需要承包人配合的，承包人应自行承担其配合费用。

（3）由承包人作为招标人进行暂估价材料、暂估价专业工程招标的，承包人应承担组织招标工作有关的费用，其费用应被认为已经包括在承包人的投标总价（合同签订价格）中。需要发包人配合的，发包人应自行承担其配合费用。

（4）由发包人和承包人共同作为招标人进行暂估价材料、暂估价专业工程招标的，发承包双方应各自承担相应的费用。

（5）工程量清单中给定暂估价的材料不属于依法必须招标的，可由承包人进行市场采购询价或自主报价，经发包人确认价格后以税前价格取代暂估价，或可由发承包双方共同询价，确认价格后以税前价格取代暂估价，并计算相应价格调整引起的增值税变化，调整合同价格。

（6）工程量清单中给定材料暂估价的清单项目价格调整，应只调整综合单价的材料暂估价价格，合同清单中该清单项目的综合单价的其他费用不宜做调整，调整后的合同单价可用于工程量清单缺陷、暂列金额、工程变更的计价。

（7）工程量清单中给定暂估价的专业工程不属于依法必须招标的，可按《计价标准》的相关规定确定含增值税专业工程价格，并以此取代专业工程暂估价，或可由发承包双方共同招标，确定含增值税专业分包工程价格，取代专业工程暂估价，调整合同价格。

（8）承包人参加由发包人作为招标人的暂估价专业工程投标并中标的，应扣减该专业工程的总承包服务费。

五、总承包服务费

（1）若合同约定的发包人提供材料变更为承包人提供的，发承包双方应按规定调整相应分部分项工程项目清单的综合单价，并扣除合同总价中计取的相应发包人提供材料的总承包服务费。

（2）若合同履行过程中发生合同约定的承包人提供材料变更为发包人提供的，发承包双方应按规定计算变更为发包人提供材料所增加的总承包服务费，调整合同价格。

（3）若合同履行过程中发生暂估价专业分包工程、发包人直接发包的专业工程取消，或确定由承包人负责完成，或承包人按规定中标，或在承包人的合同工程已竣工且撤离现场后进行的，发承包双方应扣除合同总价中计取的相应专业分包工程、直接发包的专业工程的总承包服务费。

（4）若总承包服务费以项计价的，总承包服务费除可按规定扣减或调整外，应为风险包干，工程结算时不应做调整。如总承包服务费以费率计价，且合同未约定费率计价基础或约定不明的，总承包服务费应按规定进行调整，工程结算时可按专业分包工程、直接发包的专业工程的合同价、发包人提供材料的供货合同价进行计算。

（5）发包人批准的专业分包工程发生工程变更或发包人原因引起相关专业分包工程、直接发包的专业工程的实质性工期改变，发承包双方可按下式计算调整受影响的专业分包工程（或直接发包专业工程）总承包服务费。

总承包服务费调整价款＝受影响专业分包工程（或直接发包专业工程）延误的工期×受影响专业分包工程（或直接发包专业工程）总承包服务费/受影响专业分包工程（或直接发包专业工程）工期

（6）承包人原因引起相关专业分包工程、直接发包专业工程的实质性工期延长，承包人应向发包人赔偿误期赔偿费。

六、计日工

（1）合同工程发生不宜按合同约定和相关工程国家及行业工程量清单计价标准等计价的，发承包双方可采用计日工方式进行计价。

（2）采用计日工方式进行计价的工程或工作，应按规定计量，依据合同清单中计日工清单项目的综合单价计价。

（3）合同清单中没有已标价计日工清单项目或已标价计日工清单项目没有适用综合单价的，可按下列规定确定计日工综合单价：

①人工费、材料费、施工机具使用费可按合同约定的市场价格信息来源所发布的工程价格信息确定。合同没有约定或约定不明的，可依据工程所在地工程造价管理部门或行业发布的工程价格信息中的不含税人工、材料、施工机具租赁市场价格信息，以及合同清单中类似清单项目综合单价分析表中的明细价格组成等确定相应计日工综合单价。

②工程所在地工程造价管理部门及行业发布的工程价格信息中没有相关市场价格信息的，可依据经发承包双方确认的承包人采购单价，以及合同清单中类似清单项目综合单价分析表中的明细价格组成等确定相应计日工综合单价。

（4）采用计日工计价的，计日工综合单价应包括计日工项目随机发生、少量发生等特点造成的额外增加费用和计日工项目发生的措施项目费用，合同总价中的措施项目费用不应因发生计日工而调整。

（5）工程结算时，按合同约定应予计算的计日工项目应全部计算在结算总价内，但合同总价包含的合同清单中计日工清单项目应从结算总价中扣除。

七、物价变化

（一）一般规定

（1）合同约定因物价变化引起合同清单的分部分项项目清单的人工费、材料费、施工机具使用费中的燃料动力费进行价格调整的，应依据合同约定的市场价格信息来源所发布的合同基准日与调价时间区段相关人工费、材料费、施工机具使用费中的燃料动力费市场价格信息所反映的价格波动幅度，计算调价区段超出合同约定幅度的人工费、材料费、施工机具使用费中的燃料动力费价差，并按下文第（2）～（4）项的规定调整其价格。

（2）合同约定调整的人工费、材料费、施工机具使用费中的燃料动力费市场价格波动超出合同约定幅度，如合同未约定幅度或约定不明，其市场价格波动幅度超出5%时，可采用价格指数调差法或价格信息调差法调整合同价格。

（3）若不属于合同约定调整的人工费、材料费、施工机具使用费中的燃料动力费的其他材料费市场价格出现异常变动，且是发承包双方在订立合同时无法预见的重大变化，继续履行合同对于受不利影响的合同一方明显不公平的，发承包双方可按风险合理分担原则，协商合同风险幅度或费用分担比例，承担相关部分的增（减）价差或据实调整合同价格。

（4）合同工程出现工期延长的，应按下列规定确定及调整合同履行期由于物价变化影响的价格：

①发包人原因引起工期延长的，计划进度日期后续工程的价格，采用计划进度日期与实际进度日期两者的较高者。

②承包人原因引起工期延长的，计划进度日期后续工程的价格，采用计划进度日期与实际进度日期两者的较低者。

③非发承包双方原因引起工期延长的，计划进度日期后续工程的价格应按第（2）项的规定调整，合同另有约定或法律法规及政策另有规定的除外。

（5）上文第（2）～（4）项规定的材料费调整不宜用于发包人提供材料的清单项目和材料暂估价的清单项目。发包人提供材料的清单项目可由发包人按实际变化调整，但不列入合同总价；材料暂估价的清单项目可按《计价标准》的规定执行。

（6）除合同另有约定外，承包人按合同履行及完成工程所发生的下列费用不应因物价变化而调整合同总价和合同单价：

①施工耗材费用。

②中小型工具使用费。

③措施项目费用。

④除按上文第（1）～（4）项规定调整价格的施工机具使用费的燃料动力费外，其他的施工机具使用费用。

⑤除上文第（3）项规定的价格异常波动外，不属于合同约定调价项目的材料费。

⑥超出合同约定调价范围及幅度的价格变化，或调价项目的物价变化幅度未超出第（2）项规定的人工费、材料费、施工机具使用费的燃料动力费。

⑦管理费及利润。

⑧承包人自身原因产生的费用。

（二）价格指数调差法

（1）价格调整公式。因人工、材料、施工机具台班等价格波动影响合同价格时，根据投标人提供的投标函附录中的价格指数和权重表约定的数据，按下式计算差额并调整合同价款

$$\Delta P = P_0\left[A + \left(B_1 \times \frac{F_{t1}}{F_{01}} + B_2 \times \frac{F_{t2}}{F_{02}} + B_3 \times \frac{F_{t3}}{F_{03}} + \cdots + B_n \times \frac{F_{tn}}{F_{0n}}\right) - 1\right]$$

式中 ΔP ——需调整的价格差额；

P_0 ——约定的计量周期中承包人应得到的不含增值税的合同价金额。此项金额不应包括价格调整，不计质量保证金的扣留和支付、预付款的支付和扣回。已按现行价格计价的变更及其他金额也不应计算在内，但工程量清单缺陷及按中标价的工、料、机单价计算的变更及其他金额应计算在内；

A ——定值权重（即不调部分的权重）；

B_1、B_2、B_3、…、B_n ——各可调因子的变值占不含税签约合同价的权重（即可调部分的权重）；

F_{t1}、F_{t2}、F_{t3}、…、F_{tn} ——各可调因子的现行价格指数；

F_{01}、F_{02}、F_{03}、…、F_{0n} ——各可调因子的基本价格指数，指合同基准日的各可调因子的价格指数。如合同约定允许价格波动幅度的，基本价格指数应考虑此波动幅度系数。

以上价格指数调差公式中的各可调因子、定值和变值权重，以及基本价格指数及其来源由发包人根据工程情况测算确定其范围，并由投标人在投标函附录价格指数和权重表中约定，投标人有异议的，应在投标前提请发包人澄清或修正。价格指数的来源或确定方式方法应由发承包双方在合同中约定。

（2）根据工程实际情况采用暂时确定调整差额，在计算调整差额时没有现行价格指数的，可暂用上一计量周期的价格指数计算，并在以后的付款中再按实际价格指数进行调整。

（3）工程变更引起原定合同中的权重不合理需调整权重的，应由发承包双方协商调整。

（4）当变值权重未约定时，各可调因子的变值权重可采用最高投标限价的相应权重。

（5）计量周期内因市场价格波动形成多个价格指数的，可采用计量周期内的价格指数算术平均值，或价格指数与相应已完工程量的加权平均值，或主要用量施工期间的价格指数作为调整公式使用的价格指数。发承包双方应约定采用何种方法，或不同情况下采用方法的优先顺序。

（6）招标工程的合同基准日价格指数，为投标截止日前 28 d 的价格指数，招标人应在招标文件中予以明确。非招标工程的，应为合同签订日前 28 d 的价格指数。

【例题 5】某直辖市城区道路扩建项目进行施工招标，投标截止日期为 2023 年 8 月 1 日。通过评标确定中标人后，签订的施工合同总价为 80 000 万元，工程于 2023 年 9 月 20 日开工。工程价款结算时人工单价、钢材、水泥、沥青、砂石料以及机具使用费采用价格指数法给承包人以调价补偿，各项权重系数及价格指数见表 3-5-1。2023 年 11 月完成的清单子目价款为 3 440 万元，当月确认的变更金额为－110 万元，当月确认的索赔金额为 30 万元。计算 2023 年 11 月价格调整金额。

表 3-5-1 工程调价因子权重系数及价格指数

指数	权重系数						
	0.12	0.10	0.08	0.15	0.12	0.10	0.33
	人工	钢材	水泥	沥青	砂石料	机具使用费	定值部分
2023 年 7 月指数	91.70	78.95	106.97	99.92	114.57	115.18	—

第三章

续表

指数	权重系数						
	0.12	0.10	0.08	0.15	0.12	0.10	0.33
	人工	钢材	水泥	沥青	砂石料	机具使用费	定值部分
2023 年 8 月指数	91.70	82.44	106.80	99.13	114.26	115.39	—
2023 年 9 月指数	91.70	86.53	108.11	99.09	114.03	115.41	—
2023 年 10 月指数	95.96	85.84	106.88	99.38	113.01	114.94	—
2023 年 11 月指数	95.96	86.75	107.27	99.66	116.08	114.91	—
2023 年 12 月指数	101.47	87.80	128.37	99.85	126.26	116.41	—

解：2023 年 11 月价格调整金额 =（3 440 − 110 + 30）×[0.33 +（0.12 × 95.96/91.7 + 0.10 × 86.75/78.95 + 0.08 × 107.27/106.97 + 0.15 × 99.66/99.92 + 0.12 × 116.08/114.57 + 0.10 × 114.91/115.18）− 1] ≈ 3 360 × 0.016 7 ≈ 56.11（万元）。

（三）价格信息调差法

（1）价格调整公式。因人工、材料、施工机具价格波动影响合同价格时，应根据投标人在投标函附录中约定的价格数据，按下列公式计算差额并调整合同价格

$$\Delta P=\sum\left[(\Delta C-C_0\times r)\times Q\right]$$

其中

$$|\Delta C|>|C_0\times r|$$

$$\Delta C=C_i\ (i=1,\cdots,n)-C_0$$

式中 ΔP——价差调整费用，为按计量周期计算的当次调价费用；

ΔC——可调因子价差；

C_0——基准价，投标截止日前 28 d（非招标工程为合同签订日前 28 d）的市场价格，基准价来源可为发包人确定最高投标限价时所采用的市场价格，或工程造价管理机构发布的当季（月）度信息价，或同类工程项目、同期（前 1 个月内）同条件、工程项目所在地交易中心公布的招标中标价，但均应代表投标截止日前 28 d（非招标工程为合同签订日前 28 d）的市场价格水平；招标人应在招标文件中明确基准价（C_0）采用的价格来源、发布机构和具体季（月）等信息；

C_i——计量周期市场价格，现行市场价格可为经发承包双方确认的该计量周期的市场价格，或工程造价管理机构发布的当季（月）度信息价，或同类工程项目、同期（前 1 个月内）同条件、工程项目所在地交易中心公布的招标中标价，但均应代表计量周期的现行市场价格水平；

Q——可调因子的数量，指可调差因子的数量。可调差因子数量采用其他计算方法的，应在招标文件和合同专用条款中细化明确；

r——风险幅度系数，当 $\Delta C>0$ 时，r 为正值，当 $\Delta C<0$ 时，r 为负值；

i——采购时间。

以上价格信息调差公式中的基准价（C_0）和计量周期市场价格（C_i）采用的价格方式、价格信息的来源及其确认、风险幅度系数的确认等应由发包人根据工程情况测算确定，并在招标文件中明确，承包人有异议的，应在投标前规定时间内提请发包人澄清或修正。可调差的材料数量应依据发承包双方在合同中约定的数量计算规则计算确定。

（2）根据工程实际情况采用暂时确定调整差额的，在计算调整差额时没有计量周期市场价格信息或者发承包双方争议较大的，可暂用该计量周期工程造价管理机构发布的价格信息计算，并在以后的付款中再按实际市场价格信息进行调整。

（3）计量周期内因物价波动形成多个市场价格的，可采用计量周期内的市场价格算术平均值，或市场价格与相应已完工程量的加权平均值，或主要用量施工期间的市场价格作为调整公式使用的现行价格。发承包双方应约定采用何种方法，或不同情况下采用方法的优先顺序。

（4）采用投标截止日前 28 d（非招标工程为合同签订日前 28 d）工程造价管理机构发布的信息价作为基准价，并以计量周期工程造价管理机构发布的信息价作为现行市场价格的，可调价因子价格变化应按照发包人提供的“承包人提供可调价主要材料表一”，依据发承包双方约定的风险范围按下列规定调整合同价格：

①承包人投标报价中可调价因子单价低于基准价的，计量周期工程造价管理机构发布的单价涨幅以基准价为基础超出合同约定的风险幅度值，或材料单价跌幅以投标报价为基础超出合同约定的风险幅度值时，其超出部分应按实调整。

②承包人投标报价中可调价因子单价高于基准价的，计量周期工程造价管理机构发布的单价跌幅以基准价为基础超出合同约定的风险幅度值，或材料单价涨幅以投标报价为基础超出合同约定的风险幅度值时，其超出部分应按实调整。

③承包人投标报价中可调价因子单价等于基准价的，计量周期工程造价管理机构发布的单价涨、跌幅以基准价为基础超出合同约定的风险幅度值时，其超出部分应按实调整。

（5）采用发包人认定的材料采购价格作为计量周期材料市场价格的，承包人应在采购材料前将采购数量和单价等报送发包人核对，发包人应在约定时间内予以核对、确认，并按发承包双方确认的价格计算，分批采购时可按权重取平均值计算。发包人在收到承包人报送的确认资料后在约定期限内不予答复的，可视为已经认可，该报送资料可作为调整合同价格的依据。

【例题 6】施工合同中约定，承包人承担的钢筋价格风险幅度为±5%，超出部分依据《计价标准》价格信息调差法调差。已知投标人投标价格、基准期发布价格分别为 5 000 元/t、4 500 元/t，2023 年 12 月、2024 年 7 月的造价信息发布价分别为 4 200 元/t、5 400 元/t。则这两个月钢筋的实际结算价格应分别为多少？

解：（1）2023 年 12 月信息价下降，应以较低的基准价基础计算合同约定的风险幅度值，即

4 500×（1−5%）＝4 275（元/t）

钢筋每吨应下浮价格＝4 275−4 200＝75（元/t）

2023 年 12 月实际结算价格＝5 000－75＝4 925（元/t）。

(2) 2024 年 7 月信息价上涨，应以较高的投标价格为基础计算合同约定的风险幅度值，即

5 000×（1＋5％）＝5 250（元/t）

钢筋每吨应上调价格＝5 400－5 250＝150（元/t）

2024 年 7 月实际结算价格＝5 000＋150＝5 150（元/t）。

实战演练

[2024 真题・单选] 某工程施工合同约定采用价格指数调差法调整合同价款。已知不参与调值费用占合同总价的 15％，结算当月可参与调值部分的费用类型、占合同总价的比例和相关价格指数见表 3-5-2。若该月已完工程量的金额为 1 200 万元，则该月实际结算时需要调整的价格差额为（　　）万元。

表 3-5-2　结算当月可参与调值部分的费用类型、占合同总价的比例和相关价格指数

费用类型	占合同总价的比例	基本价格指数	现行价格指数
人工费	20％	100	115
运输费	10％	105	120
钢筋	25％	102	110
混凝土	30％	110	125

A. 54.237　　B. 111.323　　C. 291.333　　D. 125.763

[解析] 该月实际结算时需要调整的价格差额＝1 200×［15％＋（20％×115/100＋10％×120/105＋25％×110/102＋30％×125/110）－1］≈125.763（万元）。

[答案] D

[2022 真题・单选] 某工程施工合同约定采用价格调整公式调整合同价款。已知不调值部分占合同总价的比例为 20％，各可调部分的费用类型、占合同总价的比例和相关价格指数见表 3-5-3。若结算当月已完成的合同工程量价款为 1 000 万元，则需调整的价款差额为（　　）万元。

表 3-5-3　各可调部分的费用类型、占合同总价的比例和相关价格指数

费用类型	占合同总价的比例	基准日期价格指数	合同签订时价格指数	现行价格指数
人工	25％	110	115	120
钢筋	20％	108	112	125
水泥	15％	105	109	120
木材	10％	102	105	115
汽油	10％	110	120	130

A. 67.079　　B. 106.564　　C. 1 067.079　　D. 1 106.564

[解析] 根据价格调整公式，需调整的价款差额＝1 000×［20％＋（25％×120/110＋20％×125/108＋15％×120/105＋10％×115/102＋10％×130/110）－1］≈106.564（万元）。

[答案] B

[2019 真题改编·单选] 根据《计价标准》，某工程采用价格调整公式进行价格调整。施工中，承包人返工导致工期延误，则约定竣工日期后继续施工的工程，在使用价格调整公式时，应采用的价格指数是（　　）。

A. 原约定竣工日期与实际竣工日期的两个价格指数中较低者

B. 原约定竣工日期的价格指数

C. 实际竣工日期的价格指数

D. 原约定竣工日期与实际竣工日期的两个价格指数中较高者

[解析] 承包人原因引起工期延长的，计划进度日期后续工程的价格，采用计划进度日期与实际进度日期两者的较低者。

[答案] A

知识点 3 工程变更价款的确定

一、变更的范围

除专用合同条款另有约定外，合同履行过程中发生以下情形的，应按照约定进行变更：

（1）增加或减少合同中任何工作，或追加额外的工作。

（2）取消合同中任何工作，但转由他人实施的工作除外。

（3）改变合同中任何工作的质量标准或其他特性。

（4）改变工程的基线、标高、位置和尺寸。

（5）改变工程的时间安排或实施顺序。

二、变更权

发包人和监理人均可以提出变更。变更指示均通过监理人发出，监理人发出变更指示前应征得发包人同意。承包人收到经发包人签认的变更指示后，方可实施变更。未经许可，承包人不得擅自对工程的任何部分进行变更。

涉及设计变更的，应由设计人提供变更后的图纸和说明。如变更超过原设计标准或批准的建设规模时，发包人应及时办理规划、设计变更等审批手续。

三、变更程序

（一）发包人提出变更

发包人提出变更的，应通过监理人向承包人发出变更指示，变更指示应说明计划变更的工程范围和变更的内容。

（二）监理人提出变更建议

监理人提出变更建议的，需要向发包人以书面形式提出变更计划，说明计划变更工程范围和变更的内容、理由，以及实施该变更对合同价格和工期的影响。发包人同意变更的，由监理人向承包人发出变更指示。发包人不同意变更的，监理人无权擅自发出变更指示。

（三）变更执行

承包人收到监理人下达的变更指示后，认为不能执行的，应立即提出不能执行该变更指示的理由。承包人认为可以执行变更的，应当书面说明实施该变更指示对合同价格和工期的影响，且合同当事人应当按照变更估价的约定确定变更估价。

四、变更估价

(1) 采用单价合同的工程，因工程变更或工程量清单缺陷引起分部分项工程的清单项目变化（项目增减），或清单工程量发生变化且工程量变化不超出15%（含15%）时，发承包双方应依据《计价标准》规定确认的工程变更或工程量清单缺陷引起变化的工程量，按下列规定确定综合单价并计价，调整合同价格：

①相同施工条件下实施相同项目特征的清单项目，应采用相应的合同单价。

②相同施工条件下实施类似项目特征的清单项目或类似施工条件下实施相同项目特征的清单项目，应采用类似清单项目的合同单价换算调整后的综合单价。

③相同施工条件下实施不同项目特征的清单项目或不同施工条件下实施相同项目特征的清单项目，可依据工程实施情况，结合类似项目的合同单价计价规则及报价水平，协商确定市场合理的综合单价。

④不同施工条件下实施不同项目特征的清单项目，可依据工程实施情况，结合同类工程类似清单项目的综合单价，协商确定市场合理的综合单价。

⑤因减少或取消清单项目的工程变更显著改变了实施中的工程施工条件，可根据实施工程的具体情况、市场价格、合同单价计价规则及报价水平协商确定工程变更的综合单价。

(2) 采用单价合同的工程，因工程变更或工程量清单缺陷引起分部分项工程的清单工程量发生变化，且工程量变化超出15%（不含15%）时，发承包双方应依据《计价标准》规定确认的工程变更或工程量清单缺陷引起变化的工程量，按下列规定调整合同价格：

①如工程变更或工程量清单缺陷引起增加清单项目及相应清单项目工程量的，可依据上文第(1)项的规定，并结合因增加工程数量引起的人工及材料采购价格优惠的影响，在合理下调其合同单价及新增综合单价后，计算相应清单项目价格，调整合同价格。

②如工程变更或工程量清单缺陷引起减少清单项目及相应清单项目工程量的，可依据上文第(1)项的规定，并结合因减少工程数量引起的人工及材料采购价格失去优惠的影响，在合理上调其合同单价及新增综合单价后，计算相应清单项目价格，调整合同价格。

(3) 采用总价合同的工程，按合同约定合同单价适用于工程变更计价的，因工程变更引起工程量清单项目及其工程数量发生变化时，可依据《计价标准》规定计算的变更工程量，按上文第(1)、(2)项的规定调整合同价格；若合同约定合同单价不适用于工程变更计价的，工程变更发生的清单项目可由发承包双方根据工程实施情况、市场价格，结合已标价工程量清单计价规则及报价水平协商确定综合单价并计价。

(4) 工程变更或发包人责任事件引起合同工期实质性延长或缩短的，发承包双方可计算合同工期影响的措施项目调增（减）价格，计算公式如下：

措施项目调增（减）价格＝延长（缩短）工期×措施项目中期运行费用/合同工期

式中　措施项目中期运行费用——可按《计价标准》规定的措施项目费用分拆表计算合同清单中所有受影响措施项目的中期运行费用总额。

（5）为完成工程变更而需增加的额外措施项目，且该费用未包括在上文第（1）～（4）项规定计价范围的，增加的措施项目费用应按下列规定计算：

①完成工程变更所需增加的（现场没有的）施工机具，应按实际发生施工机具的型号、台数及其耗用台班计量，并按合同清单中的计日工清单的相关施工机具单价进行计价。若合同清单中没有相应计日工清单，可按《计价标准》的规定计算。

②完成工程变更所需增加设置的（现场没有的）临时设施，应按实际发生临时设施的类型、数量及使用时间进行计量，按发承包双方协商确定的合理市场价格进行计价。

（6）工程变更涉及合同工程范围、工期、质量、合同规范等实质性内容变化并引起措施项目发生改变时，发承包双方的不利一方提出调整措施项目费的，应在实施前将拟实施的方案提交另一方审核，并详细说明与原方案措施项目对比的变化情况。拟实施的方案经发承包双方确认后执行的，可按规定调整措施项目费。

（7）如果发承包双方的不利一方在约定时间内未提出调整措施项目费用的，应视为工程变更不引起措施项目费用的变化或不利一方放弃调整措施项目费用的权利。如果另一方未在约定时间内对不利一方提出的调整措施项目费用进行确认或提出审核意见的，应视为认可不利一方提出的调整措施项目费用。

（8）非承包人原因，发包人提出的工程变更取消了合同中的某项原定工作或工程，且承包人发生的费用或（和）应得的收益没有包括在其他已支付或应支付的项目中，或任何替代的工作或工程中，发包人应补偿承包人的损失费用及合理的预期收益。

实战演练

［2024 真题·单选］ 根据《中华人民共和国标准施工招标文件》（以下简称《标准施工招标文件》），变更指示只能由（　　）发出。

A. 发包人　　B. 承包人

C. 监理人　　D. 工程造价咨询人

［解析］ 变更指示均通过监理人发出，监理人发出变更指示前应征得发包人同意。

［答案］ C

［2022 真题改编·单选］ 当合同履行期间出现工程变更，工程量变化不超过 15%，相同施工条件下类似项目特征的清单项目的变更，其变更估价的原则是（　　）。

A. 参照类似项目的单价认定

B. 按照直接成本加适当利润的原则，由发包人确定变更单价

C. 按照合理成本加利润的原则，由承包人确定变更工作的单价

D. 根据合理的成本加适当利润的原则，由监理人确定新的变更单价

［解析］ 采用单价合同的工程，因工程变更或工程量清单缺陷引起分部分项工程的清单项目变化（项目增减），或清单工程量发生变化且工程量变化不超出 15%（含 15%）时，发承包双方应依据《计价标准》规定确认的工程变更或工程量清单缺陷引起变化的工程量，按下列规定确定综合单价并计价，调整合同价格：①相同施工条件下实施相同项目特征的清单项目，应采用相应的合同单价；②相同施工条件下实施类似项目特征的清单项目或类似施工条件下实施相同

项目特征的清单项目，应采用类似清单项目的合同单价换算调整后的综合单价；③相同施工条件下实施不同项目特征的清单项目或不同施工条件下实施相同项目特征的清单项目，可依据工程实施情况，结合类似项目的合同单价计价规则及报价水平，协商确定市场合理的综合单价；④不同施工条件下实施不同项目特征的清单项目，可依据工程实施情况，结合同类工程类似清单项目的综合单价，协商确定市场合理的综合单价；⑤因减少或取消清单项目的工程变更显著改变了实施中的工程施工条件，可根据实施工程的具体情况、市场价格、合同单价计价规则及报价水平协商确定工程变更的综合单价。

[答案] A

[2022 真题补·多选] 根据《建设工程施工合同（示范文本）》，下列工程变更中，属于合同变更的有（　　）。

A. 更换工程的施工人员
B. 改变工程的时间安排
C. 取消合同中任何工作
D. 改变合同中任何工作的质量标准
E. 改变工程的标高和位置

[解析] 除专用合同条款另有约定外，合同变更的范围一般包括以下情形：①增加或减少合同中任何工作，或追加额外的工作；②取消合同中任何工作，但转由他人实施的工作除外；③改变合同中任何工作的质量标准或其他特性；④改变工程的基线、标高、位置和尺寸；⑤改变工程的时间安排或实施顺序。

[答案] BDE

知识点 4　工程索赔

一、概念及分类

（一）概念

工程索赔是指在工程合同履行过程中，合同当事人一方因非己方原因而遭受损失，按合同约定或法规规定应由对方承担责任，从而向对方提出补偿的要求。

（二）分类

1. 按索赔的当事人分类

根据索赔的合同当事人不同，可以将工程索赔分为承包人与发包人之间的索赔和总承包人与分包人之间的索赔。

（1）承包人与发包人之间的索赔。该类索赔发生在建设工程施工合同的双方当事人之间，既包括承包人向发包人的索赔，也包括发包人向承包人的索赔。但在工程实践中，经常发生的索赔事件，大都是承包人向发包人提出的，本教材所提及的索赔，如果未做特别说明，即指此类情形。

（2）总承包人与分包人之间的索赔。在建设工程分包合同履行过程中，索赔事件发生后，无论是发包人的原因还是总承包人的原因所致，分包人都只能向总承包人提出索赔要求，而不能直接向发包人提出。

2. 按索赔目的和要求分类

根据索赔的目的和要求不同，可以将工程索赔分为工期索赔和费用索赔（包含利润索赔）。

（1）工期索赔，一般是指工程合同履行过程中，非自身原因造成工期延误，按照合同约定或法律规定，承包人向发包人提出合同工期补偿要求的行为。工期顺延的要求获得批准后，不仅可以免除承包人承担拖期违约赔偿金的责任，而且承包人有可能因工期提前获得赶工补偿（或奖励）。

（2）费用索赔，是指工程承包合同履行过程中，当事人一方因非己方原因而遭受费用损失，按合同约定或法律规定应由对方承担责任，而向对方提出费用补偿要求的行为。

国家发展改革委、财政部、住房和城乡建设部等九部委第 56 号令发布的《标准施工招标文件》的通用条款，按照引起索赔事件的原因不同，对一方当事人提出的索赔可能给予合理补偿工期、费用和（或）利润的情况，分别做了相应规定。其中，引起承包人索赔的事件以及可能得到的合理补偿内容见表 3-5-4。

表 3-5-4　《标准施工招标文件》中承包人的索赔事件及可补偿内容

序号	条款号	索赔事件	可补偿内容		
			工期	费用	利润
1	1.6.1	迟延提供图纸	√	√	√
2	1.10.1	施工中发现文物、古迹	√	√	
3	2.3	迟延提供施工场地	√	√	√
4	4.11	施工中遇到不利物质条件	√	√	
5	5.2.4	提前向承包人提供材料、工程设备		√	
6	5.2.6	发包人提供材料、工程设备不合格或迟延提供或变更交货地点	√	√	√
7	8.3	承包人依据发包人提供的错误资料导致测量放线错误	√	√	√
8	9.2.6	因发包人原因造成承包人人员工伤事故		√	
9	11.3	因发包人原因造成工期延误	√	√	√
10	11.4	异常恶劣的气候条件导致工期延误	√		
11	11.6	承包人提前竣工		√	
12	12.2	发包人暂停施工造成工期延误	√	√	√
13	12.4.2	工程暂停后因发包人原因无法按时复工	√	√	√
14	13.1.3	因发包人原因导致承包人工程返工	√	√	√
15	13.5.3	监理人对已经覆盖的隐蔽工程要求重新检查且检查结果合格	√	√	√
16	13.6.2	因发包人提供的材料、工程设备造成工程不合格	√	√	√
17	14.1.3	承包人应监理人要求对材料、工程设备和工程重新检验且检验结果合格	√	√	√

续表

序号	条款号	索赔事件	可补偿内容		
			工期	费用	利润
18	16.2	基准日后法律的变化引起合同价格调整		√	
19	18.4.2	发包人在工程竣工前提前占用工程	√	√	√
20	18.6.2	因发包人的原因导致工程试运行失败		√	√
21	19.2.3	工程移交后因发包人原因出现新的缺陷或损坏的修复		√	√
22	19.4	工程移交后因发包人原因出现的缺陷修复后的试验和试运行		√	
23	21.3.1（4）	因不可抗力停工期间应监理人要求照管、清理、修复工程		√	
24	21.3.1（5）	因不可抗力造成工期延误	√		
25	22.2.2	因发包人违约导致承包人暂停施工	√	√	√

实战演练

[2021 真题·单选] 根据《标准施工招标文件》，下列导致承包人成本增加的情形中，可以同时补偿承包人费用和利润的是（　　）。

A. 发包人原因导致的工程缺陷和损失

B. 发包人要求向承包人提前交付材料和工程设备

C. 异常恶劣的气候条件

D. 施工过程中发现文物

[解析] 发包人原因导致的工程缺陷和损失，可以同时补偿费用和利润；发包人要求向承包人提前交付材料和工程设备只能得到费用补偿；异常恶劣的气候条件只能补偿工期；施工过程中发现文物可以补偿工期和费用。

[答案] A

[2020 真题改编·单选] 某工程施工时处于当地正常的雨季，导致工程延误，在工期延误期间又出现政策变化。对由此增加的费用和延误的工期，正确的处理方式是（　　）。

A. 费用、工期均由发包人承担

B. 费用由发包人承担，工期由承包人承担

C. 费用由承包人承担，工期由发包人承担

D. 费用、工期均由承包人承担

[解析] 若承包人原因造成工期延误，在工期延误期间出现法律变化的，由此增加的费用和（或）延误的工期由承包人承担。本题中“正常的雨季”不属于不可抗力，属于一个有经验的承包人可以预见的情形，也非业主责任，故费用、工期均由承包人承担。

[答案] D

［2024 真题·多选］根据《标准施工招标文件》，下列导致承包人工期延误和费用增加的事项中，承包人可同时索赔工期、费用和利润的有（　　）。

A. 发包人提供的材料和工程设备不符合合同要求

B. 发包人延迟提供施工场地

C. 施工过程中发现文物

D. 发包人提供资料错误而导致承包人返工

E. 承包人遇到不利水文条件

［解析］施工过程中发现文物、承包人遇到不利水文条件可同时索赔工期和费用，不能索赔利润。

［答案］ABD

［2023 真题改编·多选］根据《标准施工招标文件》，下列导致承包人工期延误和费用增加的事件中，承包人能同时获得工期、费用和利润索赔的有（　　）。

A. 承包人应监理人要求对材料重新检验且检验结果合格

B. 设计单位提供图纸延误

C. 发包人提前向承包人提供材料

D. 异常恶劣的气候条件

E. 发包人的原因造成工期延误

［解析］选项 C，发包人提前向承包人提供材料只能索赔费用。选项 D，异常恶劣的气候条件只能索赔工期。

［答案］ABE

［2022 真题·多选］根据《标准施工招标文件》，下列导致承包人工期延误的费用增加的情形中，承包人可以同时索赔工期、费用和利润的有（　　）。

A. 承包人遇到不利物质条件

B. 不可抗力

C. 发包人原因引起的暂停施工

D. 延期提供施工场地

E. 发包人提供的材料和设备不符合合同要求

［解析］承包人遇到不利物质条件可以索赔工期和费用；遇到不可抗力可以索赔工期和部分费用；发包人原因引起的暂停施工、延期提供施工场地，以及发包人提供的材料和设备不符合合同要求可以索赔工期、费用和利润。

［答案］CDE

3. 按索赔事件的性质分类

根据索赔事件的性质不同，可以将工程索赔分为：

（1）工程延误索赔：发包人未按合同要求提供施工条件，或发包人指令工程暂停或不可抗力事件等原因造成工期拖延的，承包人可以向发包人提出索赔；如果承包人原因导致工期拖延，发包人可以向承包人提出索赔。

（2）加速施工索赔：由发包人指令承包人加快施工速度，缩短工期，引起承包人的人力、物力、财力的额外开支，承包人可提出索赔。

（3）工程变更索赔：由发包人指令增加或减少工程量或增加附加工程、修改设计、变更工程顺序等，造成工期延长和（或）费用增加，承包人可就此提出索赔。

(4) 合同终止的索赔：发包人违约或不可抗力事件等原因造成合同非正常终止，承包人因其遭受经济损失而提出索赔；如果承包人的原因导致合同非正常终止，或者合同无法继续履行，发包人可以就此提出索赔。

(5) 不可预见的不利条件的索赔：承包人在工程施工期间，施工现场遇到一个有经验的承包人通常不能合理预见的不利施工条件或外界障碍，例如，地质条件与发包人提供的资料不符，出现不可预见的地下水、地质断层、溶洞、地下障碍物等，承包人可以就因此遭受的损失提出索赔。

(6) 不可抗力事件的索赔：工程施工期间，因不可抗力事件的发生而遭受损失的一方，可以根据合同中对不可抗力风险分担的约定，向对方当事人提出索赔。

(7) 其他索赔：如货币贬值、汇率变化、物价上涨、政策法令变化等原因引起的索赔。

二、索赔原则

合同的一方向另一方提出工程索赔时，应在合同约定的期限内提出，并有合理的工程索赔理由和有效的依据、证明材料，且应符合合同约定和法律法规规定。

三、几种典型的工程索赔

（一）承包人向发包人提出的工程索赔

(1) 承包人向发包人提出工程索赔应符合下列规定：

①承包人应在工程索赔事件发生后合同约定的期限（合同未约定的为 28 d）内，向发包人提交相关事件的书面工程索赔意向通知书，说明索赔事件发生的原因及索赔意向。承包人逾期未发出工程索赔意向通知书的，可按合同约定处理。

②承包人应在工程索赔意向通知书发出后合同约定的期限（合同未约定的为 28 d）内，向发包人提交相关的书面工程索赔报告，详细说明索赔事件发生的原因、索赔依据的合同条款及要求索赔的费用或（和）工期延长天数，并提供必要的记录和证明材料及索赔费用的计算明细表。

③承包人提出的索赔事件同时涉及费用增加及工期延长的，应一并提出。

④工程索赔事件具有连续影响的，承包人应按合同约定的期限（合同未约定的不超过 28 d）或合理时间间隔持续提交延续相关工程索赔意向通知书，说明持续影响索赔事件的实际情况并提供相关记录，列出累计的索赔费用和（或）工期延长天数。

⑤承包人应在连续影响工程索赔事件结束后按合同约定的期限（合同未约定的为 28 d）内，向发包人提交相关的最终工程索赔报告，详细说明整个索赔事件发生的原因、索赔依据的合同条款及要求索赔的合计费用或（和）工期延长天数，并提供必要的记录和证明材料及索赔费用的计算明细表。

(2) 发包人应按下列规定处理承包人提出的工程索赔：

①发包人应在收到承包人的工程索赔意向通知书后在规定时间内审核承包人提交的记录和证明材料，如认为需要补充的，应在收到意向通知书后合同约定的期限（合同未约定的为 14 d）内，书面向承包人提出进一步提交证明材料的要求。

②发包人应在收到承包人的工程索赔报告或补充证明材料后合同约定的期限（合同未约定的为28 d）内，将相关的工程索赔处理意见书面回复承包人。若发包人逾期回复或未做出回复的，可按合同约定处理，合同未约定的可视为已认可承包人要求的工程索赔。

③当承包人提出的索赔事件同时涉及费用增加和工期延长的，发包人应根据相应索赔事件一并做出相关费用索赔及工期延长的审批。

④发承包双方协商确定工程索赔费用后，发包人应将索赔费用在当期的进度款、施工过程结算款支付中按合同约定付款比例支付给承包人，并在竣工结算款中支付剩余费用。

实战演练

［2023真题改编·单选］ 根据《计价标准》，承包人向发包人正式递交索赔报告应在发出索赔意向通知书后（　　）天内。

A. 28　　B. 14

C. 21　　D. 56

［解析］ 承包人应在工程索赔意向通知书发出后合同约定的期限（合同未约定的为28 d）内，向发包人提交相关的书面工程索赔报告，详细说明索赔事件发生的原因、索赔依据的合同条款及要求索赔的费用或（和）工期延长天数，并提供必要的记录和证明材料及索赔费用的计算明细表。

［答案］ A

（二）发包人向承包人提出的工程索赔

（1）发包人向承包人提出除误期赔偿费外的其他工程索赔应符合下列规定：

①发包人应在工程索赔事件发生后合同约定的期限（合同未约定的为28 d）内，向承包人提交相关事件的书面工程索赔意向通知书，说明索赔事件发生的原因及索赔意向。发包人逾期未发出工程索赔意向通知书的，可按合同约定处理。

②发包人应在工程索赔意向通知书发出后合同约定的期限（合同未约定的为28 d）内，向承包人发出相关事件的书面工程索赔报告，详细说明索赔事件发生的原因、索赔依据的合同条款及要求索赔的费用，并提供必要的记录和证明材料及索赔费用的计算明细表。

③工程索赔事件具有连续影响的，发包人应按合同约定的期限（合同未约定的不超过28 d）或合理时间间隔持续向承包人发出相关工程索赔意向通知书，在连续影响工程索赔事件结束后合同约定的期限（合同未约定的为28 d）内，向承包人发出相关的最终工程索赔报告，详细说明整个索赔事件发生的原因、索赔依据的合同条款及要求索赔的合计费用，并提供必要的记录和证明材料及索赔费用的计算明细表。

（2）承包人应按下列规定处理发包人提出的工程索赔：

①承包人收到发包人的工程索赔报告后，应在规定时间内审核发包人提交的记录和证明材料，并在合同约定的期限（合同未约定的为28 d）内，将相关的工程索赔处理意见书面回复发包人。若承包人逾期回复或未做出回复的，可按合同约定处理，合同未约定的可视为已认可发包人要求的工程索赔。

②发承包双方协商确定工程索赔费用后，发包人可从当期支付给承包人的进度款、施工

过程结算款或竣工结算款中将确定的索赔费用扣除。

(三) 法律法规及政策性变化导致的工程索赔

(1) 合同工程实施期间，在合同基准日后发生以下法律法规及政策性变化引起合同价款增减变化和（或）工期延误的，发承包双方应按合同约定和国家、省级或行业建设主管部门及其授权的工程造价管理机构据此发布的规定调整合同价格及（或）工期：

①新增的法律法规及政策性规定。

②修改原有的法律法规及政策性规定。

③废止原有的法律法规及政策性规定。

④政府对相关法律法规的解释发生了变化。

(2) 承包人原因引起工期延长，在工期延长期间出现第（1）项规定的法律法规及政策性变化的，合同价格调增的不应予调整，合同价格调减的应予以调整。

(3) 发包人原因引起工期延长，在工期延长期间出现第（1）项规定的法律法规及政策性变化的，合同价格调减的不应予调整，合同价格调增的应予以调整。

(4) 非发承包双方原因导致工期延长，在工期延长期间出现第（1）项规定的法律法规及政策性变化的，合同价格应按实调整，合同另有约定或法律法规及政策另有规定的除外。

(5) 法律法规及政策性变化引起合同价格调整的，其合同总价及合同单价内的管理费及利润不应做调整。

(6) 合同履行过程中，如国家财税政策变化调整增值税税率的，调整税率实施后的工程计价及所支付的工程价款应按调整后的税率计算增值税，并按与原依据合同基准日税率计算的相应增值税的差额调整合同价格。

(四) 不可抗力导致的工程索赔

(1) 除合同约定发包人购买工程一切险及第三者责任险和（或）合同另有约定外，因不可抗力事件引起的人员伤亡、财产损失、费用增加和（或）工期延误等工程索赔，发承包双方应遵循下列原则承担相应损失及费用：

①永久工程、已运至施工现场的材料的损坏及修复费用，以及因不可抗力事件引起施工场地内及工程损坏造成的第三方人员伤亡和财产损失应由发包人承担。

②承包人施工机具的损坏及停工损失和措施项目的损坏、清理、修复费用，以及因承包人原因发生的第三方人员伤亡和财产损失应由承包人承担。

③发承包双方应承担各自人员伤亡和第①、②项规定外的其他财产的损失。

④因不可抗力引起暂停施工的，停工期间按照发包人要求照管、清理、修复工程的费用和发包人要求留驻施工现场必要的管理与保卫人员工资，以及按发包人要求留驻现场待工人员的工资应由发包人承担。

⑤因不可抗力影响承包人履行合同约定的义务，引起工期延误的，应当顺延工期，发包人要求赶工的，由此增加的赶工费用应由发包人承担。

⑥其他情形按照法律法规规定执行。

(2) 除合同另有约定外，因发生具有不可抗力性质的下列例外事件引起工期延误的，受影响的工期应相应顺延，发承包双方应各自承担相应的损失：

①动乱和暴动等类似事件（不包括工地现场发生的）。

②因国家及地方政府主管部门要求而必需的停工、暂停（暂缓）施工、间断施工或区域性施工管控造成的影响。

③国家及地方政府主管部门就安全、环保要求停止施工造成的影响。

④国家及地方政府主管部门就健康卫生防疫管控要求停止施工造成的影响。

（3）因发生不可抗力事件引起工期延长，且在延长工期内遭遇物价变化、法律法规及政策性变化的，所引起的影响费用应按《计价标准》规定处理，调整受影响项目的合同价格。

（4）发承包双方中的任一方原因引起工期延误，且在延长的工期内发生不可抗力事件的，不可抗力事件产生的损失应由引起工期延误的责任方承担。发承包双方对工期延误均有责任，且在延长的工期内发生不可抗力事件的，可按双方责任分担比例承担相应责任。在合同工期内发生不可抗力事件的，按照上述规定执行。

实战演练

［2024 真题·单选］下列不可抗力造成的损失属于承包人自行承担的是（　　）。

A. 工程损失　　B. 第三人财产损失和人员伤亡

C. 已运至施工现场的材料和设备的损坏　　D. 承包人施工机械的损坏

［解析］因不可抗力事件引起的人员伤亡、财产损失、费用增加和（或）工期延误等工程索赔，发承包双方应遵循下列原则承担相应损失及费用：①永久工程、已运至施工现场的材料的损坏及修复费用，以及因不可抗力事件引起施工场地内及工程损坏造成的第三方人员伤亡和财产损失应由发包人承担；②承包人施工机具的损坏及停工损失和措施项目的损坏、清理、修复费用，以及因承包人原因发生的第三方人员伤亡和财产损失应由承包人承担；③发承包双方应承担各自人员伤亡和第①、②项规定以外的其他财产的损失；④因不可抗力引起暂停施工的，停工期间按照发包人要求照管、清理、修复工程的费用和发包人要求留驻施工现场必要的管理与保卫人员工资，以及按发包人要求留驻现场待工人员的工资应由发包人承担；⑤因不可抗力影响承包人履行合同约定的义务，引起工期延误的，应当顺延工期，发包人要求赶工的，由此增加的赶工费用应由发包人承担；⑥其他情形按法律法规规定执行。

［答案］D

［2023 真题·单选］某工程在施工过程中，不可抗力造成永久工程损失 55 万元，承包人受伤人员医药费 6 万元，施工机具损失 18 万元，复工后承包人按发包人要求清理工程费用 8 万元，以上费用应由发包人承担的金额为（　　）万元。

A. 32　　B. 63　　C. 69　　D. 87

［解析］因不可抗力事件引起的永久工程、已运至施工现场的材料的损坏及修复费用，由发包人承担；承包人施工机具的损坏及承包方人员伤亡，应由承包方承担；停工期间及复工后按照发包人要求照管、清理、修复工程的费用，由发包人承担。本题中，应由发包人承担的费用是不可抗力造成永久工程损失和承包人按发包人要求清理工程的费用，即 55+8=63（万元）。

［答案］B

[2022 真题·单选] 某施工项目因疫情停工两个月，承包人在停工期间发生如下费用和损失：按照发包人要求照管工程发生费用 5 万元，承包人施工机具损坏损失 2 万元，已经建成的永久工程损坏损失 3 万元，疫情过后发包人要求赶工增加的赶工费用 10 万元。上述产生的费用和损失中，发包人应承担（　　）万元。

A. 18　　B. 5　　C. 8　　D. 20

[解析] 因不可抗力事件引起的人员伤亡、财产损失、费用增加和（或）工期延误等工程索赔，发承包双方应遵循下列原则承担相应损失及费用：①永久工程、已运至施工现场的材料的损坏及修复费用，以及因不可抗力事件引起施工场地内及工程损坏造成的第三方人员伤亡和财产损失应由发包人承担；②承包人施工机具的损坏及停工损失和措施项目的损坏、清理、修复费用，以及因承包人原因发生的第三方人员伤亡和财产损失应由承包人承担；③发承包双方应承担各自人员伤亡和第①、②项规定以外的其他财产的损失；④因不可抗力引起暂停施工的，停工期间按照发包人要求照管、清理、修复工程的费用和发包人要求留驻施工现场必要的管理与保卫人员工资，以及按发包人要求留驻现场待工人员的工资应由发包人承担；⑤因不可抗力影响承包人履行合同约定的义务，引起工期延误的，应当顺延工期，发包人要求赶工的，由此增加的赶工费用应由发包人承担；⑥其他情形按法律法规规定执行。本题中，应由发包人承担的费用是按照发包人要求照管工程发生的费用、已经建成的永久工程损坏损失和发包人要求赶工增加的赶工费用，即 5+3+10=18（万元）。

[答案] A

[2020 真题·单选] 某施工项目因 80 年一遇的特大暴雨停工 10 d，承包人在停工期间按照发包人要求照管工程发生费用 2 万元，承包人施工机具损坏费用 10 万元，已经建成的永久工程损坏损失 20 万元，之后应发包人要求修复被暴雨冲毁的道路花费 2.5 万元，修复道路时因施工质量问题返工费用 1 万元。以上事件产生的费用和损失中，承包人应承担（　　）万元。

A. 21.0　　B. 13.5　　C. 11.0　　D. 10.0

[解析] 因不可抗力事件引起的人员伤亡、财产损失、费用增加和（或）工期延误等工程索赔，发承包双方应遵循下列原则承担相应损失及费用：①永久工程、已运至施工现场的材料的损坏及修复费用，以及因不可抗力事件引起施工场地内及工程损坏造成的第三方人员伤亡和财产损失应由发包人承担；②承包人施工机具的损坏及停工损失和措施项目的损坏、清理、修复费用，以及因承包人原因发生的第三方人员伤亡和财产损失应由承包人承担；③发承包双方应承担各自人员伤亡和第①、②项规定以外的其他财产的损失；④因不可抗力引起暂停施工的，停工期间按照发包人要求照管、清理、修复工程的费用和发包人要求留驻施工现场必要的管理与保卫人员工资，以及按发包人要求留驻现场待工人员的工资应由发包人承担；⑤因不可抗力影响承包人履行合同约定的义务，引起工期延误的，应当顺延工期，发包人要求赶工的，由此增加的赶工费用应由发包人承担；⑥其他情形按法律法规规定执行。本题中，应由承包人承担的费用是承包人施工机具损坏费用和因施工质量问题返工费用，即 10+1=11（万元）。

[答案] C

[2021 真题 · 多选] 下列不可抗力事件导致的损失或增加的费用中，应由承包人承担的有（　　）。

A. 停工期间承包人按照发包人要求照管工程的费用

B. 因工程损坏造成的第三方人员伤亡和财产损失

C. 合同工程本身的损坏

D. 承包人施工设备的损坏

E. 承包人的人员伤亡和财产损失

[解析] 因不可抗力事件引起的人员伤亡、财产损失、费用增加和（或）工期延误等工程索赔，发承包双方应遵循下列原则承担相应损失及费用：①永久工程、已运至施工现场的材料的损坏及修复费用，以及因不可抗力事件引起施工场地内及工程损坏造成的第三方人员伤亡和财产损失应由发包人承担；②承包人施工机具的损坏及停工损失和措施项目的损坏、清理、修复费用，以及因承包人原因发生的第三方人员伤亡和财产损失应由承包人承担；③发承包双方应承担各自人员伤亡和第①、②项规定以外的其他财产的损失；④因不可抗力引起暂停施工的，停工期间按照发包人要求照管、清理、修复工程的费用和发包人要求留驻施工现场必要的管理与保卫人员工资，以及按发包人要求留驻现场待工人员的工资应由发包人承担；⑤因不可抗力影响承包人履行合同约定的义务，引起工期延误的，应当顺延工期，发包人要求赶工的，由此增加的赶工费用应由发包人承担；⑥其他情形按法律法规规定执行。

[答案] DE

（五）因发生提前竣工（赶工）事件引起的工程索赔

因发生提前竣工（赶工）事件引起的工程索赔，发承包双方可按下列原则承担相应费用，并调整合同价格和工期：

（1）发包人要求合同工程提前竣工的，承包人应制定合理的加快工程进度的措施并修订进度计划，经发包人同意后实施，由此增加的提前竣工费用（赶工补偿）应由发包人承担。

（2）非发包人要求，因承包人原因自行提前竣工的，应征得发包人的同意，由此增加的费用应由承包人承担。

实战演练

[2022 真题改编 · 单选] 工程实施过程中，发包人要求合同工程提前竣工的，根据《计价标准》，正确的做法是（　　）。

A. 通过监理工程师下达变更指令要求承包人必须提前竣工，并支付由此增加的提前竣工费用

B. 增加合同补充条款要求承包人采取加快工程进度措施，发包人不承担赶工费用

C. 征得承包人同意后，与承包人商定采取加快工程进度的措施，并承担承包人由此增加的提前竣工费用

D. 发承包双方应签订补充合同约定提前竣工的赶工费用总额，并各承担50%的费用

［解析］因发生提前竣工（赶工）事件引起的工程索赔，发承包双方可按下列原则承担相应费用，并调整合同价格和工期：①发包人要求合同工程提前竣工的，承包人应制定合理的加快工程进度的措施并修订进度计划，经发包人同意后实施，由此增加的提前竣工费用（赶工补偿）应由发包人承担；②非发包人要求，因承包人原因自行提前竣工的，应征得发包人的同意，由此增加的费用应由承包人承担。

［答案］C

（六）工期延误的索赔

（1）当工期延误（或延长）引起工程索赔时，索赔工期所对应的工作应是关键线路上的工作，或索赔事件引起关键线路改变的工作，发包人应按合同约定批准给承包人的工期延长应是合同工期延长的时间。发包人应对承包人的所有工期延误（或延长）的索赔费用进行审核、对每一索赔事件独立评估，不应包括前期发生的工期延误（或延长）对后期进行的工程造成相应延误（或延长）的费用索赔。

（2）当发生工期延误事件时，可根据批准的施工进度计划，确定该事件是否发生在关键线路上，以及是否引起关键线路上的工期延误，发承包双方计算索赔工期应符合下列规定：

①延误事件为关键线路上的工作，则延误的时间为索赔的工期。

②延误事件为非关键线路上的工作，当该工作由于延误超出总时差而成为关键线路上的工作时，其延误时间与总时差的差值为索赔的工期。

③工期延误后事件仍为非关键线路上的工作，则不发生工期索赔。

四、工程索赔的其他规定

（1）因非承包人的原因发生下列事件，给承包人造成经济损失及费用增加和（或）工期延误的，承包人可按蒙受的经济损失及费用增加和（或）受影响延误的工期，提出一项或多项索赔。发包人的原因引起的承包人经济损失、不可抗力引起的经济损失和（或）工期延误事件可按上述规定执行。

①停工、待工、降效、工期延长等造成的人工、材料、施工机具、水电消耗等的费用损失。政府主管部门要求的暂停施工可按“不可抗力导致的工程索赔”的规定执行。

②因合同工期调整引起的人工费、材料费、施工机具费和物价变化增减的直接费用，但按《计价标准》规定调整的除外。

③因停工、复工、维护施工现场等（包括建设、使用、拆除）发生的必要措施费用。

④因返工、拆改与修复等发生的直接费用，以及报废（损）的材料直接损失。

⑤因额外增加的检查、检验、试验等发生的相关费用。

⑥因合同价款未能按合同约定支付引起的损失。

⑦发掘出文物、古迹以及具有地质研究或考古价值的遗迹、化石、钱币或物品造成的暂缓、间断施工或停工的影响。

⑧承包人可举证的其他损失和增值税。

⑨因事件影响造成的延误（或延长）的合理工期。

（2）因发包人的责任原因发生下列事件，给承包人造成经济损失及费用增加和（或）工期延长的，承包人除可按工期延误的规定进行经济损失及费用增加和（或）工期延误索赔外，还可索赔利润：

①发包人将合同中的某项工作变更为其他承包人负责完成。

②发包人延迟提供施工图纸或施工场地。

③发包人提供材料的质量不合格、延迟提供，改变交货地点等引起工程不合格。

④发包人原因引起承包人测量放线错误、工程返工。

⑤发包人对施工场地额外限制、未按时履约审批、干扰正常施工顺序等。

⑥发包人原因引起工期延误、暂停施工、工程暂停后无法按时复工。

⑦发包人在工程竣工前提前占用工程。

⑧发包人原因引起缺陷责任期内的工程缺陷或损坏的修复。

（3）因发包人的原因引起下列事件给承包人造成经济损失和（或）工期延长的，发包人应合理延长受影响的工期，并补偿给承包人造成的损失和（或）直接费用，不包括利润：

①按发包人或监理人的要求对材料和工程（包括已覆盖的隐蔽工程）进行重新检测且检测结果合格引起的直接费用，以及修复受影响工程的费用。

②额外增加的检查、检验、试验等的直接费用。

③工程试运行失败引起的直接费用。

④其他情况的直接损失和（或）费用。

（4）合同约定发包人负责购买工程一切险及第三者责任险，且保险范围包括相关的施工机具、人员伤亡的，如发生“（四）不可抗力导致的工程索赔”中第（1）项规定的事件，发承包双方应按下列原则承担相应损失和增加费用：

①发包人按合同约定购买工程一切险及第三者责任险的，承包人可通过发包人按保险条款向保险人理赔相应损失和增加的费用，保险条款规定免赔额部分和超出理赔部分的相应损失和增加的费用应由发承包双方相应承担。

②发包人未按合同约定购买工程一切险及第三者责任险或购买的保险未生效的，第①项规定的“承包人可通过发包人按相关保险条款向保险人理赔的相应损失和增加的费用”应由发包人承担，按相关保险条款免赔额部分和超出理赔部分的相应损失和增加费用应按“不可抗力导致的工程索赔”的规定由发承包双方相应承担。

（5）因承包人原因发生下列事件，引起工期延误和（或）给发包人造成经济损失的，发包人可根据工期受影响延误的时间和（或）经济损失，提出下列一项或多项索赔：

①承包人未尽承包义务、未按合同约定执行发包人的工程指令等引起发包人发生的额外费用或额外支出。

②承包人不按合同要求履行对发包人提供材料、专业分包工程、直接发包的专业工程的总承包服务造成发包人的损失。

③承包人责任事件造成的发包人向政府部门缴纳的罚款或支付第三方的赔偿费用。

④承包人原因引起合同工程发生误期造成发包人的损失。

⑤承包人完成的工程质量不符合合同约定要求引起发包人的损失。

⑥发包人可举证的上述费用之外的其他损失。

（6）承包人原因引起发包人的损失，发包人可选择下列一项或多项方式获得补偿：

①延长质量缺陷保修期限。

②要求承包人支付受影响发生的额外费用。

③要求承包人支付误期赔偿费。

④要求承包人按合同的约定支付违约金。

（7）发承包双方均应采取措施避免和减少因索赔事件引起的损失扩大，应采取措施的一方当事人不采取积极措施引起损失扩大的，其应对扩大的损失承担责任。

（8）在相关索赔事件发生后，发承包双方应按规定的程序处理，并应对调整的工期和索赔的费用进行确认签署，作为工程进度款和工程结算价款的依据。

（9）除合同另有约定外，在发承包双方已按合同约定完成了工程竣工结算书签署确定及已办理了竣工结算确认后，双方均不应再向对方提出关于竣工结算前所发生事件的工程索赔。

（10）发承包双方宜通过协商方式解决工程索赔，经协商不能达成一致意见的，可按争议解决的相关规定处理。

五、索赔费用的组成及计算方法

（一）索赔费用的组成

对于不同原因引起的索赔，承包人可索赔的具体费用内容是不完全一样的。但归纳起来，索赔费用的要素与工程造价的构成类似。

1. 人工费

人工费的索赔，包括完成合同之外的额外工作所花费的人工费用；超过法定工作时间的劳动加班费；法定人工费增长；非承包人原因导致工效降低而增加的人工费用；非承包人原因导致工程停工的人员窝工费和工资上涨费等。在计算停工损失中的人工费时，通常采取人工单价乘以折算系数的方法计算。

2. 材料费

材料费的索赔，包括索赔事件的发生造成材料实际用量超过计划用量而增加的材料费；发包人原因导致工程延期期间的材料价格上涨和超期储存费用。材料费中应包括运输费、保管费以及合理的损耗费用。如果承包人管理不善造成材料损坏失效，则不能列入索赔款项内。

3. 施工机具使用费

施工机具使用费主要内容为施工机械使用费。施工机械使用费的索赔，包括由于完成合同之外的额外工作而增加的机械使用费；非承包人原因导致工效降低而增加的机械使用费；发包人或工程师指令错误或迟延导致机械停工的台班停滞费。在计算机械设备台班停滞费时，不能按机械设备台班费计算，因为台班费中包括设备使用费。如果机械设备是承包人自有设备，一般按台班折旧费、人工费与其他费之和计算；如果是承包人租赁的设备，一般按台班租金加上每台班分摊的施工机械进出场费计算。

4. 现场管理费

现场管理费的索赔是指对承包人完成合同之外的额外工作以及发包人原因导致工期延期

期间的现场管理费的索赔，具体包括管理人员工资、办公费、通信费、交通费等。

现场管理费索赔金额的计算公式为

现场管理费索赔金额=索赔的直接成本费用×现场管理费率

5. 总部（企业）管理费

总部（企业）管理费的索赔主要是指发包人原因导致工程延期期间所增加的承包人自公司总部提交的管理费，包括总部职工工资、办公大楼折旧、办公用品、财务管理、通信设施以及总部领导人员赴工地检查指导工作等开支。

总部（企业）管理费索赔金额的计算通常可采用以下几种方法：

（1）按总部（企业）管理费的比率计算

总部（企业）管理费索赔金额=(直接费索赔金额+现场管理费索赔金额)×总部（企业）管理费比率

其中，总部（企业）管理费比率可以按照投标书中的总部（企业）管理费比率计算（一般为3%～8%），也可以按照承包人公司总部统一规定的管理费比率计算。

（2）以已获补偿的工程延期天数为基础计算。这是一种在承包人已经获得工程延期索赔的批准后，进一步获得总部（企业）管理费索赔的计算方法。

（3）按延期工程的日平均总部（企业）管理费与工程延期的天数计算

总部（企业）管理费索赔金额=延期工程的日平均总部（企业）管理费×工程延期的天数

6. 保险费

发包人原因导致工程延期时，承包人必须办理工程保险、施工人员意外伤害保险等各项保险的延期手续，对于由此而增加的费用，承包人可以提出索赔。

7. 保函手续费

发包人原因导致工程延期时，承包人必须办理相关履约保函的延期手续，对于由此而增加的手续费，承包人可以提出索赔。

8. 利息

利息的索赔，包括发包人拖延支付工程款利息；发包人迟延退还工程质量保证金的利息；发包人错误扣款的利息等。至于具体的利率标准，双方可以在合同中明确约定，没有约定或约定不明的，可以按照同期同类贷款利率或同期贷款市场报价利率计算。

9. 利润

一般来说，依据施工合同中明确规定可以给予利润补偿的索赔条款，承包人提出费用索赔时都可以主张利润补偿。索赔利润的计算通常与原报价单中的利润百分率保持一致。

10. 分包费用

发包人的原因导致分包工程费用增加时，分包人只能向总承包人提出索赔，但分包人的索赔款项应当列入总承包人对发包人的索赔款项中。分包费用索赔是指分包人的索赔费用，一般也包括与上述费用类似的索赔。

（二）索赔费用的计算方法

索赔费用的计算应以赔偿实际损失为原则，实际损失包括直接损失和间接损失。索赔费用的计算方法通常有三种，即实际费用法、总费用法和修正的总费用法。

1. 实际费用法

实际费用法又称分项法，即根据索赔事件造成的损失或成本增加，按费用项目逐项分析并计算索赔金额的方法。这种方法比较复杂，但能客观地反映施工单位的实际损失，比较合理，易于被当事人接受，在国际工程中被广泛采用。

由于索赔费用组成的多样化、引起索赔原因的不同，承包人可索赔的具体费用内容也会有所不同，必须具体问题具体分析。实际费用法依据的是实际发生的成本记录或单据，因此，在施工过程中，系统而准确地积累记录资料是非常重要的。

2. 总费用法

总费用法又称总成本法，就是当发生多次索赔事件后，重新计算工程的实际总费用，再从该实际总费用中减去投标报价时的估算总费用，即为索赔金额。总费用法计算索赔金额的公式如下：

索赔金额＝实际总费用－投标报价估算总费用

利用总费用法计算索赔金额时，没有考虑实际总费用中可能包括因承包人的原因（如施工组织不善）而增加的费用，另外，也可能因承包人为谋取中标而导致投标报价估算总费用报价过低。因此，总费用法并不十分科学。只有在难以精确地确定某些索赔事件导致的各项费用增加额时，总费用法才得以采用。

3. 修正的总费用法

修正的总费用法是对总费用法的改进，即在总费用计算的原则上，去掉一些不合理的因素，使其更为合理。修正的内容如下：

（1）将计算索赔款的时段局限于受到索赔事件影响的时间，而不是整个施工期。

（2）只计算受到索赔事件影响时段内的某项工作受影响的损失，而不是计算该时段内所有施工工作受影响的损失。

（3）与该项工作无关的费用不列入总费用中。

（4）对投标报价费用重新进行核算，即对受影响时段内该项工作的实际单价进行核算，乘以实际完成的该项工作的工程量，得出调整后的报价费用。按修正后的总费用计算索赔金额的公式如下：

索赔金额＝某项工作调整后的实际总费用－该项工作的报价费用

修正的总费用法与总费用法相比，有了实质性的改进，它的准确程度已接近于实际费用法。

实战演练

［2022 真题·单选］ 某建设工程施工过程中，发包人设计变更导致承包人暂停施工，致使承包人自有机械窝工 10 个台班，该机械的台班单价为 400 元/台班，台班折旧费为 300 元/台班；承包人的租赁机械窝工 10 个台班，租赁费用为 500 元/台班，工作时燃油动力费为 100 元/台班；人员窝工 20 个工作日，人工工资单价为 300 元/工日，人工窝工补贴为 100 元/工日。不考虑其他因素，则承包人可以索赔的费用为（　　）元。

A. 14 000　　B. 15 000

C. 16 000　　D. 10 000

第三章

[解析] 人工费的索赔，包括完成合同之外的额外工作所花费的人工费用；超过法定工作时间的劳动加班费；法定人工费增长；非承包人原因导致工效降低而增加的人工费用；非承包人原因导致工程停工的人员窝工费和工资上涨费等。施工机械使用费的索赔，包括由于完成合同之外的额外工作而增加的机械使用费；非承包人原因导致工效降低而增加的机械使用费；发包人或工程师指令错误或迟延导致机械停工的台班停滞费。本题中，承包人可以索赔的费用为：20×100+10×300+10×500=10 000（元）。

[答案] D

[2020真题·单选] 某建设工程施工过程中，发包人提供的材料没有及时到货，导致承包人自有的一台机械窝工4个台班，每台班折旧费为500元，工作时每台班燃油动力费为100元。另外，承包人租赁的一台机械窝工3个台班，台班租赁费为300元，工作时每台班燃油动力费为80元。不考虑其他因素，则承包人可以索赔的费用为（　　）元。

A. 3 540　　B. 3 300　　C. 3 140　　D. 2 900

[解析] 施工机械使用费的索赔，包括由于完成合同之外的额外工作而增加的机械使用费；非承包人原因导致工效降低而增加的机械使用费；发包人或工程师指令错误或迟延导致机械停工的台班停滞费。本题中，承包人可以索赔的费用为：4×500+3×300=2 900（元）。

[答案] D

知识点 5 合同价款期中支付

一、一般规定

（1）发承包双方应依据合同约定的期中价款支付方式，按规定程序办理每月或每阶段应支付价款的申请、核对及支付。

（2）承包人应在合同约定的付款核定日前的合理时间，以书面形式提交期中价款支付申请供发包人核对，若合同未约定或约定不明的，按月支付的付款核定日可为每月最后一天。

（3）若合同约定承包人提供总承包服务的，承包人应协调相关专业分包人书面提交专业分包工程期中价款支付申请，提交时间应按专业分包合同约定，未约定的可由承包人与专业分包人商定，可与承包人的期中价款支付申请同时提交发包人核对。

（4）专业分包人按专业分包合同约定申请期中价款支付时未发生承包人期中价款支付的，承包人应依据第（3）项的规定对专业分包人期中价款支付申请履行管理协调责任。

（5）发承包双方应按进度款支付的规定，在合同约定的付款核定日或之前共同确认现场已累计完成的进度。若承包人承担总承包服务的，承包人应在相关专业分包合同约定的付款核定日或之前配合发包人对各专业分包工程的累计完成进度进行现场确认。

（6）除了完成的预付款支付及其扣回、完成的安全生产措施费的支付，以及对相关款项另有约定外，发承包双方可按下式确定应予支付的各期进度款的金额，即

当期应付进度款=[累计已完成工程总值（包括已确认的合同价格调整价款）×支付比例－累计预付款扣回（包括当期扣回价款）－前期累计已支付进度款]－发包人累计扣除的款项（不含预付款扣回）

（7）已完工程总值的支付额度、预付款的扣回价款应按合同约定确定。合同未约定工程总值支付比例的，支付比例不宜低于累计完成工程总值的80%，预付款的扣回、安全生产措施费的预付款应符合《计价标准》的规定。

（8）前期累计已支付进度款应按上一期进度款支付证书所列明的累计应付进度款计算，不应考虑发包人实际支付进度款的金额与进度款支付证书所列应付金额的差异。

（9）发承包双方在各期应付工程价款中应包括承包人按合同约定需支付给建筑工人的工资，工程价款支付证书中应按合同约定的比例，若合同未约定的可按发承包双方商定的比例或按当期累计完成分部分项工程价款占合同工程分部分项工程总价款的比例，计算并单独列出当期应支付的建筑工人工资价款。承包人应按合同及相关规定的时间、程序和方法支付建筑工人工资，不得挪作他用。

（10）发包人在发出当期进度款支付证书前，应将拟发出的当期进度款支付证书提交给承包人确认，承包人应按下列规定进行确认或提出修正意见：

①如对当期进度款支付证书没有异议，承包人应在约定时间内向发包人提交书面确认。

②如对当期进度款支付证书存有异议，承包人应在约定时间内向发包人提交书面的复核报告，并说明有权获得应予支付的缺漏项目及其价款、累计完成工程总值计算存在的价款差异、当期应付进度款中存在的计算错误等，并在约定时间内与发包人进行核对。

（11）发包人应在与承包人完成进度款支付证书的确认或核对修正后，在合同约定最迟付款日或之前，将进度款支付证书内载明的当期应付进度款支付给承包人。

（12）如进度款支付中存在遗漏、重复或错误，发包人和承包人均有权提出修正申请，发承包双方应按第（6）项规定的核算累计完成工程总值的方式，在下一期的进度款支付中支付或扣除。

（13）发包人应按相关专业分包合同的约定完成专业分包工程的进度款核对，在确定其进度款支付证书后，将其进度款支付证书送达承包人并抄送相关专业分包人；发包人应在合同约定的最迟付款日或之前将专业分包工程进度款支付证书中载明的当期应付进度款支付给承包人；承包人应在专业分包合同约定的最迟付款日或之前将专业分包工程进度款支付证书中载明的当期应付进度款支付给相关专业分包人。

（14）如承包人未按第（2）项的规定提交期中价款支付申请给发包人，或承包人提交的期中价款支付申请未计算已完合同调整价款，发包人可暂按累计已完的工程价款及合同调整价款暂付期中价款，但暂付价款仅作为期中价款的支付，不应作为工程结算及已完工程的依据，承包人不应就此暂付价款与工程结算之间存在的差异而向发包人提出相关的工程索赔。

二、预付款

（1）发包人应按合同约定向承包人支付预付款，且不应向承包人收取预付款的利息。承包人应将预付款专用于合同工程，可用于为履行合同而预先采购材料、租赁或采购相关施工机具、搭设现场临时设施、组织施工人员进场等工程施工前发生的必要费用。

（2）合同工程的预付款金额可依据合同约定按合同价款及预付款支付比例计算确定。预付款支付比例应符合国家及省级、行业有关部门的规定，预付款计算依据的合同价款应扣除合同总价所包含的暂列金额、计日工价款及专业工程暂估价。

(3) 跨年度实施的重大工程的预付款，可按已获发包人批准的承包人施工组织设计及年度工程进度计划、合同清单的合同价款等，分解形成符合第（2）项规定的相应年度计划中应完成工程的合同价款总额，并按合同约定的预付款支付比例逐年预付。

(4) 承包人应在合同约定时间内将预付款支付申请表（表 3-5-5）提交给发包人审核，发包人应在收到支付申请后按合同约定的时间完成审核并向承包人支付预付款。发包人不按合同约定时间支付预付款的，承包人可催告发包人预付，发包人在催告后的约定时间内仍不按要求预付的，承包人有权暂停施工，并按规定向发包人提出索赔，发包人应承担违约责任。

(5) 如合同约定承包人需提供预付款保函的，发包人应按合同约定在承包人提供预付款保函后支付预付款，预付款保函的保证金应与预付款金额一致。

(6) 预付款应按合同约定在履行过程中扣回，合同没有约定或约定不明的，可选择当累计完成工程总值达到合同总价的一定比例后一次扣回或分次扣回的方式。选择分次扣回方式的，预付款可从每一个支付期应支付给承包人的工程进度款或施工过程结算款中按比例扣回，直到扣回的金额达到合同约定的预付款金额为止。提前解除合同的，尚未扣回的预付款应在合同终止结算时全部扣回。

表 3-5-5 预付款支付申请表

工程名称： 标段： 编号：

致：____________（发包人全称）

我方根据施工合同的约定，现申请支付工程预付款额为（大写）____________

（小写____________），请予核准。

序号	名称	申请金额/元	复核金额/元	备注
1	已签约合同价款金额			
2	其中：安全生产措施费			
3	应支付的预付款			
4	应支付的安全生产措施费			
5	合计应支付的预付款			

承包人（章）

编制人员________ 承包人代表________ 日期________

复核意见：	复核意见：
□与实际施工情况不相符，修改意见见附件 □与实际施工情况相符，具体金额应由造价工程师复核 监理工程师________ 日期________	你方提出的支付申请经复核，应支付金额为（大写）____________ （小写____________）。 一级注册造价工程师________ 日期________

续表

审核意见： □不同意 □同意 发包人（章） 发包人代表＿＿＿＿ 日期＿＿＿＿

注：1. 应在选择栏中的“□”内做标识“√”。

2. 本表一式四份，由承包人填报，发包人、监理人、工程造价咨询人、承包人各存一份。

3. 编制人员、一级注册造价工程师应签字和盖章，承包人代表、监理工程师、发包人代表应签字或盖章。

三、安全生产措施费

（1）措施项目清单中的安全生产措施费包括的内容和使用范围，应符合合同约定和国家及省级、行业主管部门有关文件及工程量计算标准的规定。

（2）发包人应在工程开工后 28 d 内预付不低于安全生产措施费总额的 50% 给承包人，其余部分应按照提前安排的原则进行分解，并与工程进度款同期支付。对跨年度实施的重大工程，预付的安全生产措施费总额可按年度工程进度计划分解计算。发承包双方在计算应付工程进度款时，不应扣回预付的安全生产措施费。

（3）发包人未按合同约定的时间支付安全生产措施费的，承包人可催告发包人支付；发包人在催告后的约定时间内仍未支付的，承包人有权暂停施工，发包人应承担违约责任。

（4）承包人对安全生产措施费应专款专用，不得挪作他用，并应在财务账目中单独列项备查，否则发包人有权责令其限期改正；逾期未改正的，可责令其暂停施工，由此增加的费用和（或）延误的工期由承包人承担。

实战演练

［2022 真题补改编・单选］关于安全生产措施费的说法，正确的是（　　）。

A. 发包人未按合同约定的时间支付安全生产措施费，在催告后的约定时间内仍未支付的，承包人无权暂停施工

B. 发承包双方在计算应付工程进度款时，应扣回预付的安全生产措施费

C. 发包人应在开工后 28 d 内预付安全生产措施费总额的 30%，其余部分与进度款同期支付

D. 承包人对安全生产措施费应专款专用，并应在财务账目中单独列项备查

［解析］选项 A 错误，发包人未按合同约定的时间支付安全生产措施费的，承包人可催告发包人支付；发包人在催告后的约定时间内仍未支付的，承包人有权暂停施工，发包人应承担违约责任。选项 B 错误，发承包双方在计算应付工程进度款时，不应扣回预付的安全生产措施费。选项 C 错误，发包人应在工程开工后 28 d 内预付不低于安全生产措施费总额的 50% 给承包人，其余部分应按照提前安排的原则进行分解，并与工程进度款同期支付。

［答案］D

四、进度款

（1）发承包双方应按合同约定的时间或工程形象进度节点、程序和方法，在每个计量周期进行已完工程进度款计量与支付，计量周期应与支付周期一致。合同中进度款计量周期约定不明的，可以月为单位分期计量与支付。

（2）单价合同工程的分部分项工程项目清单进度款可按合同约定适用的国家及行业工程量计算标准的计算规则及补充的工程量计算规则，重新计量确定累计完成的相应清单项目工程量，乘以合同单价（合同单价发生调整的，按发承包双方确认的调整单价）计算累计进度价款。采用以项总价计价方式的分部分项工程项目清单可按第（3）项的规定计算。

（3）总价合同工程的分部分项工程项目清单进度款可依据发承包双方确认的清单项目累计已完成工程量占合同清单中相应的清单项目的总工程量的比例，乘以相应清单项目合价计算分部分项工程项目清单累计进度价款。采用暂定数量单价计价的分部分项工程项目清单可按第（2）项的规定计算。

（4）措施项目清单的进度款可按发承包双方约定的支付分解方式计算累计完成的措施项目进度款，约定不明的可按累计完成分部分项工程项目清单合价占分部分项工程项目清单总价的比例计算累计完成的措施项目进度款。支付分解方式可按措施项目费用分拆表（表 3-5-6）计算，累计完成的安全生产措施进度款可按“三、安全生产措施费”的规定计算。

表 3-5-6　措施项目费用分拆表

工程名称：　　　　　　　　　　　　标段：　　　　　　　　　　　　第　页　共　页

序号	项目编码	措施项目名称	价格/元	1. 初始设立费用		2. 中期运行费用		3. 后期拆除费用	
				占比/%	金额/元	占比/%	金额/元	占比/%	金额/元
本页小计				—		—		—	
合计				—		—		—	

（5）其他项目清单的累计进度款计算应符合下列规定：

①总承包服务费应按服务事项的计价方式计算。以总价计价的，应按当期发包人确认的专业分包工程累计进度款占专业分包工程合同价的比例乘以其相应的服务费总价计算各专业分包工程累计完成的总承包服务费；以费率计价的，应按当期发包人确认的专业分包工程累计进度款乘以相应的费率计算各专业分包工程累计完成的总承包服务费；发包人提供材料及直接发包的专业工程可按专业分包工程计价方法计算累计完成的总承包服务费。

②专业工程暂估价项目应按至当期发包人确认的专业工程项目累计完成的进度款计算。

③计日工、暂列金额应按至当期累计完成的进度款进行计算。

（6）发承包双方确认的按《计价标准》规定计算的合同价款调整金额应列入当期累计完成的进度款中。

(7) 进度款的增值税应依据《计价标准》的规定，按政府主管部门规定的现行增值税税率计算。

(8) 当期应付进度款可按当期应付进度款的计算公式计算，当期累计已完成工程总值可按第 (2) ～ (7) 项合计金额计算。

(9) 承包人应在合同约定的每个计量周期及付款核定日或之前及时向发包人提交已完工程进度款支付申请表（表 3-5-7），说明本期认为应得到的价款，包括建筑工人工资的申请金额和专业分包人已完工程的进度款，并附上计算依据。支付申请应包括累计完成工程总值、累计已扣回预付款（包括当期扣回价款）、累计应付进度款、前期累计支付进度款、发包人应扣除的价款以及本期应付进度款。其中，累计完成工程总值主要包括的内容如下：

①累计完成合同清单的价款。

②累计发生工程量清单缺陷调整价款（包括单价合同的重新计量调整价款、总价合同的暂定数量调整价款）。

③累计发生暂列金额价款。

④累计发生暂估价调整价款（包括材料暂估价、承包人实施的专业工程暂估价）。

⑤累计发生总承包服务费调整价款。

⑥累计发生计日工价款。

⑦累计发生物价变化调整价款。

⑧累计发生法律法规及政策性变化调整价款。

⑨累计发生工程变更价款。

⑩累计发生新增工程价款。

⑪累计发生工程索赔价款。

表 3-5-7　进度款支付申请表

工程名称：　　　　　　　　　　　　　　标段：　　　　　　　　　　　　　　编号：

致：________________（发包人全称）

我方于________至________期间已完成了________________工作，根据施工合同的约定，现申请支付本周期的合同款额为（大写）________________（小写________________），请予核准。

序号	名称	申请金额/元	复核金额/元	备注
1	累计完成工程总值			
2	累计已扣回预付款			
3	累计应付进度款			
4	前期累计支付进度款			
5	发包人应扣除的价款			
6	本期应付进度款			

承包人（章）

编制人员________　　　　承包人代表________　　　　日期________

续表

<table>
<tr><td>复核意见：
□与实际施工情况不相符，修改意见见附件
□与实际施工情况相符，具体金额应由造价工程师复核

监理工程师________
日期________</td><td>复核意见：
你方提出的支付申请经复核，本期间已完成合同款额为（大写）________（小写________），本期间应支付金额为（大写）________（小写________）。

一级注册造价工程师________
日期________</td></tr>
<tr><td colspan="2">审核意见：
□不同意
□同意

发包人（章）
发包人代表________
日期________</td></tr>
</table>

注：1. 应在选择栏中的“□”内做标识“√”。

2. 本表一式四份，由承包人填报，发包人、监理人、工程造价咨询人、承包人各存一份。

3. 编制人员、一级注册造价工程师应签字和盖章，承包人代表、监理工程师、发包人代表应签字或盖章。

（10）发包人认为需要进行现场进度计量核实的，核实前应适时通知承包人，承包人应为核实提供便利条件并派人参加。当发承包双方均同意核实结果时，应签字确认。承包人收到通知后不派人参加核实的，应视为认可发包人的进度计量核实结果。发包人不按约定时间通知承包人，致使承包人未能派人参加核实的，核实结果无效。

（11）发包人收到承包人进度款支付申请后应在合理时间内对申请内容予以核对，确认后向承包人出具进度款支付证书并依时支付进度款。若发承包双方对部分清单项目的计量与计价结果存有争议，发包人应按无争议部分的清单项目计量与计价结果向承包人出具进度款支付证书并支付进度款。

（12）发包人不按合同约定支付进度款或逾期不支付的，承包人可按规定向发包人索赔。

（13）承包人完成履行合同义务的每个计量周期的工程量及价款经发包人核对无误后，发承包双方应对每个计量周期的历次计量报表进行汇总，并在汇总表上签署确认。

（14）合同约定或发承包双方商定已完工程量或工程进度款采用粗略计量的，应在工程进度款支付文件或相应的文件中明确说明其仅作为工程进度款支付使用，不作为工程结算的依据。

实战演练

[2024 真题·单选] 某工程施工合同约定：合同总额为 2 100 万元，合同工期为 5 个月，预付款为 210 万元，进度款按月支付；质量保证金按工程价款的 10% 逐月扣留，累计扣留至合同总额的 3% 停止扣留；预付款在最后两个月等额扣回。承包人每月实际完成并经监理工程师签证确认的工程价款金额见表 3-5-8，则第 5 个月发包人应支付的工程进度款金额为（　　）万元。

表 3-5-8　承包人每月实际完成并经监理工程师签证确认的工程价款金额

月份	1	2	3	4	5
实际完成的工程价款金额/万元	300	500	400	400	500

A. 290　　B. 345　　C. 395　　D. 450

[解析] 总共可扣留的质量保证金＝2 100×3%＝63（万元），第 1 个月扣留的质量保证金＝300×10%＝30（万元），第 2 个月扣留的质量保证金＝500×10%＝50（万元）。30＋50＝80（万元），大于 63 万元，故第 5 个月不扣留质量保证金，其进度款＝500－210/2＝395（万元）。

[答案] C

[2023 真题・单选] 某工程采用单价合同计价方式，其中一个分项工程的全费用综合单价为 500 元/m^3。合同约定：发包人自第 1 个月起，从承包人工程进度款中按 3% 扣留质量保证金，监理人每月签发付款凭证的最低金额为 25 万元。在第 1 个月承包人仅进行了该分项工程施工，实际完成并经监理人计量的该分项工程量为 450 m^3。第 1 个月监理人实际签发的付款金额为（　　）万元。

A. 0　　B. 21.825

C. 22.500　　D. 25.000

[解析] 第 1 个月的进度款＝500×450×（1－3%）＝218 250（元）＝21.825（万元），小于 25 万元。因此本月监理签发的付款金额为 0。

[答案] A

[2018 真题・单选] 某工程合同价为 6 000 万元，合同约定：工期 6 个月；预付款 120 万元，每月进度款按实际完成工程价款的 80% 支付；每月再单独支付安全文明施工费 50 万元；质量保证金按进度款的 3% 逐月扣留；预付款在最后两个月等额扣回。承包人每月实际完成工程价款金额见表 3-5-9，则第 2 个月发包人实际应支付的工程款金额为（　　）万元。

表 3-5-9　承包人每月实际完成工程价款金额

月份	1	2	3	4	5	6
实际完成工程价款金额/万元	800	1 000	1 000	1 200	1 200	80

A. 850.0　　B. 826.0

C. 824.5　　D. 776.0

[解析] 第 2 个月发包人实际应支付的工程款金额＝（1 000×80%＋50）－1 000×80%×3%＝826（万元）。

[答案] B

知识点 6　结算与支付

一、一般规定

（1）发承包双方应按照合同约定的时限、计价方式办理工程结算。

（2）工程结算应由承包人或受其委托的工程造价咨询人编制，由发包人或受其委托的工程造价咨询人核对。委托工程造价咨询人进行工程结算编制或核对的，当发承包双方或一方对工程造价咨询人出具的结算文件质量有异议且经协商仍不能达成一致意见的，可按合同约定处理。

（3）合同约定执行施工过程结算的，发承包双方应按合同约定的施工过程结算节点、程序和方法，进行相关施工过程结算的计量与支付。

（4）合同工程整体竣工验收合格，发承包双方应按合同约定的结算期办理工程竣工结算。

（5）合同约定分期竣工验收的工程，每期竣工验收合格后，发承包双方应按合同约定进行已竣工验收工程的竣工结算，从竣工验收合格之日起计算其保修期，并按规定办理工程保修与结清。

（6）发承包双方在办理施工过程结算、工程竣工结算过程中，应在合同约定的节点及相关规定时限内完成相关合同价款调整的申报及核对。

（7）承包人未按要求提交施工过程结算文件和（或）工程竣工结算文件，并在收到发包人书面发出的催告通知后仍未按约定时间提交或未做出明确答复的，发包人可按照《计价标准》的规定编制相关的施工过程结算和（或）工程竣工结算，承包人应在合同约定的结算期及相关规定时限内完成对发包人编制的结算的复核及确认。

（8）承包人可同时或分开提交合同范围工程与新增工程（如有）的施工过程结算文件和（或）工程竣工结算文件，发包人应在约定的结算期内完成合同范围工程的结算核对及价款支付，不应以承包人未提交新增工程的施工过程结算文件和（或）工程竣工结算文件，或未与承包人达成新增工程结算价款一致意见为由，拖延办理合同范围工程的施工过程结算和（或）工程竣工结算及其相关的结算价款支付。

（9）若发承包双方对施工过程结算、工程竣工结算存有异议，且双方经过核对、协商仍无法达成一致意见的，可按规定的争议解决方式处理。

二、施工过程结算

（1）施工过程结算编制应满足下列依据的要求：

①工程施工合同文件及补充协议（包括已标价工程量清单及投标报价澄清或说明文件）。

②《计价标准》和相关工程国家及行业工程量计算标准。

③合同图纸、实际施工图纸及相关工程勘察与设计资料。

④合同规范、发包人在施工过程中补充的技术规范。

⑤工程投标文件、招标文件。

⑥经批准或确认的工程变更、计日工、工程索赔等资料。

⑦发承包双方已确认计入当期施工过程结算的工程量及其价款。

⑧发承包双方已确认计入当期施工过程结算的合同调整价款。

⑨其他相关依据及资料。

（2）合同约定进行施工过程结算的，发承包双方应将按规定计算且已确认的合同调整价款列入当期施工过程结算，并同期支付。

(3) 除下文第 (7) 项规定外，经发承包双方签署确认的施工过程结算文件，应作为工程竣工结算文件的组成部分，竣工结算不应对其重新计量、计价。措施项目费用和总承包服务费可按《计价标准》规定进行调整。

(4) 施工过程结算价款的支付比例应在合同中约定，不应低于当期施工过程结算价款总额的 80%。

(5) 措施项目费用可按发承包双方约定的支付分解方式计算累计完成的措施项目费，约定不明的，可按施工过程结算项目中的分部分项工程项目清单合价占合同工程分部分项工程项目清单总价的比例乘以合同工程措施项目费用总价计算施工过程结算价款。

(6) 施工过程结算时，可按发承包人确认的专业分包工程累计已完成的价款占专业分包工程合同价的比例乘以调整后的服务费总价计算各专业分包工程累计完成的施工过程结算的总承包服务费；发包人提供材料及直接发包的专业工程可按专业分包工程计价方法计算累计完成的总承包服务费。

(7) 按第 (5) 项规定计算的措施项目费用和第 (6) 项规定计算的总承包服务费仅用于计算和支付施工过程结算价款，不作为确定工程竣工结算价款的依据。在合同工程整体竣工后进行工程竣工结算时，措施项目费用和总承包服务费应依据合同约定重新计算确定，并按计算确认的结果相应调增或调减。

(8) 施工过程结算节点工程完工后，承包人应在规定时间内向发包人提交施工过程结算文件。承包人未提交施工过程结算文件，经发包人催告后仍未按要求提交或没有明确答复的，发包人可根据已有资料编制施工过程结算文件，并提请承包人确认。承包人确认无异议或在约定时间内没有明确答复的，应视为发包人编制的施工过程结算文件已被承包人认可，可作为办理施工过程结算和支付施工过程结算价款的依据。

(9) 承包人提交施工过程结算文件时，应同时提交施工过程结算项目的相关质量合格证明等验收资料。但施工过程验收不能代替竣工验收，不能免除或减轻在工程竣工验收时质量不合格承包人应承担的整改义务，施工过程结算也不应影响缺陷责任期及质量保修期。

(10) 施工过程结算价款确认后，承包人应向发包人提交施工过程结算款支付申请。支付申请应包括下列内容：

①累计已完成的施工过程结算款，包括累计已完成的分部分项工程项目费的金额、累计已完成的措施项目费的金额、累计已完成的其他项目费的金额、累计已完成合同价款调整的金额、累计应计算的增值税。

②累计已支付的施工过程结算款。

③本期合计应扣减的金额，包括本期应扣回的预付款、本期应扣回的已支付进度款、本期发包人应扣减的金额。

④本期应支付的施工过程结算款。

(11) 施工过程结算价款支付申请的核实、签发、支付可按《计价标准》的规定执行。

(12) 发包人未按合同约定支付施工过程结算款的，承包人可催告发包人支付，并可按《计价标准》的规定向发包人索赔。

三、竣工结算

（1）工程竣工后，发承包双方应按合同约定及《计价标准》规定，以及双方签署确认的全部施工过程结算文件，在约定的时间内编制、核对工程竣工结算文件，按相关规定办理工程竣工结算。

（2）工程竣工结算价款项目列项应符合下列规定，并应按其顺序编制相关的工程竣工结算文件：

①合同清单总价。

②工程量清单缺陷调整价款。

③暂列金额调整价款。

④暂估价调整价款：材料暂估价调整价款、专业工程暂估价调整价款（适用于总承包合同）。

⑤总承包服务费调整价款（适用于总承包合同）。

⑥计日工调整价款。

⑦物价变化调整价款。

⑧法律法规及政策性变化调整价款。

⑨工程变更增减价款。

⑩新增工程价款。

⑪工程索赔价款。

⑫不按合同约定履行的违约金。

⑬其他价款（如有）。

（3）工程竣工结算时，发承包双方应重新计算确定施工过程结算文件的措施项目费用和总承包服务费，并应符合下列规定：

①措施项目费用应按规定计算完成工程所含的全部措施项目费用，包括安全生产措施费的调整费用。施工过程结算中列支的措施项目费用不应作为工程竣工结算的依据。

②总承包服务费应按规定计算完成所有专业分包工程、直接发包的专业工程、发包人提供材料的总承包服务费。施工过程结算中列支的总承包服务费不应作为工程竣工结算的依据。

（4）工程竣工后，承包人应在经发承包双方确认的施工过程结算的基础上，补充完善相关质量合格验收证明等资料，按合同约定及相关规定编制并向发包人提交完整的工程竣工结算文件。

（5）承包人未在约定的时间内提交工程竣工结算文件，经发包人催告后仍未按要求提交或没有明确答复的，发包人可根据已有资料编制竣工结算文件，并提请承包人确认；承包人确认无异议或在约定时间内没有明确答复的，应视为发包人编制的结算文件已被承包人认可，可作为办理竣工结算和支付结算款的依据。

（6）发包人在收到承包人提交的竣工结算文件后，应在约定时间内予以核对。发包人经核对，认为承包人应进一步补充资料和修改结算文件的，应在约定时间内向承包人提出核对意见，承包人应在收到核对意见后，在约定时间内按发包人提出的合理要求补充资料，修改竣工结算文件，再次提交给发包人复核确认。

(7) 发包人在收到承包人再次提交的竣工结算文件后，应在约定时间内予以复核，并将复核结果通知承包人，且应遵守下列规定：

①发承包双方对复核结果无异议的，应在约定时间内在工程竣工结算文件上签字并盖章确认，竣工结算确认完毕。

②发包人或承包人对复核结果存有异议的，无异议部分应按第①项规定办理不完全竣工结算；有异议部分应由发承包双方协商解决，协商达不成一致意见的，可按规定的争议解决方式处理。

(8) 发包人在收到承包人竣工结算文件后的约定时间内，未按合同约定核对竣工结算或未提出核对意见的，应视为承包人提交的竣工结算文件已被发包人认可，竣工结算确认完毕。

(9) 承包人在收到发包人提出的核对（或复核）意见后，在约定的时间内未按合同约定确认也未提出异议的，应视为发包人提出的核对意见已被承包人认可，竣工结算确认完毕。

(10) 发包人委托工程造价咨询人核对竣工结算的，经委托人确认后应视同发包人的核对，工程造价咨询人应在约定时间内完成核对，核对结果与承包人竣工结算文件不一致的，应将核对结果提交给承包人复核，同时抄送给发包人；承包人应在约定时间内将同意核对结果或不同意见的说明提交发包人及工程造价咨询人。工程造价咨询人收到承包人提出的异议后，应在约定时间内再次复核，复核无异议的，应按上文第（7）项第①项的规定办理，复核后仍有异议的，按上文第（7）项第②项的规定办理。承包人收到核对结果后，在约定的时间内，未按合同约定提出书面异议的，应视为工程造价咨询人核对的竣工结算文件已获得承包人认可。

(11) 经发包人或发包人委托并确认的工程造价咨询人授权的人员与承包人授权的人员核对后无异议的竣工结算文件，发承包双方应签字并盖章确认。如其中一方不签认的，应承担违约责任，并承担由此造成的损失。

(12) 工程竣工结算核对完成，发承包双方签字并盖章确认后，发包人不应要求承包人再与其他工程造价咨询人重复核对竣工结算。

(13) 承包人原因引起工程质量不合格的，发包人可要求承包人整改合格；承包人经整改不合格或不整改的，发包人可按合同约定要求承包人承担修复、返工等费用，并在工程竣工结算中扣减承包人应承担的修复、返工等费用。由此造成发包人损失的，发包人可依据《计价标准》的规定向承包人索赔。

(14) 发包人对工程质量有异议的，已竣工验收或已竣工未验收但发包人擅自使用的工程，其质量争议应按工程保修合同或合同中有关保修条款执行，竣工结算应按合同约定办理；已竣工未验收且未投入使用的工程以及停工、停建工程的质量争议，发承包双方可就有关争议部分委托有工程质量检测鉴定能力的检测鉴定机构进行检测，并应根据检测结果确定解决方案，或按工程质量监督机构的处理决定执行后办理竣工结算，无质量异议部分的竣工结算应按合同约定办理。

(15) 工程竣工结算价款确认后，承包人应根据竣工结算文件向发包人提交竣工结算价款支付申请，办理竣工结算。支付申请应包括下列内容：

①工程竣工结算价款总额。

②累计已实际支付的金额。

③应预留的质量保证金（已提供其他工程质量保证方式的除外）。

④实际应支付的竣工结算款金额。

(16) 发包人在收到承包人提交的竣工结算价款支付申请后，应在规定时间内予以核实，向承包人签发竣工结算支付证书。发包人在收到承包人提交的竣工结算价款支付申请后，在规定时间内不予核实，也不向承包人签发竣工结算支付证书的，应视为承包人的竣工结算价款支付申请已被发包人认可，发包人应在收到承包人提交的竣工结算价款支付申请后的规定时间内，按照承包人提交的竣工结算价款申请列明的金额向承包人支付结算款。

(17) 发包人未按合同约定支付竣工结算款的，承包人可催告发包人支付，并可按《计价标准》相关规定向发包人索赔。

四、合同解除结算

(1) 发承包双方协商一致解除合同的，应按双方达成的协议办理解除合同结算，支付相应价款。

(2) 因不可抗力引起合同无法履行，发承包双方按合同约定或法律法规规定解除合同的，发承包双方应协商确认下列发包人应支付的价款，并在约定时间内办理结算价款的支付，当发包人应扣减的金额超出了应支付的金额的，承包人应在确认结算价款后的约定时间内将其差额退还给发包人：

①合同解除前承包人已完成工程的价款。

②承包人为合同工程按施工进度计划合理订购且已交付的，或承包人有责任接受交付的材料和其他物品的价款。

③发包人要求承包人退货或解除订货合同而产生的费用，或因不能退货或解除合同而产生的损失。

④承包人撤离施工现场以及遣散承包人施工人员的费用。

⑤在合同解除前应支付给承包人的其他价款。

⑥发包人应扣减承包人的价款。

⑦发承包双方协商确定的其他价款。

(3) 因承包人违约解除合同的，发包人可暂停向承包人支付工程价款。发包人同意解除合同的，应在合同解除后的约定时间内核对承包人提出合同解除时承包人已完成的工程价款，以及按施工进度计划已运至现场的材料货款，并核算承包人给发包人造成的损失或损害的索赔金额，并将结果通知承包人。发承包双方应在约定时间内予以确认或提出复核意见，并按相关规定办理工程结算。发承包双方不能就解除合同后的结算达成一致的，可按规定的争议解决方式处理。因承包人违约解除合同的，不应免除承包人对其已完成工程的质量保证责任。

(4) 因发包人违约解除合同的，发包人除应按规定向承包人支付各项价款，以及退还合同约定的质量保证金外，还应核算发包人应支付的违约金以及给承包人造成损失或损害的索赔费用。索赔费用可由承包人提出，发包人核实并与承包人协商确认后，在规定时间内向承包人签发支付证书并支付价款。协商不能达成一致意见的，可按规定的争议解决方式处理。

五、质量保证金及保修

(一) 质量保证金的概念

建设工程质量保证金是指发包人与承包人在建设工程承包合同中约定，从应付的工程款中预留，用以保证承包人在缺陷责任期内对建设工程出现的质量缺陷进行维修的资金。

经合同当事人协商一致扣留质量保证金的，应在专用合同条款中予以明确。

在工程项目竣工前，承包人已经提供履约担保的，发包人不得同时预留工程质量保证金。

(二) 承包人提供质量保证金的方式

承包人提供质量保证金有以下 3 种方式：

(1) 质量保证金保函。

(2) 相应比例的工程款。

(3) 双方约定的其他方式。

除专用合同条款另有约定外，质量保证金原则上采用上述第 (1) 种方式。

(三) 质量保证金的扣留及退还

1. 质量保证金的扣留

(1) 质量保证金的扣留有以下 3 种方式：

①在支付工程进度款时逐次扣留，在此情形下，质量保证金的计算基数不包括预付款的支付、扣回以及价格调整的金额。

②工程竣工结算时一次性扣留质量保证金。

③双方约定的其他扣留方式。

除专用合同条款另有约定外，质量保证金的扣留原则上采用上述第①种方式。

(2) 发包人累计扣留的质量保证金不得超过工程价款结算总额的 3%。如承包人在发包人签发竣工付款证书后 28 d 内提交质量保证金保函，发包人应同时退还扣留的作为质量保证金的工程价款；保函金额不得超过工程价款结算总额的 3%。

(3) 发包人在退还质量保证金的同时应按照中国人民银行发布的同期同类贷款基准利率支付利息。

2. 质量保证金的退还

(1) 缺陷责任期内，承包人认真履行合同约定的责任，到期后，承包人可向发包人申请返还质量保证金。

(2) 发包人在接到承包人返还质量保证金的申请后，应于 14 d 内会同承包人按照合同约定的内容进行核实。如无异议，发包人应当按照约定将质量保证金返还给承包人。对返还期限没有约定或者约定不明确的，发包人应当在核实后 14 d 内将质量保证金返还承包人，逾期未返还的，依法承担违约责任。发包人在接到承包人返还质量保证金申请后 14 d 内不予答复，经催告后 14 d 内仍不予答复，视同认可承包人的返还质量保证金申请。

发包人和承包人对质量保证金预留、返还以及工程维修质量、费用有争议的，按照合同约定的争议和纠纷解决程序处理。

(四) 保修

1. 保修责任

(1) 工程保修期从工程竣工验收合格之日起算，具体分部分项工程的保修期由合同当事人在专用合同条款中约定，但不得低于法定最低保修年限。在工程保修期内，承包人应当根据有关法律规定以及合同约定承担保修责任。

(2) 发包人未经竣工验收擅自使用工程的，保修期自转移占有之日起算。

2. 修复费用

工程保修期内，修复的费用按照以下约定处理：

(1) 保修期内，承包人原因造成工程的缺陷、损坏，承包人应负责修复，并承担修复的费用以及工程的缺陷、损坏造成的人身伤害和财产损失。

(2) 保修期内，发包人使用不当造成工程的缺陷、损坏，可以委托承包人修复，但发包人应承担修复的费用，并支付承包人合理利润。

(3) 其他原因造成工程的缺陷、损坏，可以委托承包人修复，发包人应承担修复的费用，并支付承包人合理的利润。工程的缺陷、损坏造成的人身伤害和财产损失由责任方承担。

3. 修复通知

在保修期内，发包人在使用过程中，发现已接收的工程存在缺陷或损坏的，应书面通知承包人予以修复，但情况紧急必须立即修复缺陷或损坏的，发包人可以口头通知承包人并在口头通知后 48 h 内书面确认，承包人应在专用合同条款约定的合理期限内到达工程现场并修复缺陷或损坏。

4. 未能修复

承包人原因造成工程的缺陷或损坏，承包人拒绝维修或未能在合理期限内修复缺陷或损坏，且经发包人书面催告后仍未修复的，发包人有权自行修复或委托第三方修复，所需费用由承包人承担。但修复范围超出缺陷或损坏范围的，超出范围部分的修复费用由发包人承担。

实战演练

[2022 真题 · 单选] 根据《建设工程施工合同（示范文本）》，关于工程保修期和保修责任的说法，正确的是（　　）。

A. 单位工程中各分部分项工程的保修期必须相同

B. 保修期内，承包人应承担全部工程损坏的维修责任

C. 工程保修期从工程竣工验收合格之日起算

D. 发包人未经竣工验收擅自使用工程的，保修期自使用之日起算

[解析] 选项 A 错误，工程保修期从工程竣工验收合格之日起算，具体分部分项工程的保修期由合同当事人在专用合同条款中约定，但不得低于法定最低保修年限。选项 B 错误，在工程保修期内，承包人应当根据有关法律规定以及合同约定承担保修责任。选项 D 错误，发包人未经竣工验收擅自使用工程的，保修期自转移占有之日起算。

[答案] C

[2022 真题补 · 单选] 根据《建设工程施工合同（示范文本）》，关于质量保证金的说法，正确的是（　　）。

A. 承包人提供质量保证金的方式原则上采用扣留相应比例工程款的方式

B. 在工程竣工前，承包人已提供履约担保的，发包人不得同时预留质量保证金

C. 在支付工程进度款时逐次扣留质量保证金的，质量保证金的计算基数应包括每次价格调整的金额

D. 发包人累计扣留的质量保证金不得超过工程价款结算总额的 5%

[解析] 质量保证金的扣留有以下 3 种方式：①在支付工程进度款时逐次扣留，在此情形下，质量保证金的计算基数不包括预付款的支付、扣回以及价格调整的金额；②工程竣工结算时一次性扣留质量保证金；③双方约定的其他扣留方式。除专用合同条款另有约定外，质量保证金的扣留原则上采用上述第①种方式。发包人累计扣留的质量保证金不得超过工程价款结算总额的 3%。如承包人在发包人签发竣工付款证书后 28 d 内提交质量保证金保函，发包人应同时退还扣留的作为质量保证金的工程价款；保函金额不得超过工程价款结算总额的 3%。承包人提供质量保证金原则上采用质量保证金保函的方式。

[答案] B

[2020 真题 · 单选] 根据《建设工程施工合同（示范文本）》，质量保证金扣留的方式原则上采用（　　）。

A. 在支付工程进度款时逐次扣留

B. 工程竣工结算时一次性扣留

C. 按照里程碑扣留

D. 签订合同后一次性扣留

[解析] 质量保证金的扣留有以下三种方式：①在支付工程进度款时逐次扣留，在此情形下，质量保证金的计算基数不包括预付款的支付、扣回以及价格调整的金额；②工程竣工结算时一次性扣留质量保证金；③双方约定的其他扣留方式。除专用合同条款另有约定外，质量保证金的扣留原则上采用上述第①种方式。

[答案] A

[2023 真题 · 多选] 根据《建设工程施工合同（示范文本）》，关于工程保修期内的保修责任和修复费用的说法，正确的有（　　）。

A. 承包人原因造成工程的缺陷，承包人应负责修复并承担修复费用

B. 发包人使用不当造成工程的缺陷，发包人承担修复费用并支付承包人合理利润

C. 发包人未经验收擅自使用工程的，承包人不再承担修复责任和费用

D. 不可抗力原因造成工程的缺陷，发包人承担修复费用并支付承包人合理利润

E. 工程的缺陷导致的人身伤害和财产损失应由造成缺陷的责任方承担

[解析] 工程保修期内，修复的费用按照以下约定处理：①保修期内，承包人原因造成工程的缺陷、损坏，承包人应负责修复，并承担修复的费用以及工程的缺陷、损坏造成的人身伤害和财产损失。②保修期内，发包人使用不当造成工程的缺陷、损坏，可以委托承包人修复，但发包人应承担修复的费用，并支付承包人合理利润。③其他原因造成工程的缺陷、损坏，可以委托承包人修复，发包人应承担修复的费用，并支付承包人合理的利润。工程的缺陷、损坏造成的人身伤害和财产损失由责任方承担。

[答案] ABDE

六、最终结清

(1) 缺陷责任期终止后，承包人应在约定时间内向发包人提交最终结清申请书和相关证明材料。最终结清申请书应列明预留的质量保证金或担保保函、缺陷责任期内发生的修复费用、最终结清款。发包人应将质量担保保函或剩余的质量保证金返还给承包人，不应计算利息。

(2) 最终结清款应为预留的质量保证金扣除缺陷责任期内发生的应由承包人承担的修复费用，如有尚未付清的工程结算价款也应在最终结清款中一并结清。预留的质量保证金或担保保函不足以扣减缺陷责任期内发生的应由承包人承担的修复费用的，承包人应承担不足部分的补偿责任。

(3) 发包人对最终结清申请书内容有异议的，可要求承包人进行修正和提供补充资料，承包人应向发包人提交修正后的最终结清申请书。

(4) 发包人在收到承包人提交的最终结清申请书后，应在约定时间内完成核对并向承包人签发最终结清支付证书。发包人逾期未完成核对，又未提出修改意见的，可视为发包人同意承包人提交的最终结清申请书，且视为已签发最终结清支付证书。

(5) 发包人应在签发最终结清支付证书后，在约定时间内完成支付。发包人逾期支付的，应按合同约定或法律法规规定承担违约责任。

(6) 承包人对发包人支付的最终结清款有异议的，可按规定的争议解决方式处理。

工程保修与结清结算支付申请表见表 3-5-10。

表 3-5-10　工程保修与结清结算支付申请表

工程名称：　　　　　　　　　　　　　　标段：　　　　　　　　　　　　　　编号：

致：________________（发包人全称）

我方于________至________期间已完成了缺陷修复工作，根据施工合同的约定，现申请支付工程保修结算的合同款额为（大写）________________（小写________________），请予核准。

序号	名称	申请金额/元	复核金额/元	备注
1	已预留的质量保证金			
2	应增加因发包人原因造成缺陷的修复金额			
3	应扣减承包人不修复缺陷、发包人组织修复的金额			
4	最终应支付的合同价款			

附：上述 3、4 详见附件清单。

承包人（章）

编制人员________　　承包人代表________　　日期________

续表

复核意见： □与实际施工情况不相符，修改意见见附件 □与实际施工情况相符，具体金额应由造价工程师复核 监理工程师＿＿＿＿ 日期＿＿＿＿	复核意见： 你方提出的支付申请经复核，本期间应支付金额为（大写）＿＿＿＿＿＿（小写＿＿＿＿＿＿）。 一级注册造价工程师＿＿＿＿ 日期＿＿＿＿
审核意见： □不同意 □同意 发包人（章） 发包人代表＿＿＿＿ 日期＿＿＿＿	

注：1. 应在选择栏中的"□"内做标识"√"；如监理人已退场，监理工程师栏可空缺。

2. 本表一式四份，由承包人填报，发包人、监理人、工程造价咨询人、承包人各存一份。

3. 编制人员、一级注册造价工程师应签字和盖章，承包人代表、监理工程师、发包人代表应签字或盖章。

知识点 7　合同价款争议的解决

一、一般规定

(1) 发承包双方在合同履行过程中，对工程计量、合同价款调整、价款期中支付、工程结算和与其事项相关的工程质量、工程变更、新增工程、工程索赔、工期延长或工期延误存有争议的，应通过友好协商方式解决，并在协商一致后签订相关的补充（和解）协议，所签订的补充（和解）协议对双方均有约束力。如果经协商不能达成一致意见的，发承包双方应按合同约定处理，合同未约定或约定不明的，可按《计价标准》的规定处理。

(2) 工程发生相关争议事项时，发承包双方可按合同约定及下列争议解决方式处理：

①委托争议评审委员会（或机构）进行评审。

②委托具有调解能力的调解人（或机构）进行调解。

③仲裁或诉讼。

(3) 如发承包双方采用上文第①②项规定的解决方式处理争议，争议评审委员会（或机构）或调解人（或机构）应由发承包双方共同选定，争议评审委员会（或机构）的评审成员、调解人（或机构）均不应与发承包双方存在利益冲突，争议评审委员会（或机构）和调解人（或机构）应遵循相关规定进行争议处理。

(4) 争议评审委员会（或机构）或调解人（或机构）做出的争议处理决定，应按发承包双方对评审或调解事项的委托约定产生相应的约束力，发承包双方可依据相关争议处理决定，按第（1）项的规定确认相关争议的解决结果或签订相关的和解（补充）协议。

(5) 如发承包双方按上文第 (3) (4) 项的规定处理仍不能解决双方的争议，发包人或承包人可按合同约定将相关争议提请双方约定的仲裁委员会仲裁裁决或向人民法院诉讼判决解决。

二、争议评审

(1) 发承包双方采用评审方式解决争议的，应在合同中约定或在合同履行过程中共同确定争议评审委员会（或机构）的选择形式、人员构成与数量。

(2) 争议评审委员会（或机构）的评审人员应由具有良好职业道德、丰富造价管理经验、熟悉法律法规的造价工程师、工程造价调解员、律师或相关工程专业人士担任，其组成人数应为单数。

(3) 发承包双方或任一方提出相关争议的，应在争议评审委员会（或机构）确定后，发承包双方共同将与争议事项相关的工程资料以书面形式提供给争议评审委员会（或机构），或提出相关争议的一方将与争议事项相关的工程资料以书面形式提供给争议评审委员会（或机构），同时提供一份给合同的另一方。

(4) 争议评审委员会（或机构）应在收到争议事项文件资料后，全面了解争议事项的发生实情，并在收到争议事项文件资料后的约定时间内将争议处理意见以书面形式同时提供给发承包双方，包括相关的详细说明和依据。

(5) 如发承包双方中的任一方对争议评审委员会（或机构）的意见提出异议的，提出的一方应在收到争议评审委员会（或机构）意见后的规定时间内，将不认可理由的函件以书面形式提供给争议评审委员会（或机构），并同时抄送一份给合同的另一方，包括相关说明、依据及补充提供的支持性资料。争议评审委员会（或机构）应在收到函件后复查自身的意见，并在收到函件后，在约定时间内将维持原意见或修改意见的理由及决定以书面形式同时提供给发承包双方。

(6) 如发承包双方对争议评审委员会（或机构）提出的争议解决意见或修改意见没有异议的，发承包双方应以书面形式签署确认，作为相关争议的和解协议，对发承包双方应均具有约束力，发承包双方都应遵守执行。

(7) 如发承包双方中任一方对争议评审委员会（或机构）的处理意见有异议，处理意见对发承包双方不应具有约束力。除合同另有约定或合同已经解除外，发承包双方仍应继续按合同约定实施工程，直至争议解决。

(8) 处理争议事项需支付给争议评审委员会（或机构）的费用，可按合同约定或争议评审规则确定，或由发承包双方协商确定分担比例，或依据争议评审委员会（或机构）的争议解决决定，费用应由相关争议责任人承担。

(9) 通过争议评审委员会（或机构）解决争议引起发承包双方自身发生费用的，应由双方各自承担。

三、调解

(1) 如发承包双方采用调解方式解决合同履行过程中发生的争议事项，应在合同中约定或在合同履行过程中双方共同选择、确定具有调解能力的调解人（或机构），负责双方在合同履行过程中发生争议事项的调解。

(2) 合同履行期间，发承包双方可协议调换或终止任何调解人（或机构）。除非双方另有约定，在最终结清支付证书生效后，调解人（或机构）的任期应即终止。

(3) 调解人（或机构）的调解人员应由具有良好职业道德、丰富造价管理经验、熟悉法律法规的造价工程师、工程造价调解员、律师或相关工程专业人士担任，其组成人数应为单数。

(4) 发承包双方发生争议解决事项时，提出争议合理解决的任一方应将相关争议事项的所有文件、工程指令等以书面形式提交调解人（或机构），并书面抄送一份给合同的另一方，委托调解人（或机构）进行调解。

(5) 发承包双方应按照调解人（或机构）提出的要求，提供其所需要的资料、进入现场的权利及相应工作设施条件。

(6) 调解人（或机构）收到争议事项文件资料后，应全面了解争议事项的发生实情，听取发承包双方的意见及协调双方的主张，并在收到争议事项文件资料后的约定时间内将自身的争议处理意见以书面形式提供给发承包双方，包括相关的详细说明和依据。

(7) 如发承包双方中的任何一方不认可调解人（或机构）的决定，提出异议的一方应在收到调解人（或机构）的决定后，在规定的时间内将不认可理由的函件以书面形式提交给调解人（或机构），并同时抄送一份给合同的另一方，包括相关的详细说明、依据及补充提供的支持性资料。调解人（或机构）应在收到函件后复查自身的意见及协调不认可的主张，并在收到函件后，在约定的时间内将维持决定或修改决定的调整意见书同时提供给发承包双方。

(8) 发承包双方接受调解人（或机构）提出的调解书的，双方应签署确认并作为合同的补充文件，对发承包双方应均具有约束力，双方都应遵守执行。

(9) 当发承包双方中任一方对调解人（或机构）的调解书有异议时，应在收到调解书后约定的时间内提出异议的事项和理由。当调解人（或机构）已就争议事项向发承包双方提交了调解书，而任一方在收到调解书后的约定时间内未发出表示异议的通知时，可视为已认可了调解书。

(10) 发承包双方未共同签字确认的调解书，除调解协议另有约定或调解书在仲裁裁决、诉讼判决中予以确认外，对发承包双方均不应具有约束力。无论发承包双方是否确认调解人（或机构）的调解书，除非合同另有约定或合同已经解除，发承包双方仍应继续按合同要求实施工程。

(11) 处理争议事项需支付给调解人（或机构）费用的，可按合同约定或调解协议确定，由发承包双方共同合理分担或按照调解人（或机构）的调解书双方协商确定对相关争议承担责任的一方承担。

(12) 通过调解人（或机构）解决争议引起发承包双方自身发生费用的，应由双方各自承担。

四、仲裁与诉讼

(1) 发承包双方通过争议评审委员会（或机构）或调解人（或机构）的争议处理仍未达

成一致意见的，可就争议事项向合同约定的仲裁委员会申请仲裁或向人民法院提起诉讼，并按仲裁委员会的仲裁程序或人民法院的诉讼程序进行解决。

（2）在仲裁委员会裁决或人民法院判决前，发承包双方可按仲裁委员会或人民法院的调解程序和方法进行调解。

（3）仲裁或诉讼可在工程竣工之前或之后进行，除非因发承包双方中的一方违约而引起合同已无法继续履行，或双方协商确定停止施工或合同已经解除，发包人或承包人即使提请了争议解决，发承包双方仍应在争议发生后继续履行合同工程，直至仲裁委员会做出裁决或人民法院做出判决。

（4）发承包双方各自的义务不应因在工程实施期间进行仲裁或诉讼而改变。当仲裁或诉讼时，按仲裁委员会或人民法院要求停止施工的，承包人应对合同工程采取保护措施，由此增加的费用应由败诉方承担，或按承担的责任分担。

（5）在规定的期限内，当发承包双方中的任一方未能遵守双方确认的争议评审意见或调解书的，另一方可按合同约定的争议解决方式将争议事项提交仲裁或诉讼。

（6）仲裁或诉讼的最终决定，对发承包双方均有法定约束力，应共同遵守。

第六节　工程总承包计价

工程总承包计价是指在工程总承包模式下，承包商对工程项目的设计、采购、施工等全过程或若干阶段进行总价承包的计价方式。本节主要介绍工程总承包计价原理、工程总承包最高投标限价与投标报价编制、工程总承包合同价款约定、工程总承包合同价款调整与索赔、工程总承包项目结算与支付。

知识点 1　工程总承包计价原理

一、工程总承包的类型与特点

根据《住房和城乡建设部 国家发展改革委关于印发〈房屋建筑和市政基础设施项目工程总承包管理办法〉的通知》（建市规〔2019〕12号）的规定，工程总承包是指承包单位按照与建设单位签订的合同，对工程设计、采购、施工或者设计、施工等阶段实行总承包，并对工程的质量、安全、工期和造价等全面负责的工程建设组织实施方式。《国务院办公厅关于促进建筑业持续健康发展的意见》（国办发〔2017〕19号）指出，政府投资工程应带头推行工程总承包，装配式建筑原则上应采用工程总承包模式。

（一）工程总承包的类型

工程总承包的范围、承包方式、责权利等由工程总承包合同界定。工程总承包的类型如下：

（1）设计采购施工总承包（engineering procurement construction，EPC）。EPC总承包，即工程总承包人按照合同约定，承担工程项目的设计、采购、施工、试运行服务等工作，并对承包工程的质量、安全、工期、造价全面负责的一种工程总承包模式。

（2）交钥匙总承包（turnkey）。交钥匙总承包是设计采购施工总承包业务和责任的延伸，最终向业主提交一个满足使用功能、具备使用条件的工程，不仅承包工程项目的建设实施任务，而且提供建设项目前期工作和运营准备工作的综合服务。

与其他工程总承包模式相比，交钥匙总承包的优越性为：能满足某些业主的特殊要求；承包人承担的风险比较大，但获利的机会比较多，有利于调动总包的积极性；业主介入的程度比较浅，有利于发挥承包人的主观能动性；业主与承包人之间的关系简单。

（3）阶段性总承包。根据工程项目的规模、类型和业主的不同要求，工程总承包还可采用设计施工总承包（design build，DB）、设计采购总承包（engineering procurement，EP）和采购施工总承包（procurement construction，PC）等方式。其中，DB总承包方式最常见，这种方式下，工程总承包人按照合同约定，承担工程项目的设计和施工，并对承包工程的质量、安全、工期、造价全面负责。DB总承包的基本出发点是促进设计与施工的早期结合，以便尽可能发挥设计和施工双方的优势，提高项目的经济性。DB总承包一般适用于建筑工程项目，而大型土（石）方工程及道路工程等设计工作量少的项目较少采用。

（二）工程总承包的特点

（1）有利于优化工程建设组织方式。在工程总承包合同环境下，业主依据规定范围内的工程项目实施任务，通过合同约定，将设计和施工的规划、组织、指挥、协调和控制一揽子委托给工程总承包人负责，工程总承包人利用其自身很强的技术和管理综合能力，协调自己内部及分包商之间的关系，从而显著减少业主在组织、协调、管理等方面的工作量和压力。这样的工程建设组织方式有利于提升建设效率和项目绩效。

（2）有利于设计和施工深度交叉，降低工程造价。在传统承包模式下，施工和设计是分离的，双方难以及时协调，经常产生造价和使用功能上的损失。设计和施工过程的深度交叉，能够在保证工程质量的前提下，最大限度地降低成本。同时，进行设计修改、优化的成本是很低的，但是对项目投资的影响却是决定性的。因此，设计与施工的一体化完全可以从源头上达到发包人投资管控的目的。

（3）有利于缩短建设周期，提高工程质量。实现设计、采购、施工、试运行全过程的质量控制，能够在很大程度上消除质量不稳定因素。同时设计、采购、施工、试运行各阶段深度合理交叉，在设计阶段就积极引用新技术、新工艺，并适当考虑施工的便于操作性，尽可能在施工前发现图纸存在的问题，从而达到控制工程质量、缩短建设周期的目的。

（4）有利于提高承包人的市场竞争力。参照类似已完工程估算工程价款进行投资包干，虽然对总承包人而言风险较大，但相应地更利于总承包人发挥自身技术优势和管理综合实力，也会带来获得更高预期经营效益的机遇。另外，独力承担从设计到施工安装提供最终工程产品会为总承包人带来社会效应和知名度，扩大其在工程建设领域的影响力。工程总承包符合工程建设的客观规律，有利于发挥工程建设责任主体的技术管理优势，提升建筑业企业的核心竞争力。通过创新承包模式和经营手段，总承包人能在建筑市场上拓展增长空间，提升市场竞争力。

二、工程总承包计价方式

（1）发包人采用工程总承包模式时，应根据发包内容，以下列规定作为建设项目控制投资的基础：

①在可行性研究报告批准或方案设计后，以投资估算中与发包内容对应的总金额作为投资控制目标。

②在初步设计批准后，以设计概算中与发包内容对应的总金额作为投资控制目标。

（2）发承包双方应按照国家勘察设计规范、技术标准或发包人要求中提出的标准和合同中约定的承包范围，完成各自职责范围内建设项目的勘察设计工作并提供勘察设计文件，双方应对各自提供的勘察设计文件的质量负责。

采用工程总承包，除发包人将全部勘察工作单独委托勘察人实施或合同另有约定外，发承包双方可按下列分工进行勘察设计工作：

①可行性研究报告批准或方案设计后发包的，由发包人负责可行性研究勘察和初步勘察；承包人负责详细勘察和施工勘察以及初步设计和施工图设计、专项设计工作，按规定取得相关部门的批准，并符合专用合同条款的约定。

②初步设计后发包的，由发包人负责详细勘察；承包人负责施工勘察以及施工图设计、专项设计工作，按规定取得相关部门的批准，并符合专用合同条款的约定。

（3）建设项目工程总承包应采用总价合同，除工程变更外，工程量不予调整。

总价合同中也可在专用合同条件约定，将发承包时无法把握施工条件变化的某些项目单独列项，按照应予计量的实际工程量和单价进行结算支付。

发承包双方可根据相应规定在合同中约定合同价款调整的内容，形成可调总价合同，据此进行调整，否则视为固定总价合同，合同价款不予调整。

（4）工程总承包中价格清单项目的价格应包括成本、利润。成本中的应纳税金由发包人按照下列规定在发包人要求中明确，并在合同中约定：

①由承包人结合具体工程测算，将应纳税金计入价格清单项目汇入合同总价。

②由承包人将应纳税金单列计算。

（5）除合同另有约定外，采用工程总承包模式发包，应由承包人负责材料和设备的采购、运输和保管。

发包人要提供部分材料和设备时，应在发包人要求中提出，并应在合同中明确约定。发包人应按工程进度计划的要求保质保量按期提供。

工程总承包范围的材料、设备需要加工定制时，承包人可以外包并负责采购策划、设计、招标、签约、催交、检验、运输、验收、入库等。

（6）承包人应按照合同约定的品牌、规格提供材料和设备，并应满足合同约定的质量标准。若需更换时，应报发包人核准；若承包人擅自更换时，承包人应进行改正，并应承担由此造成的返工损失，延误的工期应不予顺延。发包人发现后予以核准时，因擅自更换而导致的费用增加，发包人不应另行支付。因擅自更换而导致的费用减少，发包人应核减相应费用。

发包人可根据工程具体情况，要求承包人在施工过程中更换相关材料或设备，对更换部分的价格变化应按合同约定的有关规定执行。对承包人造成影响的，由此导致的费用增加和工期延误应由发包人承担。

(7) 采用工程总承包模式，发包人对建筑安装工程价款的计价，除专用合同条件约定的按照应予计量的实际工程量进行结算支付的单价项目外，不得以项目的施工图为基础对合同价款进行重新计量或调整。

(8) 价格清单列出的建筑安装工程量仅为估算的数量，不得将其视为要求承包人实施工程的实际或准确的数量。价格清单中列出的建筑安装工程的任何工程量及其价格，除按规定在专用合同条件中约定的单价项目外，应仅限于作为合同约定的变更和支付的参考，不应作为结算依据。

(9) 建设项目实施过程中的期中结算与支付应按照合同价款支付分解表，依据进度计划完成的里程碑节点进行支付。

(10) 预备费按下列规定使用：

①工程总承包为可调总价合同，已签约合同价中的预备费应由发包人掌握使用，发包人按照合同约定支付后，预备费如有余额应归发包人所有。

②工程总承包为固定总价合同，预备费可作为风险包干费用，在合同专用条款中约定，预备费归承包人所有。

三、工程总承包计价风险

(1) 建设项目工程总承包中，发包人应根据采用的工程总承包模式以及发承包依据的基础条件，按照权责对等和平衡风险分担的原则，在发包人要求、工程总承包合同中明确计价的风险范围。存在下列情形时，造成合同工期和价格的变化主要由发包人承担：

①国家法律发生变化。

②专用合同条款中约定的人工、主要材料等市场价格变化超过合同约定幅度。

③可行性研究报告批准或方案设计后发包，发包人要求和方案设计发生变更；初步设计后发包，发包人要求和初步设计发生变更。

④不可预见的地质条件、地下掩埋物等变化。

⑤不可抗力。

具体风险分担内容由发承包双方根据采用的工程总承包模式在专用合同条款中约定。

(2) 发包人应在基准日期前，将其取得的现场地形和地下、水文、气候及环境条件方面的所有相关现场数据提供给承包人。发包人在基准日期后得到的所有此类数据，也应及时提供给承包人。原始测量控制点、基准线和基准标高等参考数据应在发包人要求中提出。

承包人应负责验证和解释发包人提供的参考数据，按照合同约定对与参考数据有关的工程放线，并核实参考数据的准确性，纠正在工程的位置、标高、尺寸或定线中的错误，负责对工程的所有部分正确定位。

对发包人提供的现场数据和参考数据的错误可按下列规定分担责任：

①采用设计采购施工总承包（EPC）模式时，发包人除按照合同约定或有关规定承担责任外，不对现场数据和参考数据的准确性、充分性和完整性承担责任。

②采用设计施工总承包（DB）模式时，承包人应及时将发现的参考数据中的错误通知发包人，如果承包人因错误而遭受延误和（或）费用增加时，承包人有权获得工期的延长和

（或）额外费用的增加及合理的利润。

（3）发包人要求中的错误可按下列规定分担责任：

①采用设计采购施工总承包（EPC）模式，承包人应复核发包人要求，发现错误应书面通知发包人。发包人做相应修改的，按照合同约定进行调整；如确有错误，发包人坚持不改，其应承担由此导致承包人增加的费用和（或）延误的工期，以及合理的利润。

承包人未发现发包人要求中存在错误和（或）未通知发包人并提交说明文件的，除专用合同条款另有约定外，承包人自行承担由此导致的费用增加和（或）工期延误。

无论承包人发现与否，发包人要求中的错误导致承包人增加的费用和（或）延误的工期，都由发包人承担，并向承包人支付合理利润，包括发包人要求中或合同中约定由发包人负责的或不可变的数据和资料；对工程或其他任何部分的预期目的的说明；竣工工程的试验和性能的标准；除合同另有约定外，承包人不能核实的数据和资料。

②采用设计施工总承包（DB）模式，承包人应复核发包人要求，发现错误应书面通知发包人。发包人要求中的错误导致承包人增加费用和（或）工期延误的，应承担承包人由此增加的费用和（或）延误的工期以及合理的利润。

（4）工程总承包项目的承包人应按照合同约定范围统一负责建设项目的勘察、设计、材料设备采购、施工等的组织、协调、进度控制等所有相关工作。

设计单位和施工单位组成联合体的，应当根据项目特点和复杂程度，合理确定牵头单位，明确各自的权利和责任。对合同约定范围内的施工图设计变更，施工单位不得向发包人申请合同价款调整。

（5）承包人在合同约定承包范围内实施设计时，应在满足发包人要求的前提下进行优化设计，并应从中选取最优设计方案；承包人应在满足发包人提供的设计文件技术标准的前提下进行深化设计，实现合同目标。优化设计和深化设计导致的盈亏均归承包人享有或承担。

（6）除发包人要求的错误导致承包人文件出错外，当承包人文件中存在错误、遗漏、含糊、不一致、不适当或其他缺陷，即使发包人做出了同意或批准，承包人仍应对缺陷和工程问题进行改正，并应承担相应费用和工期延误。

（7）承包人应被认为已确信工程总承包合同约定的合同金额的正确性和充分性。除合同另有约定外，签约合同价应被视为包括承包人根据合同约定应承担的全部义务，以及按照合同约定为正确地实施工程所需的全部有关事项的费用。

（8）采用设计采购施工总承包（EPC）模式时，承包人应被认为已取得对承包工程可能产生影响或作用的有关风险、意外事件和其他情况的全部必要资料，且接受为完成工程预见到的所有困难和费用的全部职责，除合同另有约定外，合同价款不予调整。

（9）当不可抗力发生影响合同价款时，除合同另有约定外，发承包双方责任的分担应符合相关规定。

四、工程总承包费用项目

（1）建设项目工程总承包费用由工程费用和工程总承包其他费组成。

（2）工程费用包括建设项目总投资中的建筑工程费、设备购置费、安装工程费。

（3）工程总承包其他费包括建设项目总投资中工程建设其他费中的下列部分费用：

①勘察费，详细勘察费、施工勘察费。

②设计费，初步设计费、施工图设计费、专项设计费。

③工程总承包管理费。

④研究试验费。

⑤临时用地及占道使用补偿费。

⑥场地准备及临时设施费。

⑦检验检测及试运转费。

⑧系统集成费。

⑨工程保险费。

⑩其他专项费。其他专项费是指发包人按照合同约定支付给承包人在项目建设期内，用于本工程的专利及专有技术使用、引进技术和引进设备其他费、工程技术经济等咨询费、苗木迁移、测绘等发生的费用。

五、工程总承包费用项目清单

（1）发包人应在建设项目总承包发包时将工程总承包费用项目清单列入招标文件。项目清单可根据不同的发承包阶段，分为可行性研究或方案设计后清单、初步设计后清单。

（2）编制项目清单应依据相关计价规范和发包人要求，以及专业工程计量规范，按照不同发承包阶段的发包范围和内容，确定工程总承包费用项目。

（3）工程总承包费用项目清单宜依据相关专业工程的工程总承包计量规范编制。

（4）工程总承包其他费清单应根据工程总承包的范围和内容列项。

（5）发包人在建设项目工程总承包发包时，应将预备费列入工程总承包项目清单中。

（6）根据《房屋工程总承包工程量计算规范》（T/CCEAS 002—2022）（以下简称“规范”），项目清单应符合下列规定：

①可行性研究或方案设计后应根据规范规定的项目编码、项目名称、计量单位和工程量计算规则进行编制，先按照规范的规定确定房屋工程类型分类码，再确定可行性研究或方案设计后项目清单。

可行性研究或方案设计后项目清单编码应由四级编码组合而成（图 3-6-1），并应符合下列规定：

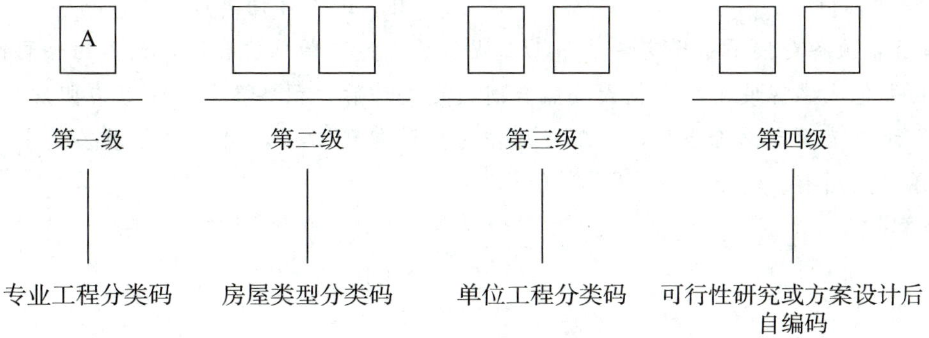

图 3-6-1　可行性研究或方案设计后项目清单编码

第一级为专业工程分类码，房屋建筑工程对应字母 A。

第二级为房屋类型分类码，由两位阿拉伯数字组成，编码详见规范中房屋类型分类表。

第三级为单位工程分类码，由两位阿拉伯数字组成，编码详见规范中可行性研究或方案设计后项目清单表。

第四级为可行性研究或方案设计后自编码，由两位阿拉伯数字组成，在同一个建设项目存在多个同类单项工程时使用，如不存在多个同类单项工程时，自编码为 00。

②初步设计后应根据规范规定的项目编码、项目名称、计量单位和工程量计算规则进行编制，应在可行性研究或方案设计后项目清单编码的基础上进行（图 3-6-2），并符合下列规定：

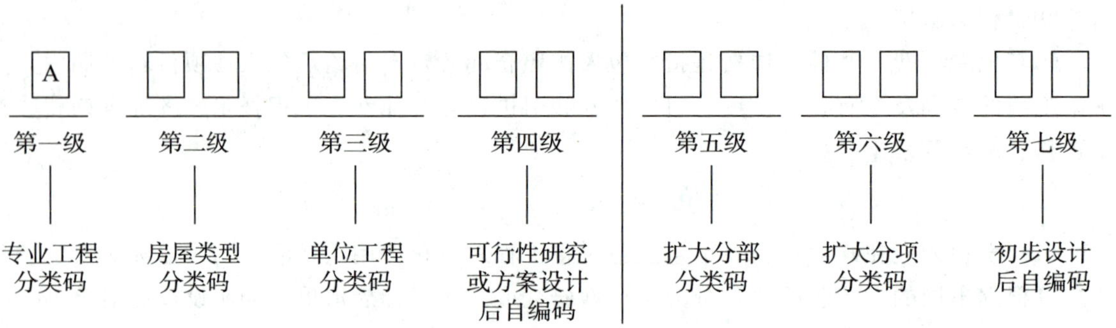

图 3-6-2　初步设计后项目清单编码

第五级为扩大分部分类码。

第六级为扩大分项分类码，分别由两位阿拉伯数字组成，编码详见规范中初步设计后项目清单。

第七级为初步设计后自编码，由两位阿拉伯数字组成，在同一扩大分项存在多种情况时使用。

实战演练

［2024 真题 · 单选］某工程总承包合同为可调总价合同，根据《建设项目工程总承包计价规范》，若签约合同价中的预备费按合同约定支付后仍有余额，则余额应归（　　）所有。

A. 发包人　　B. 监理人

C. 承包人　　D. 造价咨询单位

［解析］预备费按下列规定使用：①工程总承包为可调总价合同，已签约合同价中的预备费应由发包人掌握使用，发包人按照合同约定支付后，预备费如有余额应归发包人所有。②工程总承包为固定总价合同，预备费可作为风险包干费用，在合同专用条款中约定，预备费归承包人所有。

［答案］A

[2024真题·多选] 根据《建设项目工程总承包计价规范》，下列工程总承包的工程建设其他费中，属于其他专项费的有（ ）。

A. 工程总承包管理费　　B. 工程技术经济咨询费

C. 研究试验费　　D. 临时用地及占道使用补偿费

E. 工程的专利使用费

[解析] 其他专项费是指发包人按照合同约定支付给承包人在项目建设期内，用于本工程的专利及专有技术使用、引进技术和引进设备其他费、工程技术经济等咨询费、苗木迁移、测绘等发生的费用。

[答案] BE

知识点 2 工程总承包最高投标限价与投标报价编制

一、一般规定

（1）发包人应通过招标或直接发包等方式，择优选择承包人。依法必须招标的建设项目，应通过招标方式确定承包人。

（2）发承包双方应当按照招标文件和中标人的投标文件或谈判的结果，在合同中约定工程价款和工期。

二、工程总承包最高投标限价的编制

（1）发包人采用工程总承包模式招标发包时，可自行决定是否选择设置标底或最高投标限价进行招标。

（2）发包人选择设置标底时，一个招标项目应只能有一个标底，标底应保密。发包人宜选择设置标底进行招标发包，以利于工程价款在充分竞争的基础上合理确定。

（3）发包人选择设置最高投标限价时，应在招标文件中明确最高投标限价。

（4）发包人对工程费用项目清单可只提供项目清单格式不列工程数量，由承包人根据招标文件和发包人要求填写工程数量并报价。

（5）标底或最高投标限价应依据拟定的招标文件、发包人要求，宜按下列规定形成：

①在可行性研究或方案设计后发包的，发包人宜采用投资估算中与发包范围一致的估算金额为限额按照规定修订后计列。

②在初步设计后发包的，发包人宜采用初步设计概算中与发包范围一致的概算金额为限额按照规定修订后计列。

（6）标底或最高投标限价中工程费用和工程总承包其他费，应按下列规定计列：

①工程费用中的建筑工程费、设备购置费、安装工程费宜直接按投资估算或设计概算中的费用计列。

②工程总承包其他费应根据建设项目工程总承包发包的不同范围，按投资估算或设计概算中同类费用金额计列。

勘察费、设计费根据不同阶段发包的勘察、设计工作内容，按投资估算或设计概算中勘察、设计费对应的工程总承包中的勘察、设计工作的部分金额计列。

工程总承包管理等其他费用在投资估算或设计概算中有同类项目费用金额的可根据发包内容全部或部分计列，没有项目的，参照同类或类似工程的此类费用计列。

代办服务费根据发包人委托代办所发生的费用计列。

③预备费应根据不同阶段的发包内容，采用建设项目投资估算或设计概算中的预备费计列。

（7）发包人应根据相关规定或已完成同类或类似工程的建设工期，在招标文件中合理确定工期，不得任意压缩合理工期。

三、工程总承包投标报价的编制

（1）投标人应依据招标文件和发包人要求，根据本企业专业技术水平和经营管理能力自主决定建设工期，并在投标函中做出承诺，中标后应在工程总承包合同中约定，并在工程实施中认真履行。

（2）投标人应依据招标文件、发包人要求、项目清单、补充通知、招标答疑、可行性研究、方案设计或初步设计文件、本企业积累的同类或类似工程的价格自主确定工程费用和工程总承包其他费的投标报价，但不得低于成本。

（3）初步设计后发包，发包人提供的工程费用项目清单应仅作为承包人投标报价的参考，投标人应依据发包人要求和初步设计文件、详细勘察文件按下列规定进行投标报价：

①对项目清单内容可增加或减少。

②对项目应进行细化，原项目下填写投标人认为需要的施工项目和工程数量及单价。

（4）项目清单中需要填写技术参数等产品品质的项目，投标人应列明符合条件的潜在供应商。

（5）工程总承包采用可调总价合同的，预备费应按招标文件中列出的金额填写，不得变动，并应计入投标总价中；采用固定总价合同的，预备费由投标人自主报价，合同价款不予调整。

知识点 3 工程总承包合同价款约定

一、合同约定内容

发承包双方应在合同中约定下列内容：

（1）工程费用和工程总承包其他费的总额、结算与支付方式。

（2）预付款的支付比例或金额、支付时间及抵扣方式。

（3）期中结算与支付的里程碑节点，进度款的支付比例。

（4）合同价款的调整因素、方法、程序及支付时间。

（5）竣工结算编制与核对、价款支付及时间。

（6）提前竣工的奖励及误期赔偿的计算与支付。

（7）质量保证金的比例或数额、采用方式及缺陷责任期。

（8）违约责任以及争议解决方法。

（9）与合同履行有关的其他事项。

在合同中未按上述规定约定或约定不明的，如发承包双方在合同履行中发生争议，由双方协商确定，当协商不能达成一致时，按相关规定执行。

二、明确里程碑节点

（1）承包人应在合同生效后 14 d 内，编制工程总进度计划和工程项目管理及实施方案报送发包人，发包人如需审批，应在收到计划和方案的 14 d 内予以批准或提出修改建议。

（2）工程总进度计划和工程项目管理及实施方案应分工程准备、勘察、设计、采购、施工、初步验收、竣工验收、缺陷修复等阶段编制细目，应明确里程碑节点，并作为控制工程进度以及工程款支付分解的依据。

（3）采用工程量清单及其单价计算的单价项目，应列入工程总进度计划，明确里程碑节点。

三、合同价款支付分解表

（1）发承包双方应根据价格清单的价格构成、费用性质、工程进度计划和相应工作量等因素，按照下列分类和分解原则，形成合同价款支付分解表：

①建筑工程费应按照合同约定的工程进度计划划分的里程碑节点及对应的价款比例计算金额占比，进行支付分解。设备购置费和安装工程费应按订立采购合同、进场验收、安装就位等阶段约定的比例计算金额占比，进行支付分解。里程碑节点相邻之间超过一个月时，承包人应按照法规规定提出按月拨付人工费的比例。

②工程总承包其他费应按照约定的费用，结合工程进度计划拟完成的工作量或者比例计算金额占比，进行支付分解。其中，勘察费按照提供勘察阶段性成果文件的时间、对应的工作量进行支付分解；设计费按照提供设计阶段性成果文件的时间、对应的工作量进行支付分解；除勘察、设计的其他专项费用按照其工作完成的时间顺序及其与相关工作的关系进行支付分解。

（2）承包人应在收到经发包人批复的工程总进度计划后 7 d 内，将支付分解表以及形成支付分解表的支持性资料报发包人审批，发包人应在收到承包人报送的支付分解表后 7 d 内给予批复或提出修改意见，经发包人批准的支付分解表应具有合同约束力。进行了工程总进度计划修订的，应相应修改支付分解表，并应按程序报发包人批复。发包人未能在前述时间内完成审批或不予答复的，视为发包人同意支付分解表。

（3）发承包双方可选择下列规定的方式之一形成合同价款支付分解表：

①合同价款支付分解表中的里程碑节点及对应的“金额占比”，由投标人在投标文件中根据工程进度计划设置里程碑节点，并计算里程碑节点对应的“金额占比”，由发承包双方在合同签订阶段确认。

②合同价款支付分解表中的里程碑节点及对应的“金额占比”由发包人在招标文件中提供里程碑节点及对应的“金额占比”；投标人应在投标报价中考虑里程碑节点“金额占比”与实际“金额占比”的差异，并向发包人提出，以便合理调整“金额占比”。

➤ **提示：** 合同价款支付分解表是指工程总承包合同价款支付的金额和方式，即对签约合同价包含的工程费用、工程总承包其他费按照工程总进度计划的里程碑节点，及其估价形成的付款计划表。

建筑工程费支付分解表的具体格式见表 3-6-1。

表 3-6-1 建筑工程费支付分解表

工程名称：

序号	项目名称	支付					
		里程碑节点	金额占比/%	里程碑节点	金额占比/%	里程碑节点	金额占比/%
合计							

（4）支付分解表的动态管理流程：

①承包人提交支付分解表。

②发包人批复支付分解表。

③动态修订，以解决承包人的进度与支付分解表依据的预期不符合，从而导致进度款支付不合理的问题。

知识点 4 工程总承包合同价款调整与索赔

一、工程总承包合同价款调整

工程总承包合同价款的调整涉及法律变化、工程变更、市场价格变化、不可抗力、工程签证等多方面，具体调整方法同施工总承包合同，可参考本章第五节相应内容。本知识点主要介绍工程总承包合同关于工程变更的价款调整。

（1）因发包人变更发包人要求或初步设计文件，导致承包人施工图设计修改并造成成本、工期增加的，应按照合同约定调整合同价款、工期，并应由承包人提出新的价格、工期报发包人确认后调整。

（2）发包人提出的工程变更引起施工方案改变并使措施项目发生变化时，承包人提出调整措施项目费，应事先将拟实施的方案提交发包人确认，并应详细说明与原方案措施项目相比的变化情况，拟实施的方案经发承包双方确认后执行，并应按照相关规范确定措施项目费调整。若承包人未事先将拟实施的方案提交给发包人确认，应视为工程变更不引起措施项目费的调整。

（3）承包人对方案设计或初步设计文件进行的设计优化，如满足发包人要求，其形成的利益应归承包人享有；如需要改变发包人要求，应以书面形式向发包人提出合理化建议，经发包人认为可以缩短工期、提高工程的经济效益或其他利益，并指示变更的，发包人应对承包人合理化建议形成的利益双方分享，并应调整合同价款和（或）工期。

（4）当发包人提出的工程变更因非承包人原因删减了合同中的某项原定工作或工程，致使承包人发生的费用或（和）得到的收益不能被包括在其他已支付或应支付的项目中，也未被包含在任何替代的工作或工程中时，承包人有权提出并应得到合理的费用及利润补偿。

（5）除专用合同条款另有约定外，变更估价按照以下约定处理：

①如合同中未包含价格清单，合同价格应按照所执行的变更工程的成本加利润调整。

②如合同中包含价格清单，价格清单中有适用于变更工程项目的，应采用该项目的费率

和价格；价格清单中没有适用但有类似于变更工程项目的，可在合理范围内参照类似项目的费率或价格；价格清单中没有适用也没有类似于变更工程项目的，该工程项目应按成本加利润原则调整适用新的费率或价格。

二、工程总承包合同价款索赔

（1）工程建设索赔通常是指在合同履行过程中，对于并非自己的过错，而是应由对方承担责任的情况造成的实际损失，向对方提出经济补偿和（或）工期顺延的要求。

（2）承包人应注意索赔通知书和索赔报告的内容区别。一般而言，索赔通知书仅需要载明索赔事件的大致情况、有可能造成的后果及承包人索赔的意思表示即可，无须准确的数据和翔实的证明资料；而索赔报告除了详细说明索赔事件的发生过程和实际造成的影响外，还应详细列明承包人索赔的具体项目及依据，如索赔事件给承包人造成的损失总额、构成明细、计算依据以及相应的证明资料，必要时还应附具体影像资料。

（3）鉴于工程总承包合同与施工合同中发承包双方权利义务、风险划分与责任承担皆有不同，施工合同中可以提出索赔的项目，并不完全适用于工程总承包合同索赔。以设计缺陷、设计变更导致的索赔为例，在施工合同中，设计缺陷、设计变更造成承包人工期延误、费用增加的，承包人有权要求发包人顺延工期、增加费用和合理利润；而在工程总承包合同中，施工图设计，甚至初步设计属于合同承包人承包范围，承包人对设计缺陷及非发包人原因导致的设计变更应独立承担责任。此时，承包人不仅难以向发包人提出索赔，反而会面临被发包人索赔的后果。

知识点 5 工程总承包项目结算与支付

一、预付款

（1）除合同另有约定外，发包人支付承包人预付款的比例应按签约合同价（扣除预备费）或年度资金计划计算，不得低于总价的10%。

（2）承包人应按合同约定向发包人提交预付款支付申请，并在发包人支付预付款7 d前提供预付款担保，在预付款完全扣回之前，承包人应保证预付款担保持续有效。发包人应在收到支付申请的7 d内进行核实，并在核实后的7 d内向承包人支付预付款。

（3）预付款应按合同约定从应支付给承包人的进度款中扣回，直到扣回的金额达到发包人支付的预付款金额为止。在工程未完工之前解除合同时，预付款尚未扣清的余额，应纳入解除合同后的结算与支付。

二、期中结算与支付

（1）发承包双方应按照合同约定的时间、程序和方法，在合同履行过程中根据完成进度计划的里程碑节点办理期中价款结算，并按照合同价款支付分解表支付进度款，进度款支付比例不应低于合同总价的80%。发承包双方可在确保承包人提供质量保证金的前提下，在合同中约定进度款支付比例。里程碑相邻节点之间超过一个月的，发包人应按照下一里程碑节点的工程价款，按月按约定比例预支付人工费。采用工程量清单计价的项目，应按合同约定对完成的里程碑节点应予计算的工程量及单价进行结算，支付进度款，如已预支付人工费的予以扣减。

(2) 承包人应在实际完成进度计划的里程碑节点到期后的 7 d 内向发包人提出进度款支付申请，支付申请的内容应符合合同的约定。

(3) 发包人应在收到承包人进度款支付申请后的 7 d 内，对申请内容予以核实，确认后应向承包人出具进度款支付证书并在支付证书签发后 7 d 内支付进度款。发包人逾期未签发进度款支付证书且未提出异议的，视为承包人提交的进度款支付申请已被发包人认可，承包人应向发包人发出要求付款的通知，发包人应在收到承包人通知 14 d 内，按照承包人支付申请的金额向承包人支付进度款。发承包双方对进度款支付不能达成一致时，发包人应对无异议部分予以支付，有异议部分应按争议解决办法处理。

(4) 发包人未按合同约定支付进度款的，承包人可再次通知发包人支付，发包人收到承包人通知后仍不能按要求付款时，可与承包人协商签订延期付款协议，经承包人同意后可延期支付，协议应明确延期支付的时间和在应付期限逾期之日起应支付的应付款的利息。发包人不按合同约定支付进度款，双方又未达成延期付款协议，导致施工无法进行，承包人有权暂停施工，发包人应承担由此增加的费用和延误的工期，向承包人支付合理利润，并承担违约责任。

(5) 在对已签发的进度款支付证书进行阶段汇总和复核中发现错误、遗漏或重复的，发包人和承包人均有权提出修正申请。经发包人和承包人同意的修正，应在下期过程结算进度款中支付或扣除。

三、竣工结算与支付

(1) 合同工程完工后，承包人可在提交工程竣工验收申请时向发包人提交竣工结算文件。竣工结算文件应包括下列内容，并应附证明文件：

①截止工程完工，按照合同约定完成的所有工作、工程的合同价款。

②按照合同约定的工期，确认工期提前或延后的天数和增加或减少的金额。

③按照合同约定，调整合同价款应增加或减少的金额。

④按照合同约定，确认工程变更、工程签证、索赔等应增加或减少的金额。

⑤实际已收到金额以及发包人还应支付的金额。

⑥其他主张及说明。

(2) 发承包双方应在合同约定时间内办理工程竣工结算，在合同工程实施过程中已经办理并确认的期中结算的价款应直接进入竣工结算。竣工结算价可依据合同形式按照下列公式计算

可调总价合同的竣工结算价＝签约合同价－预备费±合同约定调整价款和索赔的金额

固定总价合同的竣工结算价＝签约合同价±索赔金额

未支付的价款＝竣工结算价格－已支付的合同价款

(3) 除合同另有约定外，发包人应在收到承包人提交的完整的竣工结算文件后的 28 d 内审核完毕。发包人经核实，认为承包人还需进一步补充资料和修改结算文件的，应在上述时限内向承包人提出核实意见，承包人在收到核实意见后的 14 d 内按照发包人提出的要求

补充资料，修改竣工结算文件，并应再次提交给发包人复核后批准。发包人应在收到承包人再次提交的竣工结算文件后的 28 d 内予以复核，并应将复核结果通知承包人。

（4）除合同另有约定外，发包人在收到承包人竣工结算文件后的 28 d 内，不审核竣工结算或未提出审核意见时，应视为承包人提交的竣工结算文件已被发包人认可，竣工结算办理完毕。承包人对发包人的核实意见有异议的，应在收到发包人提出的核实意见后的 28 d 内提出异议；对于无异议部分，发包人应签发临时竣工付款证书，并按照合同约定完成付款；承包人逾期未提出异议的，应视为认可发包人的核实意见，竣工结算办理完毕。

（5）除合同另有约定外，发包人委托造价咨询人审核竣工结算时，工程造价咨询人应在收到发包人转交的承包人竣工结算文件之日起 28 d 内审核完毕，审核结论与承包人竣工结算文件不一致的，应提交给承包人复核，承包人应在 14 d 内将同意审核结论或不同意见的说明提交工程造价咨询人，工程造价咨询人收到承包人提出的异议后，应在 28 d 内再次复核完毕，并应将复核结果通知承包人。对于无异议部分，发包人应签发临时竣工付款证书，并按照合同约定完成付款；承包人逾期未提出书面异议的，应视为工程造价咨询人审核的竣工结算文件已被承包人认可。

（6）发承包双方对竣工结算不能达成一致时，发包人应对无异议部分结算支付，有异议部分应按争议解决办法处理。

（7）承包人应根据办理的竣工结算文件，向发包人提交竣工结算款支付申请。除合同另有约定外，发包人应在收到承包人提交的竣工结算款支付申请后 7 d 内予以核实，并向承包人支付结算款。

（8）发包人未按照合同约定支付竣工结算款的，承包人可催告发包人支付，并有权获得延迟支付的利息。利息计付标准有约定的，应按照约定处理。没有约定的，按照同期同类贷款利率或者同期贷款市场报价利率计息。逾期 56 d 后仍未支付的，除法律另有规定外，承包人可与发包人协商将该工程折价，也可直接向人民法院申请将该工程依法拍卖。承包人就该工程折价或拍卖的价款优先受偿。

四、质量保证金

（1）承包人应按照合同约定提供质量保证金，保证金可采用下列方式：

①质量保证金银行保函。

②相应比例的工程款。

③工程质量保证担保。

④工程质量保险。

⑤双方约定的其他方式。

（2）缺陷责任期内，承包人未按照合同约定履行属于自身责任的工程缺陷的修复义务的，发包人有权从质量保证金中扣除用于缺陷修复的各项支出。

（3）在合同约定的缺陷责任期终止后，发包人应按照合同约定，将剩余的质量保证金返还给承包人。剩余质量保证金的返还，并不能免除承包人按照法律法规规定和（或）合同约定应承担的质量保修责任和应履行的质量保修义务。

五、最终结清

（1）缺陷责任期终止后，承包人应按照合同约定的期限向发包人提交最终结清支付申请。发包人对最终结清支付申请有异议的，有权要求承包人进行修正和提供补充资料。承包人修正后，应再次向发包人提交修正后的最终结清支付申请。

（2）除合同另有约定外，发包人应在收到最终结清支付申请后的 14 d 内予以核实，向承包人支付最终结清款。

（3）若发包人未在合同约定的时间内核实，又未提出具体意见的，视为承包人提交的最终结清支付申请已被发包人认可。

（4）发包人未按期最终结清支付的，承包人可催告发包人支付，并有权获得延迟支付的利息。

（5）承包人对发包人支付的最终结清款有异议的，应按照合同约定的争议解决方式处理。

第七节　国际工程投标报价

在经济全球化的推动下，国际工程项目日益增多，投标报价作为项目承包的重要环节，直接关系到企业的市场竞争力和项目的成功与否。本节主要介绍国际工程投标报价构成及程序、国际工程投标报价编制、国际工程投标报价技巧。

知识点 1　国际工程投标报价构成及程序

国际工程项目是指一个工程项目从咨询、融资、招标、投标、施工、监理到培训等各阶段或环节的主要参与者来自多个国家，并且按照国际上通用的工程项目管理模式进行管理的工程。国际工程包括我国工程单位在海外参与的工程，也包括大量的国内涉外工程，如利用世界银行等国际金融组织贷款的项目，因此国际工程属于国际经济合作范畴。

国际工程同国内工程相比较具有以下 4 个特点：

（1）合同主体的多国性。国际工程签约的各方通常属于不同的国家，受多国不同法律的制约，而且涉及的法律范围极广，如招标投标法、建筑法、公司法、劳动法、投资法、外贸法、金融法、社会保险法、各种税法等。

（2）影响因素多、风险增大。国际工程受到政治、经济等多个因素的影响，风险相对增大，如国际政治经济关系变化可能引起制裁和禁运；某些资金来源于国外的项目可能会遭遇资金减少或中断的情况；某些国家对承包商实行地区和国别限制或歧视政策；工程所在国与邻国发生边境冲突；政治形势失稳进而可能发生内战或暴乱；经济状态不佳可能会诱发金融危机等。

（3）按照严格的合同条件和国际惯例管理工程。

（4）技术标准、规范和规程庞杂。国际工程合同文件中需要详尽地规定材料、设备、工艺等各种技术要求，通常采用国际上被广泛接受的标准、规范和规程，如 ANSI（American National Standards Institute，美国国家标准学会）标准、BS（British Standards，英国标准）等，但也涉及工程所在国使用的标准、规范和规程。

一、国际工程投标报价构成

国际工程投标报价构成包括直接费、待摊费、开办费和暂定金额。

（1）直接费包括人工费、材料费和施工机具使用费。

（2）待摊费包含施工管理费和其他待摊费用。

①施工管理费主要包含施工人员费（含当地雇工费）、办公费、差旅费、文娱宣教费、生活设施费、劳动保护费、检验试验费、工具用具使用费、固定资产使用费、广告宣传费、会议及招待费等。

②其他待摊费用主要包含临时设施工程费（含生活用房、生产用房和室外工程等临时房屋的建设费，施工临时供水、供电、通信等费用）、期间开支的费用、各类手续费、保险费、政府规定应缴的税金、业务活动费、管理费、风险和利润等。

（3）开办费视项目情况确定是否单列，其主要内容包含现场勘察费、现场清理费、进场临时道路费、雇主代表和现场工程师设施费、现场试验设施费、水电费、其他临时设施费、现场保卫设施和安装费用、交通费、其他杂项等。

二、国际工程投标报价程序

投标报价作为国际工程投标过程中的关键环节，其工作内容繁多，工作量大，且时间往往十分紧迫，因而必须周密考虑，统筹安排，遵照一定的工作程序，使投标报价工作有条不紊、紧张而有序地进行。国际工程投标报价工作在投标者通过资格预审并获得招标文件后开始，其工作程序如图 3-7-1 所示。

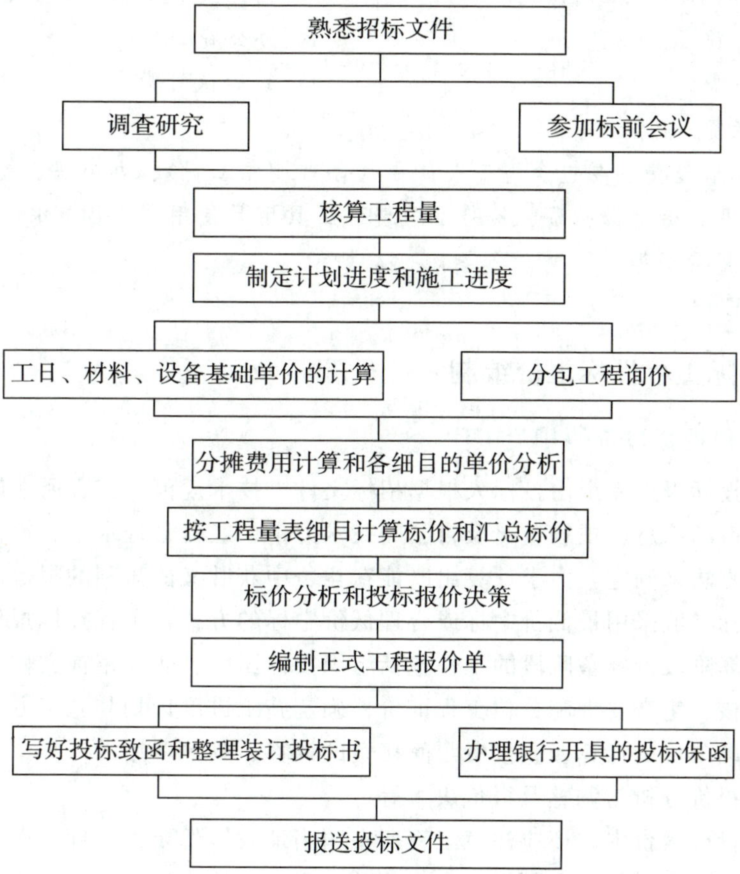

图 3-7-1　国际工程投标报价工作程序

实战演练

[2023 真题改编·单选] 国际工程投标报价中，施工管理费应列入（　　）。

A. 分包报价　　B. 开办费

C. 待摊费用　　D. 暂定金额

[解析] 待摊费包含施工管理费和其他待摊费用。

[答案] C

[2021 真题改编·单选] 下列国际工程投标报价构成中，属于施工管理费的是（　　）。

A. 工程辅助费　　B. 检验试验费

C. 临时设施工程费　　D. 工程保险费

[解析] 施工管理费主要包含施工人员费（含当地雇工费）、办公费、差旅费、文娱宣教费、生活设施费、劳动保护费、检验试验费、工具用具使用费、固定资产使用费、广告宣传费、会议及招待费等。

[答案] B

[2024 真题改编·多选] 若国际工程的招标文件中未单列开办费，则下列费用中，应计入施工管理费的有（　　）。

A. 工程辅助费　　B. 办公费

C. 经营业务费　　D. 检验试验费

E. 文娱宣教费

[解析] 施工管理费主要包含施工人员费（含当地雇工费）、办公费、差旅费、文娱宣教费、生活设施费、劳动保护费、检验试验费、工具用具使用费、固定资产使用费、广告宣传费、会议及招待费等。

[答案] BDE

知识点 2 国际工程投标报价编制

一、国际工程投标报价的相关工作

国际工程的投标报价完全由投标人根据招标文件、技术规范、工程所在国有关的法律法规、税收政策、市场信息、现场情况及自己的技术力量、经营管理水平、投标策略等动态因素和恰当的计算方法来确定，力求计算出既能在竞争中获胜又能盈利的报价。

国际工程招标一般采用最低价中标或合理低价中标的方式，工程投标报价工作可分为准备阶段和报价计算阶段。准备阶段的工作包括组织投标团队、研究招标文件、调查研究工程现场、工程量复核、生产要素和分包工程询价、确定施工进度计划与施工方案等。报价计算阶段的工作有基础单价的计算、直接费与间接费的计算、其他费用的计算、分项工程单价分析与报价汇总、报价分析与调整及报价决策等。

在国际工程投标报价中，还应注意工程所在国当地政策的要求，即是否要求必须雇佣一定比例的当地工人；是否要求必须将一定比例的工程分包给当地承包商完成；是否要求必须取得工程所在国认可的资质等。

国际工程投标报价由直接费用、间接费用、其他费用、利润和风险费组成。

二、国际工程投标报价的计算

（一）直接费用的计算

直接费用是由工程本身因素决定的费用，其构成受市场现行物价的影响，但不受经营条件的影响。在直接费的计算中，主要的是确定人工、材料和机械台班的单价。

1. 人工工日单价的计算

人工工日单价需根据工人来源情况确定。在国际工程中，人工工日单价就是指国内派出工人和在工程所在国招募的工人每个工作日的平均工资单价。这是以两种工人完成工日所占比例加权得到的平均工资单价。其计算公式如下：

综合人工工日单价＝国内派出工人工日单价×国内工人工日占总工日数百分比＋当地工人工日单价×当地工人工日占总工日数百分比

（1）国内派出工人工日单价。其计算公式如下：

$$\text{国内派出工人工日单价}=\frac{\text{一名工人出国期间的总费用}}{\text{工作年数}\times\text{年工作日}}$$

其中，出国期间的总费用包括从出国准备到回国休整结束后的全部费用。主要包括国外岗位工资；派出工人的企业收取的管理费；服装费、卧具及住房费；国内、国际差旅费；国外津贴、补贴费和伙食费；奖金及加班工资；劳保福利费；工资预涨费，每年上涨率一般可按5%～10%估计；保险费，按当地工人保险费标准计算。

（2）当地雇佣工人工日单价。当地雇佣工人工日单价主要包括基本工资，按当地政府或市场价格计算；带薪法定假日、带薪休假日工资，若月工资未包括此项，应另行计算；夜间施工、冬雨季施工或加班工资；税金和保险费，按当地规定计算；雇工招募和解雇应支付的费用，按当地规定计算；工人上下班交通费；工资预涨费等。

2. 材料、设备单价的计算

国外承包工程中的材料、设备的来源渠道有三种，即当地采购、国内采购和第三国采购。承包人在材料、设备采购中，采用哪一种采购方式，要根据材料和设备的价格、质量、供货条件、技术规范标准和当地有关规定等情况来确定。

国际工程采购材料、设备的特点是供应商多、商业性强、价格差别大。投标者应向多方询价、货比三家，确定其单价。

（1）当地采购的材料、设备单价的计算。国际工程中，当地材料、设备商供应到现场的材料、设备，其单价一般以供应商的报价为依据，并考虑其预涨费（当工期较长时），综合计算单价。自行采购的材料、设备的单价的计算公式如下：

材料、设备单价＝市场价格＋运杂费＋采购保管费＋运输保管损耗费

（2）本国或第三国采购的材料、设备单价。从本国或第三国采购材料、设备，除本身的采购价格之外，又受海关税、港口税和进口数量等因素的影响，因此，要对比后做出决策。

3. 施工机械台班单价的计算

在计算施工机械台班单价时，其中基本折旧费的计算一般应根据当时的工程情况考虑5年折旧期确定，较大工程甚至一次折旧完毕，因此，也就不计算检修费。在国外承包工

程，承包人必须在开工时投入资金自行购买施工机械（租赁机械除外）。

（二）间接费用的计算

国际工程的间接费项目多、费率变化大，投标报价的高低几乎取决于间接费的取费水平。在计算间接费之前，应仔细研究招标文件中是否已列入了相关的费用，如临时道路费、保险费等，若已计列就不再计入间接费中。不同的工程，间接费包括的内容可能有所不同，常见的费用包括以下几种：

（1）现场管理费，包括现场职员工资和补贴、办公费、差旅交通费、医疗费、文体费、劳动保护费、临时设施工程费及生活设施使用费、固定资产使用费、工具用具使用费、检验和试验费等，应根据实际需要逐项计算其费用。

（2）投标费用，如购买招标文件费、投标期间差旅费、投标文件编制费等。投标费用在确定报价时大多已发生，可据实计算。

（3）保函手续费，如承包工程的履约保函、预付款保函、保留金保函等。在为承包人出具这些保函时，银行要按保函金额收取一定的手续费。如中国银行一般收取保函金额0.4％～0.6％的年手续费，外国银行一般收取保函金额1％的年手续费。

（4）保险费，承包工程中一般保险项目有工程保险、第三者责任险、人身意外保险、材料和永久设备运输保险、施工机械设备保险，其中后三种保险的费用已计入人工、材料和永久设备、施工机械单价中，不能重复计算。工程保险指工程建设和维护期间，因发生自然灾害或意外事故造成物质损失，为得到相应赔偿而投保的险种，一般保险费率约为工程总造价的0.2％～0.4％；第三者责任险指在进行工程建设和执行合同时造成第三者的财产损失和人身意外伤害事故，为免除责任而投保的险种。在招标文件中均会规定承包商必须投保第三者责任险及最低投保金额，有的招标文件规定不得少于合同总价的1％，有的则列出具体金额。

（5）税金，应按招标文件规定及工程所在国的法律计算。

（6）经营业务费，主要包括工程师在现场工作和生活的费用（如工程师办公费、交通车辆费用等）以及有关的加班工资、为争取中标或加快收取工程款的代理人佣金、法律顾问费、广告宣传费、考察联络费等。

（7）贷款利息，主要指承包人为筹集维持正常施工预先垫付的流动资金所支付的利息。对于规模大、施工周期长而支付条件苛刻的项目，承包人在报价时应对这笔费用认真核算。

（8）总部（企业）管理费，指上级单位管理部门或公司总部对现场施工项目经理部收取的管理费，一般按工程直接费的3％～5％收取。

（三）其他费用的计算

（1）分包费。国际工程报价中，对分包费的处理有两种方法：一种是将分包费列入直接费中，即考虑间接费时包含了对分包的管理费；另一种是将分包费与直接费、间接费平行并列，在估算分包费时适当加入对分包商的管理费即可。

（2）暂定金额。暂定金额是指发包人在招标文件中并在工程量清单中以备用金标明的金额，其是或供给任何部分施工，或提供货物、材料、设备及服务，或供不可预料事件使用的一项金额。投标人的投标报价中只能把暂定金额列入工程总报价，不能以间接费的方式分摊进各项目单价中。承包人无权使用此金额，此金额只能按工程师的指示来决定是否动用。

（3）开办费。开办费是指正式开始施工之前的各项现场准备工作所需的费用。在招标文件没有特殊要求的情况下，开办费一般单独列项。

（四）利润和风险费的计算

利润可根据工程具体情况灵活确定，也可根据投标策略调高调低，若采用低利策略，则可将毛利定在5%～10%。

风险费是承包人对未知的诸如物价上涨、各种不可预见事件的发生而估计、列明的金额。在风险费估计不足时，就要用承包人预计获得的利润来补贴。

因此，承包人在报价时一定要认真预测利润率和风险费率，这既涉及承包人能否在竞争中夺标，又涉及承包人的盈利或亏损。如果工程所在国规定利润要缴纳所得税，则应在计算利润时加以考虑。

实战演练

[2022真题·单选] 国际工程中业主在招标文件中规定的暂定金额，正确的处理方式是（　　）。

A. 计入投标总价，由承包人决定使用　　B. 不计入投标总价，实际发生时由业主支付

C. 计入投标总价，但承包人无权自主使用　　D. 不计入投标总价，由工程师决定使用

[解析] 暂定金额是指发包人在招标文件中并在工程量清单中以备用金标明的金额，其是或供给任何部分施工，或提供货物、材料、设备及服务，或供不可预料事件使用的一项金额。投标人的投标报价中只能把暂定金额列入工程总报价，不能以间接费的方式分摊进各项目单价中。承包人无权使用此金额，此金额只能按工程师的指示来决定是否动用。

[答案] C

[2018真题·单选] 国际工程投标报价时，在工程所在国当地采购的材料和设备，其预算价格应包括材料和设备的市场价、运杂费、采购保管费和（　　）。

A. 港口费　　B. 样品费

C. 银行手续费　　D. 运输保管损耗费

[解析] 自行采购的材料、设备的单价的计算公式为：材料、设备单价＝市场价格＋运杂费＋采购保管费＋运输保管损耗费。

[答案] D

知识点3 国际工程投标报价技巧

一、国际工程投标报价目标的选择

由于投标单位的经营能力和经济条件不同，出于不同目的的需要，对同一招标项目，可以有不同投标报价目标的选择。

（1）生存型。投标报价是以克服企业生存危机为目标，主要目的是争取中标，可以不考虑种种利益原则。

（2）补偿型。投标报价是以补偿企业任务不足，追求边际效益为目标。怀有该类目标的投标单位对工程设备投标表现较大热情，采用以亏损为代价的低报价，具有很强的竞争力。

但受生产能力的限制，只宜在较小的招标项目考虑。

(3) 开发型。投标报价是以开拓市场，积累经验，向后续投标项目发展为目标。此类投标带有开发性，以资金、技术投入手段，进行技术经验储备，树立新的市场形象，以便争得后续投标的效益。其特点是不着眼一次投标效益，用低报价吸引招标单位。

(4) 竞争型。投标报价是以竞争为手段，以低盈利为目标。其报价是在精确计算报价成本的基础上，充分估计各个竞争对手的报价目标，以有竞争力的报价达到中标的目的。选择竞争型目标的投标单位对工程设备投标报价表现出积极的参与意识。

(5) 盈利型。投标投价充分发挥自身优势，以实现最佳盈利为目标。投标单位对效益无吸引力的项目热情不高，对盈利空间大的项目充满自信，不太注重对竞争对手的动机分析和对策研究。

不同投标报价目标的选择是依据一定的条件进行分析决定的。竞争型投标报价目标是投标单位追求的普遍形式。

二、国际工程投标报价高低的选择

报价时既要考虑企业自身的优势和劣势，也要分析招标项目的整体特点，按照工程的类别、施工条件等考虑报价策略。

(1) 一般来说，下列情况下报价可高一些：

①施工条件差（如场地狭窄、地处闹市）的工程。

②专业要求高的技术密集型工程，而企业自身在这方面有专长，声望也高。

③总价低的小工程，以及自己不愿意做而被邀请投标时不得不投标的工程。

④特殊的工程。

⑤业主对工期要求急的工程。

⑥投标对手少的工程。

⑦支付条件不理想的工程。

(2) 对于下述情况，报价应低一些：

①施工条件好、工作简单、工程量大而一般公司都可以做的工程，如储运工程、钢结构工程等。

②公司目前急于打入某一市场、某一地区，或虽已在某地区经营多年，但即将面临没有工程的情况（某些国家规定，在该国注册公司 1 年内没有经营项目时，就要撤销其营业执照），机械设备等无工地转移时。

③附近有工程而本项目可利用该项目工程的设备、劳务或有条件短期突击完成的。

④投标对手多、竞争力强时。

⑤非急需工程。

⑥支付条件好，如现汇支付。

三、国际工程投标报价的方法技巧

(一) 不平衡报价法

不平衡报价是指一个工程项目的投标报价，在总价基本确定后，如何调整内部各个项目的报价，以期在既不提高总价、不影响中标的基础上，又能在结算时得到更理想的经济效益。一般可以从以下几个方面考虑采用不平衡报价法：

（1）能够早日结账收款的项目（如开办费、土石方工程、基础工程等）可以报得高一些，以利资金周转，后期工程项目（如机电设备安装工程、装饰工程等）可适当降低报价。

（2）经过工程量核算，预计今后工程量会增加的项目，单价适当提高，这样在最终结算时可多盈利，而将工程量可能减少的项目单价降低，以减少工程结算时的损失。

但是上述（1）（2）两点要统筹考虑，对于工程量前后偏差较大的早期工程，如果不可能完成工程量表中的数量，则不能盲目抬高报价，要具体分析后再定。

（3）设计图纸不明确，估计修改后工程量要增加的，可以提高单价，而工程内容说明不清晰的，则可降低一些单价。

（4）暂定项目又叫任意项目或选择性项目，对这类项目要具体分析，因为这一类项目要开工后再由业主研究决定是否实施，由哪一家承包商实施。如果工程不分标，只由一家承包商施工，则其中肯定要做的项目单价可高一些，不一定做的项目则单价应低一些。如果工程分标，该暂定项目也可能由其他承包商实施时，则不宜报高价，以免抬高总报价。

（5）在单价包干混合制合同中，有些项目业主要求采用包干报价时，宜报高价。一是因为这类项目多半有风险，二是因为这类项目在完成后可全部按报价结账，即可以将款项全部结算回来。而其余单价项目则可适当降低价格。

（二）计日工的报价

如果是单纯对计日工进行报价，可以报高一些，以便日后在业主用工或使用机械时可以多盈利。但如果招标文件中有一个假定的“名义工程量”时，则需要具体分析是否报高价。总之，要分析业主在开工后可能使用的计日工数量来确定报价方针。另外，报价附带优惠条件也是一种有效的手段。在投标时主动提出缩短工期、提高质量、降低支付条件，提出新技术、新设计方案，提供物资、设备、仪器等，以这些优惠条件吸引业主兴趣，争取中标。

（三）多方案报价法

对一些招标文件，如果发现工程范围不是很明确，条款不清楚或很不公正，或技术规范要求过于苛刻时，就应在充分估计投标风险的基础上，按多方案报价法处理。即按原招标文件报一个价，然后再提出：“如某条款（如某规范规定）做某些变动，报价可降低多少”，报一个较低的价格。这样可以降低总价，吸引业主。或是对某部分工程提出按“成本补偿合同”方式处理，其余部分报一个总价。

（四）增加建议方案

有时招标文件中规定，可以提出建议方案，即可以修改原设计方案，提出投标者的方案。投标者这时应组织一批有经验的设计和施工工程师，仔细研究原招标文件的设计和施工方案，提出更合理的方案以吸引业主，促成自己的方案中标。这种新的建议方案可以降低总造价，或提前竣工，或使工程运用更合理。但要注意的是，一定要对原招标方案标价，以供业主比较。增加建议方案时，不要将方案写得太具体，保留方案的技术关键，防止业主将此方案交给其他承包商。同时要强调的是，建议方案一定要比较成熟，或投标单位过去有这方面的实践经验。因为投标时间不长，如果仅为中标而匆忙提出一些没有把握的建议方案，可能引起很多后患。

（五）突然降价法

报价是一件保密性很强的工作，但是对手往往通过各种渠道、手段来刺探情况，因此在报价时可以采取迷惑对方的手法。即先按一般情况报价或表现出自己对该工程兴趣不大，投标快要截止时，再突然降价。

（六）先亏后盈法（低价夺标法）

有的承包商，为了打进某一地区，依靠国家、某财团和自身的雄厚资本实力，采取一种不惜代价、只求中标的低价报价方案。应用这种手法的承包商必须有较好的资信条件，并且提出的实施方案也应先进可行，同时还要加强对公司情况的宣传，否则即使标价低，也不一定全被业主选中。承包商遇到这种情况时，不一定要和这类承包商硬拼，而可以努力争第二、三标，再依靠自己的经验和信誉争取中标。

（七）联合保标法

在竞争对手众多的情况下，可以几家实力雄厚的承包商联合起来控制标价，一家出面争取中标，再将其中部分项目转让给其他承包商分包，或轮流相互保标。在国际上这种做法很常见，但是若被业主发现，则有可能被取消投标资格。

实战演练

[2024 真题 · 单选] 下列国际工程中，投标人报价时宜采用高价策略的是（　　）。

A. 施工条件好的工程　　B. 竞争对手多的房屋建筑工程

C. 工期要求急的地下开挖工程　　D. 支付条件好的工程

[解析] 选项 A、B、D 宜采用低价策略。

[答案] C

[2021 真题 · 单选] 具有下列特点的国际工程项目中，投标报价适宜采用低价策略的是（　　）。

A. 工作简单且支付条件好的工程　　B. 专业要求高且工期要求急的工程

C. 竞争对手少且施工条件差的工程　　D. 技术复杂且投资规模大的工程

[解析] 选项 B、C、D 宜采用高价策略。

[答案] A

[2019 真题 · 多选] 在国际工程报价中，投标人为了既不提高总报价，又能在结算中获得更理想的经济效益，运用不平衡报价法时，可以适当偏高报价的有（　　）。

A. 能早日结账收款的工程项目　　B. 预计不可能完全实施的早期工程项目

C. 经核算预计今后工程量会增加较多的项目　　D. 预计工程量可能减少的后期工程项目

E. 因设计图纸不明确可能导致工程量增加的项目

[解析] 选项 B 错误，如果不可能完成工程量表中的数量，则不能盲目抬高报价，要具体分析后再定。选项 D 错误，将工程量可能减少的项目单价降低，以减少工程结算时的损失。

[答案] ACE

第八节　工程计价数字化与智能化

随着信息技术的迅猛发展，工程计价领域正经历着深刻的变革。数字化与智能化技术的应用，不仅提高了计价工作的效率和准确性，还为工程管理提供了全新的视角和方法。本节主要介绍 BIM 在工程计价中的应用、人工智能在工程计价中的应用和大数据在工程计价中的应用。

知识点 1　BIM 在工程计价中的应用

一、BIM 及 BIM 软件简介

（一）BIM 简介

建筑信息模型（building information modeling，BIM），是在建设工程及设施全生命期内，对其物理和功能特性进行数字化表达，并依此设计、施工、运营的过程和结果的总称。

BIM 是在计算机辅助设计（CAD）等技术基础上发展起来的多维模型信息集成技术，是对建筑工程物理特征和功能特性信息的数字化承载和可视化表达。

BIM 能够应用于工程项目规划、勘察、设计、施工、运营维护等各阶段，实现建筑全生命期各参与方在同一多维建筑信息模型基础上的数据共享，为产业链贯通、工业化建造和繁荣建筑创作提供技术保障；支持对工程环境、能耗、经济、质量、安全等方面的分析、检查和模拟，为项目全过程的方案优化和科学决策提供依据；支持各专业协同工作、项目的虚拟建造和精细化管理，为建筑业的提质增效、节能环保创造条件。

为了工程项目各阶段、各参与方能够有效地共享和使用信息、协同工作，国家制定了《建筑信息模型存储标准》（GB/T 51447—2021），建筑信息模型应由核心层、共享层、专业领域层和资源层 4 个概念层组成数据模式架构。每个数据应确切地指定到某一个概念层上。

（二）BIM 软件简介

建筑信息模型软件（BIM software）是指对建筑信息模型进行创建、使用、管理的软件，简称 BIM 软件。BIM 软件应具有相应的专业功能和数据互用功能。

BIM 软件的专业功能应符合下列规定：

（1）应满足专业或任务要求。

（2）应符合相关工程建设标准及其强制性条文。

（3）宜支持专业功能定制开发。

BIM 软件的数据互用功能应至少满足下列要求之一：

（1）应支持开放的数据交换标准。

（2）应实现与相关软件的数据交换。

（3）应支持数据互用功能定制开发。

BIM 软件在工程应用前，宜对其专业功能和数据互用功能进行测试。

二、BIM 在工程计价中的应用

（一）BIM 实施策略

企业应按照建设工程的特点和要求制定建筑信息模型应用实施策略。实施策略宜包含下列内容：

（1）工程概况、工作范围和进度，模型应用的深度和范围。

（2）为所有子模型数据定义统一的通用坐标系。

（3）建设工程应采用的数据标准及可能未遵循标准时的变通方式。

（4）完成任务拟使用的软件及软件之间数据互用性问题的解决方案。

（5）完成任务时执行相关工程建设标准的检查要求。

（6）模型应用的负责人和核心协作团队及各方职责。

（7）模型应用交付成果及交付格式。

（8）各模型数据的责任人。

（9）图纸和模型数据的一致性审核、确认流程。

（10）模型数据交换方式及交换的频率和形式。

（11）建设工程各相关方共同进行模型会审的日期。

（二）BIM 在施工图预算中的应用

（1）施工图预算中的工程量清单项目确定、工程量计算、分部分项计价、工程总造价计算等宜应用 BIM。

（2）在施工图预算 BIM 应用中，宜基于施工图设计模型创建施工图预算模型，基于清单标准和消耗量定额确定工程量清单项目，输出招标清单项目、招标控制价或投标清单项目及投标报价单，如图 3-8-1 所示。

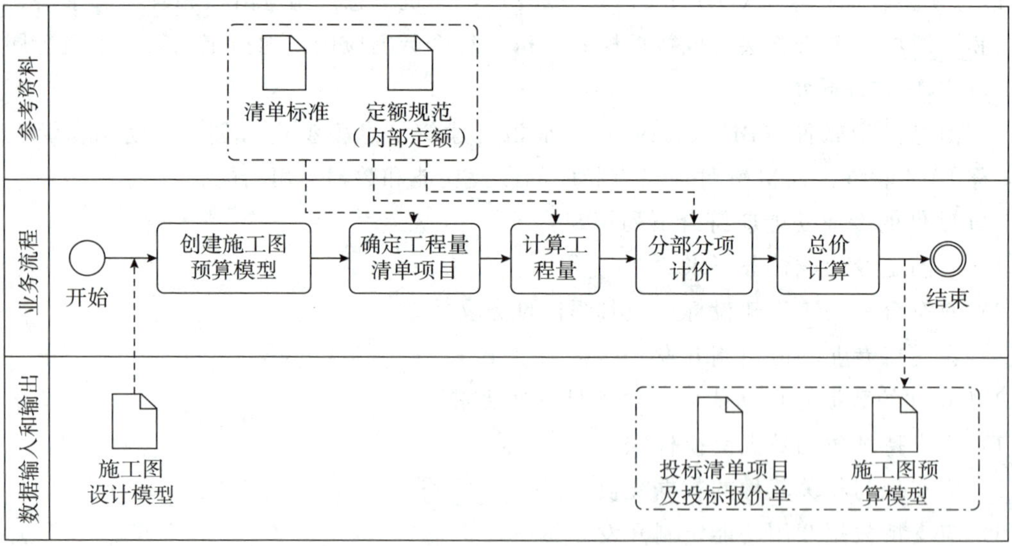

图 3-8-1　施工图预算 BIM 应用典型流程

（3）创建施工图预算模型时，应根据施工图预算要求，对导入的施工图设计模型进行检查和调整。

（4）确定工程量清单项目和计算工程量时，应针对相关模型元素识别工程量清单项目并计算其工程量。

（5）分部分项计价时，应针对每个工程量清单项目根据定额确定综合单价，并在此基础上计算相关模型元素的成本。

（6）在施工图预算 BIM 应用中，施工图预算模型宜在施工图设计模型基础上，附加或关联预算信息，其内容宜符合表 3-8-1 的规定。

表 3-8-1　施工图预算模型元素

模型元素类型	模型元素及信息
上游模型	施工图设计模型元素及信息
土建	混凝土浇筑方式（现浇、预制）、钢筋连接方式、钢筋预应力张拉类型（无预应力、先张、后张）、预应力粘结类型（有粘结、无粘结）、预应力锚固类型、混凝土添加剂、混凝土搅拌方法等
	脚手架模型元素信息：脚手架类型、脚手架获取方式（自有、租赁）
	混凝土模板模型元素信息：模板类型、模板材质、模板获取方式等
钢结构	钢材型号和质量等级；连接件的型号、规格；加劲肋做法；焊缝质量等级；防腐及防火措施；钢构件与下部混凝土构件的连结构造；加工精度；施工安装要求等
机电	机电设备规格、型号、材质、安装或敷设方式等信息，且大型设备具有相应的荷载信息
工程量清单项目	措施费、规费、税金、利润等
	工程量清单项目的预算成本，工程量清单项目与模型元素的对应关系，工程量清单项目对应的定额项目，工程量清单项目对应的人、材、机量，工程量清单项目的综合单价

（7）施工图预算 BIM 应用交付成果宜包括施工图预算模型、招标预算工程量清单、招标控制价、投标预算工程量清单与投标报价单等。

（8）施工图预算 BIM 软件宜具有下列专业功能：

①导入施工图设计模型，创建施工图预算模型。

②编制招标预算工程量清单、招标控制价、投标预算工程量清单与报价单。

③支持现行国家标准《建设工程工程量清单计价标准》（GB/T 50500—2024）和地方的工程量清单计价标准及定额，支持企业定额的导入。

④生成工程量清单项目和确定综合单价。

⑤输出招标预算工程量清单、招标控制价、投标预算工程量清单与投标报价单。

⑥输出施工图预算模型。

（三）BIM 应用效果评价

BIM 应用效果评价方法可分为定性评价和定量评价两种。

（1）定性评价：将 BIM 应用成果从性质属性上进行评价，说明其对项目管理目标、项目管理的过程影响。对于工程质量的影响，一般可采用定性评价的方法。

（2）定量评价：按照通常的经验预估和计量 BIM 应用成果，比对未使用 BIM 和使用

BIM 后的差异。对于成本和工期的影响，一般可采用定量评价的方法。

实战演练

［2024 真题·单选］根据《建筑信息模型存储标准》（GB/T 51447—2021），组成 BIM 数据模式架构的四个概念层是（　　）。

A. 核心层、共享层、专业领域层和资源层

B. 基础层、核心层、共享层和应用层

C. 基础层、核心层、专业领域层和应用层

D. 核心层、共享层、应用层和资源层

［解析］建筑信息模型应由核心层、共享层、专业领域层和资源层 4 个概念层组成数据模式架构。

［答案］A

知识点 2 人工智能在工程计价中的应用

一、人工智能简介

（一）人工智能含义

人工智能（artificial intelligence，AI）是计算机科学的一个分支，致力于开发能够执行通常需要人类智能才能完成的任务的系统和算法。这些任务包括感知、推理、学习、规划、自然语言处理和决策等。人工智能有以下 5 个分支：

（1）机器学习（machine learning）：通过数据训练模型，使其能够自动改进和优化性能。常见的算法包括线性回归、决策树、支持向量机和神经网络等。

（2）深度学习（deep learning）：一种基于人工神经网络的机器学习方法，特别适用于处理大规模数据和复杂模式识别任务。常见的架构包括卷积神经网络（convolutional neural networks，CNN）和循环神经网络（recurrent neural network，RNN）。

（3）自然语言处理（natural language processing，NLP）：研究如何使计算机理解、生成和处理人类语言。应用包括机器翻译、语音识别和文本分析等。

（4）计算机视觉（computer vision）：使计算机能够理解和解释视觉信息，如图像和视频。应用包括图像识别、物体检测和面部识别等。

（5）机器人学（robotics）：研究如何设计和控制机器人，使其能够执行各种任务。机器人学涉及传感器、控制算法和机械设计等方面。

（二）人工智能标准体系结构

人工智能标准体系结构包括“A 基础共性”“B 支撑技术与产品”“C 基础软硬件平台”“D 关键通用技术”“E 关键领域技术”“F 产品与服务”“G 行业应用”“H 安全/伦理”八个部分，如图 3-8-2 所示。

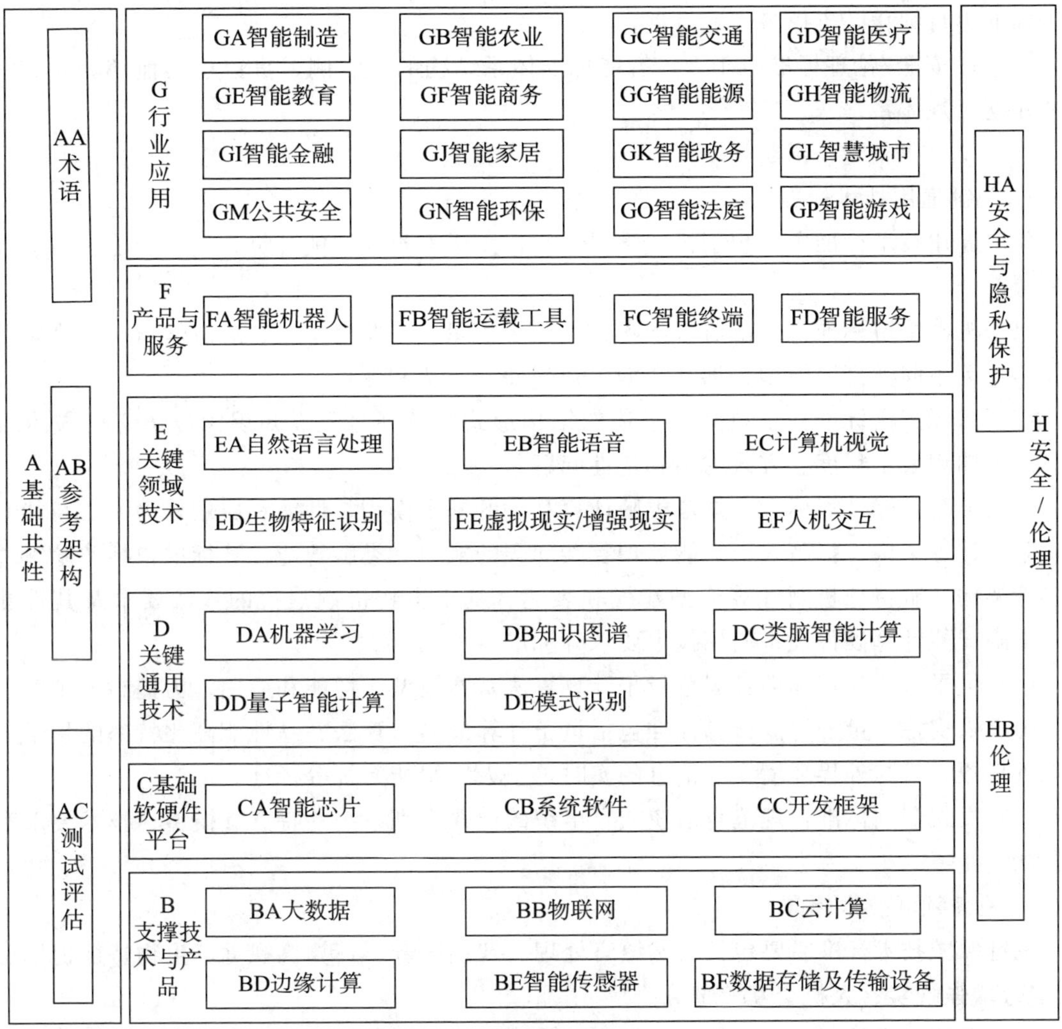

图 3-8-2 人工智能标准体系结构

（1）A 基础共性标准包括术语、参考架构、测试评估三大类，位于人工智能标准体系结构的最左侧，支撑标准体系结构中的其他部分。

（2）B 支撑技术与产品标准为人工智能软硬件平台建设、算法模型开发、人工智能应用提供基础支撑。

（3）C 基础软硬件平台标准主要围绕智能芯片、系统软件、开发框架等方面，为人工智能提供基础设施支撑。

（4）D 关键通用技术标准主要围绕机器学习、知识图谱、类脑智能计算、量子智能计算、模式识别等方面，为人工智能应用提供通用技术支撑。

（5）E 关键领域技术标准主要围绕自然语言处理、智能语音、计算机视觉、生物特征识别、虚拟现实/增强现实、人机交互等方面，为人工智能应用提供领域技术支撑。

（6）F 产品与服务标准包括在人工智能技术领域中形成的智能化产品及新服务模式的相关标准。

（7）G 行业应用标准位于人工智能标准体系结构的最顶层，面向行业具体需求，对其他部分标准进行细化，支撑各行业发展。

（8）H 安全/伦理标准位于人工智能标准体系结构的最右侧，贯穿于其他部分，为人工智能建立合规体系。

（三）人工智能建设标准

1. 关键通用技术标准

关键通用技术标准主要包括机器学习、知识图谱、类脑智能计算、量子智能计算、模式识别等部分。

（1）机器学习标准：规范监督学习、无监督学习、半监督学习、集成学习、深度学习和强化学习等不同类型的模型、训练数据、知识库、表达和评价。

（2）知识图谱标准：规范知识描述的结构形式、解释过程、知识深度语义的技术要求等，解决知识表示粒度、方式的不确定性问题。

（3）类脑智能计算标准：规范类脑计算算法的基本模型、性能和应用，为人工智能系统提供新的计算架构，提高人工智能处理复杂问题的能力。类脑智能计算标准包括类脑智能计算参考架构、脑特征机制计算模型建模和表达、基于生物机制建模的算法要求及其性能评价、类脑智能计算硬件设备通用技术要求等标准。

（4）量子智能计算标准：规范量子计算算法基本模型、性能和应用，为提高人工智能计算能力提供支撑。量子智能计算标准包括量子计算模型与算法、高性能高比特率的量子人工智能处理器、可与外界环境交互信息的实时量子人工智能系统等标准。

（5）模式识别标准：规范自适应或自组织的模式识别系统的特点、模型、技术要求和评价方法。

2. 关键领域技术标准

关键领域技术标准主要包括自然语言处理、智能语音、计算机视觉、生物特征识别、虚拟现实/增强现实、人机交互等部分。

（1）自然语言处理标准：规定自然语言处理基础、信息提取、文本内容分析等方面的技术要求，解决计算机理解和表达自然语言过程中的数据、分析方法和语义描述的一致性问题。自然语言处理标准包括语言信息提取、文本处理、语义处理、应用扩展 4 个部分。

（2）智能语音标准：规范人机语言通信的技术和方法，确保语音识别、语音合成及其应用的准确性、一致性、高效性和可用性。智能语音标准包括语音设施设备、语音处理、语音识别、语音合成、语音接口 5 个部分。

（3）计算机视觉标准：规定计算机及视觉感知设备对目标进行检测、识别、跟踪的技术要求，解决图片或视频采集、处理、识别、理解和反馈等各环节的一致性和互联互通问题。计算机视觉标准包括视觉设施设备、数据及模型、图像识别与处理 3 个部分。

（4）生物特征识别标准：规范计算机利用人体所固有的生理特征（指纹、人脸、虹膜、声纹、DNA 等）或行为特征（步态、击键等）来进行个人身份鉴定的技术要求，解决生物特征描述、数据、接口的一致性问题。

（5）虚拟现实/增强现实标准：为用户提供视觉、触觉、听觉等多感官信息一致性体验的通用技术要求。

（6）人机交互标准：规范人与信息系统多通道、多模式和多维度的交互途径、模式、方法和技术要求，解决语音、手势、体感、脑机等多模态交互的融合协调和高效应用的问题，确保高可靠性和安全性交互模式。人机交互标准包括智能感知、动态识别、多模态交互3个部分。

二、人工智能在工程计价中的应用

工程计价作为工程项目管理的重要环节，也逐渐引入了人工智能技术，以提高效率和准确性。

（一）自动化数量计算

（1）图像识别：利用计算机视觉技术，AI可以自动识别和提取工程图纸中的建筑元素，如墙体、门窗、管道等，从而自动计算出工程量。这种方法减少了手工计算的误差和工作量，提高了工程量计算的准确性和效率。

（2）BIM集成：通过与建筑信息模型（BIM）集成，AI可以从BIM模型中提取详细的工程量数据。BIM模型包含了所有建筑元素的详细属性信息，AI可以自动读取这些信息并进行工程量计算，提高了数据的一致性和准确性，减少了重复劳动。

（二）成本估算

（1）历史数据分析：AI可以分析大量历史项目的数据，识别出成本模式和趋势，从而为新项目提供更准确的成本估算。基于大数据的分析结果更加可靠，有助于提高成本估算的准确性。

（2）机器学习模型：通过训练机器学习模型，AI可以根据项目的特定参数（如规模、位置、材料等）预测项目的总成本和各项费用。输入项目的基本参数，AI模型可以快速生成成本估算报告，提高了成本估算的速度和准确性，减少了人为主观判断的影响。

（三）风险评估

（1）风险预测：AI可以分析项目的各种数据（如地质条件、气候、供应链等），预测潜在的风险因素，并评估其对项目成本的影响。在项目规划阶段，AI可以提供风险评估报告，帮助决策者制定应对措施，提高了风险管理的前瞻性和科学性。

（2）敏感性分析：通过模拟不同情景，AI可以进行敏感性分析，帮助决策者了解不同变量对项目成本的影响。在项目预算编制过程中，AI可以提供不同情景下的成本变化情况，有助于决策者制定更加灵活和科学的预算方案。

（四）合同管理

（1）合同条款分析：利用自然语言处理技术，AI可以自动分析合同条款，识别潜在的风险和不利条款。在合同签订前，AI可以提供合同条款的风险评估报告，提高了合同管理的效率和准确性，减少了法律风险。

（2）进度和付款管理：AI可以实时监控项目进度，自动生成付款申请和报告。在项目实施过程中，AI可以提供实时的进度和付款管理服务，提高了资金流动的透明度和效率，减少了资金管理的复杂性。

（五）供应链优化

（1）采购优化：在项目采购阶段，AI可以通过分析市场和供应商数据，提供采购优化建议和策略，选择最具性价比的供应商和材料，从而降低了采购成本，提高了采购效率。

（2）库存管理：通过预测材料需求，AI 可以优化库存管理，减少库存成本和浪费。在项目实施过程中，AI 可以提供实时的库存管理服务，提高了库存管理的效率和准确性，减少了库存成本。

（六）数据可视化和报告

（1）动态报告生成：AI 可以自动生成动态报告，实时更新项目的成本和进度信息。在项目管理过程中，AI 可以提供实时的报告服务，提高了数据的透明度和可视化效果，便于决策者及时掌握项目情况。

（2）异常检测：通过数据分析，AI 可以识别出项目中的异常情况，如成本超支、进度延误等。在项目实施过程中，AI 可以提供实时的异常检测和预警服务，提高了项目管理的前瞻性和科学性，减少了项目实施过程中的不确定性。

（七）智能投标

（1）投标文件生成：在投标阶段，AI 可以提供投标文件生成服务，自动生成投标文件，包括工程量清单、成本估算、施工计划等。从而提高了投标效率和准确性，减少了人为主观判断的影响。

（2）竞争分析：在投标阶段，AI 可以提供竞争分析服务。通过分析竞争对手的历史投标数据，AI 可以提供竞争分析和策略建议，从而提高了投标的成功率，增强了企业的竞争力。

（八）项目后评估

（1）绩效分析：AI 可以对项目的实际成本和预算进行对比分析，评估项目的绩效和成本控制效果。在项目结束后，AI 可以提供绩效分析报告，有助于总结经验教训，提高未来项目的管理水平。

（2）经验总结：通过对多个项目的数据进行分析，AI 可以总结出成功和失败的经验。在项目结束后，AI 可以提供经验总结报告，为未来项目提供参考，提高项目管理的科学性和前瞻性。

知识点 3 大数据在工程计价中的应用

一、大数据简介

大数据（big data）是指无法用传统的数据处理工具和方法在合理时间内处理和分析的大规模、复杂、多样化的数据集。大数据不仅仅是数据量的增加，还包括数据类型的多样性、数据生成速度的加快以及数据价值的潜力。

大数据通常具有以下 5 个主要特征，简称 5V：

（1）volume（数据量）：大数据的数据量非常庞大，通常以 TB（太字节）、PB（拍字节）甚至更高的单位来衡量。

（2）velocity（速度）：大数据的生成和处理速度非常快，数据流动的速度要求实时或近实时的处理能力。

（3）variety（多样性）：大数据的数据类型多种多样，包括结构化数据（如数据库表格）、半结构化数据（如日志文件、XML 文档）和非结构化数据（如文本、图像、视频、传感器数据等）。

（4）veracity（真实性）：大数据的质量和准确性可能存在问题，需要有效的数据清洗和验证方法来确保数据的可靠性。

（5）value（价值）：大数据的最终目的是从中提取有价值的信息和洞见，为决策提供支持。

二、大数据在工程计价中的应用

工程大数据可以理解为在工程项目全生命周期中利用各种软硬件工具所获取的数据集，通过对该数据集进行分析可为项目本身及其相关利益方提供增值服务。工程大数据具有体量大、类型多、管理复杂和价值高的特点。大数据在工程计价中有以下三方面的应用：

（1）为智能决策提供支持。大数据技术通过对海量工程数据进行高效学习，挖掘规律，从而提供智能决策支持，具体表现在以下三方面：

①提高项目各阶段协同工作的效率。在建筑设计与施工的各个阶段，各参与方使用相同的数据模型，减少了各参与方交流沟通的障碍，进而提高工程建设各阶段协同工作的效率。

②辅助工程建设各阶段的有效策划。在新的项目中可使用积累的数据辅助工程策划，从数据中提取知识、预测未来，有利于风险控制、项目管理、方案比选和优化等。

③推动建筑产业转型升级。工程大数据为建筑业拓展生产性服务，为消费者提供高品质的“产品＋服务”，实现从产品建造到服务建造的转型升级，最终实现项目价值的提升。

（2）为规范工程发承包行为提供有效数据支持。工程大数据为建设主管部门的政策制定和评估，以及对施工单位、设计单位等市场主体的行为监督提供了重要支持，具体表现在以下三方面：

①为主管部门规范工程发承包市场提供依据。目前，许多城市已经陆续实行工程招标、投标、开标和评标的全过程数字化。在这个过程中，建设主管部门可以依据产生的海量交易数据科学地评估各项工程的交易行为，从而推动行业的规范化和可持续发展。例如，可以将同一统计指标（如中标金额下浮率）的数值按其发生的时间先后顺序排列成时间序列，根据时间序列显示出的变化趋势、变化周期和随机性可以评估招投标政策改革的实施效果。

②可用于识别并治理围标、串标等违法行为。通过社会网络分析，工程大数据可以清晰展示交易行为数据背后的行为规律，在其基础上建立相应检测模型，可以还原并捕捉市场交易中的围标人和陪标人，暴露招投标过程中的不正当企业合作关系，进一步保护招标人的权益，并营造规范的市场环境。

③为投标人合理报价提供决策支持。投标人在工程大数据的帮助下，能够快速、精准地形成报价分析和决策，提高编制施工投标书等环节的效率。通过典型清单项目或典型工程的匹配分析，工程大数据可以为投标前目标成本规划、中标后目标成本编制、竣工后实际成本核定提供帮助。

（3）有利于施工成本管理。工程大数据的应用有利于实现施工管理由“经验驱动”到“数据驱动”的转变。施工成本管理相关数据的主要来源包括生产、销售、租赁企业发布的材料、机具价格，劳务市场发布的用工信息和用工价格以及施工单位历史数据等。施工单位利用这些与成本管理相关的工程大数据，可以针对单位工程、分部工程、分项工程、施工工序等不同层次的需求，根据拟建工程的地域、工期、分包模式等具体情况，判断最优的成本构成，并在成本预测、成本过程管控等方面实现更好的效果。

参考文献

[1] 全国造价工程师执业资格考试培训教材编审委员会．建设工程计价 [M]．北京：中国计划出版社，2017.

[2] 中华人民共和国住房和城乡建设部，中华人民共和国国家市场监督管理总局．建设工程工程量清单计价标准：GB/T 50500—2024 [S]．北京：中国计划出版社，2024.

[3] 朱溢镕，阎俊爱，韩红霞．建筑工程计量与计价 [M]．北京：化学工业出版社，2016.

[4] 中华人民共和国住房和城乡建设部，中华人民共和国国家质量监督检验检疫总局．工程造价术语标准：GB/T 50875—2013 [S]．北京：中国计划出版社，2013.

[5] 全国造价工程师执业资格考试培训教材编审委员会．建设工程造价管理 [M]．北京：中国计划出版社，2017.

[6] 中国建设工程造价管理协会．建设项目工程总承包计价规范：T/CCEAS 001—2022 [S]．北京：中国计划出版社，2022.

[7] 中国建设工程造价管理协会．房屋工程总承包工程量计算规范：T/CCEAS 002—2022 [S]．北京：中国计划出版社，2022.

[8] 张宏，刘红芳．国际工程项目管理 [M]．北京：中国水利水电出版社，2016.

[9] 中华人民共和国国家质量监督检验检疫总局，中国国家标准化管理委员会．价值工程 第1部分：基本术语：GB/T 8223.1—2009 [S]．北京：中国标准出版社，2009.

[10] 会计从业资格考试辅导教材编写组．会计基础 [M]．4版．北京：清华大学出版社，2013.

[11] 唐媚媚．初级会计学 [M]．北京：北京理工大学出版社，2019.

[12] 接民，张艳，周在霞，等．财务会计学 [M]．北京：清华大学出版社，2019.

[13] 吕爱武．建筑施工企业财务与会计实务 [M]．北京：化学工业出版社，2018.

[14] 郭莉莉，邸砧，倪晓丹．财务会计学 [M]．北京：北京理工大学出版社，2018.

[15] 袁蕴．财务管理 [M]．2版．成都：西南财经大学出版社，2019.

[16] 国家发展改革委，建设部．建设项目经济评价方法与参数 [M]．3版．北京：中国计划出版社，2006.

[17] 王玉，杨萍，郭美娣．成本会计 [M]．成都：西南财经大学出版社，2019.

[18] 魏法杰，王玉灵，郑筠．工程经济学 [M]．3版．北京：电子工业出版社，2020.

[19] 李明孝．工程经济学 [M]．2版．北京：化学工业出版社，2018.

[20] 王贵春．工程经济学 [M]．5版．重庆：重庆大学出版社，2020.

[21] 刘宁．工程经济学 [M]．北京：化学工业出版社，2017.

[22] 张普伟．工程经济学 [M]．北京：机械工业出版社，2020.

[23] 王攀娜，熊磊．企业财务管理 [M]．重庆：重庆大学出版社，2022.

［24］姚海鑫．财务管理［M］．3 版．北京：清华大学出版社，2019．

［25］蒋红芸，康玲．财务管理［M］．2 版．北京：人民邮电出版社，2015．

［26］洪娟，柳志，周慧．财务会计［M］．成都：西南财经大学出版社，2020．

［27］徐晓敏，赵文静．成本会计（上下册）［M］．3 版．北京：人民邮电出版社，2018．

［28］周正祥，张成全．国际工程招投标与合同管理［M］．北京：经济管理出版社，2023．

［29］中华人民共和国住房和城乡建设部，中华人民共和国国家质量监督检验检疫总局．建筑信息模型应用统一标准：GB/T 51212—2016［S］．北京：中国建筑工业出版社，2016．

［30］中华人民共和国住房和城乡建设部，中华人民共和国国家质量监督检验检疫总局．建筑信息模型施工应用标准：GB/T 51235—2017［S］．北京：中国建筑工业出版社，2017．

亲爱的读者：

如果您对本书有任何感受、建议、纠错，都可以告诉我们。我们会精益求精，为您提供更好的产品和服务。

祝您顺利通过考试！

扫码参与调查

建造师考试研究院